SALVA
TOR
Zacherl-Bräu
Gebr. Schmederer
Actien-Brauerei
52939 Hlt.

Richard Winkler

Der Salvator auf dem Nockherberg

Zur Geschichte der Münchner Paulanerbrauerei und ihres weltberühmten Starkbieres

Volk Verlag München

Veröffentlichungen des Bayerischen
Wirtschaftsarchivs, Band 6

Frontispiz: Heiliger Franz von Paula – Firmenzeichen der Actienbrauerei Gebrüder Schmederer mit Hinweis auf einen Malzverbrauch von 52.939 hl im Jahr 1891 (BWA S22, 171)

Seite 5: Werbemarke, um 1913 (4721)

Die Deutsche Bibliothek verzeichnet diese Publikation in der Deutschen Nationalbibliografie; detaillierte bibliografische Daten sind im Internet über http: //dnb. ddb. de abrufbar.

Neumarkter Straße 23, 81673 München
Tel. 089/420 79 69 80, Fax: 089/420 79 69 86

Druck: DZS Grafik, d.o.o., Ljubljana
Printed in Europe

ISBN 978-3-86222-365-7

www. volkverlag. de

Inhalt

„Wenn der Berg ruft" – Salvatorwerbung, um 1972 (4541)

Zum Geleit

Der italienische Journalist und Schriftsteller Mario Fortunato schrieb im Juli 2019: „Der Verlust der Erinnerung ist das schwerste und heimtückischste Übel unserer Zeit." Um einem schwerwiegenden volkswirtschaftlichen Gedächtnisverlust vorzubeugen, hat die IHK für München und Oberbayern bereits 1986 ein regionales Wirtschaftsarchiv für ihren Kammerbezirk ins Leben gerufen. Seit 1994 wird es von allen bayerischen IHKs als Gemeinschaftseinrichtung für den Freistaat betrieben. Unter dem Motto „Eine Zukunft für die Vergangenheit" hat das Bayerische Wirtschaftsarchiv inzwischen auf mehr als 5.700 Regalmetern wichtige und unersetzliche Schrift-, Bild- und Tondokumente zur Wirtschaftsgeschichte unseres Landes zusammengetragen. Ein ungeheurer Ideenpool und Erinnerungsspeicher, der ständig anwächst.

Zielsetzung des Wirtschaftsarchivs ist es auch, das Interesse einer breiten Öffentlichkeit an der weiß-blauen Wirtschaftsgeschichte zu wecken und zu vertiefen. Eine wichtige Rolle spielt dabei die archiveigene Schriftenreihe, für die nun Dr. Richard Winkler als stellvertretender Archivleiter einen neuen und flüssig geschriebenen Band zur Geschichte des Salvator vorlegt. Der Bogen spannt sich weit von den Paulanermönchen bis hin zum Schaulaufen der Politprominenz auf dem Nockherberg. Zugleich liefert das Buch ein spannendes Sittengemälde aus dem Volksleben der letzten drei Jahrhunderte. Bierkrawalle und Widerstand gegen die Staatsgewalt waren auch in der nur sogenannten „guten alten Zeit" keine Seltenheit. Dr. Richard Winkler lässt in seiner Darstellung auch ehedem bekannte Volkssänger wie Papa Geis oder den Roider Jackl zu Wort kommen.

Unser herzlicher Dank gilt der Rosner & Seidl-Stiftung. Sie hat die Drucklegung des nicht nur für die bayerische Wirtschaftsgeschichte so wegweisenden Buches großzügig ermöglicht.

Dr. Eberhard Sasse
Präsident
Bayerischer Industrie- und Handelskammertag

Dr. Manfred Gößl
Hauptgeschäftsführer
Bayerischer Industrie- und Handelskammertag

Vorwort

„Das Bier ist tatsächlich in München ein gesellschaftliches Element, dessen Bedeutung sich der Fremde schwerlich erklären kann", hielt der Münchner Journalist Joseph Benno Sailer vor gut 90 Jahren in seiner „Münchner Bier-Chronik" fest. Zwar ist der Pro-Kopf-Verbrauch des beliebtesten alkoholischen Getränks der Welt in Bayern deutlich zurückgegangen. Doch „bierige Veranstaltungen" wie Oktoberfest und Starkbierausschank erfreuen sich ungeheurer Beliebtheit, und zwar im In- und Ausland. Dem Publikumserfolg zum Trotz ist die sogenannte „Fünfte Jahreszeit", die Zeit der starken Biere, weitgehend unerforscht.

Dr. Richard Winkler, stellvertretender Leiter des Bayerischen Wirtschaftsarchivs, hat sich auf Spurensuche begeben und legt jetzt erstmals eine umfassende historische Aufarbeitung des traditionsreichen Fastenbierausschanks im Münchner Stadtteil Au vor. Der Historiker hat sich bereits mit dem Buch „Ein Bier wie Bayern" zur Löwenbräu-Geschichte einen Namen als versierter Brau- und Bierexperte gemacht.

Wichtige Grundlage für den neuen Band in der Schriftenreihe des Bayerischen Wirtschaftsarchivs ist das Archiv der Paulaner Brauerei Gruppe. 2016 übernahm die Gemeinschaftseinrichtung der bayerischen Industrie- und Handelskammern die Überlieferung des alteingesessenen Brauunternehmens mit einem Umfang von 180 laufenden Regalmetern. Dr. Richard Winkler hat diesen wertvollen Quellenfundus bewertet und inhaltlich erschlossen. Für seine Publikation spürte er darüber hinaus eine Vielzahl bislang unbekannter Quellen im Stadtarchiv München und den bayerischen Staatsarchiven auf. Herausgekommen ist eine Veröffentlichung, die gekonnt wissenschaftlichen Tiefgang mit einer kurzweiligen, sehr gut lesbaren Darstellung vereint. Eine Fülle bisher unveröffentlichter Bilder mit Seltenheitswert verleiht dem Buch seinen zusätzlichen Reiz.

Dr. Eva Moser
Leiterin Bayerisches Wirtschaftsarchiv

Einführung

„Salve pater patriae! Bibas, princeps optime!"* Mit diesen Worten reicht der Chef der Münchner Paulanerbrauerei alljährlich mitten in der Fastenzeit auf großer Bühne dem bayerischen Ministerpräsidenten den ersten Krug vom frisch gezapften „Salvator". Das Starkbier hat einen Alkoholgehalt von 7,9 Volumenprozent. Aus diesem Grund nimmt der bayerische Landesvater stets auch nur einen kleinen Schluck aus dem blanken Kupferhumpen.

Die Szene bildet den Auftakt zur traditionellen Starkbierprobe im Münchner Salvatorkeller, der seit 1993 „Paulaner am Nockherberg" heißt. Die Bierverkostung durch den amtierenden Ministerpräsidenten, an der jedes Jahr fast 600 geladene Gäste aus Kultur, Politik und Wirtschaft bierprüfend teilnehmen, ist das Vorspiel zum anschließenden legendären „Politiker-Derblecken". Es beginnt mit der „Fastenpredigt", die stets von einer bekannten Persönlichkeit der bayerischen Kabarettistenszene gehalten wird. Ministern und anderen Parteigrößen im Freistaat werden dabei mehr oder weniger scharfzüngig die Leviten gelesen. Beim anschließenden parodistischen Singspiel bekommt regelmäßig auch Berliner Politprominenz ihr Fett weg. Die 1977 gestartete Übertragung im Bayerischen Fernsehen verschaffte dem Starkbieranstich auf dem Nockherberg große Medienresonanz. 2019 verfolgten bundesweit 2,72 Millionen Zuschauer das Ereignis live vor dem Bildschirm. Die Kultsendung ist in ganz Deutschland und darüber hinaus ein Begriff.

Der von der Münchner Brauerei organisierte Event hat seinen Ursprung in klösterlicher Braukunst. Der Salvator wurde zuerst im 1627 gegründeten Kloster Neudeck bei München von den hier lebenden Paulanermönchen zu unbekannter Zeit kreirt und dort um die Mitte des 18. Jahrhunderts zum Namensfest des Ordenspatrons auch öffentlich ausgeschenkt. Nach der Säkularisation des Paulanerklosters führte ab 1806 die Zacherlbrauerei, die später zur Paulanerbrauerei umfirmierte, den Braubetrieb weiter.

Das Sudhaus in der Münchner Ohlmüllerstraße machte den Salvator zur bedeutendsten Starkbiermarke Kontinentaleuropas. Mit dem unter ihrer Regie ab 1808 sporadisch wieder aufgenommenen und seit 1820 alljährlich ununterbrochen stattfindenden Salvatorausschank, der nur zu Kriegs- und Krisenzeiten notgedrungen ausfiel, legte die Brauerei den Grundstein für das heutige Nockherbergspektakel.

*** Die Übersetzung aus dem Lateinischen lautet: „Sei gegrüßt, Vater des Vaterlands! Trinke, bester Fürst!" Der Trinkspruch entstammt einem Gedicht von Eduard Ille aus dem Jahr 1894 und nimmt Bezug auf die legendäre Salvatorprobe im Paulanerkloster durch die bayerischen Kurfürsten.**

2021 kann der Salvator ein dreifaches Jubiläum begehen: 270 Jahre sind vergangen, seitdem erstmals der Ausschank im Paulanerkloster urkundlich bezeugt ist. Seit 160 Jahren wird das Spezialbier auf dem Nockherberg ausgeschenkt. Die Salvatorprobe selbst schließlich kann auf eine 70-jährige Nachkriegstradition zurückblicken. So erscheint es mehr als angebracht, die runden Gedenkjahre zum Anlass zu nehmen, den Blick einmal genauer auf die Historie des „Jubilars" zu richten.

Denn über die Geschichte des Salvator, die Entwicklung des mit der Bierspezialität verbundenen alljährlichen Starkbierfestes und die damit einhergehende unternehmerische Leistung des Münchner Sudhauses ist nicht allzu viel bekannt. Auch manche hartnäckige Legende rankt sich um den Salvator. Dessen Historie anhand der überlieferten Quellen erstmals grundlegend und hoffentlich erschöpfend darzustellen, ist das Ziel dieses Buches.

Dr. Richard Winkler
München, im Oktober 2020

„Münchner im Himmel" – Eintrag im Gästebuch des Salvatorkellers, 1932 (2353)

BARNABAS STILL,
berühmt. Braumeister der Paulaner † 1795

Von den Paulanern zu Franz Xaver Zacherl

Maximilian I. von Bayern (reg. 1597–1651) berief 1627 zehn Paulanermönche aus Burgund nach München. Vor den Toren der Residenzstadt im für sie eingerichteten Kloster zu „Neudeck ob der Au“ bezogen die Mönche alsbald Quartier. Am 24. Februar 1629 übereignete der Kurfürst dem auf zwölf Brüder angewachsenen Konvent förmlich den Besitz mit weiteren Stiftungen. Die Paulaner lebten nach der Regel des Francesco di Paola (1416–1507). Der 1519 heiliggesprochene asketische Einsiedler hatte 1454 in Kalabrien die geistliche Gemeinschaft der sogenannten „Minimiten“ begründet.[1]

Vom Ursprung der Paulanerbrauerei

Die Ordensregeln der „Mindesten Brüder“ waren streng. Sie durften sich nur von Obst, Gemüse, Mehl, Öl und Fisch ernähren. Jede andere vom Tier kommende Nahrung – auch Milch, Käse, Butter und Eier – war ihnen verboten. Biergenuss dagegen war den Paulanern wie auch allen anderen klösterlichen Gemeinschaften erlaubt – nach der alten monastischen Regel „Liquida non frangunt ieiunium“ (Flüssiges bricht das Fasten nicht). Ihre fast vegane Ernährung durch einen Biertrunk zu bereichern, stand deshalb auch auf der Wunschliste der Paulaner.

Fest steht, dass die Mönche in Neudeck das Bier für ihren Haustrunk anfänglich nicht selbst brauten. Sie verfügten zunächst noch über keine eigene Brauereieinrichtung, weder im Kloster selbst noch außerhalb. Das änderte sich Anfang 1634. Damals erbten die Paulaner von der verstorbenen Mutter eines Klosterbruders das Anwesen des „Lerchlbräu“ in der Neuhausergasse in München. Schon im Winter 1633/34 wurden hier für den mittlerweile 16-köpfigen Konvent 80 Eimer Winterbier (rund 55 hl) zum Eigenkonsum eingesotten.[2]

Über den Bierverbrauch des Klosters selbst liegen im 17. Jahrhundert ansonsten keine Nachrichten vor. Im oberbayerischen Franziskanerinnenkloster Reutberg standen 1677 jeder Nonne täglich 1½ Maß Bier und jedem der dort lebenden Franziskanerpatres täglich drei Maß Bier zu.[3] Mit einem entsprechenden „männlichen“ Mindestverbrauch wird auch im Münchner Paulanerkloster zu rechnen sein.

Die Paulaner betrieben die ererbte Braustätte des „Lerchlbräu“ zur Erzeugung ihres Haustrunkes in den folgenden zehn Jahren offenbar weiter. Erst ab 1644 verpachteten sie das Sudhaus in der Neuhausergasse wieder dauerhaft an bürgerliche Bierbrauer. Ob die Mönche ihren Haustrunk danach noch immer aus dieser oder einer anderen Quelle bezogen oder nun zur Selbstversorgung ein eigenes Bräuhaus im Neudecker Kloster installierten, darüber ist keine Nachricht erhalten.[4] Man darf aber wohl annehmen, dass nach dem umfassenden Neubau des Paulanerklosters 1660/65 auch ein eigenes, vermutlich von Laienbrüdern betriebenes Sudhaus innerhalb der Klostermauern in Betrieb ging.[5]

Schon bald begnügten die Mönche sich nicht mehr damit, Braunbier nur für den Eigenbedarf herzustellen. Vielmehr gingen sie – entgegen den geltenden Bestimmungen – dazu über, es in größerem Umfang auch an

Barnabas Still – Braumeister der Paulaner (4701; Zeichnung eines verlorenen, ursprünglich in der Paulanerbrauerei befindlichen Glasfensters)

einkehrende Gäste oder über die Gasse auszuschenken und die Brauerei gewerblich zu betreiben. Damit stießen sie auf den Widerstand der bürgerlichen Bierbrauer in München und auch der Auer Gastwirte. Sie beschwerten sich häufiger über die unzulässige Konkurrenz der Klosterleute. Aber trotz mehrfacher obrigkeitlicher Ermahnungen und Verbote war dem geschäftigen Treiben der Mönche nicht beizukommen. Denn vor allem die Kurfürsten Karl Albrecht (reg. 1726–1745) und Maximilian III. Joseph (reg. 1745–1777) blieben dem Kloster stets gewogen, weshalb der Bierverkauf trotz fehlender Rechtsgrundlage und behördlicher Einsprüche letztlich immer wieder geduldet wurde.[6]

1777 setzte eine erneute Protestwelle von Auer Gastwirten und Münchner Brauern gegen das Kloster ein. Sie forderten ein endgültiges Verbot des Bierausschanks durch die Paulaner. Dabei hofften sie offenbar auf die Unterstützung durch den neuen Kurfürsten Karl Theodor (reg. 1777–1799). Gegenüber den Behörden begründeten die Mönche die Notwendigkeit des Bierverkaufs nun mit erheblichen Finanzproblemen. Die Beschaffung der von der Ordensregel vorgeschriebenen teueren Fastenspeisen wie Fisch, Öl und Wein erforderten erhebliche Ausgaben. Zudem lasteten hohe Bauunterhaltungskosten auf dem Kloster.[7]

Mit diesen Argumenten fand die aus 22 Mitgliedern bestehende Klostergemeinschaft schließlich auch bei der neuen Regierung Gehör. Am 26. Februar 1780 erging ein kurfürstliches Dekret, das die bisherige Praxis bestätigte: „Nachdeme den Paulanern in der Au in Ansehen ihrer gering und unzulänglichen Fundation allschon unter den vorigen Regierungen der Bierverschleiß immer connivendo gestattet worden ist; so lassen es Seine Churfürstliche Durchlaucht auch in Zukunft noch so lang dabei verbleiben, bis gedachtes Kloster entweder durch die Päbstliche Dispensation von der Fastenspeis oder in andere Wege zur besseren und auskünftlichen Subsistenz gelanget."[8]

Die Bierproduktion des Klosters war durchaus beachtlich. Im Sudjahr 1793/94 erreichte der Ausstoß an Sommer- und Winterbier 4.904 Eimer (3.300 hl). Gut die Hälfte davon wurde von zahlenden Gästen in der das ganze Jahr über geöffneten Klosterschenke getrunken oder von dort über die Gasse verkauft. Das Übrige konsumierten die Mönche, Klosterdiener und die für das Kloster arbeitenden Handwerker.[9]

Phantomjahr 1651

Ab welchem Zeitpunkt die Paulaner neben dem gewöhnlichen Winter- und Sommerbier auch ein besonderes Starkbier brauten, ist in keiner Weise belegt. Als 1896 in den Archiven eine intensive Suche nach schriftlichen Zeugnissen zu den Ursprüngen des Salvator begann, war das Resultat „völlig negativ". Die entsprechenden Dokumente waren offenbar bereits im Zuge der Aufhebung des Paulanerklosters 1799 oder in den Jahren danach allesamt vernichtet worden.[10]

Immer wieder wird das Jahr 1651 irrigerweise als Geburtsdatum des Starkbieres genannt. Urheber dieser langlebigen Falschmeldung waren zwei Münchner: der Jurist und Historiker Felix Joseph Lipowsky (1764–1842) und der spätere Paulanerbräu Franz Xaver Zacherl (1772–1849). Lipowsky datierte in seinem 1816 erschienenen Buch „Geschichten der Vorstadt Au" die Gründung der Paulanerbrauerei irrtümlich auf das Jahr 1651.[11] Darauf gestützt führte Zacherl anderthalb Jahrzehnte später nicht nur den Braubetrieb der Mönche, sondern völlig willkürlich zugleich auch den Beginn der Starkbierproduktion auf dieses Datum zurück.[12]

Zwar wurden diese Behauptungen schon 1933 durch den Münchner Brauereihistoriker Heinrich Huber ins Reich der Fabel verwiesen.[13] Trotzdem feierte die Paulanerbrauerei 1951 das 300-jährige Salvatorjubiläum.[14] Bis in die jüngste Vergangenheit findet sich das Phantomjahr 1651 auch in wissenschaftlichen Publikationen.[15]

Vermutlich brauten die Paulanermönche ein Starkbier zunächst nur für den Eigenkonsum. Das Recht dazu besaßen sie uneingeschränkt. Denn nach den im Kurfürstentum Bayern geltenden Gesetzen war das Brauen von Starkbier (Doppelbier) keineswegs verboten, sofern es nur vom Erzeuger selbst konsumiert und nicht in den Handel gebracht wurde. Strikt untersagt war dagegen, es zu kostendeckenden Preisen zu verkaufen. Denn für Bier galt im Herzogtum Bayern ein behördlich festgesetzter, allgemein bindender Maximalpreis, der beim Ausschank nicht überschritten werden durfte.

Schon die von Herzog Albrecht IV. von Bayern (reg. 1467–1508) 1487 für die Stadt München erlassene Brauordnung enthielt eine Festsetzung des Bierpreises, ebenso die bayerische Landesordnung von 1516 und später die Landes- und Polizeiordnung der Fürstentümer Ober- und Niederbayern von 1616.[16] Dahinter stand das Bemühen der Obrigkeit um eine verbraucherfreundliche, ressourcensparende und mit den Herstellungskosten in Einklang stehende Bierversorgung. Bier galt als Grundnahrungsmittel, das möglichst preiswert einer breiten Bevölkerung zur Verfügung stehen sollte. Ein übersteigerter Malzverbrauch für exklusive und teure Starkbiere war nicht erwünscht.

Aufgrund der staatlichen Preisdeckelung war es für jeden Erzeuger unrentabel, ein stärkeres als das üblicherweise eingebraute Bier auf den Markt zu bringen. Der Herstellungsaufwand überstieg den Ertrag zwangsläufig, weshalb kein gesetzestreuer Brauer mit einem Starkbier auf seine Kosten kommen konnte.

Die Erlaubnis, Bier zu einem höheren als dem staatlich festgelegten Satz in Verkehr zu bringen, besaß im Kurfürstentum Bayern ausschließlich das 1589 von Herzog Wilhelm V. von Bayern (reg. 1579–1597) begründete

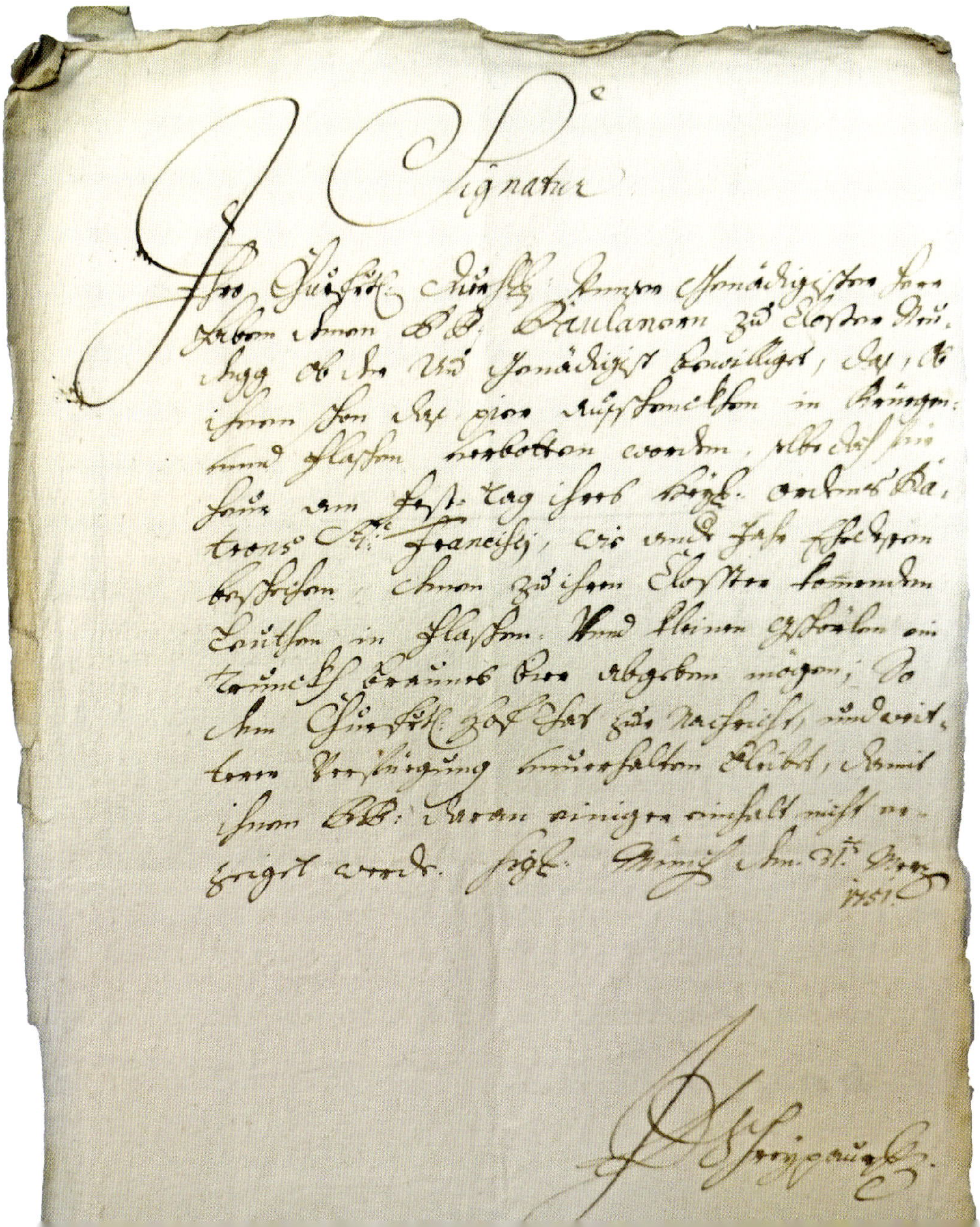

Abschrift der 1751 erteilten kurfürstlichen Genehmigung zum Ausschank von Braunbier am Namensfest des heiligen Franz von Paula im Paulanerkloster in der Au (BayHStA Paulanerkloster Au Archivalien, 40, Prod. 50)

Hofbräuhaus im Alten Hof in München für das dort seit 1614 produzierte und stärker eingesottene Bockbier. Es wurde seit Mitte des 17. Jahrhunderts an bestimmten Tagen auch öffentlich ausgeschenkt. Mit Beginn des 19. Jahrhunderts kam der Hofbräu-Bock alljährlich ab dem 1. Mai für vier Wochen und dann noch einmal während der Fronleichnamswoche allgemein zum Verkauf. Der Ausschank erfolgte damals ausschließlich im Bockkeller des Hofbräuhauses und in zwei weiteren Münchner Gastwirtschaften.[17]

Öffentlicher Starkbierausschank der Paulaner

Mitte des 18. Jahrhunderts wurde die bisherige rechtliche Monopolstellung des Hofbräuhauses beim Starkbierverkauf durchbrochen. Denn am 31. März 1751 erlaubte Kurfürst Maximilian III. Joseph den Paulanermönchen, „ob[wohl] ihnen schon das pier ausschenkhen in Kruegen und Flaschen verbotten worden, [dass] selbe doch für heuer am Fest-Tag Ihres Heyligen Ordens Patrons Sti. Francisci, wie andere Jahr ehedessen beschehen, denen zu ihrem Closter kommenten Leuthen in Flaschen und kleinen Gschürlen [Trinkgefäßen] ein Trunckh braunes Bier abgeben mögen."[18]

Das kurfürstliche Mandat spricht zwar unspezifisch von Braunbier, das nun von den Paulanern während der Feierlichkeiten zum Namenstag ihres Ordensgründers am 2. April an die Festbesucher im Kloster öffentlich ausgeschenkt werden durfte. Dass es sich dabei aber um Starkbier gehandelt hat – und nicht etwa um gewöhnliches Winter- oder Sommerbier –, ist ziemlich sicher.

Dagegen lässt sich lediglich anführen, dass der gelehrte Jurist und Geheime Ratskanzler Wiguläus von Kreittmayr (1705–1790) im 1761 erschienenen zweiten Band seiner „Anmerkungen über den Codicem Maximilianeum Bavaricum Civilem" keinen Starkbierausschank der Paulaner erwähnt. Der ortskundige Autor nennt darin zwei Münchner Braustätten für Starkbier: die Klosterbrauerei des

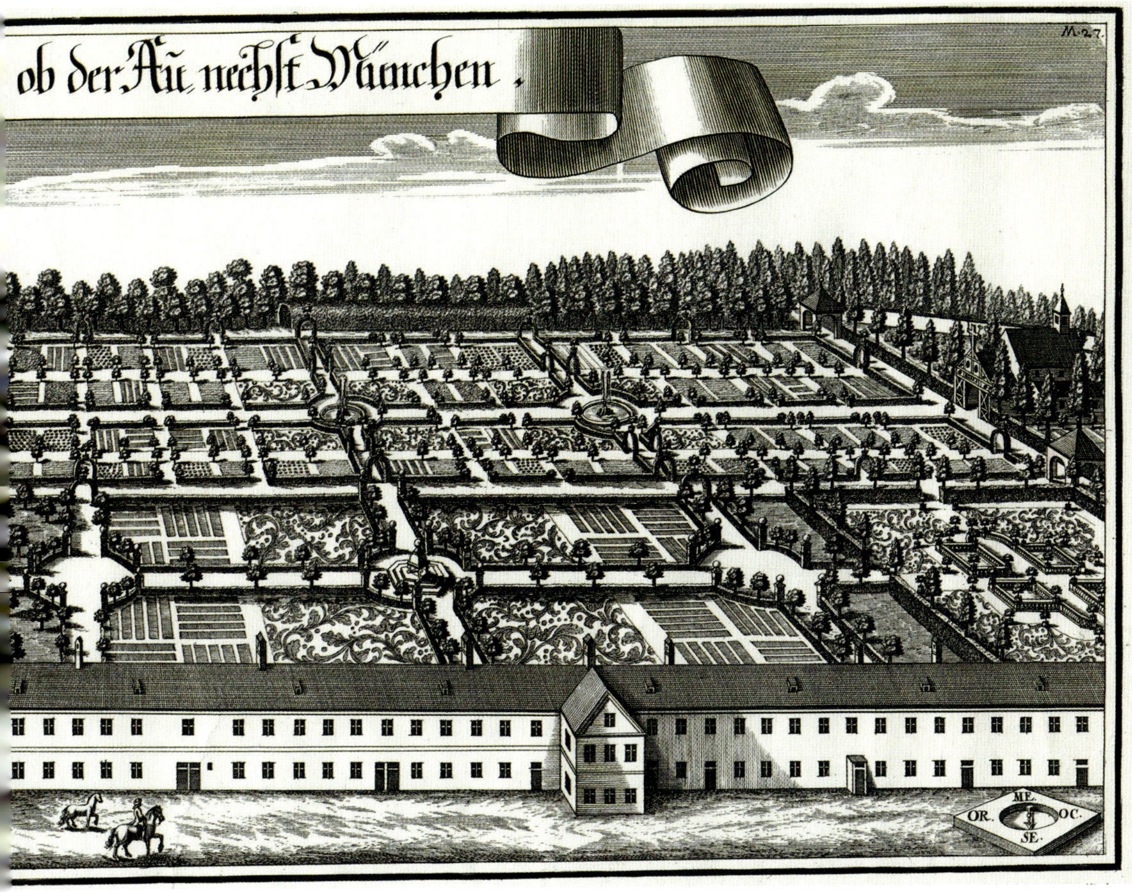

Paulanerkloster in der Au, um 1700 (4712; Reproduktion nach Kupferstich von Michael Wenig) – Links erstreckt sich der Konventbau mit der Klosterkirche. Rechts davon – abgetrennt durch einen schmalen, mit einem Bogengang überbrückten Weg (heute Ohlmüllerstraße) – verläuft der große Klostergarten mit Wirtschaftsgebäuden. Die Klosterbrauerei befindet sich in dem auf der Gartenseite direkt an den Bogengang sich anschließenden Gebäudetrakt. 1813 erwarb Franz Xaver Zacherl die Brauerei zusammen mit dem Areal des ehemaligen Klostergartens und errichtete dort ab 1822 den Neubau der Zacherlbrauerei

Jesuitenkollegs in der Neuhausergasse, die ausschließlich für den Eigenbedarf des Konvents produzierte, und das kurfürstliche Hofbräuhaus[19].

Doch spricht dieser Umstand nicht unbedingt gegen einen bereits damals bestehenden Starkbierausschank der Paulaner. Denn möglicherweise war dieser noch 1761 von so geringem Umfang, dass er dem gelehrten Verfasser nicht bekannt war oder nicht erwähnenswert erschien.[20]

Sicher belegt ist der Ausschank von Starkbier während der Festtage im Paulanerkloster Mitte der 1760er Jahre durch die Bekundung eines Augenzeugen. Der damals 14-jährige Desiderius Schneid (1752–1836), später kurfürstlicher Geheimer Rat und 1786 geadelt, gab 1836 in einer amtlichen Befragung zu Protokoll, dass das Starkbier dort „schon in den Jahren 1760“, als er noch Student war, „gebraut und ausgeschenkt worden.“[21]

Das kurfürstliche Mandat von 1751 verweist darauf, dass die Mönche offenbar schon in früheren Jahren („wie ehedessen beschehen“) während des Namensfestes im Kloster Braunbier an die Besucher ausschenkten. Allerdings geschah dies bislang offenbar ohne ausdrückliche obrigkeitliche Erlaubnis. Diese erhielten die Paulaner nun vom Kurfürsten – allerdings nicht generell und für alle Zukunft, sondern ausdrücklich nur für das Jahr 1751.

In der Folgezeit konnten die Mönche dann aber die Bewilligung für den Bierausschank an die Festbesucher alljährlich bei der zuständigen kurfürstlichen Behörde einholen. Dies geht klar aus einer Stellungnahme des bayerischen Staatsministeriums der Finanzen aus dem Jahr 1837 zu den Ursprüngen des Salvatorausschanks hervor. Demnach wurde den Paulanern von den kurfürstlichen Behörden nunmehr „auf jedesmaliges bittliches Ansuchen und nur für den betreffenden Jahrgang gestattet [...], den zu ihrem Kloster kommenden Leuten um die Zeit des Festes des Ordenspatrons einen Trunk braunen Bieres abzugeben“, weshalb „auf eine Überschreitung der ertheilten Bewilligung [...] in mehreren

S. 18/19:
Sommerliche Festgesellschaft im Neudeckergarten beim Paulanerkloster in der Au, 1747 (1956; Reproduktion nach Gemälde von Peter Jakob Horemans)

Werbemotiv „Kurfürstliche Salvatorprobe" (2220; Bildpostkarte, um 1912)

Fällen ausdrückliches Verbot und Ahndung" erfolgte.[22]

Ein spezieller Name für das Starkbier der Paulaner taucht mangels früherer Quellen erstmals 1793 auf. Damals wurde es von den Mönchen selbst als „Herrenbier" bezeichnet.[23] Nach der Klosterauflösung 1799 titulierten es die Zeitgenossen zunächst als „Heilig-Vater-Öl"[24], ab 1808 dann wahlweise auch als „Salvatorbier"[25]. Später setzte sich diese Bezeichnung allgemein durch.

Braumeister Barnabas Still und Peter Ludwig

Über die Braumeister des Paulaner-Starkbieres ist kaum etwas bekannt. Erst ab den 1780er Jahren lichtet sich das Dunkel. Verantwortlich für die Herstellung des Herrenbieres wie auch des gewöhnlichen Hopfengebräus im Kloster war damals der Laienbruder Barnabas. Er hatte 1750 im oberpfälzischen Fischbach nahe Schwandorf als Sohn eines Bierbrauers unter dem bürgerlichen Namen Valentin Stephan Still das Licht der Welt erblickt. Um 1773 trat er als Laienbruder in das Paulanerkloster in Amberg ein. Von dort wechselte er Jahre später zu den Paulanern nach Neudeck. Hier bekleidete er bereits vor 1784 das Amt des Braumeisters und behielt es bis zu seinem Tod 1795.[26]

Sein Nachfolger wurde der Laie Peter Ludwig. Er stammte aus dem oberpfälzischen Teublitz, wo er 1757 geboren wurde. Im Alter von 28 Jahren trat er in den Dienst des Paulanerklosters in der Au. Seit 1785 arbeitete er dort im Bräuhaus, zunächst als Handknecht, dann als Oberknecht. Von Bruder Barnabas wurde er schließlich zum Braumeister ausgebildet. Peter Ludwig gab später sein Wissen über die während seiner Dienstzeit im Kloster gepflegte Starkbiersaison zu Protokoll.[27]

Demnach wurden dort alljährlich von Anfang Dezember bis Anfang Januar drei bis vier Starkbiersude im Umfang von je 36 bis 37 Eimern bewältigt. Das entsprach einem Ausstoß zwischen 108 und 148 Eimern (etwa 75 bis 100 hl). Während für gewöhnliches Bier in der Regel fünf Scheffel (11,2 hl) Malz pro Sud benötigt wurden, verwendete man beim Brauen von Starkbier im Kloster sieben Scheffel. Zur Stärke des Gebräus bemerkte Braumeister Ludwig, dass davon „kaum jemand mehr als 2 Maass ohne Berauschung zu sich nehmen konnte."[28]

Außerdem wurde im Paulanerbräuhaus offenbar auch Starkbier für den Eigenbedarf anderer Münchner Ordensgemeinschaften, etwa der Augustiner, Karmeliten und Kapuziner, eingesotten. Dabei handelte es sich um „eine blosse Gefälligkeit der Paulaner gegen andere Klöster, welche auch gerne ein starkes Bier zum Tisch-Trunk wünschten".[29]

Zum Namensfest des Ordenspatrons, beginnend am 2. April, wurde das Starkbier auf die Dauer von gewöhnlich acht, manchmal auch zehn Tagen in einer besonders dazu eingerichteten Schänke im Paulanerkloster verzapft. Zum Verkauf kam es daneben auch im klösterlichen Bräustübel, „wo die vorzüglichern Gäste vom Hofe und von der Stadt München“ dem „Herrenbier“ zusprachen.

Außerhalb des Klosters – etwa in anderen Gaststätten der Stadt – fand während der Festoktave kein gewerblicher Vertrieb statt. Ein solcher war durch die kurfürstliche Erlaubnis seit 1751 auch nicht gedeckt. Braumeister Ludwigs Bericht zufolge wurde das Starkbier in der Klosterschänke „sowohl an diejenigen, welche in der Schenke selbst dasselbe trinken wollten ohne Unterschied des Standes oder Ranges der Personen als auch an diejenigen abgegeben, welche es in der Schenke abhohlten [!] und über die Gasse trugen.“[30]

Auch Personen weiblichen Geschlechts sprachen dem Starkbier zu. „Sie kamen aber nicht in das Kloster, sondern wenn solche ein Bier haben wollten, so mussten sie durch bestellte Buben das Bier hollen [!] und ihnen ausserhalb der Pforte übergeben lassen.“[31]

Während Ludwigs Dienstzeit kostete das Normalbier in der Klosterschenke in der Regel vier Kreuzer pro Maß. Für das malz- und alkoholreiche Starkbier bezahlten die Gäste während des achttägigen Ausschanks dagegen mindestens fünf bis sechs Kreuzer, in manchen Jahren sogar noch mehr. Als Geschenk erhielten zu Klosterzeiten alljährlich alle kurfürstlichen Zentralbehörden und Hofämter das Starkbier während der Festoktave angeliefert, „meistens in grossen Quantitaeten“.[32]

Festbier statt Fastenbier

Das achttägige Ordensfest begingen die Paulaner feierlich mit Gottesdiensten. Höhepunkt war das jeweils am Sonntag der Festoktave in der Klosterkirche stattfindende Pontifikalamt. Es wurde seit mindestens 1749 von hohen kirchlichen Würdenträgern, meist Äbten oder Prälaten auswärtiger Klöster, zelebriert. In solchen Jahren, in denen der Namenstag des Ordensgründers in die Karwoche fiel, verschob man das Fest in die anschließende Osterwoche.[33]

Werbemotiv „Kurfürstliche Salvatorprobe“ (2220; Bildpostkarte, um 1955)

Die bayerischen Kurfürsten beehrten das Ordensfest wohl nicht selten mit ihrer Anwesenheit. Für eine regelmäßige alljährliche Teilnahme der Majestäten an der kirchlichen Feier gibt es allerdings keine zwingenden Nachweise. Am 2. April 1720 begab sich Kurfürst Maximilian II. Emanuel (reg. 1679–1726) zum Ordensfest ins Paulanerkloster.[34] Auch sein Enkel Maximilian III. Joseph besuchte offenbar öfter das Hochamt in der Klosterkirche.[35]

1790 nahm dessen Nachfolger Kurfürst Karl Theodor an der Feier teil.[36] 1795 begab er sich zusammen mit seiner Gemahlin Maria

Imaginäre Salvatorprobe durch Kurfürst Max III. Joseph im Paulanerkloster in der Au (BWA S8, 482; Bildpostkarte, 1914; Zeichner: Fritz Bergen, 1909)

Leopoldine samt Gefolge dorthin.[37] Am 7. April 1799 – sechs Wochen nach seinem Regierungsantritt und drei Monate vor Auflösung des Paulanerklosters – besuchte auch Maximilian IV. Joseph (reg. 1799–1825) den Festgottesdienst.[38]

Eine förmliche Kostprobe des „Herrenbieres" wurde den Landesherrn bei dieser Gelegenheit im Kloster aber allem Anschein nach nicht gereicht. Zumindest existieren dafür bislang keinerlei stichhaltige Belege. In den erhaltenen Berichten über die Festbesuche von Kurfürst Karl Theodor bzw. Maximilian IV. Joseph ist davon jedenfalls nicht die Rede.[39]

Der seit 1785 im Paulanerbräuhaus tätige Peter Ludwig erwähnte bei seiner amtlichen Befragung 1835 ebenfalls keine besondere, im Kloster stattfindende Salvatorprobe. Vielmehr gab er diesbezüglich zu Protokoll: „Für den Churfürsten selbst mussten am Festtag des heiligen Franz de Paula 16 Maass versendet werden, während dem der Churfürst dem Hochamte in der Paulanerkirche beiwohnte; und bis derselbe nach Beendigung des Hochamtes in seine Residenz zurückfuhr, musste das Bier schon auf der churfürstlichen Tafel sein".[40]

Die angeblich alljährlich im Paulanerkloster stattfindende offizielle Starkbierverkostung durch die bayerischen Kurfürsten war sehr wahrscheinlich eine nachträgliche Erfindung des geschäftstüchtigen Franz Xaver Zacherl. 1830 erschien im Münchener Conversa-

tions-Blatt ein wohl von ihm lancierter Artikel über „Das heilig Vater-Bier in der Vorstadt Au“, in dem diese Legende werbewirksam verbreitet wurde.[41]

Aus dem Gesagten ergibt sich auch, dass es sich bei dem Starkbier der Paulaner ursprünglich um ein Festbier und nicht um ein Fastenbier handelte. Das stärker eingesottene Gebräu diente ursächlich nicht der Versorgung der nahezu vegan lebenden Mönche während der 40-tägigen Fastenzeit zwischen Aschermittwoch und Karsamstag mit einem besonders malzreichen Haustrunk als Nahrungsergänzungsmittel in der gemüse- und vitaminarmen Winterszeit. Der Salvator war zuallererst ein Trunk zu Ehren des Ordensgründers Franziskus de Paula.[42]

Dessen kalendarischer Namenstag am 2. April fiel zumeist in die vorletzte Woche der Fastenzeit, mitunter aber auch in die Karwoche oder in die Osterwoche. Über den Großteil der gesamten Fastenzeit hinweg, die manches Jahr schon in der zweiten Februarwoche begann, war das Starkbier noch gar nicht ausschankreif, sondern verbrachte noch Wochen im Lagerkeller.

Das Einbrauen des Spezialbieres erfolgte sowohl zu Klosterzeiten wie auch später in der Zacherlbrauerei stets von Anfang Dezember bis Anfang Januar in mehreren Suden. Danach reifte das Gebräu bis zu acht Wochen im Lagerkeller. Anschließend wurde es in kleinere Gebinde abgezogen. Darin ruhte das Starkbier weitere vier Wochen bis Ende März, bevor es am 2. April öffentlich zum Ausschank kam.[43]

Den Charakter eines „regelrechten“ Fastenbieres erhielt der Salvator erst viel später durch die Vorverlegung des Ausschankbeginns vom 2. April auf den Sonntag vor dem Josefitag (19. März) ab dem Jahr 1862. Seither wurde das Starkbier entsprechend früher eingesotten. Die achttägige Salvatorsaison fiel nun vollständig in die Fastenzeit. Nach dem Zweiten Weltkrieg schließlich begann der Salvatorausschank mitunter bereits wenige Tage nach dem Aschermittwoch. Und statt wie zuvor meist acht, dauerte er jetzt in der Regel 16 Tage. Das ursprüngliche „Festbier“ war endgültig zum „Fastenbier“ geworden.

Unter den Johannitern

Nach der Säkularisation des Paulanerklosters im Juli 1799 übernahm der bayerische Staat das Bräuhaus in der Au und führte es in eigener Regie weiter. Der Bierausstoß pro Sudjahr erreichte im Schnitt rund 4.100 hl.[44] Die Starkbierproduktion aber wurde seither eingestellt.[45]

Schon 1802 befasste sich der Fiskus mit dem Gedanken, das Unternehmen zu privatisieren. Dazu war es aber notwendig, den Braubetrieb auf eine neue und verbindliche Rechtsgrundlage zu stellen. Denn die 1780 den Paulanermönchen durch Kurfürst Karl Theodor bis auf Weiteres erteilte gewerbliche

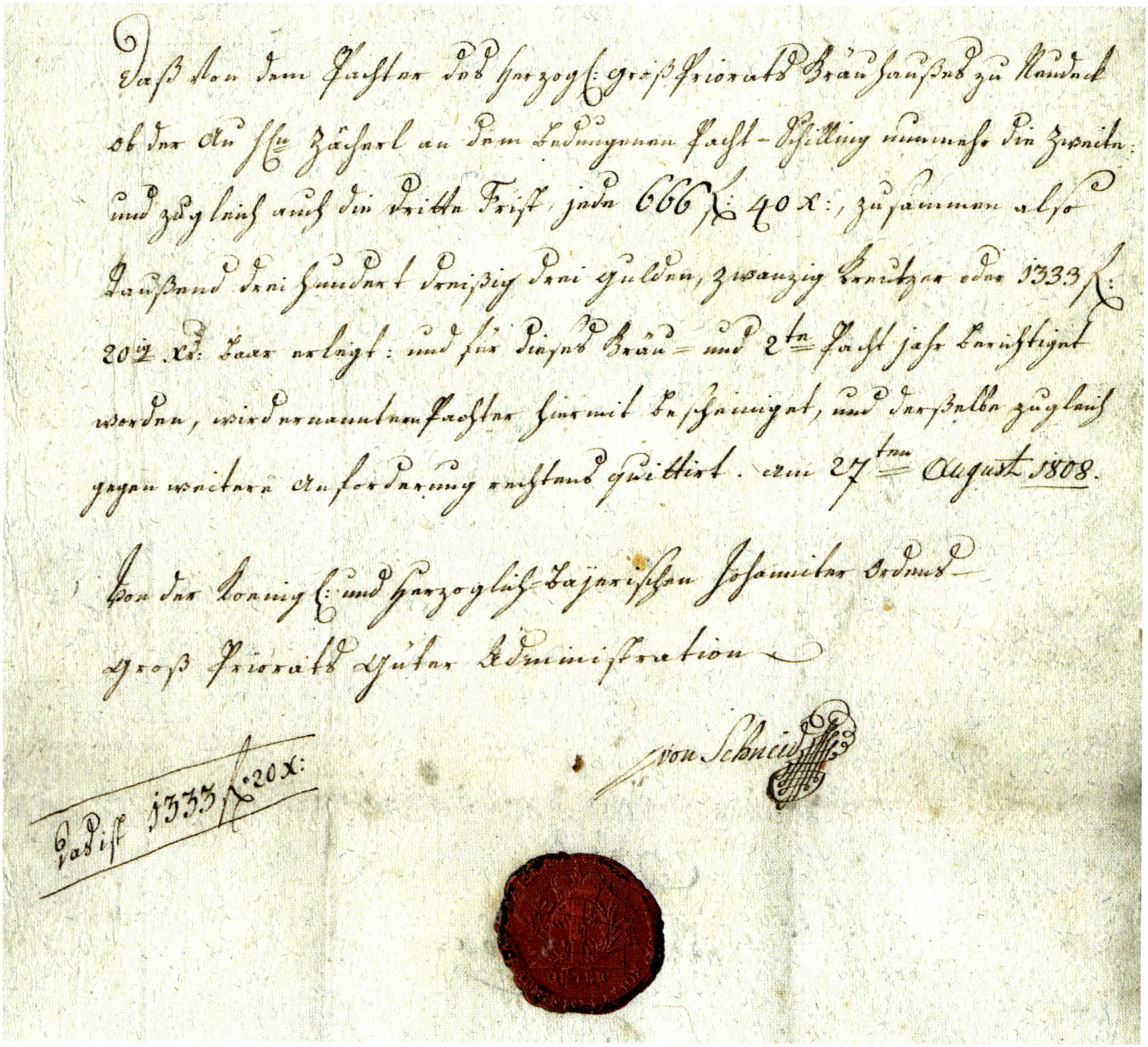

Daß von dem Pachter des herzogl: groß Priorats Bräuhauses zu Neudeck ob der Au Hn Zacherl an dem bedungenen Pacht-Schilling nunmehr die zweite und zugleich auch die dritte Frist, jede 666 fl: 40 x:, zusammen also Tausend drei hundert dreißig drei Gulden, zwanzig Kreutzer oder 1333 fl: 20 x: baar erlegt: und für dieses Bräu- und 2te Pacht jahr berichtigt worden, wird erwähnter Pachter hiermit bescheinigt, und derselbe zugleich gegen weitere Anforderung rechtlich quittirt. den 27ten August 1808.

Von der Königl: und herzoglich bayerischen Johanniter Ordens-groß Priorats Güter Administration

von Schneid

Cassirt 1333 fl: 20 x:

Brauerlaubnis war durch die Säkularisation des Klosters 1799 erloschen. Am 11. Oktober 1802 bewilligte deshalb Kurfürst Maximilian IV. Joseph „für das Paulaner Bräuhaus in der Au eine ordentliche und reale Bräugerechtigkeit, jedoch [...] dergestalt [...], dass derjenige, an welchen Wir sie ietzt oder künftig verkaufen lassen werden, sich allen in den Polizey- und Aufschlags-Mandaten enthaltenen Gesetzen zu unterwerfen habe."[46]

Damit war die unbedingte Geltung der in Bayern bestehenden gewerbepolizeilichen Vorschriften über den Bierpreis auch für die ehemalige Paulanerbrauerei klar und deutlich ausgesprochen. Wer immer das Sudhaus nun vom Staat erwarb, war in keiner Weise mehr befugt, dort ein Starkbier über dem im Königreich Bayern geltenden Maximalpreis für Bier zum Ausschank zu bringen.

Am 4. Februar 1803 schrieb die kurfürstliche Administration der Kirchen und milden Stiftungen das „Paulanerbräuhaus ob der Au" zur öffentlichen Versteigerung aus. Doch fand sich bei der auf den 28. Februar angesetzten Auktion kein Käufer, der die finanziellen Erwartungen des Staates erfüllte.[47] Am 18. November wurde das Objekt erneut offeriert, diesmal zur Pacht auf sechs Jahre. Doch niemand zeigte Interesse, die geforderte jährliche Mindestpachtsumme zu entrichten.[48]

Schließlich ging der bayerische Fiskus einen anderen Weg. Er übergab das Sudhaus Ende Oktober 1804 an die 1781 errichtete bayerische Zunge des Johanniterordens (Malteser). Im Tausch erhielt er von den Maltesern dafür das ehemalige Münchner Brauanwesen des 1773 aufgehobenen Jesuitenordens.[49]

Trotz der nun eindeutig fehlenden Rechtsgrundlage wurden Produktion und Ausschank des Starkbieres in der ersten Aprilwoche unter der Regie der neuen geistlichen Besitzer offenbar wieder aufgenommen. Jedenfalls berichtete der in den Jahren 1804 bis 1806 für den Braubetrieb in der Au zuständige Administrator Desiderius von Schneid 1836: „So lange die Johanniterordens Grosspriorats Güteradministration im Besitze des sogenannten Paulanerbräuhauses in der Vorstadt Au war, wurde das sogenannte Salvatorbier als Vorrecht dieses Bräuhauses unbeschränkt ausgeübt" und „liess ich fragliches Bier [...] immer brauen [...] und materialiter und pecunialiter in der Braurechnung unter den andern Einnahmen und Ausgaben verrechnen."[50]

Nach bald zwei Jahren verloren die Johanniter das Interesse am Eigenbetrieb des Sudhauses. Am 1. Oktober 1806 verpachteten sie das Bräuhaus in der Au auf neun Jahre für eine jährliche Summe von 2.000 Gulden an den Münchner Hallerbräu Franz Xaver Zacherl.[51]

Hallerbräu Zacherl als Paulanerbräu

Der Pächter Zacherl war in der Landeshauptstadt kein Unbekannter. 1772 in München geboren, wuchs er in der Sendlingergasse auf. Dort betrieb sein Vater Martin (1737–1813) – ein gelernter Koch – seit langem eine gut gehende Fremdenherberge. 1797 erwarb Franz Xaver Zacherl das Bürgerrecht und heiratete Maria Elisabeth (1776–1840), die Tochter des begüterten Münchner „Köglmüllers" Joseph Kaspar Schmederer.

Noch im selben Jahr kaufte Zacherl für 27.900 Gulden das Münchner Hallerbräu in der Neuhausergasse. Der 25-Jährige hatte damals seine 1796 begonnene Ausbildung zum Bierbrauer noch gar nicht abgeschlossen. Als „angehender Bräu" musste er noch zwei Jahre „lernen". Erst am 25. September 1799 wurde Zacherl in die Zunft der Münchner Bierbrauer aufgenommen. Nun erhielt er von der kurfürstlichen Hofkammer das Braulehen, die erforderliche Lizenz zur Leitung des Hallerbräu.

Obwohl neu in der Branche, war Zacherl ungemein erfolgreich. Binnen zehn Jahren führte er seinen Braubetrieb in der Neuhausergasse in die Spitzengruppe der Münchner Sudhäuser. Im Sudjahr 1807/08 stand der Hallerbräu mit einem Malzverbrauch von 2.805 Scheffel – das entsprach einem Bierausstoß von rund 12.500 hl – an zweiter Stelle unter den damals 52 bürgerlichen Brauunternehmern der Stadt.

Den ersten Platz mit einer Verarbeitung von 3.105 Scheffel Malz (13.600 hl Bier) belegte damals Zacherls Schwager, der Hackerbräu Joseph Pschorr (1770–1841). Er hatte 1801 in zweiter Ehe dessen Schwester Anna Zacherl (1778–1818) geheiratet.

Oben links: Franz Xaver Zacherl, um 1800 (Dombart, S. 63)

Oben Mitte: Elisabeth Zacherl, geb. Schmederer, um 1800 (Dombart, S. 63)

Oben rechts: Er heiratete 1801 in zweiter Ehe Zacherls Schwester Anna – Joseph Pschorr, um 1820 (4714)

Unten: Quittung für Franz Xaver Zacherl über bezahlte Pacht für das Paulanerbräuhaus in der Au, 1808 (1794)

Salvator
ZACHE
München den 1t April 1840.

Dreißigjähriger Behördenkrieg

Salvatorszenen, 1840 (4596)

Nach der am 1. Oktober 1806 pachtweise begonnenen Bewirtschaftung der ehemaligen Klosterbrauerei in der Vorstadt Au setzte Franz Xaver Zacherl dort die zuvor schon von den Maltesern wieder aufgenommene Salvatorproduktion fort. Ende 1807 braute er das Starkbier ein. Am ersten Aprilsonntag 1808 kam es in Zacherls Bräuhaus zum Ausschank. Der Stoff fand reißenden Absatz. Der Preis von acht Kreuzern pro Maß lag aber weit über dem zulässigen Satz.[1]

Das Einschreiten der Obrigkeit ließ deshalb auch nicht lange auf sich warten. Im Frühsommer 1808 säkularisierte das Königreich Bayern die Güter des Malteserordens. Das ehemalige Paulanerbräuhaus befand sich nun wieder in Staatsbesitz. Dies schärfte sogleich den Blick der Gewerbepolizei auf das rechtlich unzulässige Gebaren des Pächters Zacherl.

Erste Verbote

Nun trat die Königliche Brauwesensadministration auf den Plan. Anfang Juni 1808 erging der Beschluss, „den Bräuhauspächter zu Neudegg in der Au wegen eigenmächtigen Ausschenkens eines Bieres um höheren Preis gehörig zu bestrafen und überhaupt dergleichen Überschritte, solange die gegenwärtigen Einrichtungen und Gesetze bestehen, für die Zukunft zu beseitigen."[2] Daraufhin wies die Königliche Landesdirektion von Baiern das Landgericht München am 22. Juni 1808 an, „die Erzeugung eines sogenannten Salvatorbieres [...] in der Au und dessen Verleitgabe zu einem höheren als dem allgemein festgesetzten Preis unverzüglich abzustellen."[3]

Von der Behörde zur Rede gestellt, gab Zacherl aber in keiner Weise klein bei. Im Gegenteil: Er reichte bei der Landesdirektion eine Gegenvorstellung ein. Darin verwies er auf die langjährige Ausschanktradition des Salvator als „eine alte, nicht unvernünftige, jedermann ganz unschädliche Gewohnheit", durch die „niemand beeinträchtiget noch gefährdet" werde. Er appellierte an die Behörde, von einem Verbot abzusehen und zu erlauben, „doch wenigstens im Jahre einmal besseres Bier zu brauen, um den lauten Wunsch eines großen Theils des Publici zu befriedigen, da es hiedurch – durch Erhaltung neuer Kräfte gelabt – gleichsam das Surrogat des so theuren Weines hat, den in heutigen Zeiten [nur] der geringste Theil Menschen vermag."[4]

In seinem Widerstand erhielt Zacherl unverhofft amtliche Unterstützung. Das Landgericht München leistete ihm Schützenhilfe. Gegenüber der Landesdirektion stellte die Behörde klar, dass der Starkbierausschank polizeibekannt war. Der Landrichter sah darin auch keine strafwürdige Handlung, „da solch ein Bier der Wunsch des gesamten Publikums war". Außerdem hatte Zacherl nicht nur Starkbier, sondern auch billigeres Winterbier ausgeschenkt. Folglich stand „jedem Individuum die Wahl dem Preise nach ganz frei", weshalb „von einem Druck des Publikums keine Rede sein konnte."[5]

Schließlich verwies der Landrichter auf den in der Residenzstadt alljährlich „vor dem Auge der Regierung und mit Bewilligung der Polizei" stattfindenden Bockbierausschank des Königlichen Hofbräuhauses. Wenn in

München Bock über dem Satz ausgeschenkt werde, dann spreche nichts dagegen, in der Vorstadt Au mit dem Salvator entsprechend zu verfahren.[6]

Dieser doch etwas eigenwilligen Rechtsauffassung des Landgerichts vermochte die Landesdirektion in keiner Weise zu folgen. Im August 1808 erging die strikte Anweisung, den Salvatorverkauf über dem – allgemein bis 30. April geltenden – Maximalpreis für Winterbier für alle Zukunft strikt zu untersagen. Zacherls Einwände wurden als nichtig abgewiesen. Die Behörde ließ ihm über das Landgericht ausrichten, dass er „nur ein so gutes Bier liefern solle, als er nach dem geltenden Satze anzeigen kann, und daß, wenn er mandatmäßig einsiedet, zu einem noch stärkeren Bier sich kaum Abnehmer finden werden."[7]

Diese Einschätzung der Landesdirektion sollte sich als großer Irrtum erweisen. Denn die alljährliche Nachfrage des Münchner Publikums nach dem seit Jahrzehnten konsumierten Starkbier aus der Au hielt unvermindert an. Sie sollte dafür sorgen, dass die Salvatorquelle trotz regelmäßiger behördlicher Verbote auch künftig nicht versiegte.

Zacherlbräu in der Au

Im August 1809 beschränkte Zacherl sich zunächst wieder ganz auf den Betrieb des Hallerbräu in der Neuhausergasse. Das Paulanerbräuhaus in der Au überließ er für vier Jahre in Unterpacht seinem Bruder Martin (†1823). Doch erfüllte dieser die von Franz Xaver in ihn gesetzten Erwartungen nicht. Martin wirtschaftete schlecht und erzeugte mangelhaftes Bier, weshalb er bald einen Teil seiner Abnehmer verlor. Auch mit den Pachtzahlungen gegenüber seinem Bruder geriet Martin in Rückstand. Schließlich prozessierten die beiden Geschwister vor Gericht gegeneinander.[8]

Am 13. März 1813 schließlich kaufte Franz Xaver Zacherl den Braubetrieb in der Au, einschließlich des vormaligen Klostergartens, für 21.000 Gulden vom bayerischen Staat. Nach dem Abgang seines Bruders übernahm er nun wieder selbst die Leitung des Sudhauses. Neidisch blickten die Auer Wirte auf das offenbar gut florierende Unternehmen, dessen Brauhausausschank sich über mangelnden Zulauf nicht beklagen konnte.

An guten Tagen setzte Zacherl dort 10 hl Bier an zahlende Gäste ab. 1818 stellte er beim Landgericht München einen Antrag auf die Errichtung einer zweiten Schänke im Zentrum der Vorstadt Au. Doch lehnten die Behörden seine wiederholten Gesuche unter dem Beifall der Auer Wirte ab. Sie befürchteten zu Recht eine übermächtige Konkurrenz durch den Brauherrn.

1819 veräußerte Zacherl, der von 1816 bis 1818 dem Vorstand des Vereins der Münchner Bierbrauer angehört hatte, das 22 Jahre lang von ihm sehr erfolgreich betriebene Hallerbräu in der Neuhausergasse für die beachtliche Summe von 76.000 Gulden an den Münchner Brauer und Gastronomen Anton Schützinger. Fortan konzentrierte er seine unternehmerischen Aktivitäten ganz auf die Brauerei in der Vorstadt Au, für die sich seither der Name „Zacherlbräu" einbürgerte. Im Sudjahr 1819/20 erzielte er dort einen Malzverbrauch von 4.755 Scheffel. Das entsprach einem Ausstoß von rund 21.200 hl Bier.

Einen erheblichen Anteil der Erlöse aus dem Verkauf des Hallerbräu steckte Zacherl in der Folgezeit in den kompletten Neubau des Auer Sudhauses. Ab 1822 ließ er die in die Jahre gekommene Bierfabrik, die schon länger nicht mehr seinen Ansprüchen entsprach,[9] von Grund auf neu errichten. Das Zentrum des gesamten Betriebsareals, das sich auf einer Fläche von 1,2 Hektar zwischen Ohlmüller- und Falkenstraße erstreckte, bildete seither ein vierflügeliger quadratischer Gebäudekomplex mit einer Seitenlänge von 60 und einer Flügelbreite von 14 Metern. Ohne den nicht überdachten Innenhof umfasste das Bauwerk eine Fläche von 2.534 Quadratmetern.

Dieser komplett unterkellerte, zweistöckige Hauptbau mit der späteren Adresse Ohlmüllerstraße 42 beherbergte neben der Brauhauswirtschaft die Wohnung des Brauherrn, Bürozimmer, Gerstenböden, Mälzerei mit Keimböden samt einer „englischen Darre" mit 330 Quadratmetern Heizfläche, Sudhaus, Gärkeller und einen Lagerkeller für Winterbier. Weitere Gebäude mit Schäfflerei, Picherei und Fasswaschanlage, mit Stallungen für Ochsen und Pferde, mit Remisen für Fuhrwerke sowie Lagerräumen für Holz, Torf, Stroh und Heu erstreckten sich über einen zweiten Brauereihof zur Falkenstraße hin. Ein eigener Brunnen lieferte das Wasser für den Braubetrieb.

Schon 1813 hatte Zacherl mit der Erweiterung des bereits zur Klosterzeit bestehenden, aber lediglich 160 Quadratmeter großen Sommerbierkellers („Bergkeller")[10] am Fuße des unweit entfernten, jenseits des Auer Mühlbaches gelegenen Nockherberges begonnen. Dieses Kellerhaus erstreckte sich nun über eine Fläche von 730 Quadratmetern. Ein zweites errichtete Zacherl unmittelbar darüber auf der Anhöhe an der Hochstraße. Die wohl bereits 1816 fertiggestellte vierflügelige quadratische Anlage wurde von den Münchnern als „Zacherlkeller" bezeichnet.

Sie hatte eine Seitenlänge von etwa 65 und eine Flügelbreite von rund 16 Metern. Ohne den nicht überdachten Innenhof ergab sich in dem einstöckigen, mit Ziegeln gedeckten Kellerhaus eine oberirdische Nutzfläche von 3.260 Quadratmetern. Hier wurden vor allem Fässer und anderes Brauereiinventar gelagert. Im Untergrund befanden sich weitläufige Kellergewölbe mit Platz zur Lagerung von 12.000 hl Sommerbier. Durch Treppengänge waren beide Kellerhäuser im Inneren des Nockherberges miteinander verbunden.

Zacherls neu errichtete Bierfabrik wurde von sachverständigen Zeitgenossen hoch gelobt. Ein Baufachmann bezeichnete die Brauerei selbst 20 Jahre später als „musterhafte Anlage". Ein anderer empfahl das auch „im Auslande viel bekannte Bräuanwesen [...] wegen [der] Großartigkeit des Betriebs und der ansehnlichen Baulichkeiten" noch 1843 als Vorbild.

Gegenüber neuen technischen Entwicklungen und naturwissenschaftlichen Erkenntnissen gab Zacherl sich von je her aufgeschlossen. 1810 war er Mitbegründer des Landwirthschaftlichen Vereins in Baiern. Seit 1824 zählte er zu den Mitgliedern des Polytechnischen Vereins für Bayern in München. Aufgrund seiner „ausgezeichneten Kenntnisse" und Verdienste um die „Industrie" ernannte ihn der „Cultur- und Industrie-Verein im Königlichen Landgerichte Nürnberg" später zu seinem Ehrenmitglied.

Franz Xaver Zacherl im Alter von 55 Jahren, 1827 (StadtAM HV BS, B-17-60; Zeichner: Diemer)

1819 sowie 1822 war der politisch aktive Brauer Mitglied der Kammer der Abgeordneten der bayerischen Ständeversammlung. Sein wirtschaftlicher Erfolg zeigte sich auch am Erwerb einer Reihe von Immobilien in München. 1827 erwarb Zacherl für 33.000 Gulden das im Jahr zuvor für den Braubetrieb stillgelegte Spöckmeierbräu-Anwesen in der Münchner Rosen- und Fürstenfeldergasse, um es als gut florierende Gastwirtschaft weiterzuführen. 1837 akquirierte er für 14.000 Gulden die unweit der Brauerei gelegene Gastwirtschaft „Zum Nockhergarten". In der Folgezeit erwarb der Brauer schließlich in der Au das Gastwirtsanwesen „Zum Brunntaler".

Anfang 1843 installierte Zacherl in seiner Brauerei eine Dampfmaschine. Sie lieferte die erforderliche Kraft zum mechanischen Antrieb einer neuartigen, auf Zacherls Anregung hin von einem Münchner Kupferschmied gebauten Maischmaschine. Mit dem erzeugten heißen Dampf wurde zugleich die

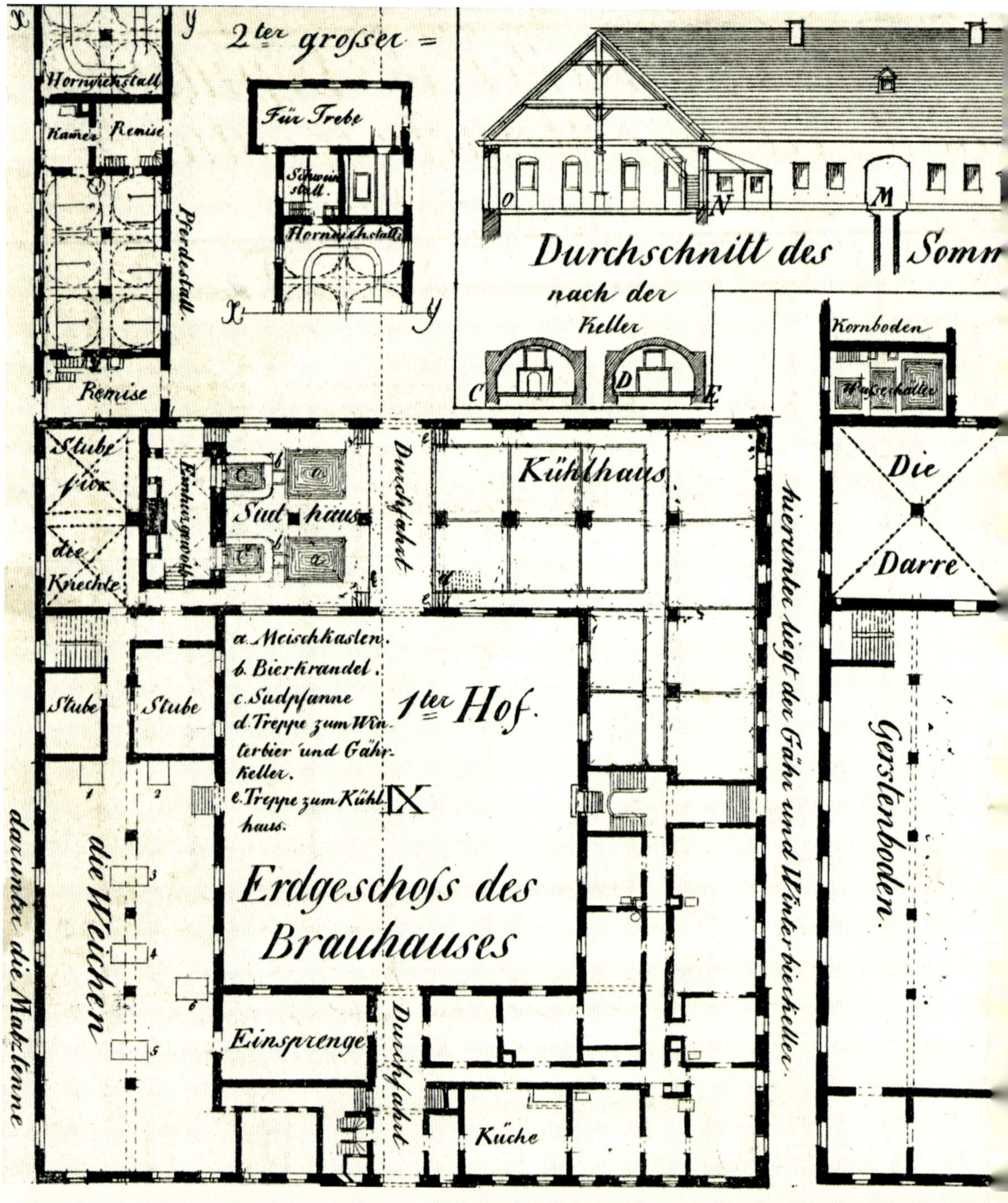

Aufriss des Sommerbierkellers auf dem Nockherberg sowie Grundriss des Erd- und Obergeschosses der Zacherlbrauerei, 1822 (1840)

Sudpfanne erhitzt und damit „Dampfbier“ erzeugt. Zacherl war damals der einzige unter den Münchner Brauern, der sein Sudhaus auf Dampfbetrieb umstellte.

Aber der Erfolg war nicht von Dauer. Denn seine Bräuknechte protestierten schon bald gegen den absolut zuverlässig arbeitenden Maischapparat, der ihnen die Handarbeit und damit die Beschäftigung nahm. Die Dampfkochung des Bieres dagegen war technisch noch nicht völlig ausgereift. Aus diesem Grund gelang es Zacherl nicht, dem Bier die erforderliche Haltbarkeit zu geben. Nach rund hundert damit gemachten Suden musste er den Dampfbierbetrieb nach einem Jahr wieder einstellen.

Zwar wurde Zacherls Brauerei gemessen am Bierausstoß bald von anderen, stärker expandierenden Bierfabriken in der Landeshauptstadt überflügelt. Spatenbräu Gabriel

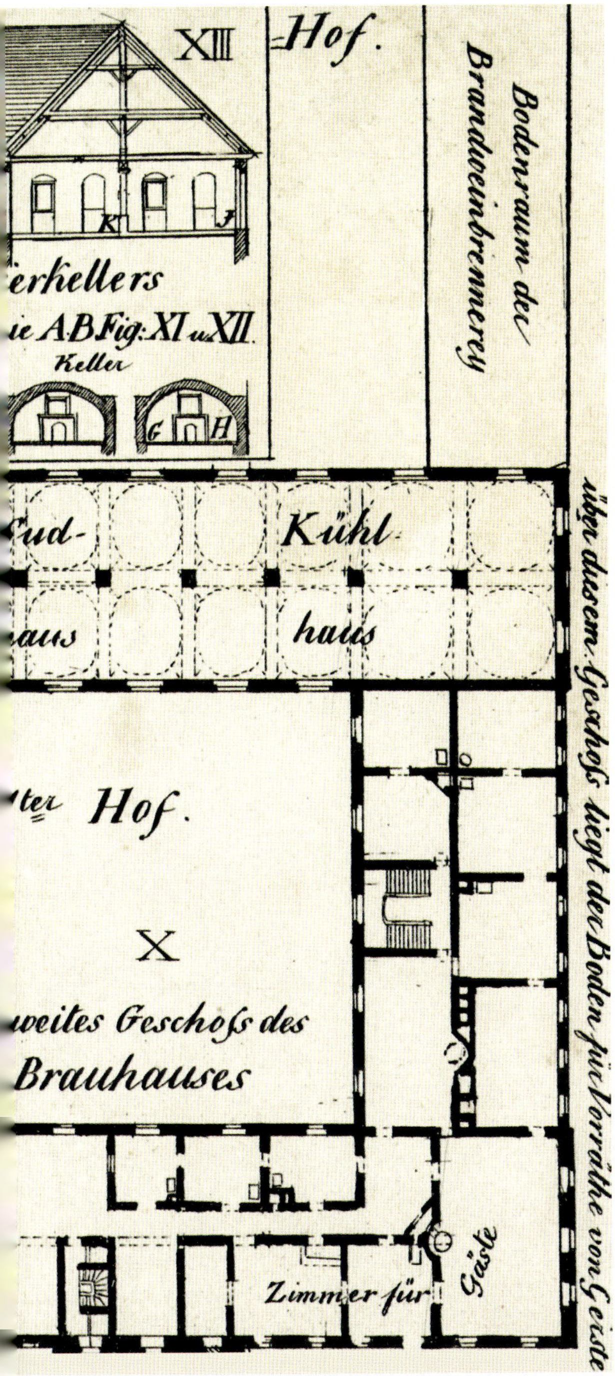

Sedlmayr (1811–1891), gefolgt von Löwenbräu Georg Brey (1784–1854), Hackerbräu Matthias Pschorr (1800–1879) und Pschorrbräu Georg Pschorr (1798–1867) zogen an der Zacherlbrauerei vorbei. Doch zählte das Sudhaus in der Vorstadt Au auch weiterhin zur Spitzengruppe der Münchner Bierfabriken.

1847 versorgte Zacherl dort mehrere Gastronomen mit seinem Bier. In der Residenzstadt selbst belieferte er zehn Wirte mit seinem Gerstensaft. Gemessen daran stand er mit seinem Sudhaus damals unter den 38 Münchner Braunbierbrauern an achter Stelle – nach Hacker (26), Pschorr (22), Löwenbräu (19), Hallerbräu (18), Spaten (15), Augustiner (12) und Hallmayrbräu mit 11 belieferten Münchner Gaststätten.

Salvatorausschank trotz Verbot

Unter der Regie von Martin Zacherl, der das Paulanerbräuhaus von 1809 bis 1813 in Unterpacht betrieb, fand kein Salvatorausschank mehr statt. 1809 berichtete das Königlich-baierische Intelligenzblatt, dass die Münchner zwar den 1799 aufgehobenen Paulanerorden „leicht verschmerzen" könnten, „müßte man nur nicht auch ihr Heil[ig] Vateröl entbehren."[11]

Zacherls Bruder hielt sich offenbar an das 1808 von den Behörden ausgesprochene Verbot. Denn auch das am 25. April 1811 von der bayerischen Regierung erlassene und bis 1865 im Königreich Bayern gültige „Biersatzregulativ" untersagte die Abgabe von Bier über dem vom Staat alljährlich festgesetzten Maximalpreis ausdrücklich. Bei Zuwiderhandlung drohte eine empfindliche Strafe von zehn Reichstalern.[12]

Mit dieser Zurückhaltung war es jedoch vorbei, als Franz Xaver Zacherl nach dem Ankauf des Betriebes 1813 wieder selbst das Kommando im Auer Sudhaus übernahm. Ende 1814 ließ er das Starkbier wieder einbrauen. Zur üblichen Salvatorsaison brachte er es 1815 in seinem Bräuhaus zu einem über dem Satz liegenden Preis zum Ausschank. Außerdem – und das war neu – belieferte er damit auch noch einige Münchner Gasthäuser.[13]

Das konnte den Brauern in der Landeshauptstadt nicht gefallen. Und so war es kein Wunder, dass bei der Landesdirektion von Baiern eine Anzeige einging.[14] Das Landgericht München forderte Zacherl schließlich ultimativ auf, den Ausschank von „sogenanntem Salvator oder Vater-Bier" bei Strafandrohung von 50 Gulden unverzüglich zu unterlassen.[15]

Doch hielt das erneute Verbot Zacherl keineswegs davon ab, den Starkbierverkauf auch

Er führte die zur Spitzengruppe der Münchner Sudhäuser zählende Hackerbrauerei von 1834 bis 1865 – Matthias Pschorr, um 1830 (4716)

im Jahr darauf wieder zu starten. Denn als Ende März 1816 der Inhaber des Münchner Kalteneckerbräu Johann Gallinger dafür bestraft wurde, dass er stärker eingesottenes Bier über dem geltenden Satz ausschenkte, beschwerte er sich bei der Polizeidirektion München heftig darüber, „daß er sich [dazu] nicht weniger berechtiget glaube, als der Brauer [Zacherl] in der Vorstadt Au, welcher sogenanntes Paulaner-Bier ausschenke [und] deswegen einen vorzüglichen Besuch habe."[16] Daraufhin schärfte das Landgericht München auf Anweisung seiner vorgesetzten Behörde, des Generalkommissariats des Isarkreises, Zacherl erneut die Unterlassung des Salvatorverkaufs unter Strafandrohung ein.[17]

In den Jahren 1817 bis 1819 scheint Zacherl sich an das ausgesprochene Verbot gehalten zu haben. Das Landgericht München behielt den Paulanerbräu offenbar streng im Auge. Am 20. März 1819 – rechtzeitig vor dem Namenstag des Franziskus de Paula am 2. April – erinnerte ihn die Behörde vorsorglich an das „sich von selbst" verstehende Verbot.[18]

Im darauffolgenden Jahr aber ignorierte Zacherl die behördliche Warnung und brachte den Salvator wieder zum Ausschank. Am 18. Mai 1820 berichtete das – im Verlag der Cotta'schen Buchhandlung in Stuttgart und Tübingen erscheinende – in ganz Süddeutschland gelesene „Morgenblatt für gebildete Stände" über das im Monat April unübersehbare „Beginnen des heiteren Frühlingslebens." Zu den wichtigsten Ereignissen zählte der Autor dabei „das Wallen der gemeinen Klasse nach der Vorstadt Au zu dem Brauhause des ehemaligen Paulanerklosters, um sich dort an einem starken Sommerbiere, Salvatorbier genannt, zu laben, welches, nach der von hohen und niederen Bierfreunden noch immer in vergnüglicher Erinnerung behaltenen Weise der früheren geistlichen Besitzer, von dem jetzigen Eigenthümer nach einem langen Zwischenraume dieß Jahr wieder zum ersten Mal gebraut worden ist, um [...] auch von seiner Seite die Wiederkehr der alten guten Zeit zu bezeichnen."[19]

Nun ging das Tauziehen zwischen dem Paulanerbräu und den Polizeibehörden um den Starkbierverkauf in eine neue Runde. Das Landgericht München hatte Zacherls erneuten Vorstoß offenbar nicht allzu ernst genommen und 1820 sogar auf eine nachträgliche Verwarnung bzw. Bestrafung des Brauers verzichtet. Doch im Jahr darauf musste sich die Behörde schon wieder mit der Angelegenheit befassen. Denn am 1. April 1821 ging bei der Regierung des Isarkreises eine Anzeige ein, „daß in der Vorstadt Au bei dem Bräuer Zacherl sogenanntes Heiligvater-Bier über den ordentlichen Satz verleitgegeben werde."[20]

Das Starkbier war auch diesmal nicht nur in Zacherls Bräuhaus, sondern auch in sechs weiteren Gastwirtschaften in der Au konsumiert worden.[21] Das Landgericht München wies nun den Magistrat der Vorstadt als zuständige Ortspolizeibehörde an, Zacherl unter Strafandrohung den weiteren Ausschank zu verbieten.[22]

Zacherl gab sich wenig beeindruckt und legte sofort Widerspruch ein. Er verwies auf die lange bestehende Sitte des Salvatorausschanks, den er „nach dem allgemeinen Wunsche und zur völligen Zufriedenheit des Publikums" weiterführte. Er habe damit nur „die Fortsetzung einer Volksbelustigung möglich gemacht, an der seit unfürdenklichen Jahren die Bewohner Münchens und der Vorstadt Au mit vielem Vergnügen theilnahmen – und zwar nicht etwa nur die niedere Volksklasse, sondern auch viele aus den höheren Ständen, die häufig in prächtigen Wägen in die Au wallfahrteten, um sich an den Vergnügungen des Volkes und dem angenehmen starken Biere zu ergötzen, welches – mäßig genossen – der Gesundheit sehr zuträglich [sei], auch nach den langen Wintermonaten und dem Genuße des Schenkbieres ein solcher Trank und Gelegenheit, aus der Stadt zu kommen, jedermann sehr erwünscht ist. Durch dieses Zusammenströmen einer großen Menschenmenge sey der Absatz aller Gewerbetreibenden in der Au – vorzüglich der Wirthe und Gärtner, der Brod- und Küchelbäcker, der Metzger, Köche, Kramer und vieler anderen – bedeutend vermehrt worden, und alle diese dringen nun ebenso sehr in ihn, daß er sich um die höchste Erlaubnis, das Salvatorbier künftig wieder brauen zu dürfen, bewerben möchte, als es der große Theil des Publikums selbst ist, welches dieses Bier zu trinken wünscht."[23]

Zacherls Bitte, auch künftig „nach altem Herkommen sogenanntes Salvatorbier jedes Jahr in den ersten Tagen des Aprilmonats um einen höheren Satz verleitgeben zu dürfen", fand bei der Regierung des Isarkreises keinerlei Verständnis. Im Gegenteil: Die Behörde beschied ihm kühl, seinem Ansinnen könne „unter keiner Bedingung Statt gegeben werden, besonders da durch eine solche Bewilligung die Vorrechte des hiesigen Aerarialbräuhauses [das Königliche Hofbräuhaus] beeinträchtigt werden würden."[24]

Nachlässige Behörden

Für die verantwortlichen Behörden vor Ort – das Landgericht München und den Magistrat der 1808 zur Stadt erhobenen Gemeinde Au – hatte die Affäre noch ein Nachspiel. Denn beide gerieten unter erheblichen Rechtfertigungsdruck gegenüber der Kreisregierung. Die Aufsichtsbehörde verlangte Auskunft darüber, wie überhaupt „von Polizeywegen gestattet werden konnte, daß Zacherl Bier über dem Satz verleitgebe."[25]

Die Auer Stadtverwaltung, die schon aus wirtschaftlichen Gründen eine Fortsetzung des Salvatorausschanks unbedingt begrüßte, entschuldigte sich mit der langen Tradition der Veranstaltung. Sie sei „für die Vorstadt Au ein allgemeines Volksfest, das sich von den Paulanern auf Zacherl über pflanzte […], welcher dasselbe auch seither ununterbrochen fortsetzte."[26]

Letzteres entsprach zwar offenkundig nicht der Wahrheit. Denn von einem seit 1799 ununterbrochen weitergeführten Ausschank konnte gar keine Rede sein. Doch nahmen es die Auer Stadtväter aus Eigeninteresse damit nicht so genau. Im Übrigen rechtfertigte sich der Magistrat mit Unkenntnis der Sachlage: „Da nun in keinem Jahre gegen die Verleitgabe dieses Bieres von einer höheren Stelle etwas eingewendet und dieselbe mit aller Oeffentlichkeit behandelt worden ist, so glaubte sich der Magistrat zur Einstellung umso weniger befugt, als dieses Bier durch die vorgenommene Visitation ganz gesund und von allen schädlichen Ingredienzien rein befunden wurde. Übrigens wurde vom Magistrate auch für gutes Schankbier gesorgt, und das Publikum war keineswegs genöthigt, Salvatorbier zu trinken, es stand nur in seiner freien Willkühr."[27]

Das Landgericht München wusste seine Untätigkeit in den Jahren 1820 und 1821 gegenüber der vorgesetzten Behörde ebenfalls nicht anders zu rechtfertigen, als dass es sich auf den mehr als fragwürdigen Standpunkt zurückzog, „daß bis jetzt ein Verbot höherer Stellen gegen das Ausschenken des Salvator-Bieres nicht vorgelegen sey."[28]

Schließlich nahm der Münchner Landrichter den Auer Magistrat als Ortspolizeibehörde auch noch ausdrücklich in Schutz. Er erklärte die „Panne" mit Unkenntnis und bürokratischen Unzulänglichkeiten: „Wenngleich […] Zacherls Erklärung […] nicht stichhaltig, sondern geradezu gesetzwidrig ist, so ist doch der von dem Magistrat der Vorstadt Au angeführte Entschuldigungsgrund nicht unvernünftig. Bekanntlich hat sich nämlich der Bierbrauer Zacherl fast alle Jahr erlaubt, sogenanntes Heiliges Vaterbier über den Satz zu verleitgeben. Die gegen ihn deshalb erlaßenen Verbote sind sämtlich Verfügungen

Im Salvatorkeller, 1863 (4569; Zeichner: Eduard Ille)

des [...] Landgerichts und als solche nur bei den landgerichtlichen Akten befindlich, ohne daß selbe zur Kenntnis des seit dem Oktober 1818 errichteten Magistrats gekommen sind. Derselbe musste zwar als Ortspolizey-Behörde die hierüber bestehende allerhöchste Verordnungen kennen, allein da ihm zugleich aus früheren Jahren bekannt war, daß Zacherl alle Jahre heiliges Vaterbier schenkte, da er aber nicht wußte, welche Verbote dem Zacherl deshalb gemacht worden, so ist es sehr verzeihlich, daß der Magistrat der irrigen Meinung war, als sei Zacherl hiezu auch berechtiget. Wäre die Verleitgebung des Doppelbieres dieses Mal zur Kenntnis des diesseitigen Landgerichts gekommen, so würde man nicht gesäumet haben, den Magistrat auf Abstellung dieses Unfuges pflichtgemäß anzuhalten. [...] Bei diesen Verhältnissen hält das Landgericht die Connivenz [Duldung] des Magistrats für hinlänglich entschuldigt.“[29]

Die Kreisregierung hielt diese ebenso umständlichen wie reichlich verkrampften Entschuldigungen für wenig überzeugend. Entsprechend rüffelte sie die Unterbehörden „ernstlich“ für ihren in den vergangenen Jahren gegenüber Zacherl gezeigten Langmut „bey diesem unter ihren Augen getriebenen Unfuge.“ Um der staatlichen Autorität Nachdruck zu verleihen, stellte die Aufsichtsbehörde gegenüber den beiden untergeordneten Dienststellen unmissverständlich klar, „dass in dem nächsten Falle jede wahrgenommene unstatthafte Nachsicht mit einer Strafe von fünfzig Gulden gegen die schuldig befundene Behörde werde geahndet werden.“[30]

Von einer „Bestrafung des Bierbrauers Zacherl für das Vergangene“ sah die Kreisregierung ab, da „die vieljährige Connivenz [Duldung] der Lokalpolizeybehörde demselben in dieser Beziehung zur Entschuldigung dient.“[31]

Die Salvatorquelle sprudelt weiter

Aber auch diese Initiative zeitigte in der Praxis offenbar keinerlei Wirkung. Zwar schärfte die Regierung des Isarkreises im Juni 1822 den Unterbehörden nochmals die unbedingte Geltung des Biersatzregulativs ein: „Das Ausschenken von Doppelbier um einen höheren als den gewöhnlichen Biersatz steht nur dem Aerarial-Bräuhause zu München als ein ausschliessendes Vorrecht zu. Es ist daher keinem Bräuhaus-Besitzer und keinem Wirthe gestattet, irgend ein Bier über dem festgesetzten Preis Verleit zu geben."[32] Doch ging der Salvatorausschank dessen ungeachtet einfach weiter. Zacherl scherte sich nicht um das neuerliche Verbot und kam damit in den nächsten sieben Jahren auch anstandslos durch.

Das Landgericht München unternahm offenbar auch weiterhin nichts gegen die in der ersten Aprilwoche stets munter weitersprudelnde Salvatorquelle. Vermutlich sah man bewusst darüber hinweg, um nicht den beim Publikum äußerst beliebten Starkbierausschank am Ende mit Polizeigewalt unterbinden zu müssen und die verärgerte Bevölkerung gegen sich aufzubringen. Der Auer Magistrat schließlich hatte selbst das größte Interesse am Fortbestand der wirtschaftlich einträglichen Salvatortage. Offenbar ließen beide Behörden der Angelegenheit deshalb einfach ihren gewohnten Lauf.

Dies war möglich, da anscheinend weder beim Landgericht München noch bei der Stadt Au eine Strafanzeige gegen den Paulanerbräu einging, die behördliches Einschreiten erzwang. Zacherl selbst interpretierte die andauernde Passivität der beiden Dienststellen als Legalisierung seines Tuns, wenn er feststellte: „Die Behörden scheinen auch mein Recht anerkannt zu haben, indem ich seit der Zeit [1821] keine ernstliche Störung von selben in der Ausübung mehr erhielt."[33]

1828 setzte der Paulanerbräu während der achttägigen Salvatorsaison 104 hl ab. Fast zwei Drittel (6.100 Liter) konsumierten die Gäste zum Preis von sieben Kreuzern pro Maß direkt im Brauereiausschank oder holten sich das Gebräu von dort im eigenen Krug zum häuslichen Genuss, ein Drittel ging an 36 andere Adressen. Das waren einerseits Wirte, die das Starkbier zum Ganterpreis von 6½ Kreuzern für ihre Gaststätten bezogen – darunter neben einem guten Dutzend Münchner Wirtschaften auch zwei Gastronomen in Augsburg und im oberbayerischen Saxenkamm. Andererseits ließ sich aber auch eine ganze Reihe von Münchner Privathaushalten mit Salvator im Fass beliefern – so etwa der Pfarrer in Giesing, der sich 82 Liter nach Hause bestellte.[34]

Kaum war der Ausschank in der ersten Aprilwoche 1828 vorbei, wurde Zacherl nun aber polizeilich belangt. Das Landgericht München legte plötzlich einen ungewohnten Eifer an den Tag. Es wies den Auer Magistrat an, vom Paulanerbräu wegen des Auschankes von Doppelbier über dem Satz eine Geldbuße von zehn Gulden zu kassieren und ihm für jede künftige Zuwiderhandlung eine solche von 30 Gulden aufzubrummen.[35]

Gleichzeitig rügte die Behörde nun die Nichtbeachtung „polizeylicher Vorschriften" durch die Stadt Au und die offenbare Gleichgültigkeit „gegen hohe und allerhöchste, dem Magistrat sattsam bekannte Befehle und Reskripte" gegen den Salvatorausschank. Das Landgericht ermahnte die Stadtbehörde, künftig nicht erst auf landgerichtliche Aufforderung hin zu reagieren, sondern „von selbst gegen den eigenmächtig handelnden Bierbrauer Zacherl gehörig einzuschreiten."[36]

Unklar ist, woher der plötzliche Tatendrang des Landgerichts rührte. Denn die Behörde hatte sich in den zurückliegenden Jahren ebenso wenig wie die Auer Stadtväter um ein wirksames Verbot gekümmert. Vermutlich war nun doch eine Anzeige gegen Zacherl eingegangen, die nicht leicht ignoriert werden konnte.

Zacherl bleibt hart

Am 8. April 1828 fand vor dem Auer Magistrat eine Vernehmung des Beschuldigten statt. Zacherl, der selbst Magistratsrat der Stadt Au war[37] und dessen „Charakter" ein „tiefer Ernst" auszeichnete, „der sich in den großen und unzweideutig ausgeprägten Zügen seines Angesichts nicht ohne eine gewisse Härte abspiegelte",[38] gab sich kämpferisch und keiner Schuld bewusst. Ohne Weiteres gab er zu, „dass dermalen bei mir sogenanntes Hl. Vaterbier ausgeschenkt wird. Da ich aber hiedurch bloss mein Recht ausübe [...], so kann hier von einer polizeilichen Einschreitung, Bestrafung oder gar dem Verbothe einer weitern Verleitgabe durchaus nicht die Rede sein."[39]

Diese Argumentation gegenüber den Behörden war neu. Früher hatte Zacherl stets auf die Tradition verwiesen. Jetzt pochte er auf ein ihm zustehendes „Recht". Er machte nämlich geltend, dass er seinerzeit vom Staat das Paulanerbräuhaus zu dem geforderten hohen Kaufpreis nur aufgrund des inbegriffenen Rechts des Starkbierausschanks erworben hätte. Verzichten könne er darauf höchstens, wenn „ich hiefür eine bedeutende Entschädigung vom Staate erhalte."[40]

Weiterhin verwies Zacherl – wie schon früher – auf die segensreichen Folgen des Salvatorausschanks für die örtliche Wirtschaft: „Der zahlreiche Andrang des Publikums bringt um diese Zeit eine grosse Lebhaftigkeit in die Vorstadt Au, die auch anderen meiner Mitbürger Absatz und Brod verschafft, und daher für die ganze Vorstadt Au eine Erwerbsquelle ist."[41]

Eine von den Behörden befürchtete Konkurrenz zum Bockbierausschank des Hofbräuhauses im Mai schloss Zacherl kategorisch aus. Er versicherte, die achttägige Salvatorsaison Anfang April auch künftig strikt einzuhalten. In diesem Zusammenhang konnte Zacherl es sich allerdings nicht verkneifen, dem Königlichen Hofbräuhaus einen Seitenhieb zu verpassen, indem er seinen Salvator in Qualität und Preis über den Hofbräubock stellte. Ungeniert gab er zu Protokoll: „In polizeilicher Rücksicht steht mir zur Seite, dass das [Salvator-]Bier ein gesundes nahrhaftes Getränke sei [...]. Der Andrang des Publikums zu meinem Bräuhause während dieser Zeit spricht übrigens am besten für mich und zeigt, dass das Publikum mit meinem Gebräu und dessen Preis zufriedner ist als mit dem vom Königlichen Bräuhause gebrauten Bock, der wie alle Monopolien-Artikeln sich nicht immer der besten Qualität erfreut."[42]

Damit nicht genug, ging Zacherl zu hemmungsloser Behördenschelte über. Dem Landgericht München warf er in dem Verbotsverfahren eine unsachgemäße Auslegung der geltenden Verordnungen vor, deren Inhalt die Behörde „nicht gehörig aufgefasst habe." Dem staatlichen Malzaufschlagsamt, welches die für das Einbrauen des Salvator notwendige Malzmenge ohne Weiteres registriert und besteuert hatte, unterstellte er – nach der

Sein Athener Hof bezog Salvatorbier aus München – Prinz Otto von Bayern, König von Griechenland, 1833 (Bayerische Verwaltung der staatlichen Schlösser, Gärten und Seen; Gemälde von Joseph Karl Stieler)

ihm eigenen, ungeschminkt vorgetragenen Logik – Inkonsequenz und grobe Unredlichkeit: „Ich habe bei Veraufschlagung des zu diesem Hl. Vaterbier bestimmten Malzes den Gese[t]zen gemäß angezeigt, zu welchem Zwecke ich dasselbe verwende. Das Geld hat man sogleich genohmen [!], allein es wurde mir durchaus nichts bedeutet, dass ich das Doppelbier nicht brauen dürfe; es wäre daher geeigneter gewesen, mir das Bierbrauen als das Ausschenken zu untersagen."[43]

Schließlich legte Zacherl bei der Regierung des Isarkreises „feyerlichst" Protest ein gegen die ihm „andiktierte Strafe" und gegen jedes Verbot zur Ausübung seines „Rechts", verbunden mit einem nachdrücklichen Appell an die Königliche Regierung. Von deren „Gerechtigkeit" erwartete er, „dass sie mich im Besi[t]ze meiner wohlerworbenen Rechte beschü[t]zen werde, um mich nicht veranlasst zu sehen, auf dem Rechtsweg eine Hilfe zu suchen, die mir bei der Lage der Dinge nicht entgehen kann."[44]

Mit dieser energischen Stellungnahme machte der Paulanerbräu bei der Kreisregierung allerdings nur wenig Eindruck. Die Behörde hatte zwar nichts dagegen, „daß der Bierbrauer Zacherl in der Au Doppelbier

braue und dasselbe – in der Voraussetzung, daß gegen seine Güte und Unschädlichkeit in medizinisch-polizeylicher Hinsicht nichts einzuwenden ist – an das Publikum verleitgebe.“[45]

Gleichzeitig stellte die Regierung aber klar, dass ein Ausschank des Salvator über dem in Bayern geltenden Maximalpreis für Bier keinesfalls infrage komme. Denn ein angebliches „Recht“ oder „Privileg“ dazu besitze Zacherl keineswegs. Und mit dem Kauf der Brauerei habe er ein solches schon gar nicht erworben. Dem Landgericht München und dem Auer Magistrat wurde befohlen, jede „Verleitgabe des Bieres über dem Satze, es möge zu Rechtfertigung desselben was immer für ein Name oder Vorwand gebraucht werden, nachdrucksam zu bestrafen."[46]

Hilferuf an den König

Diese amtliche Abfuhr wollte Zacherl nicht akzeptieren. Wenn er schon bei den Behörden keine Anerkennung für sein „alt herkömmliches Recht" fand, dann doch vielleicht beim bayerischen Monarchen. Am 19. Juni 1828 stellte der Brauer „in allerhöchster Ehrfurcht" und vertrauend auf „die allerhöchst königliche Huld und Gnade" ein entsprechendes Immediatgesuch an König Ludwig I. von Bayern (reg. 1825–1848) um Bestätigung seines Privilegs.

Als Begründung verwies Zacherl auf sein 1813 mit dem Kauf der Paulanerbrauerei erworbenes und seither auch ausgeübtes „Recht", Salvatorbier zu brauen und um höheren Preis während der ersten Aprilwoche zu verkaufen. Eine Aberkennung dieser Berechtigung sei nicht statthaft. Wenn überhaupt könne dies nur auf dem Wege der finanziellen Entschädigung erfolgen: „Es handelt sich hier von der Ausübung einer bereits bestehenden, mit zivilgesetzlichem Rechtstitel [...] erworbenen Berechtigung, sohin von einem wirklichen Eigenthumsrechte, welches selbst durch polizeyliche Anordnungen nicht anders als im Falle, wenn die Zwecke der allgemeinen Wohlfahrt es gebiethen, und auch dann nur gegen vollkommene Schadloshaltung gekränkt werden kann."[47]

Darüber hinaus sah Zacherl den Grundsatz der Gleichheit verletzt. Denn es werde mit zweierlei Maß gemessen. Solange dem staatlichen Hofbräuhaus erlaubt sei, Bockbier über dem gewöhnlichen Biersatz zu verkaufen, könne dieselbe Praxis beim Salvator kein Unrecht sein.[48]

Dass Zacherls Gesuch tatsächlich auf dem Schreibtisch des Königs landete, darf bezweifelt werden. Aber selbst wenn Ludwig I. das Schreiben überhaupt zu Gesicht bekommen hätte, wäre sicherlich auch durch den Monarchen keine Entscheidung zugunsten des Brauers erfolgt. Denn das von Zacherl reklamierte „Recht" bestand objektiv nicht.

Entsprechend beschied ihn die Regierung des Isarkreises sechs Wochen später mit dem Hinweis auf die völlige Zwecklosigkeit seiner Bemühungen. Die Behörde stellte ihm frei, auf Schadenersatz gegen den bayerischen Fiskus zu klagen.[49] Doch dazu bestand für Zacherl einstweilen überhaupt keine Notwendigkeit. Denn faktisch änderte sich an den bestehenden Verhältnissen auch in der Folgezeit nichts.

Jubelnder Zuspruch

Trotz des 1828 ausgesprochenen neuerlichen Verbotes ging der Salvatorausschank wie in den Jahren zuvor praktisch unbehindert weiter. 1829 setzte Zacherl wie im Vorjahr binnen acht Tagen 104 hl ab, davon gut die Hälfte in seinem Brauhausausschank, die Maß zu acht Kreuzer.[50]

Ohne behördlichen Einspruch startete die Salvatorsaison auch am 1. April 1830 – „zur wahren Herzenslust aller Biertrinker" und unter „großem jubelnden Zuspruch", wie das Münchener Conversations-Blatt seinen Lesern sogleich mitteilte. Die Zeitung lobte in ihrem ausführlichen Bericht über „Das heilig Vater-Bier in der Vorstadt Au" ausdrücklich die „nach dem Urtheile aller Fach- und Sachverständigen [...] ausgezeichnete Qualität" des Salvator, „der seinen Kameraden, den im königl[ichen] Hofbräuhause [...] fabrizierten Einbock, weit übertrifft."[51]

Der Artikel war sehr wahrscheinlich von Zacherl lanciert – in der Absicht, über die Presse seiner Rechtsauffassung in der Öffentlichkeit Gehör zu verschaffen und damit Druck auf die Behörden auszuüben. Denn der Autor des Zeitungsbeitrags rückte zugleich die geschichtliche Dimension des Starkbierfestes ins Blickfeld der Leser, wenn er erklärte: „Alljährlich ritten die Landesfürsten, schon von Max I. an, an dem Feste dieses Heiligen (den 2. April) unter Begleitung des ganzen Hofstaates und der Leibgarde Morgens hinaus zu dem feierlichen Gottesdienste, die Landesfürstinnen folgten zu Wagen. Nach dessen Beendigung nahmen die allerhöchsten Herrschaften in dem Kloster-Refektorium ein Frühstück, aus den nach der Ordensregel in

Humoristische Bildergeschichte in acht Szenen über einen Besuch beim Zacherlbräu mit Gedicht „Die Bürgschaft", angelehnt an die gleichnamige Ballade (1798) von Friedrich Schiller, 1841 (StadtAM HV BS, B-05-25)

Oehl gekochten Speisen bestehend, wobei von dem heil[ig] Vater-Bier kredenzt wurde."[52]

Der angeblich bis zu Maximilian I. zurückreichende alljährliche Besuch des Salvatorfestes durch die bayerischen Kurfürsten und die dabei von den Majestäten stets im Kloster vorgenommene Verkostung des Starkbieres war zwar historisch keineswegs verbürgt. Doch suggerierte diese 1830 bewusst geschaffene Legende eine geschichtlich erwachsene Legitimität des Starkbierausschanks, wenn daran sämtliche Landesherren über fast zwei Jahrhunderte hinweg stets persönliche Anteilnahme zeigten.

Darüber hinaus machte Zacherl nun auch über die Presse seinen Rechtsanspruch zum Salvatorausschank geltend. Denn der Zeitungsbeitrag schloss mit dem unmissverständlichen Satz: „Das Recht zur Verleitgebung dieses Doppeltrunkes [...] hat der gegenwärtige industriöse Besitzer [...], Herr Zacherl, mit dem Ankaufe der Klosterrealität erworben."[53]

Dank des herrlichen Frühlingswetters, „welches schon im Freien zu gastieren erlaubte", wurde Zacherls Bräuhaus 1830 von Trinklustigen förmlich gestürmt. „Schaaren strömten hinaus zur Quelle des bayerischen Labsales, [um] sich zu stärken."[54] Binnen zehn Tagen gingen insgesamt 132 hl an Bierdurstige in und außerhalb Münchens. 6.600 Maß konsumierten allein die Besucher des Auer Sudhauses.[55]

1832 erzielte Zacherl mit seinem Starkbier einen neuen Rekord: 10.400 Maß Salvator wurden in nur drei Tagen allein von den Gästen im Brauhaus getrunken.[56] Ehrfürchtig berichtete das Münchener Conversations-Blatt: „Würde man die ganze flüßige, dunkelbraune, süßliche Masse [...] in einem Teiche beisammen sehen, die Menschheit könnte nur staunen und schaudern ob solchem Anblicke."[57]

Begünstig wurde der Absatz wiederum durch das besonders schöne Frühlingswetter, „so daß des großen Zacherl'schen Bräuhauses unteren und oberen Etagen, Garten, Sommerhäuser, Hofraum von früh Morgens bis spät Abends [...] stets wimmelten von Trinklustigen aus allen Ständen, Geschlechtern, Farben."[58]

Karwoche tabu

Die Polizeibehörden unternahmen auch weiterhin nichts, um Zacherls Überzeugung von der Rechtmäßigkeit seines Salvatorausschanks in irgendeiner Weise zu erschüttern. Im Gegenteil: Als 1833 die übliche achttägige Ausschankzeit in die Karwoche fiel, untersagte die Regierung des Isarkreises zunächst zwar die Veranstaltung. Das geschah aber nicht etwa ausschließlich mit Hinweis auf die generelle rechtliche Unzulässigkeit des Starkbierverkaufs über dem geltenden Satz, sondern vornehmlich aus religiösen Gründen. Denn die Regierung des Isarkreises befürchtete „lärmende Vergnügungen und öffentliche Scenen des Übermaßes."[59]

1831 hatte die Behörde gegen den Ausschank am Beginn der Karwoche noch nichts einzuwenden gehabt.[60] Nun aber regten sich in der Presse Stimmen, die es „wider die Ordnung" empfanden, „daß solche Saufgelage gerade in der stillen Woche gehalten werden müssen".[61] Vom Salvatorgenuss berauschte lärmende Zecher in den Straßen der Residenzstadt vertrugen sich in den Augen dieser Kritiker nicht mit der in den Tagen zwischen Palmsonntag und Osterfest gebotenen Stille.

Allerdings gestattete die Kreisregierung Zacherl auf dessen Bitte hin den Ausschank dann trotzdem an den ersten drei Tagen der Karwoche von Palmsonntag bis zum 2. April 1833. Der Brauer hatte nämlich geltend gemacht, dass er ansonsten „in sehr bedeutende Unkosten und Schaden versetzt würde, weil er einen grossen Vorrath von Esswaren sich beygeschafft, welcher unausbleiblich dem Verderben Preis gegeben wäre, wenn er ihn nicht sogleich absetzen könnte."[62]

Letztlich erhob die Behörde auch keine Einwände, als Zacherl den Salvatorausschank nach fünftägiger Unterbrechung am Ostermontag wieder aufnahm und bis zum Abverkauf des gesamten Biervorrats in seiner Braueraigaststätte noch drei Tage weiterführte. Für die Zukunft machte ihm die Kreisregierung lediglich zur Auflage, den Starkbierverkauf künftig generell nicht mehr in der Karwoche zu veranstalten.[63]

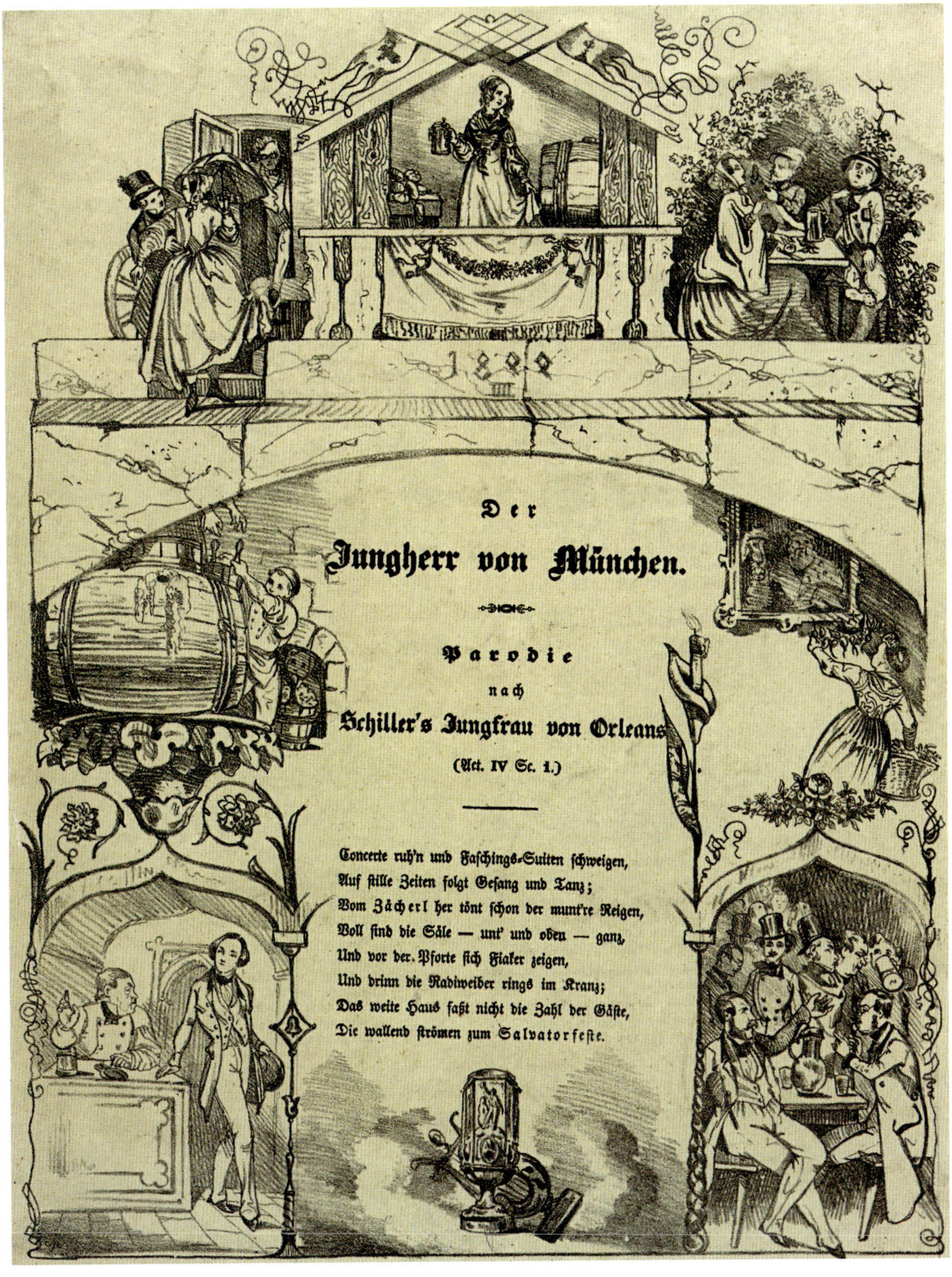

Szenen vom Salvatorfest im Zacherlbräu mit Gedicht „Der Jungherr von München" in Anlehnung an die festliche Szene in Friedrich Schillers Drama „Die Jungfrau von Orleans" (1801; 4. Akt, 1. Auftritt), 1844 (StadtAM HV BS, B-05-27)

21.500 Maß in sechs Tagen

Trotz des auf sechs Tage verkürzten Ausschanks erzielte Zacherl 1833 wieder ein Rekordergebnis. Gegenüber dem Vorjahr verdoppelte er den Absatz von 147 auf 285 hl. Davon wurden 21.500 Maß in sechs Tagen allein von Gästen im Brauereiausschank in der Au konsumiert. Die übrigen 70 hl gingen an 27 Gasthäuser in München, an je einen Gastronomen in Augsburg, Landsberg am Lech und Frankfurt am Main sowie an 53 Privathaushalte.

Zu den prominenten Privatadressen in München, denen das Gebräu im Fass nach Hause geliefert wurde, zählten der Stadtgerichtsdirektor Graf von Lerchenfeld (15 Liter), Graf von Berchem (32 Liter), Graf von Taxis (150 Liter) und der königliche Hofsänger Georg Mittermayr (32 Liter). Die Pfarrer von

Anweisung zum Einbrauen des Salvatorbieres im Sudjahr 1842/43 (1804)

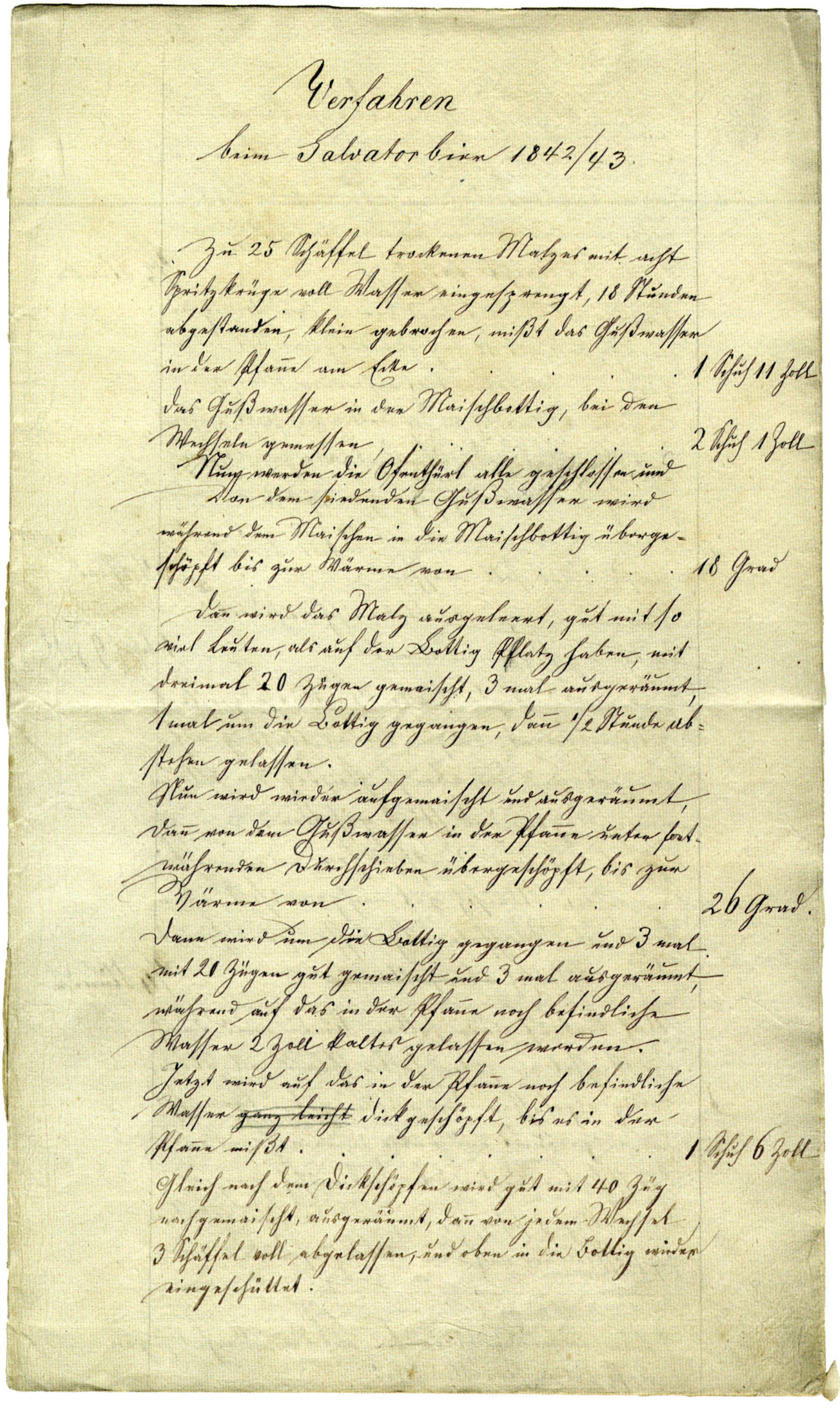

Verfahren

beim Salvatorbier 1842/43

Zu 25 Schäffel trockenen Malzes mit acht Spritzkrüge voll Wasser eingesprengt, 18 Stunden abgestanden, klein gebrochen, mißt das Gußwasser in der Pfanne am Ecke . . . 1 Schuh 11 Zoll

das Gußwasser in dem Maischbottig, bei den Wechseln gemessen . . . 2 Schuh 1 Zoll

Nun werden die Ofenthürl alle geschlossen und von dem siedenden Gußwasser wird während dem Maischen in die Maischbottig übergeschöpft bis zur Wärme von . . . 18 Grad

Dann wird das Malz ausgeleert, gut mit so viel Leuten, als auf der Bottig Platz haben, mit dreimal 20 Zügen gemaischt, 3 mal ausgeräumt, 1 mal um die Bottig gegangen, dann 1/2 Stunde abstehen gelassen.

Nun wird wieder aufgemaischt und ausgeräumt, dann von dem Gußwasser in der Pfanne unter fortwährendem Durchschieben übergeschöpft, bis zur Wärme von . . . 26 Grad.

Dann wird um die Bottig gegangen und 3 mal mit 20 Zügen gut gemaischt und 3 mal ausgeräumt, während auf das in der Pfanne noch befindliche Wasser 2 Zoll kaltes gelassen werden.

Jetzt wird auf das in der Pfanne noch befindliche Wasser ~~ganz leicht~~ dickgeschöpft, bis es in der Pfanne mißt . . . 1 Schuh 6 Zoll

Gleich nach dem Dickschöpfen wird gut mit 40 Zügen nachgemaischt, ausgeräumt, dann von jedem Wechsel 3 Schäffel voll abgelassen, und oben in die Bottig wieder eingeschüttet.

Giesing und Bogenhausen orderten 28 bzw. 35 Liter. Außerhalb der Landeshauptstadt gingen Fassbestellungen an Privathaushalte in Kaufbeuren, Tölz, Friedberg bei Augsburg und Heilbronn. Der königliche Landrichter in Miesbach bezog 33 Liter, sein beamteter Kollege in Tölz gar 69 Liter.[64]

Keiner der Salvator trinkenden Staatsdiener verschwendete auch nur einen Gedanken an die möglicherweise fragwürdige Rechtsgrundlage des Ausschanks. Zudem begann Zacherl 1833 mit der Flaschenabfüllung. Über 5 hl wurden in diesem Jahr auf die handlichen Glasbehälter gezogen und nun sogar – entgegen der bisherigen Praxis – außerhalb der eigentlichen Salvatorzeit in der Brauereischänke noch bis Juli an nachfragende Münchner Gäste und Wirte abgegeben.[65] Gegenüber dem Vorjahr verdoppelte Zacherl den Umsatz aus dem Starkbierverkauf von 1.885 auf 3.818 Gulden.[66]

Der im Jahr 1833 bis dahin stärkste Zulauf des Publikums zur Salvatorquelle in der Vorstadt Au fand in der Presse großen Widerhall. Das Münchener Tagblatt berichtete am 2. April: „Am [Palm]sonntag konnte man die Menschen nicht zählen, welche sich in dem geräumigen Bräuhaus zum Zacherl eingefunden hatten."[67]

Der Münchner Korrespondent des im Verlag der J. G. Cotta'schen Buchhandlung in Stuttgart erscheinenden „Morgenblatts für gebildete Stände" erlebte den Beginn der Salvatorsaison 1833 hautnah mit. Seinen in allen deutschen Staaten beheimateten Lesern berichtete er davon mit fast ungläubigem Staunen: „Der Salvator ist [...] ein Doppelbier, dem Geschmacke aber und der Wirkung nach sehr verschieden von dem Bocke, indem er süßlich schmeckt und gleich in den Kopf steigt. Es wird nur so viel davon gebraut, als hinreicht, um allen Bewohnern Münchens einen [...] lustigen Tag zu machen. Dieser merkwürdige Tag war heuer der Palmsonntag.

Da hätte man sehen sollen, wie es auf den Isarbrücken hinüber und herüber wogte! Unaufhörliche, bunte, lustig brausende Menschenströme waren es; und die mächtige Urne, in welche sie sich ergossen und der sie entflossen, das war ein großes langes Haus in der Vorstadt Au. Unten in diesem Hause ist der Salvatorkeller, und oben in den beiden Stockwerken reihen sich Säle an Säle und Zimmer an Zimmer um große, geräumige Küchen.

Nun hätte man sehen sollen, wie jene Ströme in Haus und Garten brausten, wie sie an den Treppen brandeten und in Caskaden herunter rauschten, wie sie schäumten von seltenem Schaume, wie sie kreisten um die lodernden Küchen und die zischenden Würstel zu Tausenden verschlangen. Da hätte man sehen sollen die vielen alten Weiber, Mägde und Kinder mit ihren Krügen, wie sie an der Mündung des Kellers Queue [Schlange] bildeten, wie sie sich da zausten und balgten, damit Ordnung gehalten bleibe, damit man der Reihe nach hinunter in den Keller gelange, um ordentlich für die Familien, Herrschaften und Eltern von dem heilsamen Tranke nach Hause bringen zu können.

Ich muß gestehen, ich habe nie etwas Originelleres gesehen, als was damals in der Vorstadt Au vorging. Die, welche das Haus hüten mußten, tranken oder betranken sich zu Hause und schauten dann aus den Fenstern mit höchst ergötzlichen Mienen in das trunkene Gewimmel auf den Gassen herunter, und die, welche das trunkene Gewimmel in den Gassen ausmachten, schauten gar wunderlich zu den Fenstern hinan, schmunzelten, liebäugelten und versuchten sich in allen Sprachen. Es war ein Zauber, es war, als seyen die vollen Bierfässer und Tonnen des Salvatorkellers verwandelt worden und wandelten nun in Gestalt von Bürgern, Bauern, Soldaten, jungen und alten Weibsbildern unter lustigen Zuschauern herum, singend, hüpfend, tanzend und zuweilen auch, ihrer Natur gemäß, sich wälzend. Das war am Palmsonntage, wo weiland unser Herr den Einzug hielt in Jerusalem."[68]

Sicherheitsprobleme

Mit einem Alkoholgehalt von 6,2 Volumenprozent übertraf der Salvator 1833 den Münchner Hofbräubock mit fünf und das gewöhnliche Winterbier der übrigen Münchner Brauereien mit höchstens drei Volumenprozent deutlich.[69] Damit zählte Zacherls Gebräu damals

Salvatorbuch mit Einträgen über das alljährlich verkaufte Starkbier, 1828–1870 (1807)

zweifellos zu den alkoholstärksten Bieren Kontinentaleuropas. Nur manche britischen Ale- und Porterbiere waren noch alkoholreicher. Die Spitzenreiter auf der Insel brachten es auf 8,6 bis 10,6 Volumenprozent.[70]

Durch den ungewohnten, „unbändig starken Göttertrank" kam es unter den Besuchern des Auer Bräuhauses nicht selten zu teils erheblichen Ausfallerscheinungen. Für die Betuchteren unter den „des Nachhausegehens nicht mehr Kundigen" standen deshalb stets „in zwei langen Reihen aufgefahrene Fiakerwägen" vor dem Bräuhaus bereit.[71]

Der überaus große Besucherandrang des Jahres 1833 sorgte dafür, dass die erheblichen Sicherheitsprobleme und die in der Presse bis dahin kaum thematisierten, weniger angenehmen Aspekte des Salvatorausschanks in aller Deutlichkeit zutage traten. Lärmgeplagte Anwohner in den besonders betroffenen Wohngegenden, namentlich in der Fraunhofer- und Müllerstraße, klagten über „das unmäßige Schreyen der heimkehrenden Salvator-Ritter", das „oft bis in die späte Nacht" anhielt und ihnen den Schlaf raubte.[72] Vereinzelt brachten sich stark alkoholisierte Zecher selbst in Lebensgefahr, indem sie auf dem Rückweg in die Stadt in die Isar stürzten, wobei manche sogar ertranken.[73]

Der Salvatorausschank entwickelte sich zum Eldorado für Taschendiebe, die in der dichtgedrängten Besucherschar des Brauhauses willkommene Opfer fanden. Organisierte Banden von arbeitslosen jungen Burschen überfielen in der Dunkelheit betrunkene wehrlose Zecher auf dem Nachhauseweg und raubten sie aus. In Zacherls Bräuhaus selbst kam es 1833 zu später Stunde zu einer Massenschlägerei.[74]

Die Schattenseiten der Veranstaltung beschrieb der Leiter des 1831 neu geschaffenen Landgerichts Au, das seither für die oberpolizeilichen Belange im Bezirk der Stadt zuständig zeichnete, mit großer Besorgnis: „Nach denen bisherigen vieljährigen Erscheinungen – besonders aber nach der heurigen in den ersten Ausschanktagen 1. und 2. April – unterliegt es keinem Wiederspruche, daß durch die Verleitgebung dieses ungewöhnlichen und berauschenden Getränkes theils die ärgerlichsten Auftritte ohne Unterschied des Geschlechtes der betrunkenen Menge in Unzahl [...], theils Thätlichkeiten einer solchen im Trunkenheitszustande um so leichter reizbaren Menschenklasse mit mehr oder minderer Gewaltthat [...] herbeygeführt wurden."[75]

Besonders auf den beiden Hauptverbindungsstraßen zwischen der Residenzstadt München und dem Zacherlbräuhaus in der Au kam es regelmäßig zu einer Reihe von Tumulten und Tätlichkeiten zwischen Betrunkenen. Sogar „ein königlicher Polizey-Commißair von München [wurde] dort von einem berauschten Ehemann und hiesigen Musikmeister auf die gröblichste Art verletzt und auch seiner Tabakpfeife beraubt."[76]

Am Abend des 8. April 1833 zog eine „Rotte" von 17 stark betrunkenen Burschen vom Zacherlbräu kommend, randalierend durch die Ludwigsvorstadt. Als die Münchner Gendarmerie eingriff und zur Verhaftung schritt, wurden die Beamten rüde angegangen. Einem Polizeisoldaten wurde „das Brustschild vom Leib gerissen, daß es verloren ging." Einem anderen schlug man den „Tschako", die polizeiliche Dienstmütze, vom Kopf. Ein dritter Beamter erhielt einen heftigen Tritt gegen das Schienbein.[77]

Nicht nur der Auer Landrichter, sondern auch der Münchner Stadtrat verfolgte diese Entwicklung mit Sorge. Der ständig wachsende „Andrang zum St. Vaterbier" und die damit verbundenen „sehr unangenehmen Auftritte" betrunkener Gäste in den Straßen der Residenzstadt waren den Stadtvätern schon bald ein Dorn im Auge.

Um die Situation zu entschärfen, schlug der Münchner Magistrat eine zeitliche Verschiebung des Salvatorausschanks um vier Wochen vom 2. April auf den 1. Mai vor. Dahinter stand die Erwartung, dass mit dem gleichzeitigen Start der Bockbiersaison des Hofbräuhauses und dem allgemeinen Ausschankbeginn des stärker eingebrauten Sommerbieres sich die Bierdurstigen auf mehrere „Quellen" verteilten und sich dadurch der Zulauf zum Starkbierborn in der Au abschwächte.[78]

Doch unterstützte die Regierung des Isarkreises diesen Vorstoß der Münchner Stadtväter bezeichnenderweise nicht. Man befürchtete offenbar, damit einen Aufschrei der „Salvatorgemeinde" bzw. der von Zacherl beeinflussten Presse zu provozieren. Denn die Starkbiertrinker wollten unter keinen Umständen auf ihre angestammte Saison verzichten und Zacherl nicht auf die Einnahmen aus dem ungeschmälerten Salvatorabsatz. Ebenso wenig hatte der Fiskus ein Interesse daran, die staatlichen Einkünfte aus dem Verkauf des Hofbräubocks durch eine Überschneidung der Ausschankzeiten zu beeinträchtigen.

Verstärkung der staatlichen Ordnungsmacht

Die Auer Ortspolizei, die lediglich aus fünf Gendarmen bestand, war an den Starkbiertagen mit der Aufrechterhaltung von Ordnung und Sicherheit rund um die Salvatorquelle heillos überfordert. Auch wenn ihnen im Notfall alle sieben Polizisten aus dem weiteren Landgerichtsbezirk – aus Haidhausen, Bogenhausen und Giesing – zu Hilfe kamen, stand die dann zwölfköpfige Truppe auf verlorenem Posten. Sie war keineswegs in der Lage, „eine von Hunderten zusammengedrängte Masse von meistentheils besoffenen Leute[n] auch nur hie und da in einzelnen Partien und auf einzelnen Plätzen im Zaum zu halten und vor gegenseitigen Reibungen zu sichern oder abzusondern."[79]

Der Auer Landrichter hatte für die „Ausgeburten dieser Salvator-Bier-Verleitgebung" nicht das mindeste Verständnis. Wäre es allein nach ihm gegangen, hätte man den ganzen Zauber, der nach dem Buchstaben des Gesetzes schon gar nicht zulässig war, energisch und notfalls auch mit militärischer Gewalt rigoros unterbunden. Für den Fall, „daß dieses fortzusetzende Ausschenken des Salvator-Bieres von der höheren Stelle [jedoch] nicht eingestellt werden würde, und es bey dieser Fortsetzung sein Verbleiben haben darf", forderte er eine deutliche Verstärkung der staatlichen Ordnungsmacht.[80]

Der Beamte empfahl während der Starkbiertage eine spürbare Aufstockung der Polizeitruppe, vor allem durch Münchner Gendarmen. Denn die allermeisten der Salvatorgäste in der Au kamen aus der Residenzstadt. Und es war nur folgerichtig, wenn dort nun auch Münchner Polizeikräfte unterstützend zum Einsatz kamen.

Weiterhin forderte der Landrichter „zahlreiche und mit hinlänglicher Stärke versehene Patrouillen." Sie sollten „von Nachmittags 4 Uhr anfangend bis Nachts 11 Uhr – oder wenn möglich auch die Nacht hindurch, weil dahier die Nachtstreunerei etwas alltägliches ist – die beyden Hauptstraßen vom Isarthor bis zum Zacherl und von dort über die neue hölzerne Brücke durch die Fraunhofer-Straße unausgesetzt durchstreifen und allen Thätlichkeiten durch Aufgreifung der Urheber vorbeugen."[81]

Zudem verlangte der Beamte die strikte Einhaltung der Polizeistunde durch Zacherl und bei deren Übertretung eine unnachsichtige Bestrafung des Brauers. Schließlich forderte er präventive Maßnahmen gegen polizeibekannte oder verdächtige Personen, die im Krisenfall auch in Polizeigewahrsam zu nehmen waren. Denn „da bei derley Trinkgelagen besonders die unter specielle polizeyliche Aufsicht gestellten Individuen die Gelegenheit finden, die Zecher zu bestehlen, so wird es nothwendig, daß weder diese noch andere verdächtige Burschen in den nächsten Umgebungen der Gäste geduldet, sondern ohne alle Schonung fortgeschafft und nöthigenfalls auch hierher zu Arrest gebracht werden. Vorzüglich aber ist eine genaue Sicht auf solche Burschen zu halten, welche sich, wie letzthin, in größerer Anzahl vereinigen, und dann nach München zurückkehrenden Gästen aufpassen, um dieselben an Kleidungsstücken oder auch sonstigen Effecten zu berauben."[82]

Die vorgeschlagenen Sicherheitsmaßnahmen wurden zügig umgesetzt. Im folgenden Jahr 1834 waren „zur Aufrechterhaltung der öffentlichen und Privat-Sicherheit" in den Hauptzugangsstraßen zum Zacherlbräu, insbesondere in der Fraunhoferstraße, ständige Patrouillen mit starken Polizeikräften im Einsatz, ebenso in einem erweiterten Radius rund um die Salvatorquelle selbst. Die Gendarmerie hatte den Auftrag, dass „das verdächtige Gesindel mit Gaenze entfernt, insbesondere die unter Polizey-Aufsicht gestellten Individuen nach Hause gewiesen und bei mindester Unfolgsamkeit sogleich arrestiert [...] und dem Publikum aller mögliche Schutz gewähret werden möge."[83]

Von der Presse wurden diese Maßnahmen weithin begrüßt. Das Münchener Tagblatt schrieb 1835 zustimmend: „Da es beinahe täglich ohne Excesse nicht abgeht, so ist [nun] die löbliche Vorsicht getroffen, durch Aufstellung einiger Gendarmerie-Mannschaft denselben schnell vorzugreifen."[84] Dabei scheint die Polizei trotz aller Entschlossenheit das rechte Augenmaß nicht verloren zu haben. Denn die Presse sprach ihr ein uneingeschränktes Lob dafür aus, „daß selbe mit aller Schonung und Gelassenheit stets die Streitenden zu beschwichtigen weiß."[85]

Den typischen Ablauf eines Salvatortages unter verstärkter polizeilicher Aufsicht fasste ein Auer „Dichter" in den humoristischen Vers:

> „Alles sitzt und schwitzt und sauft
> singt und lacht und streit und rauft,
> Bis dass Ernst macht d'Polizei,
> Nacha is's für heut vorbei."[86]

Fürst Gagarin als Salvator-Verehrer

1834 und 1835 florierte Zacherls Salvatorgeschäft besser als je zuvor. In beiden Jahren wurden jeweils fast 330 hl – 15 Prozent mehr als im Vorjahr – abgesetzt. Rund zwei Drittel davon – gut 24.000 Maß – gingen direkt über den Ausschank im Bräuhaus an durstige Zecher. „Trotz des hohen Preises von zehn Kreuzern [pro Maß] sind die geräumigen schönen Säle dieses wirklichen Musterbräuhauses doch den ganzen Tag durch überfüllt", berichtete das Münchener Tagblatt.[87]

Ein Drittel der Produktion verteilte sich in den Jahren 1834/35 an jeweils rund 115 Bezugsadressen. Darunter waren 25 Münchner Gastwirte sowie drei auswärtige in Augsburg, Tegernsee und Schongau. Auf der Liste der pro Jahr belieferten rund 85 Privatadressen standen unter anderem der Regierungspräsident des Isarkreises Karl Graf von Seinsheim (fünf Liter), der russische Gesandte in Bayern Fürst Grigorij Iwanowitsch Gagarin (136 Liter), der bayerische Justizminister Sebastian von Schrenck (38 Liter), der königliche Kämmerer Karl Theodor von Holnstein (28 Liter), der Reichsrat der Krone Bayerns und frühere bayerische Justizminister Franz Graf von Reigersberg (141 bzw. 293 Liter), der Münchner Medizinprofessor Ignaz Döllinger (40 Liter), Hofsänger Georg Mittermayr (18 Liter), Graf Maximilian von Arco (71 Liter) sowie schließlich auch die „Pollizey", die 33 Liter abnahm.

Von außerhalb Münchens bestellten neben 20 weiteren Privatkunden der Spiegelfabrikant Georg Zacharias Platner in Nürnberg (30 Liter), der Bürgermeister Georg Friedrich von Oertel in Hof an der Saale (70 Liter), die Augsburger Bankiers Paul von Stetten (31 Liter) und Ferdinand Benedikt von Schaezler (40 bzw. 70 Liter) sowie ein Ministerialrat Gesele in Wien (34 Liter). Der Umsatz erreichte pro Saison fast 4.800 Gulden.[88]

Zacherls Beispiel macht Schule

Am Beginn der 1830er Jahre war Zacherls alljährlicher Salvatorausschank zu einer festen, aus dem Münchner Veranstaltungskalender gar nicht mehr wegzudenkenden Institution geworden. Ungeachtet des bestehenden gesetzlichen Ausschankverbotes frönten selbst königliche Minister und hohe Staatsbeamte dem Salvatorgenuss. Die Presseberichterstattung über das alljährliche Starkbierspektakel reichte mittlerweile weit über die bayerische Hauptstadt hinaus.[89]

Von der Durchsetzung eines Verbotes wollte nun selbst die Kreisregierung nichts mehr wissen, auch wenn diese Praxis dem Buchstaben des Gesetzes offenkundig widersprach. Und sehr wahrscheinlich wäre die stillschweigende amtliche Duldung auch problemlos zum Dauerzustand geworden, hätte nicht die Münchner Brauer-Konkurrenz das unausgesprochene Einvernehmen zwischen den Behörden, die sich auf gelegentliche papierene Verbote beschränkten, und Zacherl, der sich folgenlos einfach darüber hinwegsetzte, plötzlich empfindlich gestört.

Ende Februar 1835 brachte der Münchner Augustinerbräu Anton Wagner, der 1829 die ehemalige Brauerei des Augustinerordens erworben hatte, während der Faschingswoche ein mit 17,1 Prozent Stammwürze ebenso stark wie der Salvator eingesottenes „Augustiner-Doppelbier" zum Ausschank. Mit 4,5 Volumenprozent Alkohol war das Augustiner-Starkbier 1835 zwar etwas alkoholärmer als der Zacherlsalvator mit 5,3 Volumenprozent,[90] dennoch fand das Gebräu reißenden Absatz.

Binnen acht Tagen setzte Wagner 200 Eimer (130 hl), die Maß zu zehn Kreuzer, ab.[91] Der Augustinerbräu berief sich gegenüber den Behörden darauf, mit dem Kauf der ehemaligen Klosterbrauerei auch das „Recht" zum Brauen dieses Starkbieres erworben zu haben, „das die Mönche stets zur Karnevalszeit zum Ausschank gebracht hätten."[92] Augenscheinlich nahm Wagner die von den Polizeibehörden in den letzten Jahren allzu offen praktizierte Duldung des Salvatorausschanks zum Anlass, Zacherls Beispiel zu folgen. Unter Inanspruchnahme einer angeblichen klösterlichen Brautradition leitete er die Berechtigung ab, nun ebenfalls ein Doppelbier auf den Markt zu bringen und um höheren Preis zu verkaufen.

Seinem Vorbild folgte sechs Wochen später der Metzgerbräu im Tal. Er schenkte Doppelbier zum Preis von neun Kreuzer die Maß aus.[93] Auch Spatenbräu Gabriel Sedlmayr (1772–1839), der bereits 1833 ein Doppelbier eingesotten und zum Literpreis von zehn Kreuzern abgegeben hatte, produzierte 1835 ein Starkbier, das sein Schwiegersohn August Deiglmayr in seiner Münchner Gaststätte „Zum Neugarten" für neun bis zwölf Kreuzer pro Maß verkaufte.[94]

Mit ihrem ungehemmten Vorgehen zwangen diese Brauer die Kreisregierung zum Eingreifen – auch gegenüber Zacherl. Denn die Behörde konnte es unter keinen Umständen zulassen, dass die ungestrafte Verletzung bestehender Gesetze nun offenbar Schule machte und die staatliche Autorität noch weiter untergrub. 1826 hatte die Kreisregierung den Antrag einiger Münchner Brauer auf Zulassung zum Verkauf von Starkbier über dem staatlich fixierten Bierpreis strikt abgelehnt.[95] Wenn sie jetzt nicht durchgriff, den Spuk beendete und dem geltenden Recht allgemeine Achtung verschaffte, würde sie unweigerlich ihr Ansehen und die staatliche Autorität beschädigen.

Ein großer Salvatorliebhaber – Fürst Grigorij Iwanowitsch Gagarin, russischer Gesandter in München, um 1835 (https://de.wikipedia.org/wiki/Liste_der_russischen_Gesandten_in_Bayern)

Auch er verkaufte 1833/35 illegal Starkbier – Spatenbräu Gabriel Sedlmayr d. Ä., um 1820 (BWA F130)

Neue Konfrontationen

Im Juni 1835 machte die Regierung des Isarkreises Ernst. Sie untersagte neben den anderen Münchner Brauern auch Zacherl jeden weiteren Verkauf von Starkbier über dem gesetzlichen Tarif. Um den besonders widerspenstigen Augustinerbräu Wagner zur Raison zu bringen – er schenkte ein Starkbier trotz Verbot sogar noch einmal im Februar 1836 aus[96] – verhängte die Kreisregierung schließlich eine 14-tägige Gewerbesperre. Im Wiederholungsfall drohte ihm die Behörde sogar mit der Schließung seiner Brauerei.[97]

An das Landgericht Au erging der geharnischte Befehl, die leidige Salvatorfrage mit Zacherl nun ein für alle Mal zu regeln und dem Buchstaben des Gesetzes endlich Geltung zu verschaffen: „Da nun ein konsequentes Einschreiten in dieser Beziehung allerdings erheischt ist, die bisherigen Königlichen Ministerial- und Regierungs-Erlasse die desfallsigen Überschreitungen nicht zu hemmen vermochten, wenigstens in der Wirklichkeit nicht hemmten, so hat das Königliche Landgericht Au [...] für eine entsprechende Wendung dieser Angelegenheit ernstlich zu sorgen, und dem Brauer Zacherl zu eröffnen, daß eine Biersatzüberschreitung bei Verleitgabe des Paulaner- oder Salvator-Bieres für die Zukunft und in so lange demselben nicht mehr geduldet werde, als er nicht irgend eine Ermächtigung hierzu nachzuweisen respective zu erwirken im Stand seyn wird."[98]

Der Paulanerbräu legte dagegen – wie üblich – Einspruch ein. Aber er erhielt diesmal lange keine abschließende Antwort. Erst acht Monate später, am 2. April 1836, zur üblichen Ausschankzeit des Salvator, fällte die Behörde endlich eine Entscheidung. Sie gestattete den Verkauf des Starkbieres über dem geltenden Satz noch ein allerletztes Mal für die Zeit vom 4. April (Ostermontag) bis 11. April 1836 ohne Einräumung „irgend eines Rechtes oder ein[es] ferner[en] Anspruch[s] zu gleicher Befugnis für die Zukunft." Zugleich wurde Zacherl ultimativ aufgefordert, sein behauptetes Recht auf geeignetem Wege nachzuweisen.[99]

Ausschlaggebend für diese Erlaubnis in letzter Minute war der Umstand, dass die Regierung des Isarkreises nichts weniger als einen Volksaufstand befürchtete, sollte der Salvatorausschank nun verboten und gewaltsam unterdrückt werden. Man hatte schlicht Angst, „daß dadurch Auftritte hervorgerufen werden, deren Vorgang und traurige Folgen in einem offenbaren Mißverhältnisse zum Grunde des Verbotes sich darstellen müßten."[100] Gegenüber dem König begründete die Behörde ihre Entscheidung mit der Überzeugung, „daß die Exequierung des Verbotes ohne Militair wohl schwerlich thunlich seyn wird und jedenfalls sehr betrübende Vorfälle hervorrufen möchte, deren Bekanntwerden im öffentlichen Leben jedenfalls keinen günstigen Eindruck machen wird."[101]

Angesichts der behördlichen Drohgebärden ging Zacherl nun aber selbst in die Offensive. Er ließ den ehemaligen Malteser-Administrator Desiderius von Schneid und den früheren Paulaner-Bräumeister Peter Ludwig als Zeugen amtlich vernehmen und ihre Aussagen über einen seit dem ausgehenden 18. Jahrhundert bestehenden Salvatorausschank gerichtlich protokollieren. Darauf gestützt reichte er am 21. Dezember 1836 gegen den bayerischen Fiskus beim Appellationsgericht des Isarkreises Klage wegen „Besitzstörung" ein. Doch wies der Erste Zivilsenat des Gerichts in Landshut das Ansinnen fünf Wochen später – wie kaum anders zu erwarten – als unbegründet ab.[102]

Zacherl hatte offenbar ein Scheitern der Zivilklage bereits einkalkuliert und deshalb parallel einen zweiten Weg beschritten. Schon Anfang August 1836 wandte er sich – wie schon einmal im Juni 1828 – mit seinem Anliegen in einer Immediateingabe direkt an König Ludwig I. Darin bat er den Souverän, „im Wege der Allerhöchsten Huld und Gnade das meinem Bräuhause anklebende Recht anzuerkennen und zu bestätigen, Salvatorbier alljährlich zu brauen und acht Tage lang in der Oktav des heiligen Franz de Paula um einen angemessenen höheren Preis ungestört und unwiderruflich ausschenken zu dürfen."[103]

Sein Ansinnen begründete er gegenüber dem „vielgeliebtesten Könige" nicht zuletzt mit der „vom Jahre 1651" an bestehenden, „ununterbrochenen" 185-jährigen Brautradition des Salvator. Dies entsprach zwar – wie Zacherl wohl selbst am besten wusste – so nicht der Wahrheit. Aber der Brauer hatte keine Skrupel, wenn es um die Durchsetzung seiner Interessen ging und nahm auch sonst kein Blatt vor den Mund. So verhehlte Zacherl gegenüber dem König auch nicht sein Unverständnis darüber, „warum denn den vermöglichen Biertrinkern nicht eben so wie Weintrinkern gestattet sein soll, doch wenigstens in der Hauptstadt ein paarmal im Jahre, nämlich mit Salvatorbier im April und mit Einbock im May, durch diese bessere als die gewöhnliche Qualität Bier sich gütlich zu thun."[104]

Schließlich appellierte Zacherl „in allertiefster Ehrfurcht und heissester Liebe" an den Monarchen, das ihm zustehende Recht des Salvatorausschanks zu gewähren und damit auch dem allgemeinen Volkswillen zu entsprechen. Denn „es würde für Münchens Einwohner ein wahrer Trauertag seyn, an dem sie erfahren müssten, dass das Brauen dieses Bieres von Seite der königlichen Regierung eingestellt worden wäre."[105]

Salvatorliebhaber in Augsburg – Bankier Ferdinand Benedikt Freiherr von Schaezler (1795–1856), um 1830 (Stadtmuseum München)

Furcht vor einem Volksaufstand

Anders als acht Jahre zuvor zeigte Zacherls Gesuch an König Ludwig I. diesmal Wirkung. Denn der seither noch einmal erheblich gewachsene öffentliche Druck in der Salvatorangelegenheit spielte dem Brauunternehmer maßgeblich in die Hände.

Bestimmenden Einfluss zugunsten Zacherls nahm jetzt der Regierungspräsident des Isarkreises, Graf Karl von Seinsheim (1784–1864). Er bekleidete das Amt seit 1832 und war mit der leidigen Salvator-Problematik schon lange vertraut. Unmittelbar nach dem Eingang des Immediatgesuchs wandte sich der hohe Beamte in einem gegenüber dem Antragsteller sehr wohlwollenden Ton am 10. August 1836 brieflich an Ludwig I. Darin empfahl er den „durch seine bedeutende Brauerey bekannten Bierbrauer Zacherl aus der Vorstadt Au [...] der Allerhöchsten Gnade." Gegenüber dem Monarchen verwies Graf Seinsheim auf die unabweisbare Tatsache, dass die Bevölkerung Münchens „nur sehr ungern einen Genuss entbehren würde, der ihm wie der Bock [des Hofbräuhauses] zur zweyten Natur geworden" sei.[106]

Er machte sich für den Salvatorausschank stark – Karl Graf von Seinsheim, seit 1832 Regierungspräsident des Isarkreises, ab 1840 bayerischer Staatsminister der Finanzen, um 1842 (Stadtmuseum München)

Der Regierungspräsident besaß offenbar ein Gespür für die Stimmung im Volk. Denn auch in der Münchner Presse waren – sicherlich orchestriert von Zacherl – bereits Stimmen laut geworden, die ein mögliches Verbot des Salvatorausschanks heftig kritisierten.

So brach die seit 1824 in München erscheinende, auflagenstarke Zeitung „Der Bayerische Volksfreund“ eine Lanze für das Starkbier aus der Zacherlbrauerei. In Übereinstimmung mit Zacherls Argumentation gegenüber dem König verkündete das Blatt seinen Lesern: „Mit Schrecken und Bedauern vernimmt das so gern biertrinkende Münchner Publikum, daß man dem edlen Gerstensaft-Fabrikanten, Herrn Zacherl in der Vorstadt Au, neuerdings Hindernisse in den Weg legen will, sein beliebtes Vateröhl fortan zu bräuen und zur Erinnerung an das St. Franziskus de Pauli-Fest verleit zu geben. Wenn es dem gewöhnlichen oder auswärtigen Weintrinker erlaubt ist, um sein Geld manchmal ein besseres Glas als von dem täglichen Getränke zu sich zu nehmen, so wird man ja doch dem Eingebornen nicht die Mittel abschneiden wollen, nach dem langen Genusse des einfachen Winterbieres als Vorläufer des Einbockes und des Sommerbieres ein stärkendes Doppelbier in gemessenen Zügen zu sich zu nehmen. Bier ist das Nationalgetränk der Bayern; man lasse es ihnen also ungestört genießen in den observanzmäßigen Formen und Zeiten. Daß es heuer wieder von ganz vorzüglicher Güte sey, und den vergangenen wie den zukünftigen Einbock weit übertreffe, darüber ist nur eine Stimme der vielen Sach- und Fach-Verständigen. Friede also dieser kleinen National-Industrie-Produktion und des Münchner-Publikums Lieblings-Anstalt!“[107]

Mit denselben Argumenten sprach sich das alteingesessene, vom Journalisten Ulrich von Destouches redigierte Münchener Tagblatt gegen jedes Verbot des Salvator aus und kündigte für den Ernstfall Volkes Widerstand an: „Sogar das herrliche, allgemein gepriesene Salvatorbier, diesen alt herkömmlichen Doppellabetrunk, auf welchen sich schon Tausende das ganze Jahr hindurch kindlich freuen nach sattsam geschlürften, verdün[n]ten Winterbier, will man ferner durchaus nicht mehr unangefochten lassen, und diese Prärogative dem gesamm[!]ten Publikum der Königstadt nicht nur streitig machen, nein, sondern gänzlich entziehen. Das Bier ist ja doch unser bayerisches Nationalgetränk; warum will man denn nicht, daß wir es das Jahr einmal, und nur ganz kurze Zeit, im veredelten Maße um unser Geld genießen dürfen? Unmöglich kann man den dießfalls kursirenden bößen Gerüchten Glauben beymessen, sonst müßten wir uns noch weitwendig darein legen, sohin zur Abwendung ihrer Realisirung Möglichstes beyzutragen suchen. Warum denn gar nichts beym Alten lassen wollen in unschädlichen Dingen?“[108]

König Ludwig I. macht eine Ausnahme

Der König reichte Zacherls Gesuch am 19. August 1836 an das Finanz- und an das Innenministerium zur gutachtlichen Äußerung weiter. Im Finanzministerium setzte man sich daraufhin mit der Regierung des Isarkreises in Verbindung, um dort „die einschlägigen Momente grundhaltend erheben zu lassen.“

Zwar kam das Ministerium zu der Überzeugung, dass ein von Zacherl erworbenes „Privatrecht“ zum Ausschank des Salvator über dem geltenden Satz keinesfalls gegeben war, sondern „lediglich der Zustand eines

Precariums." Gleichwohl schloss sich die Behörde dem wiederholt ausgesprochenen Vorschlag des Regierungspräsidenten Graf Seinsheim an, „es möge dem Zacherl die fernere Verleitgebung dieses Bieres gleichwohl gestattet werden, jedoch unter der Bedingung, daß er alljährlich bei der Regierung hierum bittweise einkomme und unter der Beschränkung, daß diese Stelle jedesmal den Schenkpreis und die Dauer der Schenkzeit zu bestimmen habe."[109]

Mit dieser Regelung behielt der Staat die hoheitliche Kontrolle über den Ausschank, wahrte seine Autorität und ermöglichte zugleich eine praktikable Lösung des Problems. Zudem entsprach diese Regelung ganz der Verfahrensweise, wie sie zu Zeiten des Paulanerklosters seit 1751 auch von der damaligen kurfürstlichen Regierung gehandhabt worden war.

Regierungspräsident Karl von Seinsheim überzeugte schließlich auch das Finanzministerium von seiner Linie. Denn am Ende hielt man es dort ebenfalls „nicht nur politisch räthlich, sondern auch verordnungsgemäß, daß die Regierung des Isarkreises förmlich ermächtigt werde, der uralten Sitte gemäß dem Zacherl auf dessen jährlich zu erneuerndes bittliches Ansuchen die Verleitgebung des sogenannten Salvator-Bieres zur herkömmlichen Zeit und ohne Taxierung zu gestatten."[110]

Um schließlich auch beim König die Zustimmung zu der von ihm favorisierten Lösung zu erhalten, wandte sich der Regierungspräsident am 20. Februar 1837 mit einem Schreiben noch einmal persönlich an Ludwig I. Darin befürwortete Graf Seinsheim „aus administrativ politischen Gründen" eine positive Bescheidung von Zacherls Gnadengesuch und erläuterte dem Monarchen ausführlich seinen Standpunkt: „Seit ich denke, und das ist denn doch schon eine geraume Zeit von Jahren, findet dieser Ausschank [...] statt – das Publikum ist nicht nur daran gewöhnt, sondern es hängt demselben wie dem Einbocke mit einer Art von Leidenschaftlichkeit an, ja manche Menschen erblicken in dem Genuße dieses Getränkes, wie in jenem des Einbockes, den Beginn einer Art von Frühlingskur. Das Volk von München, selbst der im Ganzen genommene geringe Pöbel, ist das lenksamste und ruhigste von der Welt – allein in seinem Vergnügen lässt es sich nicht gerne stören, am wenigsten gerne herkömmliche Freuden und Genüße sich nehmen. Diese Rücksichten waren es, die stets eine Conivenz [Duldung] gegen Zacherl herbeiführten und die bisher jede ernstliche Einschreitung verhinderten, so begründet sie auch nach dem Gesetze gewesen wäre. Sollte auf dem Verbote des Ausschenkens bestanden werden, so bin ich überzeugt, daß um selbes zu verwirklichen die ernstesten Maaßregeln, ja sogar militärische Assistenz erforderlich wäre, um selbes zu handhaben, und daß vielleicht Szenen entstehen können, deren unangenehme Folgen lange in keinem Verhältnisse zu dem Zwecke ständen, den man zu erreichen suchte."[111]

Da seit Februar 1837 die Ständeversammlung in München tagte und sich zahlreiche Abgeordnete aus allen Regionen des König-

Er legalisierte den Salvatorausschank – König Ludwig I. von Bayern, 1836 (BWA S22, 172)

Er führte die Spatenbrauerei an die Spitze der Münchner Brauereien – Gabriel Sedlmayr d. J., um 1840 (BWA F130)

reichs in der Hauptstadt aufhielten, erschien das Szenario eines Bierkrawalls nur wenig verlockend.[112] Dem einstimmigen Votum der beiden Ministerien und der Kreisregierung wollte sich deshalb auch König Ludwig I. am Ende nicht verschließen.

Am 25. März 1837 erging der königliche Kabinettsbefehl: „Auf so lange Ich nicht anders verfüge, soll die Kreisregierung ermächtigt werden, jährlich zum Ausschenken des Salvatorbieres Erlaubnis zu ertheilen, die Schenkzeit ist dabey festzusetzen, aber keine bestimmte Taxe, da dieses Bier als Luxusartikel zu betrachten ist.“[113]

Zacherl muss zahlen

Wenige Tage vor dem Inkrafttreten der Königlichen Verfügung, die den Salvatorausschank legalisierte, wurde Zacherl dann aber doch noch bestraft. Es war das einzige Mal in der dreißigjährigen Auseinandersetzung überhaupt, dass er eine gegen ihn verhängte Geldstrafe tatsächlich bezahlen musste.

Zacherl hatte – vermutlich schon in Siegerlaune – den Fehler begangen, mit der Abgabe des Salvatorbieres bereits im Verlauf der dritten Märzwoche 1837 zu beginnen und nicht erst am Vorabend des 2. April, dem von ihm selbst in der Vergangenheit gegenüber den Behörden stets proklamierten offiziellen Beginn der Festoktave. Damit lieferte er der Staatsmacht eine Steilvorlage. Wegen offensichtlicher Überschreitung der Ausschankzeit, die von der Regierung 1837 auf die Periode vom 1. bis 9. April festgelegt worden war, brummte ihm das Landgericht Au eine Geldstrafe von 50 Reichstalern auf, die auch eingetrieben wurde.[114]

Zacherl wäre freilich nicht Zacherl gewesen, hätte er nicht wenigstens versucht, auch diesmal den Kopf noch aus der Schlinge zu ziehen. Er behauptete einfach, den Salvatorverkauf nur deshalb früher gestartet zu haben, um bedürftigen kranken Menschen nicht die gebotene Hilfeleistung zu verweigern. Denn er habe das Getränk nur an solche Personen abgegeben, „wovon viele ärztliche Zeugnisse beigebracht haben, daß ihnen Salvatorbier zur Herstellung ihrer Gesundheit verordnet wurde.“[115] Diese Erklärung erschien dem Auer Landrichter freilich allzu fadenscheinig, um damit einen Straferlass zu begründen.

Weit über Bayern hinaus bekannt

Zacherls seit 1808 unbeirrt verfolgte Strategie, gegen alle behördlichen Widerstände solange am Ausschank des Starkbieres festzuhalten, bis der Staat schließlich vor der damit entfachten Eigendynamik kapitulieren musste, war aufgegangen.

Mit dem Erreichten konnte er mehr als zufrieden sein. Der Salvator spülte jedes Jahr binnen nur weniger Tage eine fünfstellige Summe in die Kasse des Brauers. Denn er verdiente nicht nur am Bierabsatz, sondern fast ebenso viel an den in seinem Bräuhaus dabei verkauften Speisen. „Nicht nur das Bier ist es allein, was [...] einen vorzüglichen Nahrungszweig bildet, sondern auch alle Gattungen von Fleischspeisen sind es, die [...] an Mann“ gebracht werden.[116]

Darüber hinaus verfügte Zacherl mit dem Salvator nun über ein gesetzlich geschütztes

Produkt mit Alleinstellungscharakter. Nur er durfte neben dem staatlichen Hofbräuhaus im Königreich Bayern Starkbier verkaufen. Mit der ab den 1830er Jahren systematisch aufgebauten Presseberichterstattung über den Salvatorausschank erlangte das Spezialbier nicht nur im näheren Umkreis Münchens, sondern in ganz Bayern und teilweise weit darüber hinaus Bekanntheit. Über kein anderes Münchner Bier wurde um diese Zeit in den Zeitungen mehr geschrieben. Damit blieb die Brauerei stets im Gespräch, was nicht nur den Absatz des Starkbieres ständig erhöhte, sondern auch den des üblichen Winter- und Sommerbieres beförderte.

Die Legalisierung des Salvatorverkaufs und der Sieg Zacherls im jahrzehntelangen Tauziehen mit den Behörden fand in der örtlichen Presse großen Beifall und wurde überschwänglich gefeiert. Das Münchener Tagblatt beschrieb den am 1. April 1837 erstmals mit offizieller Genehmigung gestarteten Ausschank des Starkbieres als Freudentag, den die Bewohner der Landeshauptstadt unter zahlreicher Teilnahme begingen: „Endlich erschien am verflossenen Sonntag die glückliche Stunde, in welcher Herr Zacherl an Jedermann und jede Frau sein Salvatorbier öffentlich ausschenkte, von welcher Stunde man lange vorher schon so viel sprach, wie bei der Wahl eines Bürgermeisters in einer ehemaligen Reichsstadt.

Das Ausschenken des Salvatorbieres gehört unstreitig zu einem der wichtigeren Tages-Ereignisse Münchens, und [...] so kam es, daß eine unzählige Menge Menschen schon am ersten Tag der Saison diese Kur gebrauchten. In der untern und obern Etage des großen Braugebäudes saßen die Gäste in dicken Tabaksqualm eingehüllt, Mann an Mann in den geräumigen Sälen. Einen Deckelkrug zu erhaschen, war das größte Glück, einen Krug ohne Deckel zu bekommen auch ein Glück, keinen Krug aber zu erhalten das größte Unglück. Die Aprilsonne war dem Salvatorbier günstig, sie beschien ziemlich warm die Hofräume des Gebäudes. Diese nun füllten sich in den Nachmittagsstunden von 3–5 Uhr vollständig. Fässer, alte Bretter, Karren und Alles, was man erwischen konnte, wurde zu Bank und Tisch umgewandelt.“[117]

Er leitete die stark expandierende Löwenbrauerei von 1818 bis 1851 – Georg Brey, um 1825 (BWA F2, 7509)

Zacherl sorgte dafür, dass dieser sensationsheischende Artikel auch in anderen Blättern abgedruckt wurde und so eine weite Verbreitung erlangte. Unter anderem[118] erschien er unter der Überschrift „Zacherl-Oel“ in der vom Schriftsteller August Lewald herausgegebenen, in ganz Deutschland gelesenen Wochenzeitschrift „Europa. Chronik der gebildeten Welt“[119] sowie in der vom Publizisten Joseph Ritter von Seyfried redigierten Wiener Tageszeitung „Der Wanderer“.[120]

1838 berichtete die in Leipzig erscheinende, in Kreisen des kaufkräftigen Publikums viel gelesene „Zeitung für die elegante Welt“ in einem Artikel über „Das Münchner Salvatorbier“.[121] Auch die „Wiener Zeitschrift für Kunst, Literatur, Theater und Mode“ machte 1839 ihre Leser mit dem „Salvatorbier“ bekannt, dem „stärkste[n] Doppelbier, nicht nur in Bayern, sondern in ganz Deutschland.“[122]

Es lebe Bachus und Gambrinus
Gedenkblatt der Salvatorbier Verehrer im Jahre 1845.
Sonst
und Jetzt
Der Mann geht zu sein Krügel Bier
Und unterhält sich ehrbar hier.
Weib noch ein Gläschen
Das Maßl trinke ich
Werden wir damisch
So führe ich dich.
Und sittsam sitzt die Frau zu Haus
Liest aus der Bibel das beste heraus.
Und wenn die Eltern sausen
So schreyn die Kinder z'Haus
Sie prügeln sich und raufen
Es ist fürwahr ein Graus.

Salvatorleben

Schon immer wurden dem Salvator heilsame Kräfte zugeschrieben. In der Bevölkerung herrschte der Glaube, damit eine Medizin gegen allerlei Krankheiten in Händen zu haben. Als ab Herbst 1836 in München monatelang die Cholera grassierte, galt das Starkbier bald als „Präservativ“ gegen die Epidemie.

Doktor Zacherl

In einem Gedicht mit der Überschrift „Doktor Zacherl“, das in Flugblättern während der Salvatorsaison 1837 große Verbreitung fand, wurde das Starkbier als Stärkungsmittel für von der Seuche Geschwächte beworben. Die letzten Verse des Reimwerks lauteten:

„Doch vom ausgestand'nen Jammer
War man lange noch schachmatt.
Bis im Frühling neue Kräfte
Schaffte eines Bräuers Tat.

Ja der Zacherl war der Wackre
Und sein Lob ertöne laut,
Weil er ein Genesungstränklein
Voller Heilkraft uns gebraut.

Als die Kunde war gedrungen
In das Volk, da rannte schnell,
Alles was da schwach im Magen,
Hin zur alten Brauhausstell.

Und es übte wahre Wunder –
Eine Stimme hört man nur –
Jener Trank aus Malz und Hopfen,
Des Zacherl-Oeles Kraftmixtur.

Was ist Theophrast dagegen?
Was der Doktor Eisenbart?
Brauch ich ärztliche Behandlung,
Wähle ich nur Zacherls-Art.“[1]

Aufgrund des hohen Malz- und Kaloriengehalts galt der Salvator auch später als besonders nahrhaft und deshalb – maßvoll genossen – als bevorzugtes Elixier für Kranke und Rekonvaleszenten. Mediziner und Apotheker empfahlen das Starkbier noch in den 1960er Jahren. Ärzte verschrieben es bisweilen sogar auf Rezept.[2]

Entsprechend wurde das Spezialbier in der Presse schon 1837 wärmstens empfohlen und angepriesen: „Kompetente Richter und Bierkenner sind der Meinung, daß kein anderes starkes oder Doppelbier dem St. Salvator gleichkomme, indem [...] das Salvatorbier nie nachtheilig, in nicht zu übertriebener Quantität aber auf den menschlichen Körper ungemein wohlthätig, stärkend und heilsam wirkt, indem es selbst den schwächsten Magen kräftiget und erwärmt. Wegen dieser seltenen Qualitäten halber wurde der vorsichtige Genuß des St. Salvator-Bieres schon in der Vorzeit insbesondere solchen Reconvalescenten durch Aerzte empfohlen, welche gefährliche, insbesondere den Magen und die Gedärme schwächende Krankheiten überstanden hatten, und die ehevorige Lebenskraft nicht so leicht wieder zu erlangen im Stande waren, in solchen Fällen wirkte das St. Salvator-Bier Wunder.“[3]

Allerdings hatten die allermeisten Konsumenten beim Salvatorgenuss weniger den medizinischen Aspekt im Blick. Im Gegenteil: Sie tranken ohne das gebotene Maß – mit den

Erinnerungsblatt für die letzte Salvatorsaison im Zacherlbräu 1845 (StadtAM HV BS, C-03-29)

Franz Xaver Zacherl, um 1845 (2254)

nur allzu bekannten Folgen. Selbst das gegenüber dem Salvatorspektakel stets unkritisch eingestellte Münchener Tagblatt schrieb deshalb 1834 mit einem, freilich nur leichten, Anflug von Besorgnis: „Die Wirkung des Salvatorbieres [ist] stärker als die des Bockes, und es muß für einen Psychologen, d. h. wenn er selbst nüchtern bleibt, von Interesse seyn, diese verklärten Gesichter zu beobachten."[4]

Rechte Seite: Humoristische Bildergeschichte „Der Fäustling" in acht Szenen über den Ansturm auf das Salvatorbier im Zacherlbräu, 1842 (StadtAM HV BS, B-05-26)

Salvator-Kritiker

Der bis 1844 fast zehn Jahre lang in der Auer Vorstadt praktizierende Arzt Dr. Anselm Martin (1807–1882) nahm dagegen kein Blatt vor den Mund. Er kannte die gesundheitsschädlichen Wirkungen übermäßigen Salvatorgenusses sattsam aus eigener Anschauung. Schon deshalb hielt er rein gar nichts von der jährlich aufs Neue sich ergießenden Starkbierflut. 1837 stellte er voller Abscheu fest: „Das Salvator-Bier erzeugt gerne Schlagflüsse und eine Trunkenheit, welche sich durch den Ausbruch hohen Stumpfsinnes und der Dummheit charakterisirt."[5]

Doch blieben solche und ähnliche kritische Stimmen über das alljährliche „hiesige Salvator-Saufgelage", bei dem „einige Tausend ächte Bierseelen, mit weiten Schlünden und hohlen Leibern, aus allen Ständen" nur das „Glück" erstrebten, „einen ordentlichen Salvatorrausch nach Hause [zu] tragen", bei Weitem in der Minderheit.[6]

Meist kam die Kritik von auswärtigen Beobachtern, wie etwa dem klerikal beeinflussten Zweibrücker Wochenblatt. Die Zeitung missbilligte den Starkbierausschank – zumal während der „heiligen Ostertage" – und konnte den in der Vorstadt Au alljährlich stattfindenden „Bacchanalien eigener Art" rein gar nichts abgewinnen.[7]

Ähnlich ablehnend beurteilte ein Redakteur der „Augsburger Postzeitung" das Salvatorfest. Denn er wurde wiederholt Zeuge, wie dort Leute „in Folge des außerordentlich starken Biers" ins Krankenhaus gebracht werden mussten, „weil [sie] durch übermäßiges Trinken wie rasend geworden" waren. Für ihn – als „einen an solche Vorkommnisse nicht gewöhnten Fremden" – war das alljährliche Salvatorbierfest „ein abwechselnd Entsetzen, abwechselnd Ekel erregendes Schaustück."[8]

Auch hatte der Augsburger Berichterstatter keinerlei Verständnis für das hochpreisige Starkbier, wofür selbst die Ärmsten sich das Geld freiwillig aus der Tasche ziehen ließen: „Es ist ein eigenthümliches Ding mit dem Münchner Biergeist. Ein Pfennig Unterschied bezüglich des gewöhnlichen Biers versetzt Land und Leute in Unruhe und bringt namentlich die Bevölkerung Münchens entsetzlich in den Harnisch; wenn es aber gilt, für irgend ein renomirtes Luxusbier das Geld wahrhaft wegzuwerfen und nebenbei sich jedes Glas, jeden Trunk davon unter Opfern aller Art zu erringen, da findet sich das näm-

I
VIVAT
Der Fäustling.
Vor seinem Haus und Garten,
Am End' der Vorstadt Au,
Das durst'ge Völklein zu erwarten,
Stand jüngst der Zacherl-Brau,
Und um ihn die Knechte seiner Krone,
Gestützt auf mächtige Banzen,
Und ringsum auf niederm Balkone
Die Kellnerinnen und sonstigen Schranzen:
Nußmänner und Raditweiber,
Betteleut' und Hundetreiber,
Zigarrenhändler und Musikanten,
Pflastertreter und sonstige Banden;
Vor diesem Haufen von Sehnsucht heiß
Stand aber des Volkes durstiger Kreis,
Nicht weichend von der Stell',
Harrend auf's Zacherl-Oel. (I)
II
III
V
VI
IIII
VIII
VII

Bekanntmachung zum Salvatorausschank im Neudeckergarten, 1852 (NNGP, Nr. 74, S. 877)

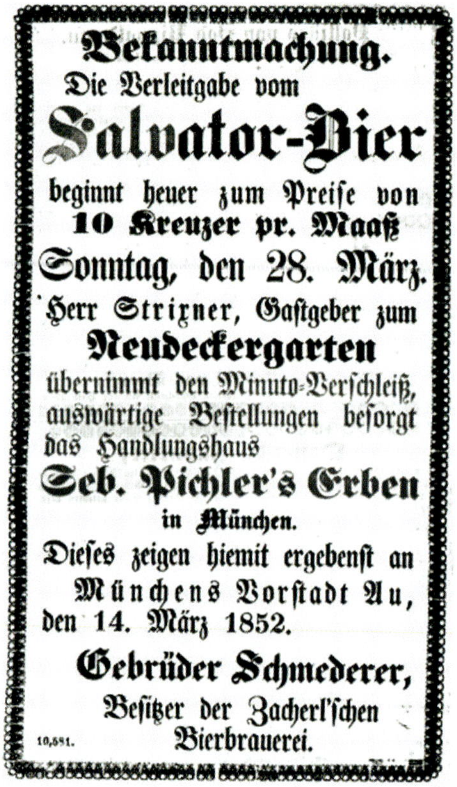
Bekanntmachung.
Die Verleitgabe vom
Salvator-Bier
beginnt heuer zum Preise von
10 Kreuzer pr. Maaß
Sonntag, den 28. März.
Herr Strixner, Gastgeber zum
Neudeckergarten
übernimmt den Minuto-Verschleiß,
auswärtige Bestellungen besorgt
das Handlungshaus
Seb. Pichler's Erben
in München.
Dieses zeigen hiemit ergebenst an
Münchens Vorstadt Au,
den 14. März 1852.
Gebrüder Schmederer,
Besitzer der Zacherl'schen
Bierbrauerei.
10,581.

liche Publicum nicht im Mindesten behelligt [...]. Da hat der sonst ärmste Proletarier Geld und Durst zum Überflusse, niemand beschwert sich über den enormen Preis."[9]

Stellt man in Rechnung, dass der Taglohn eines Maurergesellen damals bei 36 Kreuzern – dem Gegenwert von vier Maß Salvator – lag und der tägliche Verdienst eines ungelernten Arbeiters 26 Kreuzer betrug, erscheint die Kritik nicht gänzlich unbegründet.[10]

Entsprechend stellte ein anderer Augsburger Zeitgenosse mit Verwunderung fest: „Sonderbarer Weise sind es zunächst die unteren Volksclassen, die ihm huldigen, Leute, welche sonst einen Pfennig ansehen, ehe sie ihn ausgeben, aber für den Salvator gibt es keine Berechnung, er muß getrunken werden."[11]

Ganz ähnliche Bedenken äußerte ein Berichterstatter des Lindauer Tagblatts. Er bemerkte bei seinen Besuchen des Salvatorfestes immer wieder, dass dort „der größte Theil des Münchner Publikums nur ein übermäßiges Saufen, ein wüstes Lärmen und Schreien als Belustigung ansieht".[12] Die ganze Veranstaltung schien ihm „blos dazu geschaffen [...], um den Säckel eines Einzelnen auf Kosten vieler Tausende, die ihre hart erworbenen Sechser wohl besser verwenden könnten, ganz gemüthlich zu bereichern."[13]

Diese Kritik aus Kreisen des gebildeten Bürgertums am Salvatorausschank deckte sich völlig mit der ursprünglichen Intention des Gesetzgebers, der mit dem Verbot von Luxusbieren verschwenderischen Konsum und alkoholische Ausschweifungen zu unterbinden suchte. Doch Volkes Wille setzte sich durch.

Wer niemals einen Rausch gehabt

Die von Befürwortern der in den 1830er Jahren aufkommenden Mäßigkeitsbewegung und vielen Ärzten vorgebrachte Missbilligung übermäßigen Salvatorkonsums fand in der Bevölkerung keinerlei Gehör. Im Gegenteil: Tausende von Münchnern konnten den Beginn der Starkbiersaison kaum erwarten.

Nachhaltiger Genuss alkoholischer Getränke war im 19. Jahrhundert – ebenso wie in früheren Epochen – in den Lebensgewohnheiten fast aller Gesellschaftsschichten fest verankert. Ausschweifender Alkoholkonsum in geselliger Runde stand als gemeinschaftsstiftender Brauch hoch im Kurs. Trinkfestigkeit galt zudem als Ausweis männlicher Kraft, als Zeichen von Geradlinigkeit und Offenheit. Der österreichische Schauspieler und Bühnenautor Joachim Perinet (1765–1816) brachte diese Einstellung 1794 in einem bald überall bekannten Gedicht zum Ausdruck. Der viel zitierte Eingangsvers lautete:

„Wer niemals einen Rausch gehabt,
Der ist kein braver Mann,
Wer seinen Durst mit Achteln labt,
Fang lieber gar nicht an."[14]

Zwar nicht dem Umfang, aber doch der Form nach unterschied sich der Alkoholkonsum in Bayern von den Trinkgewohnheiten anderer Regionen. Hier wurde hauptsächlich drei- bis vierprozentiges Bier getrunken. Es galt als Nahrungsmittel, da ein Liter Vollbier mit 400 Kalorien etwa einem Drittel des Nährwertes von einem Pfund Brot entsprach. Dass „ein Pier halb Speis" sei, erklärte schon 1530 ein Mandat der bayerischen Herzöge.[15]

Salvatorhalle, 1869 (4538)

Zwar stillte man seinen Durst natürlicherweise mit Wasser. Doch war das Nass aus den Brunnen vor allem in den Städten vielfach verunreinigt und der Genuss deshalb gesundheitsschädlich. Bier dagegen war frei von ungesunden Keimen. Seine Herstellung stand aufgrund des 1516 erlassenen bayerischen Reinheitsgebots zudem unter strenger gewerbepolizeilicher Aufsicht, weshalb das Hopfengetränk in großen Mengen als Durstlöscher diente.

Wein und Branntwein spielten im Trinkverhalten südlich der Mainlinie kaum eine Rolle. In anderen Gegenden Deutschlands, etwa in Preußen, war dagegen ebenso billiger wie hochprozentiger Kartoffelschnaps jahrzehntelang das Hauptgetränk vor allem der unterbürgerlichen Schichten. Kritiker sprachen von der dort herrschenden „Branntweinpest“. Erst ab den 1870er Jahren verdrängte hier mit steigendem Wohlstand das Bier allmählich den Branntwein.[16]

In Preußen betrug der jährliche Pro-Kopf-Verbrauch von Trinkbranntwein in den 1840er Jahren rund 22 Liter. Ein tägliches Quantum von einem Viertel- bis zu einem halben Liter an 35-prozentigem Schnaps zu den Malzeiten war bei erwachsenen Männern der handarbeitenden Klassen keine Seltenheit.[17] Das ergab 91 bis 183 Liter pro Jahr und entsprach einer Menge von 23 bis 46 Liter reinem Alkohol.[18]

In München lag der jährliche Pro-Kopf-Verbrauch an Bier in der ersten Hälfte des 19. Jahrhunderts bei über 500 Litern. Und noch in den 1890er Jahren wurden im Schnitt 400 Liter getrunken.[19] Ein Fachmann schätzte den „normalen“ Bierkonsum bei Münchner Arbeitern an der Jahrhundertwende auf jährlich 1.825 bis 2.190 Liter.[20] Das entsprach einem Tagesverbrauch von fünf bis sechs Maß Bier bzw. einem Jahreskonsum von 47 bis 56 Litern Reinalkohol.[21] Vor diesem Hintergrund war es kein Wunder, dass der Aus-

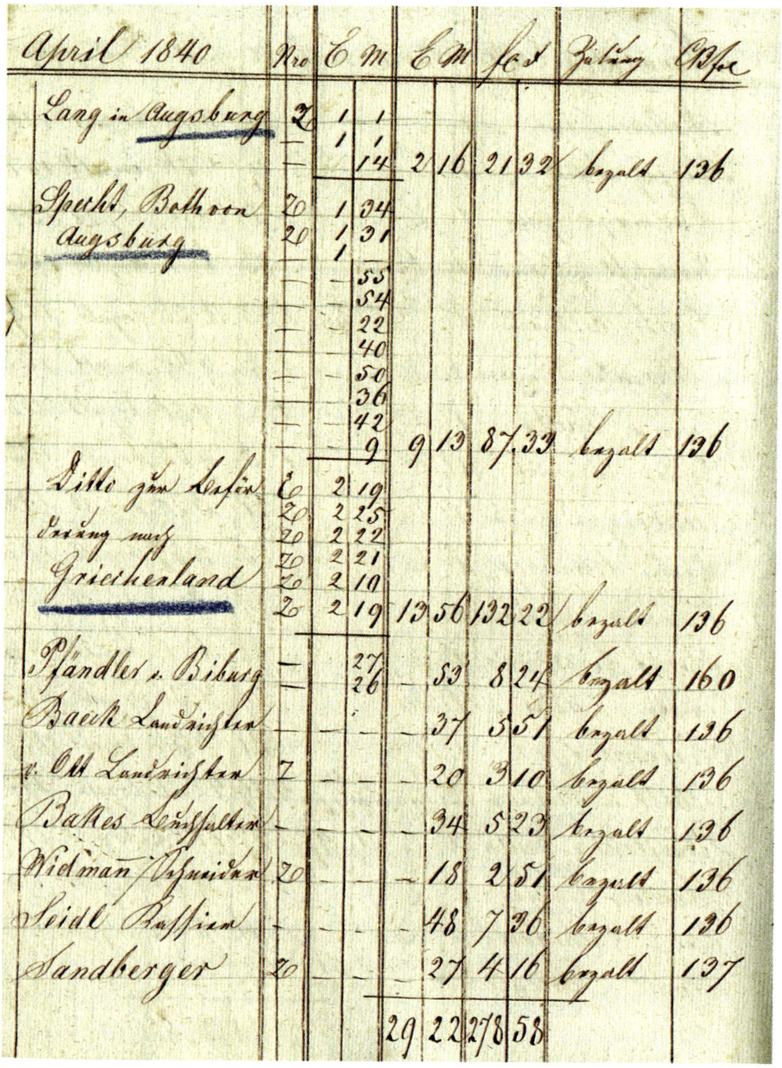

Einträge 1840 im Verkaufsbuch für Salvatorbier – blau unterstrichen u. a. Lieferungen nach Griechenland (1807)

schank des hochprozentigen Salvatorbieres – ebenso wie die Bocksaison – von den Münchner Biertrinkern alljährlich mit Spannung erwartet und als besondere „Festlichkeit“ begangen wurde.

Salvator in Griechenland

Die Absatzsteigerung des Zacherl'schen Starkbieres hielt unvermindert an. In den Jahren 1835 bis 1843 wuchs der Ausstoß um über 40 Prozent von 323 auf 561 hl. Vor allem der außerhalb des Brauhauses konsumierte, in belieferten Gastwirtschaften, bei Privathaushalten oder Bierhändlern abgesetzte Anteil wuchs rasch. Er vervierfachte sich binnen neun Jahren von 80 auf 315 hl. 1843 wurden nur mehr 43 Prozent des Salvatorausstoßes im Zacherlbräuhaus konsumiert, 57 Prozent außerhalb.[22]

Entsprechend wuchs die Menge der Abnehmer kontinuierlich. Allein zwischen 1839 und 1840 stieg die Anzahl der belieferten Adressen von 185 auf 268.[23] Die anhaltende Presseberichterstattung über das Salvatorspektakel unterstützte diesen Trend. Der jährliche Verkaufsumsatz des Spezialbieres erhöhte sich um über zwei Fünftel von 4.700 auf fast 8.000 Gulden.[24]

Der Löwenanteil des Starkbieres wurde nach wie vor in München konsumiert. Neben dem „Hausverschleiß“ in der Brauerei selbst war das von Zacherl seit 1835 belieferte „Winkler'sche Kaffeehaus“ am Mariahilfplatz in der Vorstadt Au die am meisten sprudelnde Salvatorquelle. Im Gegensatz zu dem von Besuchern vor allem aus unter- und kleinbürgerlichen Schichten überfüllten rustikalen Brauereiausschank ging es hier aufgrund der begrenzten Zahl der Gäste, die überdies meist dem gehobenen Publikum angehörten, etwas gesitteter zu. Alkoholbedingte Exzesse und Raufereien unter den Besuchern waren die Ausnahme.

1835 wurden hier während der Salvatortage rund 400 Liter, 1838 1.400, 1840 2.300 und 1842 2.700 Liter ausgeschenkt.[25] Das Münchener Tagblatt lobte ausdrücklich das „freundliche Winkler'sche Kaffeehaus [...], wo man die Zacherl'sche Heilquelle weit gemüthlicher genießen kann als im Bräuhause, wo das Gedränge denn doch oft zu arg und lästig ist.“[26] 1841 veranstaltete der Wirt dort sogar ein „Salvator-Diner“ für besonders geladene Gäste aus München und der Vorstadt Au.[27]

Zwischen 1835 und 1842 dominierte unter den außerhalb Münchens mit Salvator versorgten bayerischen Regionen weiterhin Oberbayern mit 37 belieferten Orten. Die Bestellungen kamen aus Altötting, Berchtesgaden, Burghausen, Ebersberg, Eichstätt, Erding, Freising, Fürstenfeldbruck, Geisenfeld, Gmund am Tegernsee, Gräfelfing, Großmehring, Haag, Ingolstadt, Kiefersfelden, Langwied, Landsberg am Lech, Marktschwaben, Marquartstein, Miesbach, Mittenwald, Neuburg an der Donau, Neuötting, Pfaffenhofen an der Ilm, Peißenberg, Reichenhall, Reithofen, Rosenheim, Scheyern, Schleißheim,

Auf dem Salvatorkeller, 1893 (4571; nach Gemälde von Franz Amling)

Schrobenhausen, Schongau, Starnberg, Tölz, Traunstein, Wasserburg am Inn und Wolfratshausen.[28]

Sodann standen in diesen Jahren auf den Salvator-Bezugslisten 13 niederbayerische Adressen in Deggendorf, Eggenfelden, Geiselhöring, Kelheim, Landshut, Moosburg an der Isar, Passau, Rottenburg an der Laaber, Straubing, Theresienthal, Viechtach, Vilsbiburg und Vilshofen. Elf Abnehmer saßen im Regierungsbezirk Schwaben – neben der Hauptstadt Augsburg in Biburg, Füssen, Kaufbeuren, Lauingen (Donau), Memmingen, Rain am Lech, Sonthofen, Türkheim und Wellenburg.

In den fränkischen Regionen des Königreichs fanden sich Salvatorliebhaber nur in den Städten Aschaffenburg, Bayreuth, Nürnberg und Würzburg. In der Oberpfalz beschränkte sich der Kreis der Bezieher auf die Donaumetropole Regensburg, in der bayerischen Pfalz auf die urbanen Zentren Landau und Speyer.[29]

Außerbayerische Lieferungen gingen in den Jahren 1835 bis 1842 in die württembergischen Städte Ludwigsburg und Wimpfen, ins badische Mannheim sowie ins kurhessische Hanau. Weiter entfernte Bezieher saßen in Berlin, Dresden, Frankfurt am Main, Hamburg, Heidelberg und Mainz. Aus dem Ausland kamen Bestellungen aus Genf, Prag, Triest und Wien. 1840 wurden fast 14 Eimer (9,5 hl) Salvator „zur Beförderung nach Griechenland" auf den Weg gebracht. Dabei handelte es sich offenbar um Lieferungen an den Athener Hof des ersten griechischen Königs Otto (reg. 1832 – 1862) aus dem Hause Wittelsbach.[30]

Gemessen an der Tatsache, dass in diesem Zeitraum noch keine Eisenbahn zur Verfü-

Salvator
Keller

Auf dem Salvatorkeller in München, 1877 (4580; Zeichner: Alfred Seifert)

gung stand und der Transport nur mit Pferdefuhrwerken oder per Schiff erfolgen konnte, erreichte der Salvator aus der Zacherlbrauerei eine geografische Verbreitung wie damals noch kein anderes bayerisches Bier.

Blutiger Ostermontag

Mit den 1834 umgesetzten Präventionsmaßnahmen bekam die Polizei die Sicherheitslage rund um das Salvatorspektakel einigermaßen in den Griff. Kleinere Reibereien unter betrunkenen Gästen stellten natürlich eine beständige, weil unvermeidliche Begleiterscheinung dar. Allerdings waren damit für die Zukunft auch größere Gewaltdelikte nicht völlig auszuschließen.

Eine besondere und stetige Gefahrenquelle während der Salvatortage bildeten die bald 12.000 Soldaten, die in den acht Kasernen der Landeshauptstadt untergebracht waren. Die Präsenz von Militärpersonal unter den stark alkoholisierten Salvatorgästen erzeugte mitunter hohes Konfliktpotenzial. Eine Eskalation konnten dann selbst starke Polizeikräfte nicht immer unterbinden.

Ein trauriger Höhepunkt ereignete sich beim Salvatorstart am Ostermontag des Jahres 1841. Im bei herrlichem Wetter mit Menschen völlig überfüllten Hof der Zacherlbrauerei geriet ein betrunkener Unteroffizier mit einem nicht weniger alkoholisierten Studenten aneinander. Aus dem Wortwechsel der beiden Kontrahenten entwickelte sich schnell eine wüste Schlägerei. Mehrere Gruppen von Militärs und Studierenden gingen ungehemmt aufeinander los. Als die Soldaten schließlich Säbel und Seitengewehre zogen und damit zustachen, artete die Rauferei in eine „wahrhafte Metzgerei" aus.[31] Am Ende gab es eine erhebliche Anzahl von Schwerverletzten. „Viele arg Verstümmelte mußten vom Platz getragen werden."[32]

Auf die allermeisten Salvatorgäste wirkte der Zwischenfall aber in keiner Weise beunruhigend oder gar abschreckend. Im Gegenteil: Das „Spectakel" zog „eine noch größere Menge an."[33] Geradezu schockierend empfand ein auswärtiger Besucher die Tatsache, dass die schwere Prügelei und Messerstecherei bei den anderen „halbbenebelten" Gästen „nicht die geringste Störung" hervorrief: „In pflegmatischer [!] Ruhe aß man sein Würstchen und schätzte sich glücklich, mit neu gefülltem Glase sein Plätzchen wieder zu finden."[34]

Während auswärtige Zeitungen den Vorfall als beklagenswerten Exzess darstellten,[35] gab sich die Münchner Presse gelassen bis verharmlosend. Der „Bayerische Eilbote" erwähnte die „sehr blutige Schlägerei" nur in einem Nebensatz. Man warnte vielmehr vor Übertreibungen, die aus einer Mücke einen Elefanten machten.[36] Das Münchener Tagblatt kommentierte den Zwischenfall gar mit den Worten: „Es wurde von den Studirenden und mehren Militärs ein humoristisches Ritter-Schauspiel aufgeführt. [...] An Tapferkeit und Muth fehlte es keiner Partei, und man sah gar deutlich, daß es der Kampf deutscher Jünglinge war."[37]

Als Konsequenz aus dem blutigen Ostermontag erhöhte die Polizei für die Salvatorsaison 1842 ihre Präsenz durch zusätzliche Patrouillen. Auch das Bürgermilitär der Vorstadt Au wurde in Bereitschaft versetzt.[38] Darüber hinaus forderte der Auer Landrichter künftig ein generelles Uniform- und Waffenverbot für alle Soldaten beim Besuch des Zacherlbräuhauses während der Starkbierzeit.[39]

Damit konnte der Beamte sich gegenüber den Militärs aber nicht durchsetzen. Sie bestanden auf der traditionellen Bewaffnung von Offizieren und Gemeinen mit Säbel und Seitengewehr auch außerhalb der Dienstzeit. Stattdessen drohte die Militärgerichtsbarkeit den Soldaten bei künftigen Verfehlungen die strengste Bestrafung an.[40]

Heringe und literarisch-artistische Novitäten

Während des Salvatorausschanks etablierten sich im Umfeld des Zacherlbräuhauses Verkaufsstände geschäftstüchtiger Händler mit allerhand kulinarischen Leckerbissen. So gab es 1839 für Besucher, denen nach dem Salvatorgenuss der Sinn nach Süßigkeiten stand, „Salvator-Chokolade" eines Auer Fabrikanten zu kaufen.[41]

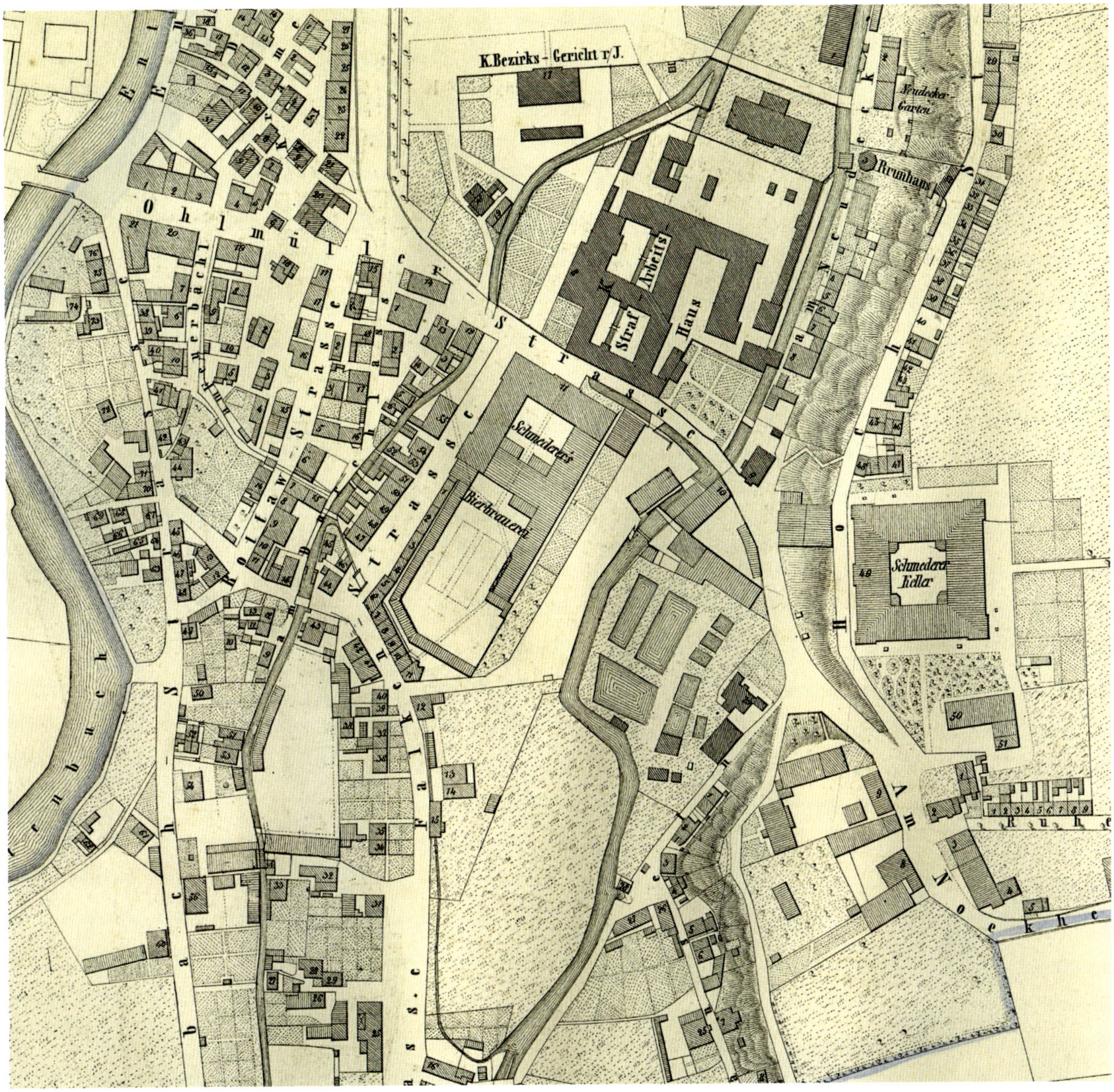

Stadtteil Au mit „Schmederer's Bierbrauerei" und „Schmedererkeller" auf dem Nockherberg, 1858 (Wenng, Atlas)

Um den vom Starkbierkonsum angegriffenen „Salvator-Magen wieder einzurichten", offerierten Heringsbrater zur Kräftigung entsprechende „Salvator-Hähringe".[42] 1838 beantragte ein Nürnberger Geschäftsmann beim Auer Magistrat die Aufstellung einer „Boutique" beim Zacherl'schen Bräuhaus zum Verkauf seiner gebratenen Heringe während der Starkbierzeit.[43] Bald erweiterte sich das Angebot der Händler an der Salvatorquelle um Käse, Radieschen oder Haselnüsse.

Auch das Druckergewerbe profitierte vom alljährlichen Salvatorfest. Dies entsprang dem Verlangen des „trink- und leselustigen Publikums"[44] nach humoristischen Salvator-Gedichten und anderen belustigenden Ergüssen ambitionierter Gelegenheitspoeten. Entsprechende Reimwerke und „literarisch-artistische Novitäten"[45] erschienen in Münchner Tageszeitungen, aber auch in Form von Flugblättern und Broschüren.

1840 kam eine „sehr launig gehaltene" Litographie, die Szenen aus dem „Salvatorbier-Leben" darstellte, zum Verkauf.[46] 1841 erschien eine humoristische Bildergeschichte im Druck mit acht Szenen über einen Besuch beim Zacherlbräu.[47] Großen Absatz fand 1842 ein Heftchen, betitelt „Schwärmerische Gedanken eines bemaulkorbten Pudels beim Salvatorbier mit einem besonderen Salvatorbier-Jubellied."[48]

Im selben Jahr verfasste der Hauptzollamtsverwalter Max Bruckbräu in Burghausen „in angenehmer Erinnerung an die vielen an Ihrer Nektarquelle verlebten frohen Stunden" für den Brauherrn Zacherl unter dem Titel „Das Alphabet der Oele" ein Lobgedicht auf den Salvator. Es wurde 1842 auch in der Presse veröffentlicht.[49]

1844 erfreute sich das von einem Münchner Gelegenheitsdichter verfasste Reimwerk „Der Jungherr von München" größter Beliebtheit.[50] Die Parodie einer auf das Salvatorfest gemünzten Szene aus Schillers „Jungfrau von Orleans" fand unter den Gebildeten der Starkbiergemeinde großen Anklang. Die erste Auflage der mit Salvatorszenen illustrierten Broschüre zum Preis von sechs Kreuzern war schon nach zwei Tagen vergriffen, die zweite ebenfalls bald ausverkauft.[51] Nach Ansicht berufener Kritiker verdankte das Elaborat seinen überaus großen Erfolg der „treuen, überraschend comischen und edel gehaltenen Nachbildung des Urtextes."[52]

Er exportierte Bockbier 1855 bis nach Südamerika – Pschorrbräu Georg Pschorr, um 1840 (4715)

1845 trug ein „Gedenkblatt für Salvatorbier-Verehrer"[53] – „eine sehr gute Carrikatur mit Gedicht", verfasst im üblichen „Salvatorbier Humor" – dazu bei, „die Salvatorbiersaison zu verschönern."[54] Spätestens 1847 erschien – als Entsprechung zur „Bock-Zeitung" während der Münchner Bockbiersaison – nun zur Starkbierzeit eine besondere „Salvator-Zeitung".[55]

Zum Gegenstand der Pressezensur wurde der Salvator 1846. Der Münchner Verlag Braun & Schneider brachte in seiner humoristischen Wochenzeitschrift „Fliegende Blätter" unter der Überschrift „Gambrinias" eine Hymne auf die verschiedenen Münchner Biere. Illustriert war das Gedicht mit einem Holzschnitt. Er zeigte eine Prozession der personifizierten Hopfengetränke. Voran schritt der Bock, kenntlich an seinen Hörnern und dem Narrengewand, gefolgt von der kleinen und dicklichen fassförmigen Gestalt des gewöhnlichen Braunbieres. Am Ende wandelte mit einem Pilgerstab würdig und gemessenen Schrittes der Salvator in geistlich-mönchischer Tracht mit einem Glorienschein über dem Haupt. Der erläuternde Reim lautete:

„Nun folgt mit ernster Miene
das sinnigste Gebraeu,
der Großkomthur des Reiches,
St. Salvator aus der Au."[56]

Die Münchner Zensurbehörde fand die Darstellung weniger lustig. Sie sah vielmehr den Tatbestand der Gotteslästerung erfüllt. Denn die Gestalt des Salvator erinnerte stark an das Erscheinungsbild Jesu als „Salvator mundi" (Erlöser der Welt). Das Blatt wurde beschlagnahmt und die Entscheidung durch den Bayerischen Innenminister Karl von Abel persönlich bestätigt. Obwohl der Verlag sich bereit erklärte, den anstößigen Glorienschein zu entfernen, blieb es bei dem Verbot.[57] Erst als die Salvatorfigur gänzlich aus der Zeichnung getilgt wurde, konnte der Beitrag erscheinen.[58]

Auf dem Salvatorkeller, 1890 (4577; nach Gemälde von Maurycy Trębacz)

Beständig erschallt Musik

Musikbegleitung hatte beim Salvatorausschank in Zacherls Bräuhaus von Anfang an Tradition. 1837 berichtete das Münchener Tagblatt über den Anstich: „Sogleich fand sich eine Musikgesellschaft ein, welche in Mitte des Hofes Lager geschlagen hatte.“[59] 1841 hieß es bei der Beschreibung des Salvatorfestes in einem Reiseführer: „Und beständig erschallt Musik.“[60]

Zu den Stücken, die von den Musikanten beim Starkbierausschank stets gespielt und von der bierseligen Besuchermenge lautstark mitgesungen wurden, gehörten altbewährte Salvatorlieder wie „Mir san net von Pasing“, „Gut'n Morg'n, Herr Fischer!“ oder „Hinum, herum, alleweil saudumm!“[61]

Beim Anstich am Ostermontag des Jahres 1844 lobte die Presse ausdrücklich die im Brauereihof bei schönstem Wetter unter freiem Himmel gebotene musikalische Performance: „Eine besondere Erwähnung verdient die aus vier Köpfen bestehende Musikgesellschaft, welche während der Zeit des Ausschenkens dieses Doppelbieres dortselbst spielt. Die Auswahl der Musikstücke und die schöne Harmonie in ihrem Vortrag läßt nichts zu wünschen übrig.“[62]

Sobald sich die melodischen Darbietungen aber nicht im Freien, sondern in den dicht bevölkerten Salvator-Gasträumen abspielten, überschallten in der Regel „die Vivats und Frohlockungen der Trinkenden [...] die helltönenden Harmonien“ des Orchesters.[63]

Da meist Blechmusik spielte, war das Ergebnis dann nicht selten ein wenig harmonischer, geradezu ohrenbetäubender Lärm, wie ein Ohrenzeuge notierte: „Zwar versuchen die unverwüstlichen Trompeter und das Forte-Forte der gesamten Musikbande der allgemeinen Lärmlust eine bestimmte Wendung zu geben; da aber die Zecher von demselben Standpunkt ausgehen und [...] noch schönere Chöre durchzuzwingen sich abmühen, so gibt das einen kolossalen Krieg auf Kosten des Trommelfelles.“[64]

1846.
Salvator Pech
Eingang zur Salvator Quelle
Eingang zur ver:
ängnißvollen Treppe
Salvator
Eisenbahnkomis-
sion
Inneres
Neudeckergarten
11 x. pr Maß mit Brod 12 x.
Ausmündnug
der Salvator Quelle
Zärtlicher Empfang
Öffnung der Wendeltreppe.

Im Neudeckergarten

In den 1840er Jahren nahm der Salvatorkonsum beständig weiter zu. Nicht selten ging der gesamte Starkbiervorrat binnen weniger Tage zur Neige und war schon vor dem Ende der bewilligten Ausschankzeit abverkauft. Wie schon früher konnten nicht nur Wiederverkäufer, sondern auch betuchte „Heimtrinker" sich für den häuslichen Salvatorgenuss bevorraten. Dazu wurde das Starkbier in der Brauerei „in Fäßchen von 10, 15, 30 und 45 Maß bis zu 1, 1½ und 2 Eimer [137 Liter] vom Keller aus unaufhaltsam verabreicht."[65]

1845 tranken die Gäste am Eröffnungstag bei kalter Witterung im Zacherlbräuhaus 85 Eimer (über 5.800 Maß). Am zweiten Tag stemmten die Starkbierdurstigen bei freundlicherem Wetter über hundert Eimer (6.800 Maß).[66] Bereits am vierten Tag waren 21.900 Maß ausgeschenkt und der ganze Vorrat konsumiert. Der Gesamtabsatz erreichte mit 593 hl einen neuen Rekord.[67] Ab 1846 übertrug Zacherl den ständig wachsenden Vertrieb an außerhalb der Landeshauptstadt ansässige Abnehmer an eine Münchner Großhandelsfirma.[68]

Trotz des großen Erfolges hatte der Brauer nach bald vier Jahrzehnten genug vom alljährlichen Spektakel in seiner Brauerei. Der „bestialische Lärm, [...] der durch die Hallen tobt",[69] das Krakeelen der Betrunkenen bis tief in die Nacht, die häufigen Beschädigungen von Inventar durch berauschte Besucher und die oft starke Verunreinigung des Brauereigeländes mit Fäkalien durch hemmungslose Gäste waren Beeinträchtigungen, die Zacherl trotz des guten Geschäftes offenbar nicht mehr ertragen wollte.

Anfang 1846 stellte er den Antrag, den Salvatorausschank in seinem Betrieb ganz einzustellen und künftig in den Sommerbierkeller auf dem nahe gelegenen Nockherberg zu verlegen. Das Landgericht Au begrüßte zwar grundsätzlich das Ende der Massenveranstaltung in Zacherls Bräuhaus. Eine Verlagerung auf den Keller lehnte die Behörde aber strikt ab. Denn dort war aufgrund der beengten und steilen Zugangswege ein noch größeres Gedränge zu erwarten und die öffentliche Sicherheit noch weniger zu garantieren.[70]

Aus diesem Grund schlug Zacherl schließlich die Gaststätte „Neudeckergarten" als neue Salvatorquelle vor. Die geräumige Gastronomielokalität mit einem großen Freiluftbereich – nur wenige hundert Meter von der Brauerei entfernt unweit des Mariahilfplatzes am Auer Mühlbach gelegen – erschien den Behörden unter Sicherheitsaspekten weit besser geeignet. Ab 1846 übernahm der dortige Wirt, der schon länger von der Zacherlbrauerei mit Bier beliefert wurde, nun alljährlich den Hauptausschank des Starkbieres.[71]

In der Presse erhoben eingefleischte Traditionalisten sofort Bedenken. Sie befürchteten, dass mit der Verlagerung des Ausschanks von der „Urquelle" in ein anderes Gasthaus „ein interessantes volksthümliches Treiben verloren" gehe und vom Salvatorbier dann „aller Nimbus" weiche.[72] Doch erfüllten sich diese Unkenrufe – wie die weitere Entwicklung eindrucksvoll zeigen sollte – in keiner Weise. Zwar verdiente Zacherl seither nur mehr am Bierabsatz und nicht mehr an der Küche. Aber eine Goldgrube blieb das Salvatorgeschäft allemal. 1847 erreichte der Bierverkauf mit 8.485 Gulden den bis dahin höchsten Umsatz.[73]

Beim ersten Starkbieranstich im Neudeckergarten am 27. März 1846 spielte „zur Feier der Eröffnung große Blechmusik."[74] Aufgrund des unaufhaltsam weiter wachsenden Besucherstromes herrschte dort bald noch mehr Gedränge als zuvor schon in Zacherls Bräuhaus.

Ein Beobachter beschrieb die drangvolle Enge, die enorme Lautstärke und die typische Salvator-Atmosphäre in den Gasträumen mit folgenden Worten: „Seit drei Tagen fließt das Salvatorbier [...], ein schweres Getränk, das nur ein geübter Biertrinker in größeren Quantitäten vertragen kann, [...] doch ist die Schenke immer zum Erdrücken voll. Ein unaufhörliches Sprechen, Schreien, Singen und Pfeifen, ein ewiges Geklirr der Maaßkrüge, ein klägliches Gefiedel von ein paar alten Violinvirtuosen, die mit ihren Akkorden den Paganini aus dem Grabe aufwecken könnten – dann wieder das Fluchen derer, die im Gedränge getreten, gestoßen oder beschüttet wurden, dies alles und noch vieles andere gibt einen Lärm, von dem man sich schwer

Erinnerungsblatt für die erste Salvatorsaison im Neudeckergarten 1846 mit Bildergeschichte (StadtAM HV BS, C-03-30)

einen Begriff machen kann. Wer sich in dieses Gewirre begibt, muß auch gefaßt seyn, daß er hie und da einen Puff auf dem Rücken bekommt, daß irgend jemand so witzig ist, ihm den Hut über das Gesicht zu treiben, daß ein Krug an seiner Nase vorbeifliegt, und was dergleichen Kleinigkeiten mehr sind, auf die ein ächter Münchener gar nicht achtet."[75]

Schwere Reiter in Bereitschaft

Die politischen Märzunruhen des Revolutionsjahres 1848 warfen ihre Schatten auch auf den Salvatorausschank. Als am 1. April der Neudeckergarten zum Starkbieranstich öffnete, kam es zu Demonstrationen. Die Besucher forderten eine Herabsetzung des Schankpreises von elf auf neun Kreuzer pro Maß. Die deswegen an Zacherl gerichtete Protestadresse „war in wenigen Augenblicken von den Gästen mit Hunderten von Unterschriften bedeckt, selbst die anwesenden Gendarmen mußten unterschreiben."[76]

Der Brauer erfüllte den Wunsch sofort, da „man ihm im entgegengesetzten Falle Exzesse" angedroht hatte.[77] Durch die Preissenkung büßte Zacherl gegenüber dem Vorjahr ein Drittel des Salvator-Umsatzes ein.[78]

Am nächsten Tag kam es im Neudeckergarten zu einer wüsten und blutigen Schlägerei zwischen „der arbeitenden Klasse" und Soldaten. Die Gendarmerie nahm eine Reihe von Beteiligten fest und sperrte sie ins Polizeigefängnis im Auer Rathaus. Daraufhin zogen einige Hundert Salvatorbesucher zum Mariahilfplatz und verlangten die sofortige Freilassung der Verhafteten. Als dies nicht geschah, wurden Fenster eingeworfen, Türen aufgesprengt, die Wachmannschaften verprügelt und die Festgenommenen befreit. Erst eine Schwadron Kürassiere, die aus der nahen Isarkaserne herbeigerufen wurde, verhinderte weitere Beschädigungen und zerstreute die Menge schließlich.[79]

Angesichts dieser Erfahrungen und der weiterhin angespannten politischen Lage fasste Zacherl im Dezember 1848 den Entschluss, für das kommende Jahr keinen Salvator einzubrauen. Die Behörden begrüßten dies ausdrücklich, da der Ausschank „bei der gegenwärtigen aufgeregten Zeit nur Anlaß zu Exzessen jeder Art geben würde."[80] Es war das einzige Mal bis zum Ausbruch des Ersten Weltkrieges, dass der Ausschank unterblieb. Dafür verlief die Salvatorsaison 1850 ohne größere Zwischenfälle. Das hatte auch damit zu tun, dass nach den Erfahrungen des Jahres 1848 ab sofort das Militär verstärkt in die Sicherheitsmaßnahmen eingebunden wurde.

Während des gesamten Ausschanks lag nun ein 24 Mann starkes Infanterie-Detachement unter dem Kommando eines Offiziers in der Alten Isarkaserne in ständiger Bereitschaft. Ein in der Neuen Isarkaserne stationierter Zug Kürassiere bildete – im Wechsel mit der berittenen Artillerie – eine zweite Eingreiftruppe. Beide Einheiten konnten im Krisenfall sofort vom Landgericht Au zum Einsatz angefordert werden. Auch patrouillierten sie „von Zeit zu Zeit" in der Vorstadt und unterstützten damit aktiv die Polizeikräfte. An Sonn- und Feiertagen, an denen gewöhnlich mit einer besonders hohen Zahl von Salvatordurstigen zu rechnen war, stand zudem eine Eskadron Kürassiere mit 120 schweren Reitern in der Neuen Isarkaserne in Bereitschaft. Gleichzeitig patrouillierten an diesen Tagen von 14 Uhr bis Mitternacht ständig Unteroffiziere aus allen drei Waffengattungen durch die beiden Hauptausschankstellen in der Au.[81]

Diese sogenannten „Sauvegarden" (Schutzwachen) hatten die Aufgabe, „jeden entstehenden Exzess in seinen Keimen zu unterdrücken und hierzu nöthigen Falls die sich stets auf dem Wege befindlichen Patrouillen zu requirieren oder eine größere militärische Hilfsleistung von den in den Isarkasernen aufgestellten Bereitschaften nachzusuchen."[82]

Gerade die an kritischen Tagen rund um die Uhr im Patrouillendienst mitten unter den zechenden Massen eingesetzten Unteroffiziere erwiesen sich als effiziente und schlagkräftige Truppe. Sie zogen in der Regel betrunkene Störer rechtzeitig aus dem Verkehr, bevor größere Tumulte entstanden. Gegenüber dem zahlreichen Militärpersonal unter den Salvatorgästen besaßen sie absolute Befehlsgewalt. So konnten sie randalierende Soldaten sofort in die Schranken weisen. Die militärischen Sicherheitsmaßnahmen bewährten sich. Sie wurden deshalb auch in der Folgezeit beibehalten.[83]

Generationenwechsel

1839 feierte Franz Xaver Zacherl seinen 67. Geburtstag. Trotz der offenbar robusten Gesundheit des Brauherrn wurde es Zeit, die Unternehmensnachfolge zu regeln. Denn Zacherl und seine Ehefrau Elisabeth waren ohne Nachkommen geblieben. Ein 1800 entbundener Junge war nach 14 Monaten an einer angeborenen schweren Behinderung gestorben.[84]

1823 nahm das Ehepaar seine Neffen Ludwig (1814–1882) und Heinrich Schmederer (1815–1864) als Pflegesöhne an. Die beiden damals acht- und neunjährigen Jungen waren durch den plötzlichen Tod ihrer Eltern Johann Andreas (1772–1819) und Regina Schmederer (1776–1819), die in Tölz eine Bierbrauerei betrieben, zu Vollwaisen geworden.

Jetzt nahm Zacherl die beiden Mittzwanziger, die eine Brauerlehre absolviert hatten, schon länger verantwortlich im Betrieb mitarbeiteten und im Begriff standen, zu heiraten, als Teilhaber in die Firma auf. Der am 23. Oktober 1839 abgeschlossene Sozietätsvertrag regelte die betrieblichen Verhältnisse entsprechend. Im Jahr darauf starb Zacherls Gattin Elisabeth.

1843 verfasste Zacherl sein Testament. Darin setzte er die beiden Neffen als Universalerben ein. Bereits 1840 hatte der Brauer, der von 1838 bis 1843 als vom König berufenes Mitglied dem Landrat des Isarkreises angehörte, dem Armenpflegschaftsrat der Stadt Au 10.000 Gulden für wohltätige Zwecke gestiftet. Zur Feier seines 50-jährigen Bürgerjubiläums 1847 ließ er je hundert arme Bewohner Münchens und der Vorstadt speisen und beschenken.

Am 16. September 1849 nahm der beruflich ungemein erfolgreiche Brauunternehmer Franz Xaver Zacherl sich im Alter von 77 Jahren das Leben. Trotz der offensichtlichen Selbsttötung – Zacherl hatte sich in der Badewanne die Pulsadern aufgeschnitten – erhielt der angesehene katholische Bürger ein kirchliches Begräbnis und wurde auf dem Südlichen Friedhof in München unter Teilnahme einer großen Trauergemeinde neben seiner Gattin Elisabeth bestattet. Bei der Obduktion hatte der Gerichtsmediziner sechs Unzen Wasser in der Gehirnhöhle vorgefunden. Daraus zog er den Schluss, dass Zacherl sich im Zustand der Unzurechnungsfähigkeit entleibt hatte und deshalb kein Selbstmord vorlag.

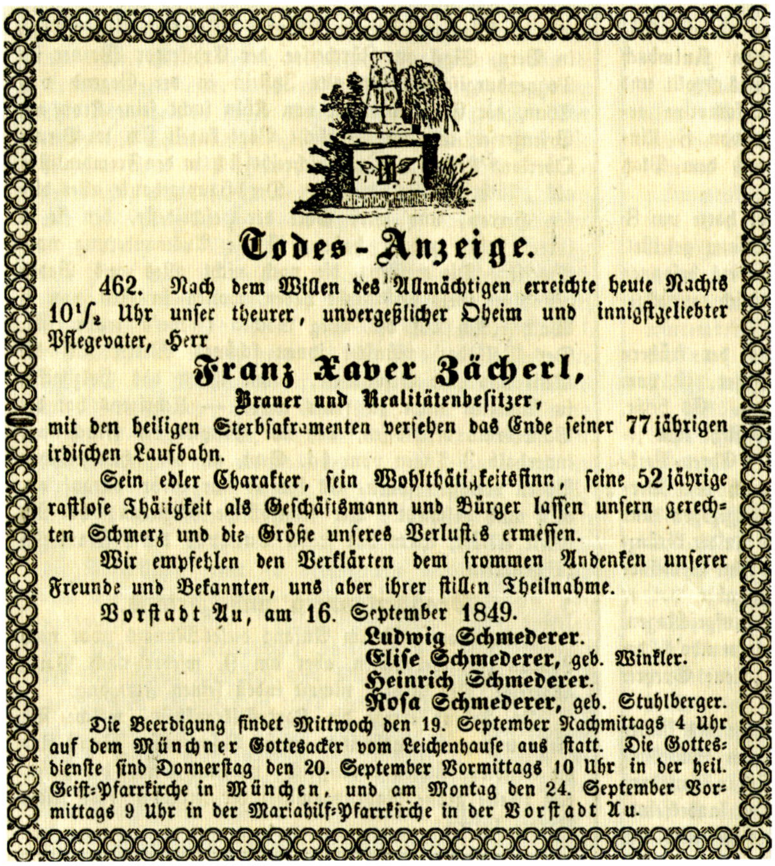

Todes-Anzeige.

462. Nach dem Willen des Allmächtigen erreichte heute Nachts 10½ Uhr unser theurer, unvergeßlicher Oheim und innigstgeliebter Pflegevater, Herr

Franz Xaver Zächerl,

Brauer und Realitätenbesitzer,

mit den heiligen Sterbsakramenten versehen das Ende seiner 77jährigen irdischen Laufbahn.

Sein edler Charakter, sein Wohlthätigkeitssinn, seine 52jährige rastlose Thätigkeit als Geschäftsmann und Bürger lassen unsern gerechten Schmerz und die Größe unseres Verlusts ermessen.

Wir empfehlen den Verklärten dem frommen Andenken unserer Freunde und Bekannten, uns aber ihrer stillen Theilnahme.

Vorstadt Au, am 16. September 1849.

Ludwig Schmederer.
Elise Schmederer, geb. Winkler.
Heinrich Schmederer.
Rosa Schmederer, geb. Stuhlberger.

Die Beerdigung findet Mittwoch den 19. September Nachmittags 4 Uhr auf dem Münchner Gottesacker vom Leichenhause aus statt. Die Gottesdienste sind Donnerstag den 20. September Vormittags 10 Uhr in der heil. Geist-Pfarrkirche in München, und am Montag den 24. September Vormittags 9 Uhr in der Mariahilf-Pfarrkirche in der Vorstadt Au.

Todesanzeige für Franz Xaver Zacherl, 1849 (1803)

Brauerei Gebrüder Schmederer

Anlässlich der Betriebsübernahme 1849 spendeten Zacherls Neffen Ludwig und Heinrich Schmederer der Armenindustrieschule der Vorstadt Au tausend Gulden.[85] Das Brauunternehmen selbst führten die beiden mit ähnlichem Erfolg wie ihr verstorbener Onkel weiter.

Das Sudhaus firmierte seither als „Brauerei Gebrüder Schmederer", doch blieb die alte Bezeichnung „Zacherlbräu" auch unter den neuen Besitzern noch lange geläufig. Seit der 1854 erfolgten Eingemeindung der Vorstadt Au in die wachsende Landeshauptstadt zählte der Betrieb nun zu den Münchner Brauereien. Bis zum Sudjahr 1857/58 verdoppelte sich der Malzverbrauch des Sudhauses auf 17.792 hl. Das entsprach einem Bierausstoß von rund 36.000 hl.

1865 standen in der Brauerei an der Ohlmüllerstraße 36 Arbeiter in Lohn und Brot. Löwenbräu beschäftigte zu diesem Zeitpunkt 236, Spaten 160, Hacker 80, Franziskaner-Leist 76, Pschorr 50 und Augustiner 42. Im folgenden Jahrzehnt bis zur Sudperiode 1873/74 verdoppelte die Schmederer-Brauerei ihren Malzverbrauch auf 41.180 hl. Der Bierausstoß lag nun bei rund 82.000 hl. Damit stand die Bierfabrik an sechster Stelle der damals 34 Braunbierbrauereien der Stadt. Sie produzierte etwa ein Drittel der Biermenge der in München führenden Spatenbrauerei und rund zwei Fünftel der auf Platz zwei stehenden Löwenbrauerei.

1874 beschäftigte die Schmederer-Brauerei 60 Arbeiter und belieferte in der Landeshauptstadt 50 Gaststätten. Spaten versorgte dort 149 Gastronomiebetriebe, Löwenbräu 92, Franziskaner-Leist 85, Pschorr 76 und Augustiner 27. Befördert wurde die stetige Absatzsteigerung durch das rasante Bevölkerungswachstum. Zwischen 1852 und 1880 verdoppelte sich die Einwohnerzahl Münchens von 106.000 auf 230.000.

Entsprechend vergrößerte sich – bei einem jährlichen Pro-Kopf-Verbrauch von fast 500 Litern Bier – die Nachfrage der Konsumenten. Davon profitierte auch das Sudhaus in der Ohlmüllerstraße. Um mit der steigenden Nachfrage Schritt zu halten, erweiterte die Unternehmensleitung die Produktionskapazität laufend und brachte die Betriebsanlagen stets auf den neuesten Stand der Technik.

Ende des Starkbierverbotes

Lange Zeit war der Salvator der Zacherlbrauerei neben dem Bockbier des Hofbräuhauses das einzige zum Verkauf über dem Satz zugelassene Starkbier im Königreich Bayern. Diese Monopolstellung der beiden Münchner Brauereien war jedoch zunehmend öffentlicher Kritik ausgesetzt.

Alljährlich sahen es die Brauer in der Landeshauptstadt mit Unbehagen, „daß dieses Luxus-Getränke die Münchner in Schaaren zur Schänke des Zacherlbräu hinauslockt“ und sie dem nichts entgegensetzen konnten.[86] Dem steten Drängen anderer Sudhäuser, die ebenfalls „Doppelbier“ brauen und über dem Satz ausschenken wollten, konnte sich die bayerische Staatsregierung deshalb auf Dauer nicht entziehen.

1846 bröckelte die Verbotsfront entscheidend. Damals erhielt ein Regensburger Sudhaus die ministerielle Genehmigung, ein stärker eingesottenes Bier zu höherem Preis auf je vier Wochen zu Weihnachten, Ostern und Pfingsten auf den Markt zu bringen. 1847 erwirkte der Landshuter Bierbrauer Bernlochner eine entsprechende Erlaubnis. Als dieses Doppelbier 1847 in München auftauchte, gab es auch dort kein Halten mehr.[87]

Spatenbräu Gabriel Sedlmayr und Löwenbräu Georg Brey beantragten nun ebenfalls eine entsprechende Lizenz, die sie auch gleich erhielten. Ende 1847 begann die Spatenbrauerei mit der Herstellung von Doppelbier. Die Löwenbrauerei folgte im Februar 1848. Bis Mitte des Jahres erhielten elf weitere Sudhäuser in ganz Bayern die Erlaubnis zur Erzeugung und zum Verkauf von Doppelbier. Mehrere Dutzend Gesuche stapelten sich noch beim Innenministerium. Am 19. Dezember 1848 schließlich erteilte die Regierung sämtlichen Brauern im Königreich die Genehmigung, Doppelbier herzustellen und den Verkaufspreis dafür selbst zu bestimmen. Für „normales“ Winter- und Sommerbier galt dagegen weiterhin der staatlich festgeschriebene Satz.[88]

Zwar sollte die Freigabe des Doppelbiersiedens zunächst nur probeweise für zwölf Monate gelten. Denn die Regierung befürchtete einen übermäßigen Run auf das Starkbiergeschäft. Aber als sich herausstellte, dass sich die Produktion in Grenzen hielt, wurde die Erlaubnis in der Folgezeit alljährlich erneuert. Die oberbayerischen Brauereien verwendeten im Sudjahr 1850/51 kaum ein Prozent des im Regierungsbezirk verbrauchten Malzes zur Erzeugung von Doppelbier. Neun Zehntel dieser Produktion gingen freilich allein auf das Konto der Münchner Brauer.[89]

Salvatorbilder, 1892 (2325; Zeichner: Emil Kneiß)

In der Landeshauptstadt beeinträchtigte die 1848 erfolgte Liberalisierung des Starkbiermarktes allenfalls das Geschäft des staatlichen Hofbräuhauses. Denn die meisten der 33 Münchner Sudhäuser brachten ihr Doppelbier seither unter der Bezeichnung „Bock“ auf den Markt. Sie schenkten es in der Regel zur damals üblichen Bocksaison im Mai und Juni aus.

Die Spatenbrauerei steigerte ihren Bockbierausstoß von 360 Eimern im Jahr 1849 auf 786 Eimer im Jahr 1851. 1858 produzierte sie 1.797 Eimer, 1864 bereits 4.013 Eimer (2.745 hl) Spatenbock.[90] Im Braujahr 1870/71 setzte das Sudhaus allein 1.089 Eimer (fast 750 hl) Bockbier außerhalb der Landeshauptstadt ab.[91]

Ähnliche Zuwachsraten verzeichneten auch die übrigen großen Münchner Sudhäuser wie Löwe und Hacker. Georg Pschorr exportierte sein Bockbier ab 1855 in Flaschen sogar bis nach Südamerika. 1869/70 lag der Ausstoß der Pschorrbrauerei in Bockbieren bei 456 hl, 1872/73 bei 891 hl.[92]

Salvator außer Konkurrenz

Für die Schmederer-Brauerei hatte die Aufhebung des Starkbierverbotes 1848 keinerlei negative Folgen. Im Gegenteil: Das Sudhaus stieg ebenfalls in die Bockbierproduktion ein. 1853 braute man neben dem Salvator auch sogenanntes Winterdoppelbier mit 5,2 Gewichtsprozent Alkohol und 7,8 Prozent Extrakt.[93]

Unabhängig davon wuchs der Salvatorabsatz stetig weiter. Bis 1857 verdoppelte sich der Jahresausstoß auf 824 hl.[94] Das hochprozentige Spezialbier, das 1856 einen Volumenalkoholgehalt von 6,9 und eine Stammwürze von 18,5 Prozent aufwies[95] und somit stärker als die Bockbiere der Münchner Konkurrenten eingebraut war, genoss mittlerweile ein unerschütterliches Markenimage.

Die achttägige Salvatorsaison entfaltete eine Anziehungskraft, die beständig weiter zunahm. Tausende von Münchnern blieben weiter begierig darauf, „mit dem ersten Frühlingslüftchen jenen Salvator einzuschlürfen,

Zacherlkeller auf dem Nockherberg, 1895 (StadtAM FS, HB-XX-N-52; Foto: Josef Zechbauer)

auf den sie ganz besonders stolz sind", wie ein kundiger Braufachmann bemerkte.[96]

An dieser Tatsache konnte auch die Markteinführung eines neuen, besonders hochprozentigen Bieres in München nichts ändern. Seit 1848 brachte Spatenbräu Gabriel Sedlmayr neben seinem Bockbier auch ein helles Starkbier nach Art eines englischen Ale zum Verkauf. Der unter der Bezeichnung „Tafelbier" vertriebene Edelstoff hatte einen Alkoholgehalt von stattlichen 8,7 Volumenprozent und eine Stammwürze von 24 Prozent. Damit übertraf er den Salvator an Stärke deutlich. Aber der stolze Preis von 27 Kreuzern pro Liter beschränkte den Absatz ausschließlich auf besonders gut betuchte Bierliebhaber. Aus diesem Grund setzte Sedlmayr 1848 auch nur hundert Eimer (68 hl) der Bierspezialität ab. Nach drei Jahren stellte er die Produktion wieder ein. Erst 1866 nahm er sie wieder auf, verkaufte davon aber alljährlich kaum mehr als 100 hl im In- und Ausland.[97]

Das Salvatorgeschäft der Schmederer-Brauerei lief dagegen auf Hochtouren. Die Räumlichkeiten im Neudeckergarten fassten – einschließlich der großen Freiluftanlage – wohl an die 3.000 Starkbierdurstige. Der Zudrang zur Salvatorquelle war aber alljährlich so groß, dass die Gaststätte unter dem Massenzustrom buchstäblich zu bersten drohte.

„Man kann sich kaum einen Begriff machen von dem wilden Toben, Drängen und Schreien, das im Neudeckergarten herrscht", teilte ein Augsburger Beobachter mit.[98] Am Eröffnungstag 1857 „waren die Lokalitäten und der Garten so voll besetzt, wie sich's die ältesten Liebhaber nicht erinnern" konnten, berichtete ein Teilnehmer aus Nürnberg.[99] „Im Neudeckergarten war gestern der Andrang zum Salvatorbier so stark wie noch selten. Man konnte weder Platz noch Krug bekommen", schrieb die „Passauer Zeitung" 1860.[100]

Selbst schlechteste Wetterbedingungen konnten die Besuchermassen nicht abhalten. Aufgrund von Platzmangel und chaotischem Gedränge in den Innenräumen ließen sich Hunderte von Gästen – Kälte und Schnee trotzend – oftmals im Freien nieder. Unter solchen Vorzeichen blieb das Salvatorspektakel im Neudeckergarten gerade für auswärtige Besucher ein besonderes Erlebnis – ein Faszinosum, an das man sich noch lange erinnerte. Ein Augenzeuge, der 1858 bei Schnee und eisigen Temperaturen die Salvatorquelle an einem Sonntag besuchte, fasste seine Eindrücke in folgende Beschreibung: „Wie mit leuchtenden Buchstaben steht auf dem Thore ‚Eingang zur Salvator-Quelle' [...]. Equipagen, Fiaker, Burschen und Buben, alle bereit, wankende Füße zu fahren oder zu stützen, halten die Pforten umlagert. Wir schreiten durch, und schon nach einigen Schritten stehen wir in der Friedung des Neudecker-Gartens [...]. Das ist ein Leben hier, ein Jauchzen, Jubeln und Schreien, ein Tumult und Gewirr.

Da stehen sie, die Salvator-Vertilger, eingekeilt zwischen Tisch und Bänken, den steinernen Krug in der Hand, und stoßen zur ewigen Bruderschaft an [...]. Da sitzen sie, die Frühlings-Ertrotzer, wenn auch ihr Fuß statt auf grünen Matten auf schneedurchdrungener Erde ruht, wenn auch die Zähne klappern und so manche junge Maid über dem aufqualmenden Rauch der abgebräunten Würste sich die kleinen Hände wärmt [...].

Mit vieler Mühe haben wir uns durch den Garten, der an dem Vorsprung des Gasteigberges hängt, hinaufgearbeitet und sind watend durch den mit dem braunen Saft des Bieres untermengten Schnee glücklich bis an die Hinterthür des Gebäudes gekommen. Hier ist es lange unmöglich, den Eingang zu erkämpfen. Denn der von den Treppen herab und nun sich heraus wälzende Menschenstrom drängt alle Occupanten weit in den Schnee zurück. Doch wir warten geduldig ab, bis dieser sich in den Garten hin ergossen hat, und dringen dann mit vielen anderen, die gleich uns um jeden Preis den Hochgenuss dieses Göttertrankes sich erringen wollen, die Stiege empor.

Endlich stehen wir vor den weltberühmten Hallen. Die Thüre aber zu ihnen ist nur einen halben Fuß weit offen. Niemand kann mehr heraus, niemand mehr hinein. Schmetternde Trompeten, jauchzendes Geschrei, schallendes Gelächter, Gesumm und Gesurr wälzt sich mit einer stickdichten Atmosphäre und mit Rauchqualm aller Art heraus. Irgend ein kerniger, breitschultriger Ungestüm nimmt sich unser an, stemmt sich mit aller Force an die Thüre, wir schieben nach und das Thor weicht [...] um einen ganzen Schuh zurück, so daß wir, einer nach dem anderen [...] uns durchzwängend, in den Banquet-Saal kommen. [...]

Mittlerweile ist es uns gelungen, gegen gute Worte und gut Geld eine ‚Extrafeine' zu erbitten. Wir trinken recht langsam, so recht bedächtig den ersten Trunk, um ja jeden Atom des Hochtrankes würdigen zu können. Ja das mundet, das rinnt heiß durch die Adern. Mögen andere mit Rebenblut die Wangen färben, wir färben sie mit Salvator-Saft."[101]

„Nach der Schlacht" – Gruß vom Salvatorkeller (4550; Bildpostkarte, 1905)

Salvator Quelle

Auf dem Nockherberg

Salvatorkeller, 1861 (1956; Zeichner: Eduard Ille)

Im Herbst 1860 zeichnete sich das Ende des Salvatorausschanks im Neudeckergarten ab. Das Gasthaus wechselte den Besitzer und der neue Wirt machte Schwierigkeiten. Da die Lokalität dem großen Andrang der letzten Zeit nicht mehr gewachsen war, empfahl sich ein Ortswechsel ohnehin. Ludwig und Heinrich Schmederer griffen deshalb die bereits von ihrem Onkel 1846 verfolgte Absicht auf, die Salvatorquelle in den brauereieigenen Sommerbierkeller auf dem Nockherberg zu verlegen.[1]

Umzug auf den Sommerbierkeller

Im Januar 1861 erteilte die Münchner Stadtverwaltung ihre Zustimmung zum Umzug. Auch die Münchner Polizeidirektion erhob keine Einwände dagegen.[2]

Der Südflügel des Kellergebäudes wurde nun alljährlich Ende März zur Ausschankhalle für den Salvator umfunktioniert. Seither bürgerte sich für die zuvor als „Zacherlkeller" bezeichnete Anlage der Name „Salvatorkeller" ein. Außerhalb der Starkbiersaison diente der Raum zunächst weiterhin als Lagerhalle. Er bot Platz für maximal 3.500 Besucher.[3] Wohl an die 1.500 Salvatorgäste konnten bei schönem Wetter auch den Kellergarten frequentieren.

Beim ersten Anstich auf dem Nockherberg am 1. April 1861 waren die fünf Meter hohen Wände der flach gedeckten Ausschankhalle halb blankgetüncht, halb holzgetäfelt und mit „Tannreisgewinden, emblematischen Wappenschilden und Fahnen der deutschen, bayrischen und städtischen Farben" geschmückt. An der einen Wand befanden sich drei Bildnisse bayerischer Kurfürsten. An der gegenüberliegenden hingen „je drei von deren durchlauchtigen Gemahlinnen mit ihren gepuderten Häuptern."[4]

Den Ausschank wie auch die kulinarische Bewirtung auf dem Nockherberg besorgte ab 1861 der jeweilige Pächter der am Mariahilfplatz 41 in der Au befindlichen Gastwirtschaft „Zum Damenwirt". Den Anfang machte der Gastronom Alois Winter. Nach dessen Tod 1876 übernahm kurzzeitig der neue Pächter Karl Dold den Ausschankbetrieb im Salvatorkeller. Ab 1879 führte „Damenwirt" Xaver Menter während der meist achttägigen Starkbiersaison das Kommando, anschließend von 1882 bis 1898 Johann Schildberger.[5]

Unter den Gästen, die den Nockherberg während der Salvatorsaison 1862 bestiegen, war auch ein Engländer. Edward Wilberforce (1834–1914), der aus der Grafschaft Yorkshire stammte und einige Jahre in München verbrachte, hielt seine Eindrücke darüber in einem 1863 in London veröffentlichen Buch mit dem Titel „Social Life in Munich" fest.

Darin berichtete er über seinen Besuch des Salvatorkellers: „Das rechte Isarufer erhebt sich zu einem Hügel, der auf die ebene Fläche auf dem linken Isarufer blickt, auf dem die Stadt München erbaut ist; und dieses Hochufer wird während des Monats März von vielen müden Wallfahrern erklommen, die dem erquickenden Tabernakel zustreben. Bevor man die Schatten der Bäume erreicht, die mit wehenden Fahnen geschmückt sind, geht man unter Musikklängen an der Brauerei vorbei, vor der ein kleiner Brunnen in der

Sonne glitzert. Ein paar Schritte weiter ist der Ort des Geschehens.

Man betritt ein staubiges und eher unaufgeräumtes Grundstück mit Tischen unter den Bäumen und Bänken, auf denen Männer und Frauen aus allen Bevölkerungsschichten sitzen. Am Ende ist ein großer Schuppen mit Fahnen über dem Eingang, und drinnen drängen sich die Leute und warten auf ihren irdenen Maßkrug. Rettiche werden umher getragen [...]. Teller mit Fleisch und Brot [und] auch das Bier werden aus dem Schuppen gebracht.

Es war ein heller und sonniger Tag, als ich mit einem Freund zum Salvatorkeller kam, und wir wählten Plätze im Schatten, während wir tranken. Alle Tische waren voll, und halb München war entweder schon da oder kam gerade an. Die Kapelle spielte hin und wieder, und jede Zunge wurde vom starken Bier gelöst. Denn der Salvator ist das stärkste Bier, das in München gebraut wird [...]. Es gilt als normal, daß man sich im März betrinkt, und von jedem, der nicht mit der Festigkeit eines Wachsoldaten geht, wird gesagt, daß er unter dem Einfluß der Jahreszeit steht."[6]

Neben der Löschung des Bierdurstes war auf dem Nockherberg für das gesamte leibliche Wohl der Gäste gesorgt. An den Säulen der Kellerhalle listeten Plakate die dort erhältlichen Speisen auf.[7] Ein sichtlich beeindruckter Besucher schilderte das Geschehen in der Küche des Salvatorkellers 1877 mit den Worten: „Mächtige Kalbsviertel, gebraten oder in Essig gedämpft, ragen aus riesigen Pfannen hervor, ‚sauere Haxen' verbreiten einen einladenden Duft und zentnerweise brodeln die ‚Gselchten' und die ‚Gschwollenen' in den Töpfen."[8]

Auch im Garten und vor der Kellerhalle kamen konsumbegierige Besucher auf ihre Kosten. Denn dort boten – wie auch von Wilberforce beschrieben – die sogenannten „Rettichweiber" ihren „Radi" an. Andere hielten Brezeln, Eier, Würste, Käse, Nüsse, Zuckerwaren, Blumen, Zigarren und Zündhölzer feil.[9]

Wie überall auf den Münchner Kellern waren damals auch auf dem Nockherberg kaum Bedienungen anzutreffen. Noch 1891 taten lediglich acht Kellnerinnen und zwei Kellner Dienst. Auf 500 Besucher kam demnach nur eine einzige Servicekraft.[10] Selbst 1914 waren auf dem Salvatorkeller nur 36 Bedienungen im Einsatz. 1938 waren es 58.[11]

Mangels Bedienungen holten die Gäste sich ihr Bier in der Regel selbst. Vor den Schanktischen gab es daher stets ein riesiges Gedränge und Geschiebe. Man lief dort ständig Gefahr, sich die Garderobe zu ruinieren und die glücklich eroberte Salvatormaß am Ende noch zu verschütten. Doch war stets ein Heer von jungen Burschen und sogenannten „Packträgern" zur Stelle. Gegen entsprechendes Aufgeld nahmen sie den Betuchteren unter den Bierdurstigen diese Strapaze ab.[12] Ein geübter Bierholer konnte sich damit in den 1860er Jahren auf dem Salvatorkeller an einem Nachmittag angeblich bis zu sechs Gulden verdienen.[13]

Der größte Besucheransturm auf dem Nockherberg herrschte – wie schon früher im Zacherl'schen Bräuhaus und danach im Neudeckergarten – stets an den Sonn- und Feiertagen. Die Halle war an den arbeitsfreien Tagen ständig überfüllt. Selbst bei schlechtestem Wetter bevölkerten noch Gruppen von Bierdurstigen den Garten. Weniger drangvoll ging es werktags zu. Der Bierabsatz erreichte hier meist nur ein Drittel des an den Haupttagen konsumierten Volumens.[14]

Neue Absatzrekorde

Die im Vergleich zum Neudeckergarten deutlich erweiterte Ausschankkapazität auf dem Nockherberg machte sich sogleich bemerkbar. 1861 wurden am Eröffnungstag hundert Eimer (6.840 Maß) konsumiert. Am Ende des elftägigen Ausschanks waren es 30.500 Maß.[15]

Im Jahr darauf tranken die Gäste allein beim Anstich fast 8.700 Liter. In der Kellerhalle herrschte an diesem Tag ein solches Gedränge, dass nur mit der größten Anstrengung eine Maß zu erhalten war.[16] Insgesamt wurden 1862 von den Besuchern binnen neun Tagen 45.800 Maß Salvator zusammen mit 14.400 Paar Bratwürsten vertilgt.[17]

1863 braute das Sudhaus ein Drittel mehr Starkbier ein als im Vorjahr. Entsprechend stieg der Kellerausschank auf 53.300 Maß.[18] Beim Anstich herrschte bereits ab den frühen

Auf- und Abstieg beim Salvatorkeller, 1880 (4568; Zeichner: Franz Kollarz)

Vormittagsstunden ein Riesenandrang.[19] Die Plätze im Freien waren „dicht besetzt, und in den eigentlichen Kellerlocalitäten war nur mit größter Mühe ein Plätzchen zum Stehen zu erringen."[20] 1864 erreichte der Absatz auf dem Nockherberg über 50.500 Maß. In den letzten beiden Ausschanktagen besuchten jeweils über 4.000 Gäste den Salvatorkeller.[21]

Beim Anstich am 1. April 1866, einem Ostermontag, war der Zustrom trotz sehr ungünstiger Witterung noch gewaltiger. Aufgrund dauerhafter Überfüllung der Kellerhalle tranken Hunderte ihr Bier bei strömendem Regen im Kellergarten. Viele mussten sogar „wieder in die Stadt zurückkehren, ohne den Salvator gekostet zu haben."[22] Trotz des heftigen Regenwetters wurden allein am ersten Tag rund 9.000 Maß verkauft. Am zweiten Tag waren es 10.300. Am Ende der Ausschankzeit lag der Verbrauch im Salvatorkeller 1866 bei 69.400 Maß.[23]

Ab 1862 wurde die achttägige Salvatorsaison, die bislang in der Regel Anfang April startete, um zwei Wochen vorverlegt. Sie begann nun meist bereits am Sonntag vor dem Josefitag (19. März).[24] Dieser war in Bayern traditionell ein Feiertag. Deshalb herrschte fortan am Namenstag des heiligen Josef auf dem Salvatorkeller stets Hochbetrieb.

Am Josefitag 1867 leerten die Gäste dort binnen zwölf Stunden 16.420 Maß.[25] 1868 erreichte der Absatz auf dem Keller mit 75.600 Maß einen neuen Rekordwert.[26] Beim Anstich 1869 war die Salvatorquelle „trotz Schneegestöber von Gästen förmlich belagert."[27] In der Saison 1870 überschritt der Konsum trotz teilweise geschlossener Schneedecke auf dem Nockherberg die Marke von 71.700 Maß.[28] 1871 stemmten die Besucher allein am Eröffnungstag 9.370 Maß.[29] Der Gesamtverbrauch nach elftägigem Ausschank lag bei über 1.080 Eimern (73.900 Maß).[30]

1873 war der Andrang, begünstigt durch das schöne Wetter, „ein kolossaler". An den Schenken „war ein Gedränge zum Ersticken und Erdrücken."[31] Binnen zehn Tagen konsumierten die Gäste dort rund 70.000 Maß,[32] obwohl die Reichenbachbrücke – der zentrale Zugang über die Isar – während der Salvatortage wegen Reparaturarbeiten gesperrt war und deshalb viele Gäste einen Umweg in Kauf nehmen mussten.[33]

Beim Anstich am 15. März 1874 herrschte kaltes und windiges Schneewetter. Trotzdem

Im Salvatorkeller, 1886 (4572; Zeichner: M. Weinholdt)

war die Salvatorhalle ab zehn Uhr vormittags „buchstäblich überfüllt, so daß eine Masse Menschen im Freien unter Sturm und Schneegestöber das kalte Bier hineintrank."[34] Am 19. März war der Zustrom bei sonnigem Wetter dann so gewaltig, dass die Besucher ständig über eine halbe Stunde am Garteneingang Schlange standen.[35]

Am Josefitag 1879 erreichte der Verbrauch über 13.000 Maß. Wegen Überfüllung mussten viele Bierdurstige den Heimweg ohne Salvatorgenuss antreten.[36] Beim Anstich 1880 konsumierten die Besucher bei kühler Witterung nur rund 10.000 Maß.[37] Am Eröffnungstag 1881 wurde dagegen mit 18.000 Maß ein neuer Tagesrekord aufgestellt.[38] Beim Anstich am 16. März 1884 zählten die Schankkellner über 15.000 Maß, am Josefitag über 10.000 Maß.[39] Am 19. März 1886 waren es genau 12.671 Maß.[40]

Wer wirbt, gewinnt

Zacherls Neffen Ludwig und Heinrich Schmederer erwiesen sich in jeder Hinsicht als gelehrige Schüler ihres geschäftstüchtigen Onkels. Wie er wussten auch sie um den Wert einer gezielten Presseberichterstattung, insbesondere zur Steigerung des auswärtigen Absatzes.

Schon ab den 1840er Jahren wurde in der Reiseliteratur über München der Salvatorausschank neben dem Oktoberfest als besonderes Ereignis der bayerischen Landeshauptstadt beschrieben und Auswärtigen zum Besuch empfohlen.[41] Ab 1855 erschien die Starkbierquelle als touristisches Ziel auch in Karl Baedekers Reiseführer für Deutschland und Österreich.[42] Da die Stadt München schon um die Jahrhundertmitte einen bedeutenden Fremdenverkehr besaß, beförderte der Wunsch auswärtiger Besucher, das vorzügliche Starkbier während der Saison auch in der Heimat zu genießen, den Versand.

Regelmäßige Presseberichte weckten überall in Deutschland das Bedürfnis nach dem Münchner Luxusbier. Im Mai 1861 erschien in der „Illustrirten Zeitung“ ein längerer Artikel über „Die Salvatorsaison in München“. Er stammte aus der Feder des Münchner Schriftstellers, Karikaturisten und Illustrators Eduard Ille (1823–1900) und war mit einer ganzseitigen Abbildung einer vom Autor gefertigten Zeichnung des Salvatorkellers versehen. In dem Beitrag stimmten unter anderem Touristen aus Frankreich, Italien, Ungarn und England ein Loblied auf die „süße Wunderquelle“ an.[43] Die seit 1843 in Leipzig erscheinende, von Brockhaus gedruckte „Illustrirte Zeitung“ war damals die wichtigste und am meisten gelesene Publikumszeitschrift in Deutschland. Die Auflage betrug mehrere 10.000 Exemplare.

Ein weiterer Artikel von Eduard Ille mit dem Titel „Der Salvator-Quell in der Münchner Vorstadt Au“ samt halbseitiger Abbildung des Salvatorkellers erschien 1863 in der Zeitschrift „Über Land und Meer“.[44] Das seit 1858 in Stuttgart verlegte illustrierte Unterhaltungsblatt verfügte ebenfalls über eine breite Leserschaft und verschaffte der Salvatorquelle in ganz Deutschland entsprechende Aufmerksamkeit.

Ende April 1865 brachte die „Illustrirte Zeitung“ erneut einen mehrspaltigen Beitrag über den „Ausschank des Salvatorbieres in München“.[45] 1873 erschienen in mindestens einem Dutzend Zeitungen weitere Berichte über die Salvatorquelle, darunter auch in der renommierten, im ganzen Reich viel gelesenen „Frankfurter Zeitung“.[46] Auch in der Folgezeit brachten auflagenstarke Publikumszeitschriften immer wieder Illustrationen über den Starkbierausschank im Münchner Salvatorkeller.[47]

Eine derartige Pressepublicity genoss damals wohl keine andere bayerische Bierspezialität. Nicht zuletzt deshalb stieg die Nachfrage nach dem Münchner Luxusbier deutlich. 1865 erreichte der Absatz außerhalb des Salvatorkellers während der dreiwöchigen Versandsaison den vorläufigen Höchststand von 911 hl.[48]

1868 lag der Salvatorausstoß bei 1.500 hl.[49] Davon wurden in den Bestelllisten der Brauerei 800 Eimer (545 hl) zur Ausfuhr in deutsche Landstriche außerhalb Bayerns und in die europäischen Nachbarländer vorgemerkt.[50] Der Gesamterlös aus dem Starkbierverkauf betrug in diesem Jahr 24.143 Gulden.[51]

Der Auslandsversand nahm allmählich Fahrt auf. 1864 berichtete die „Augsburger Postzeitung“: „Wie uns von competenter Seite versichert wird, nimmt der Export dieses Bieres von Jahr zu Jahr zu und bewahrt seinen alten historischen Ruf auch im Auslande.“[52] Die Ausfuhr nach Frankreich begann in größerem Maßstab spätestens zu Beginn der 1880er Jahre. 1883 erschien in der Pariser Gastronomiezeitschrift „L'Estomac“ ein Artikel über die Geschichte der Zacherlbrauerei und den Salvator.[53] 1886 wurde berichtet, dass „seit einiger Zeit das Münchner Salvatorbier“ dort „importirt worden [ist], welches einen gewissen Erfolg verspricht.“[54]

In Amsterdam startete der Vertrieb 1886.[55] Zu den Hauptabnehmerländern gehörte seit jeher die Schweiz. 1888 konnte der Salvator dort unter anderem über einen Vertreter in Zürich beschafft werden.[56] In New York bezog 1886 der Biergroßhändler Rudolf Oelsner für seine US-amerikanischen Kunden das Starkbier aus der Ohlmüllerstraße.[57]

Vor allem aufgrund des steigenden Versands im gesamten Reichsgebiet und des Exports ins Ausland wurde der Salvator ab 1873 in besonderen „Originalflaschen“ abgefüllt. Seither war das Starkbier neben der Fassabfüllung auch in dieser Gebindeform im In- und Ausland im Handel erhältlich.[58] Im Fass wurde das Starkbier in Gebinden ab 15 Liter abgegeben, bei Flaschenabfüllung in Kisten zu 20, 25 oder 50 Flaschen.[59]

Dabei war die Nachfrage offenbar stets größer als das Angebot. 1884 teilte die Brauerei einer Reihe von nachfragenden Kunden mit, „daß auch dieses Jahr trotz sehr erhöhter Production in Folge der massenhaften Aufträge, die von allen Theilen Europa's eingelaufen sind, die Ausführung einer großen Anzahl von Bestellungen wegen Mangels an Salvator-Biervorräthen unterbleiben muß.“[60]

MÜNCHEN
ZWEIBRÜCKENSTR. 5

Andrang vor dem Salvatorkeller, 1903 (2256; Bildpostkarte; Foto: Stettmeyer Nachf., München)

Führungswechsel

1864 war Heinrich Schmederer mit nur 49 Jahren verstorben.[61] Sein Sohn Franz Xaver Schmederer (1843–1918) hatte daraufhin seine Nachfolge als Gesellschafter in der Ohlmüllerstraße angetreten. 1882 starb Ludwig d. Ä. Schmederer im Alter von 68 Jahren. Sein Erbe trat – zusammen mit der Witwe Elise – der gleichnamige Sohn Ludwig d. J. (1846–1935) an. Dieser hatte 1865 in München ein Jurastudium begonnen, war dann aber schon bald in die Firma eingetreten, wo er sich vor allem um die technischen Belange der Brauerei kümmerte und ab 1877 neben seinem gleichberechtigten Cousin Franz Xaver als geschäftsführender Gesellschafter wirkte.

Eine wesentliche technische Voraussetzung für die Produktionssteigerung der Schmederer-Brauerei war 1885 die Einführung der künstlichen Kühlung. Bis dahin basierte der Braubetrieb auf dem Einsatz von Natureis. Damit wurde während der wärmeren Jahreszeit die Kühlung der Gär- und Lagerkeller sichergestellt. Die Beschaffung und Lagerung des Eises war jedoch aufwendig und in Jahren mit milden Wintern sehr teuer. Zudem barg das Brauen an heißen Sommertagen ohne zuverlässige Kühlung noch immer ein Risiko.

Im Frühjahr 1877 hatte der Münchner Kältetechniker Carl Linde (1842–1934) – finanziell unterstützt von Gabriel Sedlmayrs Spatenbrauerei – eine Kältemaschine entwickelt. Mit ihrem Einsatz wurde es möglich, bei jeder Witterung zu brauen und dabei stets die erforderliche konstante Raumtemperatur von 5 bis 6 Grad Celsius im Gärkeller bzw. von 1 Grad Celsius im Lagerkeller zu gewährleisten. Dieser Fortschritt in der Kühltechnik steigerte die Produktivität erheblich.

1885 überschritt der Jahresabsatz der Schmederer-Brauerei die 100.000-Hektoliter-Marke. Etwa zwei Drittel davon gingen an rund 65 Kunden in München. Mindestens ein Fünftel bezogen gut 40 Abnehmer im oberbayerischen Umland. Im Gegensatz zu ausgesprochenen Exportbrauereien wie Spaten, Löwenbräu oder Pschorr, die in dieser Zeit bereits bis zu zwei Fünftel ihrer Produktion im außerbayerischen Reichsgebiet und sechs bis elf Prozent im Ausland vertrieben, blieb der Absatzradius der Schmederer-Brauerei noch weitgehend auf die nähere Umgebung begrenzt. Nur rund 15 Prozent der Absatzmenge gingen an Abnehmer außerhalb Oberbayerns, in andere deutsche Länder und ins Ausland. 3,5 Prozent des Gesamtausstoßes entfielen auf das Starkbier Salvator. Das Sudhaus unterhielt damals Geschäftskontakte zu rund 40 Vertreterfirmen, die den Vertrieb des Starkbieres im In- und Ausland besorgten.[62]

1888 erhielt die Schmederer-Brauerei auf der Weltausstellung in Barcelona für ihr Bier die höchste Auszeichnung, nämlich die „Goldene Medaille". Diese Prämierung förderte nicht zuletzt auch den Absatz des Starkbieres im Ausland.[63]

Dichtung und Wahrheit

Seit Mitte der 1860er Jahre häuften sich in Zeitungen und Illustrierten Berichte über die Münchner Salvatorquelle. Ein großer Teil dieser Pressemeldungen war zweifellos durch die Münchner Brauerei selbst veranlasst. Entsprechend zeichneten diese Artikel in der Regel ein sehr positives Bild des Salvatorfestes.

Die Autoren rühmten das alljährliche Treiben auf dem Nockherberg regelmäßig als „Inbegriff urgemütlicher Fidelität",[64] als „ein echtes Münchener Volksfest, bei dem [...] natürlich auch wohl einmal ein bischen ‚geraaft' wird",[65] worin sich eben „der kernige bajuwarische Stamm in seiner biederen Urwüchsigkeit"[66] zeigte.

Auch der bekannte Münchner Dichter, Kabarettist und Theaterkritiker Hanns von Gumppenberg (1866–1928) idealisierte den Nockherberg. Er verglich das Münchner Spektakel gerne mit Bierfesten in der Reichshauptstadt Berlin, die er als preußisch-steif, künstlich und unnatürlich empfand. Die „Münchner Salvatorfreude" erlebte er dagegen als „unmittelbaren Ausfluß der baiuwarischen Volksseele, [...] als etwas durchaus Volksthümliches, [...] etwas Natürliches, Selbstverständliches und Einfaches", das „alle ihre Theilnehmer vom ersten Augenblick an sofort in ihren Zauberbann" zieht und sie „zu einer großen brüderlich-schwes-

Ausgelassene Stimmung im Salvatorkeller, 1881 (4573; Zeichner: Gustav Heine)

terlichen Tafelrunde" vereinigt.[67] Die alkoholischen Ausschweifungen und die unter dem Einfluss des Starkbieres regelmäßig begangenen Tätlichkeiten wurden auf diese Weise freilich verbrämt und beschönigt.

Besonders gerne betonte man in der Presse die Aufhebung aller sozialen, politischen und landsmannschaftlichen Gegensätze unter dem Einfluss des „Zaubertranks" auf dem Salvatorkeller: „Vertraulich sitzt der Berliner neben dem Altbayer, der Officier neben dem Handwerker, hochgestellte Staatsbeamte neben dem Packträger, der schwarze Casino-Mann neben dem liberalen Bezirksvereinler; kein Unterschied der Confessionen, der Parteien, des Standes, die einfache Lösung der verwickelten Parole: ‚Freiheit, Gleichheit, Brüderlichkeit', die zwar schon oft angestrebt, noch nie praktisch ausgeführt werden konnte."[68]

Zwar besuchten sowohl bürgerliche als auch unterbürgerliche Schichten den Salvatorkeller gleichermaßen. Und das Bedürfnis des Bürgertums nach sozialer Abgrenzung war in Münchner Bierkellern wie auf dem Nockherberg weniger ausgeprägt als etwa in preußischen Lokalen.[69] Die viel beschworene klassenlose Biergesellschaft auf dem Salvatorkeller war dennoch ein allzu oberflächliches Wunschbild. In der beschriebenen Form existierte sie nur in der Phantasie der Lobredner.

Seltener waren Pressestimmen, die das alljährliche Salvatorspektakel kritisch in den Blick nahmen und eine Gegenposition zum allzu schönfärberischen Mainstream einnahmen. Besondere Aufmerksamkeit erregte dabei ein Aufsatz, der 1873 ausgerechnet in der „Allgemeinen Hopfen-Zeitung" erschien, der in Nürnberg verlegten Fachzeitschrift der bayerischen Brauindustrie. Das dem Wirtschaftszweig eng verbundene Blatt war bisher kaum durch Artikel aufgefallen, die sich besorgt über unmäßigen Bierkonsum oder

1885
Münchner
Salvator-
Blatt

eine fragwürdige Kultur von Bierfesten äußerten.

Möglicherweise steckte hinter dem Beitrag auch ein gewisser Konkurrenzneid der Branche gegenüber dem Erfolg des Starkbieres aus der Schmederer-Brauerei. Verantwortlich für den Artikel unter der schlichten Überschrift „Salvator-Bier“ zeichnete der in Lüneburg geborene Schriftsteller und Publizist Carl August Dempwolff (1833–1873). Er lebte seit 1866 in München und betrieb dort bis 1871 am Dultplatz 16 eine Buchhandlung mit Leihbibliothek.

Hexensabbat Nockherberg

Dempwolff schilderte das Treiben auf dem Nockherberg in Form eines sehr anschaulichen Erlebnisberichts über einen sonntäglichen Besuch des Salvatorkellers. Seine Ausführungen aus dem Blickwinkel eines zugereisten Bildungsbürgers lassen die starke Anziehungskraft des Starkbierfestes nachempfinden. Sie vermitteln aber zugleich einen kritischen Blick auf die dort gepflegte volkstümliche Festkultur: „Schon wenn man auf eine der Brücken, welche über die Isar führen, gelangt, bemerkt man ein eigenthümliches Leben und Treiben. Wie in einer Prozession fluthet die Menschenmenge einem Ziele – dem ‚Salvatorkeller‘ – zu. Ebenso kehrt ein anderer, doch nicht so starker Strom von dort zurück. Einige uns begegnende Droschken, in denen betrunkene Leute in unmöglichen Stellungen liegen und singen und brüllen, sowie verschiedene Herren, die augenscheinlich das Gleichgewicht verloren haben und in bedenklichen Zickzacklinien ihren Weg verfolgen, bereiten uns auf das Schauspiel, das uns erwartet, vor. [...]

Von oben herunter schallen uns lustige Klänge entgegen, und frohen Muthes lassen wir uns von einer Menschenmenge, die just in die heiligen Räume hineinfluthet, tragen [...]. Wir finden einen Tisch [...], ein Packträger holt uns den Maßkrug mit dem schäumenden, herrlich mundenden Getränke; von fernher dämmert blau das Gebirge herüber – kurzum es ist ungemein hübsch da, und man begreift, warum der Münchner so ungemein viel auf seinen Salvator hält. Ganz geht uns dieses Verständniß aber erst bei der zweiten Maß auf. [...]

Sorge, Leid und Schmerz gibt es für uns nicht mehr, das Alter verschwindet, und frisches, unbändiges Kraftgefühl ergießt sich brausend durch unsere Adern. Jetzt aber ist es höchste Zeit, aufzuhören, denn sonst steigert sich eben dieses Kraftgefühl in einer Weise, die uns – wenn auch Dank unserer Erziehung – nicht gerade in's Zuchthaus bringen würde, so aber doch zu den bedenklichsten Exzessen verleiten könnte [...].

So verlockend heiter sich nun auch das Leben draußen zeigt, so ganz anders wird es uns erscheinen, wenn wir versuchen, es an der Quelle zu studiren. Die Quelle fließt da drinnen – im Keller. [...] In dem riesigen Lokal befinden sich außer rohgezimmerten Tischen und Bänken keine anderen Mobilien. Die wenigen noch dazu längst erblindeten Fenster geben so spärlich Licht, daß man, aus der Tageshelle hereintretend, so gar nichts sieht und sich in völliger Dunkelheit zu befinden glaubt. Dafür riecht und hört man aber umso mehr.

Ein warmer Brodem, der sich aus den Ueberresten vergossenen Bieres, aus den Ausdünstungen so vieler hundert im engen Raum zusammengefaßter Menschen, aus entsetzlichen Zigarrengerüchen, aus Käse und allen möglichen und unmöglichen Parfüms zusammensetzt, schlägt uns entgegen und wirkt auf jeden Menschen, der nicht Nerven wie Draht hat, niederschmetternd.

Aber wenn wir auch Anfangs zurückschaudern und eine gelinde Ohnmachtsanwandlung bekämpfen, so dringen wir doch muthig vorwärts und es gelingt uns, an der Hand eines ortskundigen Führers bald an irgendeinem Tisch ein bescheidenes Plätzchen zu finden. Es darf uns freilich nicht geniren, daß Tische und Bänke von vergossenem Biere klebrig sind, ebenso wenig dürfen wir Anstoß daran nehmen, daß neben den Maßkrügen, die das berauschende Getränke enthalten, nasse Brodstücke, Ueberbleibsel von Rettigen, Käsrinden, ja vielleicht auch ein einsamer Häringsschwanz und andere Zeichen, daß Menschen vor uns da waren und gegessen und getrunken haben, liegen.

Salvatorblatt (Titelseite), 1885 (1865)

Am allerwenigsten darf uns aber die Gesellschaft geniren, bei der wir Platz genommen haben. Eine Kritik der hier herrschenden Reinlichkeitszustände würde nur mit Spott und Hohn beantwortet werden und doch nichts helfen, eine Kritik unserer Nachbarn und ihres etwaigen ungebührlichen Betragens würde uns aber unfehlbar die schlimmsten Mißhandlungen zuziehen.

Verhalten wir uns also ganz passiv und beschränken uns lediglich auf Sehen und Hören. Die Dunkelheit hat sich, nachdem sich das Auge daran gewöhnt, in eine sanfte Dämmerung verwandelt, in welcher wir doch unterscheiden können. Wir sehen also in der Mitte des großen Raumes einen festen Kern, um welchen eine Menschenmenge auf und niederwogt. Nach oben verdichtet sich dieses Menschengewühl zu einem dichten Knäuel, der gar nichts mehr unterscheiden läßt. Der feste Kern in der Mitte ist das Orchester [...]. Der Knäuel oben bezeichnet die Schenke, an der man sich das Bier selber holen muß – von Bedienung ist hier natürlich keine Rede – was aber jedem Menschen, dem seine Kleider und seine Knochen lieb sind, unmöglich ist.

Das starkbesetzte Blechorchester – denn nur dem schmetternden Blech ist es möglich, durch den wüsten Lärm durchzudringen – hat vorzugsweise zwei oder drei Melodien, die es vom frühen Morgen bis zum späten Abend unaufhörlich ertönen läßt. Es sind dies leichfaßliche und wie es scheint ungemein populäre Melodien, denn ihr jeweiliges Intoniren wird von tausendstimmigem Jubel und von einem nicht enden wollenden Aufklopfen der schweren Steinkrüge begleitet. Einen Vers spielt die Musik jedesmal durch, dann geht der Gesang los – entsetzlich, ungeheuer, Mauern erschütternd [...]. Wie ein Hexensabbath wogt und wühlt das um uns her, der Lärm betäubt und berauscht uns, man wird toll mit den Tollen, und brüllt, tobt, schreit und lärmt schließlich mit.

Bis jetzt war das alles nur grotesk, wüst und ungeheuerlich, jetzt aber wird es schauerlich und blutig. Ein Wortwechsel ist zwischen unseren Nachbarn entstanden, wir sehen gehobene Arme, wir hören einen entsetzlichen Krach und blutüberflossen sinkt ein junger Mann von der Bank, ein anderer hat ihm den schweren steinernen Krug auf dem Schädel entzweigeschlagen [...].

Glücklicherweise geht die Rauferei, die sonst hier ebenso ansteckend ist wie der Gesang, für diesmal nicht weiter: Alles weicht scheu vor dem gewaltigen Menschen zurück, der jetzt von der sich durch das Gewühl rücksichtslos durcharbeitenden Sauvegarde arretirt und fortgeschleppt wird. Obgleich derartige Vorkommnisse nicht selten sind und den guten Humor der Menge [...] keinen Augenblick stört, so haben wir doch vollständig genug Bierleben gekostet und beeilen uns, das Freie zu gewinnen [...].

Endlich athmen wir wieder mit Entzücken die reine frische Luft, und bald auch verklingen die wüsten Töne des Hexensabbaths hinter uns, und wir können in Ruhe darüber nachdenken, warum die Polizei einer Haupt- und Residenzstadt einem Unfuge wie diesem, der nicht nur die Ruhe ganzer Stadtviertel wochenlang stört, sondern auch Jahr aus Jahr ein eine Reihe von Menschen auf die Anklagebank liefert, noch länger ruhig zuschaut."[70]

Schattenseiten

Carl August Dempwolff stand mit seiner Kritik nicht allein. Beifall erhielt er zumindest von den betroffenen Anwohnern rund um den Salvatorkeller. Der gewaltige Lärm, den das Spektakel besonders an Sonn- und Feiertagen erzeugte, war noch im Umkreis von zwei Kilometern deutlich zu vernehmen.[71]

An gesegnete Nachtruhe war hier aufgrund des andauernden wüsten Geschreis der heimkehrenden Zecher vielfach nicht zu denken. Ihren Pöbeleien auf der Straße waren viele der Anwohner ab den Abendstunden nahezu schutzlos ausgeliefert. Die in den betreffenden Vierteln wohnenden Familien suchten deshalb „ihre Ausgänge möglichst zu beschränken und legten sich lieber freiwilligen Hausarrest auf, ehe sie sich der beständig drohenden Gefahr" aussetzten, „von einem Betrunkenen insultiert zu werden."[72]

„Der erste [Tag] der Salvatorsaison brachte wie üblich eine Reihe durch Trunkenheit verursachter Excesse", berichtete der „Münchener Bote" 1873. „In der Sendlingerstraße,

Zeitungsannonce mit Einladung zur Salvatorsaison 1893 (4600)

auf dem Bahnhofplatze, in der Ohlmüller-, Schützen-, Herzogspitalgasse, in der Landschaftsgasse gab es Raufereien und anderweitige Ordnungsstörungen, wobei der Einfluß des Salvator sattsam zur Geltung gelangte, denn eine bunte, aus Handwerksgesellen, Commis [Handlungsgehilfen], Studenten etc. bestehende Gesellschaft war es, die sich schließlich in den Polizeiarresten zusammenfand."[73]

Brenzlig wurde es stets, sobald betrunkene Krawallmacher in Gruppen auftraten. Am 20. März 1871 gegen 22.30 Uhr wurde die Zweibrückenstraße vor dem Isartor zum Schauplatz eines „infamen", von „Angehörigen der sogenannten gebildeten Stände inscenirten Excesses." Etwa 25 betrunkene Studenten, die vom Salvatorkeller kamen, randalierten. Man „riss an den Glockenzügen, hob Kaufmannsschilde aus" und misshandelte Passanten „auf die gröblichste Weise". Ein herbeieilender Gendarm, der „zur Ordnung mahnte", wurde rüde mit Stockschlägen attackiert. Der furchtlose Ordnungshüter machte daraufhin von seiner Dienstwaffe Gebrauch und verhaftete schließlich zwei der Täter. Die übrigen flüchteten. Ein Teil konnte aber im Laufe der nächsten Tage von der Polizei ermittelt werden.

Vor dem Münchner Bezirksgericht kam es schließlich zum Prozess gegen zwölf der mutmaßlich Beteiligten. Die Anklage lautete auf Widerstand gegen die Staatsgewalt, Eigentumsbeschädigung, Ruhestörung und groben Unfug. Der Rädelsführer wurde zu einem Monat und 21 Tagen Gefängnis ohne Bewährung verurteilt. Ein anderer erhielt sechs Tage Gefängnis und zehn Gulden Geldstrafe. Die Übrigen bekamen je zwei Tage Arrest, ein Angeklagter wurde freigesprochen.[74]

1882 verzeichnete die offizielle Polizeistatistik acht Fälle von Tätlichkeiten durch Salvatorgäste. Zur Anzeige kamen sechs Körperverletzungen, eine Sachbeschädigung und ein Fall von Widerstand gegen die Staatsgewalt.[75] Dabei handelte es sich jedoch sicherlich nur um die Spitze des Eisberges. Denn bei Weitem nicht alle Delikte kamen zur Anzeige, wurden der Polizei bekannt und von ihr verfolgt.

Salvatorszenen, 1877 (1867)

Die unmittelbare Verantwortung für die Sicherheit und Ordnung auf dem Salvatorkeller lag bei der Gendarmerie. Seit Ende der 1860er Jahre verzichtete man auf militärische „Sauvegarden“. Stattdessen waren nun an Werktagen von 13 Uhr bis zur Kellerschließung jeweils drei Polizisten im Einsatz. An Sonn- und Feiertagen versahen vier Gendarmen unter Leitung eines Polizeikommissärs Dienst vor Ort. Vormittags hielt jeweils nur ein Beamter die Stellung auf dem Nockherberg.[76] Die „Gendarmerieassistenz“ stellte die Münchner Polizeidirektion dem Betreiber des Salvatorkellers stets in Rechnung. 1876 fielen für 204 geleistete Dienststunden 71,40 Mark an.[77]

Maßgeblich unterstützt wurden die Gendarmen auf dem Nockherberg durch die private „Hauspolizei“. Sie wurde stets von der Brauerei organisiert und bezahlt.[78] Uniformierte breitschultrige Bräuknechte hatten den Auftrag, allzu auffällige Krawallmacher möglichst rasch aus dem Keller zu entfernen und Schlägereien im Keim zu ersticken. Anders als die Polizeibeamten, die dabei eher um- und vorsichtig agierten, ging der private Saalschutz in der Regel wenig zimperlich zu Werke. „Es wird nicht selten der Unschuldige mit dem Schuldigen in roher, eines Menschen nicht würdiger Weise hinausgeworfen“, beschrieb ein Polizeioffiziant die gängige Praxis.[79]

Beim Salvatoranstich 1881 bemerkte ein Besucher ab dem späteren Nachmittag „ziemlich viele solcher unfreiwilligen Entfernungen.“[80] Ein Korrespondent der „Frankfurter Zeitung“ beobachtete damals im Salvatorkeller eine mit Dienstmützen versehene, „unfehlbar wirkende und nicht viel Federlesens machende Schutzgarde“ und lobte die friedensstiftende Wirkung dieser „Hausknechte aus Nubierland.“[81]

Zur Unterstützung von Gendarmen und der Hauspolizei auf dem Keller stand im Notfall die Wache des nahe gelegenen Auer Zuchthauses bereit. Die Truppe wurde während des Salvatorausschanks um ein aus acht Mann bestehendes Infanterie-Kommando unter dem Befehl eines Unteroffiziers verstärkt. Es stand täglich von 15 bis 22 Uhr im Zuchthauswachlokal in Bereitschaft. Auf den Hauptstraßen, die vom Keller in die Stadt führten, patrouillierte an Werktagen zwischen 16 und 22.30 Uhr Gendarmerie, an Sonn- und Feiertagen bereits ab 14 Uhr. Bei schweren Zwischenfällen konnten in der Isarkaserne in Bereitschaft stehende Kürassiere angefordert werden.[82]

Ausartende Gäste

Die verantwortlichen Polizeikräfte vor Ort sahen die Massenveranstaltung auf dem Nockherberg zunehmend kritisch. 1880 beobachtete der diensthabende Polizeioffiziant auf dem Salvatorkeller eine „Rohheit“ und einen

Salvatorjahresheft 1887 (2325; Zeichner: Lothar Meggendorfer)

„Unfug, wie er sonst in öffentlichen Lokalen nie vorkommt und nie geduldet“ würde. Seinen Bericht an die Polizeidirektion schloss er mit dem Fazit: „Einem anständigen Menschen ist der Besuch des Zacherlkellers unbedingt unmöglich, da er der Rohheit und Brutalität dieser ausartenden Gäste schutzlos preisgegeben ist.“[83]

Zwar war es beim Salvatorausschank schon in früheren Zeiten mitunter rustikal zugegangen. Unzweifelhaft aber hatten sich auf dem Nockherberg ab Mitte der 1870er Jahre derart rohe Sitten eingebürgert, die selbst bei allem Verständnis für die kernige Urwüchsigkeit des bajuwarischen Stammes kaum mehr zu rechtfertigen waren.

Besonders an Sonn- und Feiertagen ging es mitunter wüst zu. Am Kellereingang lauerten Horden von jungen Burschen. Sie schlugen jedem Besucher, der es wagte, mit einem Zylinder zu erscheinen, sofort unter lautem Gejohle die Kopfbedeckung ein. Der steife Herrenhut galt als Symbol bürgerlicher Wohlanständigkeit. Zylinder waren deshalb gerade von Gästen aus unterbürgerlichen Schichten auf dem Salvatorkeller nicht gelitten. Andere Gruppen von Halbstarken machten sich regelmäßig einen Spaß daraus, Besuchern beim Betreten oder Verlassen der Kellerhalle den Weg zu versperren, sie „in

Salvatorträume – Eintrag im Gästebuch des Salvatorkellers, 1909 (2350; Zeichner: Georg Ritzer)

muthwilliger Weise“ herumzustoßen und zu verspotten.[84]

In der an Sonn- und Feiertagen stets überfüllten Halle herrschte ein infernalischer Lärm. Denn ein Großteil des angetrunkenen Publikums begleitete die von der Musikkapelle intonierten gängigen Salvatorlieder mit lautem Schreien, Johlen und Pfeifen. Dazu wurde im Takt der Musik mit den schweren Bierkrügen und den mitgebrachten Stöcken auf die Tische eingeschlagen. Nicht selten stand ein großer Teil der Besucher zechend und schreiend auf Tischen und Bänken.

„Etwa 2 Drittheile der Gäste besuchen den Zacherlkeller lediglich nur deshalb, um durch ihr furchtbares Gejohle, Pfeifen, Schreien und Lärmen [...] sich bemerkbar zu machen“, hieß es im Polizeibericht. Alle Versuche, dem Einhalt zu gebieten, erwiesen sich als zwecklos, „da diese Klasse von Gästen der Meinung sind, daß ihr Thun und Treiben etwas Erlaubtes und Berechtigtes, zum Ausschank des Salvatorbieres unbedingt Nothwendiges sei."[85]

Den Kern dieses speziellen Publikums bildeten Halbstarke und Burschen aus der wachsenden unterbürgerlichen Schicht der durch Industrialisierung und Urbanisierung geprägten Residenzstadt. Sie erschienen in großer Zahl beim Salvatorfest und nutzten den Starkbierausschank als Ventil für ihre unbefriedigende soziale Situation.

Der einige Jahre in München lebende Schriftsteller Karl Theodor von Perfall (1851–1924) registrierte das Auftreten dieser gesellschaftlichen Problemgruppe, wenn er 1878 bedauernd feststellte: „Die Gestalt des Strizzi [...] ist der Held des Salvatorausschankes und ihr massenhaftes Auftreten, ihr rohes Gebahren hat in den letzten Jahren der Salvatorsaison die Volksthümlichkeit besseren Sinnes geraubt und an deren Stelle rohe, excessive Sitten gesetzt, welche es nicht rathsam machen, den Salvator in den späteren Nachmittagsstunden zu besuchen. [...] Der Salvatorkeller [ist] das orgienartige Gemälde eines in neuester Zeit mit dem Wachsthum der Stadt als nothwendiges Übel verbundenen Gesindels der unheimlichsten Sorte."[86]

Unter diesen Bedingungen kam es auf dem Nockherberg leicht zu Tätlichkeiten. 1880 stellte ein Polizeikommissär lapidar fest: „Das Rauffen, sich gegenseitig mit Stöcken Bearbeiten, wobei auch mit steinernen Literkrügen geworfen wird, ist an der Tagesordnung."[87]

Dagegen wirksam einzuschreiten – zumal wenn die Halle an Sonn- und Feiertagen völlig überfüllt und auch „alle Gänge zwischen den Tischreihen mit Stehenden gepfercht voll" waren[88] –, bestand in dem Trubel meist kaum eine Chance. Denn sobald die Ordnungskräfte versuchten, einige der Randalierer aus dem Verkehr zu ziehen, war ihnen die Solidarität der übrigen gewiss.

Frustriert notierte ein Gendarm in seinem Bericht an die Polizeidirektion: „Gegen alle diese Mißstände vermögen die Sicherheitsorgane nicht mit Erfolg vorzugehen, da dieselben den großen Theil des rohen, angetrunkenen und ausartenden Publikums gegen sich haben, die Thäter aber von den Letzteren in Schutz genommen werden."[89]

Tugendhafte Gänseblümchen und sündige Rosen

„An Werktagen besuchen wohl auch ganze Familien den Keller, obwohl es manchem Familienvater besser anstünde, seine Töchter nicht an einen Platz zu führen, wo sie unvermeidlich manch rohen Scherz hören und Vieles ihnen vor Augen kommt, was ihnen besser verborgen bliebe."[90]

Diese Warnung gab das „Lindauer Tagblatt" 1867 seinen Lesern mit auf den Weg, die sich vom Bodensee aus in die Landeshauptstadt zum Salvatorkeller begaben. In einem Nachsatz benannte das Blatt in zeitgemäßer Distanzierung noch eines der besonderen Übel auf dem Nockherberg: „Auch das schöne Geschlecht wallet gerne zu St. Salvator; an Sonntagen ist hauptsächlich jene Klasse vertreten, deren eingehende Schilderung uns das Anstandsgefühl verbietet."[91]

Ein Korrespondent der „Nürnberger Presse" mahnte seine Leser ebenfalls zur Vorsicht. Er hielt es für keineswegs schicklich, wenn Frauen sich – auch in Begleitung des Ehemannes – länger in der Halle des Salvatorkellers aufhielten. Damen, die dort ausgiebiger verweilten oder sogar öfters zum Maßkrug griffen, bescheinigte er unmoralisches Verhalten und einen zweifelhaften Ruf, wenn er feststellte: „Auch die Damenwelt ist nicht ausgeschlossen von der bachantischen Halle am Nockherberg; es fällt nicht auf, wenn die vornehme Frau am Arm des Gatten sich einmal das bunte Treiben ansieht; aber die eigentlich seßhaft sind hinter den Krügen, über diese Damenwelt kann man mindestens im Zweifel sein."[92]

Ähnlich formulierte die „Augsburger Abendzeitung" den Sachverhalt, wenn sie auf den „besonders zahlreichen" und „mannigfaltig" vertretenen „Damenflor" auf dem Salvatorkeller zu sprechen kam, wo neben „kalten duftlosen Tulpen" und „tugendhaften Gänseblümchen" auch viele „sündige Rosen" anzutreffen seien.[93]

Szenen vom Salvatorausschank, um 1885 (4578; Zeichner: Gustav Heine)

Deutlicher drückte sich Carl August Dempwolff in seinen kritischen Anmerkungen zum Salvatorfest aus, wenn er – wohl bewusst übertreibend – bemerkte, dass „sich namentlich das weibliche Geschlecht, das hier fast ausschließlich von der Demi-monde repräsentirt wird, von einer Bestialität zeigt, die alles das, was man von Paris und London in dieser Hinsicht sagt, weit hinter sich lässt."[94]

Dass man zur Salvatorzeit auf dem Nockherberg zwielichtiger Frauenpersonen ansichtig wurde, die nicht selten Freier suchten und fanden, war allgemein bekannt. Zwar verfügte die Polizeidirektion alljährlich ein Verbot für Prostituierte zum Betreten des Salvatorkellers, was den in München registrierten Damen jedes Mal durch eigenhändige Unterschrift zur Kenntnis gebracht wurde. 1878 quittierten rund 175 Dirnen die Aufforderung.[95] Doch war damit kaum etwas gewonnen. Nichtregistrierte Liebesdienerinnen ließen sich auf diese Weise nicht vom Nockherberg fernhalten, auch wenn die Polizeiberichte regelmäßig mit der Feststellung endeten: „Prostituierte wurden nicht beobachtet."[96]

Neben „zweifelhaften" besuchten auch immer mehr „anständige" Frauen den Salvatorkeller. 1891 schätzte ein Beobachter den Anteil des weiblichen Geschlechts unter den Gästen auf gut ein Drittel.[97] Am Josefitag 1886 konstatierte der Polizeibericht eine „ziemlich starke" Vertretung der „Damenwelt".[98]

Vereinzelt waren in der Halle sogar nur von „Frauenzimmern" besetzte Tische ohne Herrenbegleitung anzutreffen. Da die Besucherinnen nicht selten die Wirkung des Starkbieres unterschätzten, kam es – ohne schützende männliche Hand – dann mitunter zu mehr als peinlichen Szenen. „Weibspersonen haben sich bis zur Bewußtlosigkeit betrunken und wurden unter größtem Haloh aus dem Keller geführt", berichtete 1884 ein in der Kellerhalle diensttuender Gendarm.[99]

In solchen Situationen nutzten wildfremde Männer die Chance, die wehr- und schutzlosen Frauen in aller Öffentlichkeit und unter dem Beifall der johlenden Menge in völlig obszöner Weise zu betatschen und unsittlich zu berühren. Der Polizeibericht sprach von hilflosen, betrunkenen Frauen, „an welchen oft auf die schamloseste Weise herangegriffen wurde."[100] 1887 notierte ein Polizist: „Einige Frauenspersonen haben sich total betrunken, kotzten sich über die Tische und mußten förmlich aus der Halle geschleppt werden."[101]

Gefährdung von Jugendlichen und Kindern

Auf dem Nockherberg frönten nicht nur Erwachsene dem Starkbier. Nicht selten waren dort auch Jugendliche und noch halbe Kinder unter den Besuchern anzutreffen. 1880 fiel einem Gendarmen eine Menge ganz junger, „kaum dem Knabenalter entwachsener Burschen" aus den Stadtteilen Au und Giesing auf. Sie trieben sich „zechend" im Salvatorkeller herum und tranken aus Geldmangel anderen Gästen das Bier aus.[102]

Auch Klein- und sogar Wickelkinder wurden bisweilen von ihren wenig verantwortungsbewussten Eltern mit auf den Nockherberg genommen. Auch wenn sie die Kleinen nicht am Starkbier nippen ließen, was wohl nicht ganz selten vorkam, bestand eine nicht weniger akute Gefährdung darin, dass die Erziehungsberechtigten selbst im Übermaß dem Salvator zusprachen und dann im Trunkenheitszustand die Unversehrtheit ihrer Sprösslinge grob fahrlässig aufs Spiel setzten.

Ein Berichterstatter des „Bayerischen Kuriers" beobachtete 1881 „einen Vater mit dem Kleinen auf dem Arm über das ganze Trottoir taumelnd, während das Kind aus Angst vor dem Fallen fortwährend schreit, die Mutter, an welche sich das ältere Kind eingehängt hat, in ebensolchem Zustand hintendrein."[103] Der Augenzeuge zählte diese „sporadisch vorkommenden" Begebenheiten „zum Widerlichsten, was man an Straßenscenen zur Salvatorzeit sehen kann", und forderte ein Eintrittsverbot für Kinder.[104]

Auch das Münchner Schulreferat befürwortete eine solche Maßnahme ausdrücklich. Der verantwortliche Beamte begründete diese mit bleibenden Schäden für Leib und Seele, die insbesondere Vorschulkindern auf dem Nockherberg drohten: „Vom Standpunkte der Jugendfürsorge ist es tief zu bedauern, dass Frauen ihre Kinder zum Besuche des

Bei der Häringsbraterei.

Studium der Salvatorliteratur.

„Frische Laugenbretzeln g'fällig?"

Im Garten.

In der Halle.

Die Heimkehr.

Salvatorkellers mitnehmen. Für nicht schulpflichtige Kinder enthält der Besuch wegen Gedränges eine erhebliche leibliche Gefahr. Er führt sie auch in Versuchung, das süsse schwere Bier übermässig zu geniessen und dadurch den kindlichen Leib zu vergiften. Das sittliche Wohl wird gefährdet durch den Anblick des wüsten und oft schamlosen Treibens. Nicht selten sind erschütternde Angstschreie der Kinder, wenn sie sehen, dass die Mutter betrunken ist oder von Männern abgegriffen und geküsst wird.“[105]

Die Mitnahme von Sprösslingen unter 13 Jahren auf den Salvatorkeller wurde nach längerer Diskussion schließlich erst 1910 polizeilich untersagt.[106]

Wirkungslose Maßnahmen

Angesichts einer ganzen Reihe von Missständen auf dem Nockherberg war es nicht verwunderlich, dass die gröbsten immer wieder in der Presse zur Sprache kamen. 1877 berichtete das „Dillinger Tag- und Anzeigeblatt“: „Alle Jahre wiederholen sich zur Schande Münchens und zur Belästigung der Einwohner dieselben widerlichen Erscheinungen in Folge des Salvatorgenusses. Auf dem Keller selbst gibt es viehische Scenen, deren viele zu beschreiben der Anstand verbietet. Da wird gebrüllt, gerauft, gestochen, mit Maßkrügen geworfen usw. Auf den Straßen pflanzt sich der Spektakel, besonders an Feiertagen, bis tief in die Nacht hinein fort.“[107]

Im Interesse der „öffentlichen Sicherheit, Sittlichkeit und Ordnung“ war die Obrigkeit dringend angehalten, Gegenmaßnahmen zu ergreifen. Der verantwortliche Gendarmerie-Kommissär auf dem Nockherberg gab in einem Bericht an die Polizeidirektion München schon 1880 ernsthaft zu bedenken, „ob der Massenausschank im Zacherlkeller nicht ganz einzustellen sei.“[108] Eine solch radikale Maßnahme erschien der Polizeiführung freilich nicht opportun. Politisch war sie auch gar nicht durchzusetzen. Was blieb, war der Versuch, mit einzelnen polizeilichen Auflagen den gröbsten Fehlentwicklungen die Spitze zu nehmen.

„Wie dieser hier mit frohem Sinn sitz ich unter Masskrüg drin. Nur ein Narr, ein krasser, trinkt in München Wasser“ (4555; Bildpostkarte, 1901; Zeichner: Emil Kneiß)

Noch in den 1860er Jahren blieb der Starkbierausschank täglich vom späten Vormittag bis zur Sperrstunde um 23 Uhr geöffnet. Da 1869 einige schwerwiegende Exzesse vorfielen, verfügte die Polizeidirektion im Jahr darauf eine generelle Verkürzung des Ausschanks um eine halbe Stunde auf 22.30 Uhr. 30 Minuten später musste der Keller von allen Gästen geräumt sein.[109]

Aufgrund übermäßiger Störungen beschränkte die Behörde 1874 die Ausschankzeiten weiter. An Sonn- und Feiertagen sowie an Montagen war die Bierabgabe nun bereits gegen 20.30 Uhr einzustellen. An den übrigen Werktagen war gegen 21.30 Uhr Schluss. Nachdem im Vorjahr sich Kirchgänger über eine massive Störung der sonntäglichen Messe durch laute Kellermusik beschwert hatten, war Blechmusik an Sonn- und Feiertagen fortan nur mehr nach Beendigung des Nachmittagsgottesdienstes in der Auer Pfarrkirche erlaubt und jeweils mit dem abendlichen Zapfenstreich einzustellen.[110]

An Werktagen begann der Musikbetrieb seither um 15 Uhr, an Sonntagen erst um 15.30 Uhr. Als am Abend des 22. März 1874 in der Kellerhalle eine schwere Rauferei unter Beteiligung säbelschwingender Soldaten ausbrach, die etliche Verletzte forderte und nur unter massivem Einsatz der herbeigerufenen Auer Zuchthauswache zu beenden war, wurde die Ausschankzeit an Sonn- und Feiertagen für den Rest der Saison um zwei Stunden auf 18.30 Uhr verkürzt.[111]

Doch waren diese Einschränkungen nicht von Dauer, sondern galten nur für die jeweilige Saison. 1876 lief der Ausschank mit Musikbegleitung wieder täglich bis 22 Uhr, eine halbe Stunde später musste der Keller geräumt sein.[112] Nach erheblichen Störungen und Pöbeleien durch bandenmäßig auftretende betrunkene „Strizzi" und Randalierer aus der Arbeiterklasse begrenzte die Polizeidirektion am 21. März 1877 für den Rest der Saison Blechmusik und Bierausgabe auf die Zeit bis täglich 18 Uhr.[113] Dasselbe folgte nach Tumulten am Josefitag 1880.[114]

Mit der abendlichen Verkürzung von Ausschankzeit und Musikbegleitung beabsichtigte die Behörde eine Eindämmung der wüsten Ausschweifungen, die regelmäßig mit zunehmendem Alkoholgenuss in Verbindung mit den aufpeitschenden Salvatorliedern zustande kamen. Doch bewirkten diese Maßnahmen insgesamt keine durchgreifende Besserung der Situation.

Gäste im Kellergarten, um 1905 (2257)

1883 erprobte die Polizeidirektion eine andere Strategie. Das Ausschankende wurde generell auf 19.30 Uhr terminiert. Am Eröffnungstag, der stets den größten Besucheransturm brachte, herrschte nun aber ein totales Musikverbot. Diese Einrichtung bewährte sich nach übereinstimmender Meinung der Polizeikräfte vor Ort glänzend. Denn ohne Salvatormusik gab es deutlich weniger begleitendes Geschrei und Gepfeife. Auch das stets dem Rhythmus der Musik folgende, ohrenbetäubende Schlagen mit Bierkrügen und Stöcken unterblieb weitgehend. Die Stimmung der Menge heizte sich weit weniger auf. Angesichts dieser Erfahrung votierten die auf dem Nockherberg eingesetzten Polizeikräfte dafür, das Musikverbot künftig an Sonn- und Feiertagen aufrechtzuerhalten.[115]

Dieser radikale Vorschlag stieß bei der Polizeidirektion jedoch auf taube Ohren. Sicher-

Münchner Salvatorblatt (Umschlagseite), 1886 (1896; Zeichner: R. Andriessen)

lich hätte eine solch scharfe Maßnahme einen Aufschrei unter den Besuchern wie in der Presse hervorgerufen. Auch war sie gegen das Interesse der Brauerei kaum durchzusetzen, die Absatzeinbußen befürchtete, sobald die Trinklust unter gedämpfterer Stimmung nachließ. Entsprechend ging das Treiben im nächsten Jahr munter weiter. 1884 fiel einem Polizeibeobachter im Salvatorkeller ein „derartiger roher Muthwillen" auf wie noch in keinem Jahr zuvor. Diese Umstände waren nach seiner Einschätzung „geeignet, die größten Excesse herbeizuführen."[116]

1885 wies der Pächter durch Plakatanschläge in der Kellerhalle auf ein Verbot des Stockschlagens und Polterns mit Krügen hin. Doch hielten sich die Besucher nicht im Mindesten daran.[117] Denn „sobald eine Maß Salvator in den Magen der Zecher eingewandert war, ging der alte Spektakel wieder los."[118]

1886 registrierte ein erfahrener Pressebeobachter „ein Gemenge, Geschrei und Gejohle, wie wir es noch nie auf dem Keller zu sehen Gelegenheit hatten."[119] Am Josefitag 1887 herrschte in der völlig überfüllten Halle ein beispielloses Schreien und Toben. „Es ist wirklich ein Glück zu nennen, daß unabsehbare Excesse nicht stattgefunden haben", hieß es am nächsten Tag in einem Polizeibericht.[120]

Salvatorschlacht

Die schon seit Jahren von einzelnen Gendarmen und Beobachtern geäußerten Befürchtungen und Warnungen vor einem exzessiven Gewaltausbruch auf dem Salvatorkeller erfüllten sich 1888.

Die Saison stand von Beginn an unter keinem günstigen Stern. Am 9. März starb Kaiser Wilhelm I. Aufgrund der reichsweit angeordneten Staatstrauer begann der Starkbieranstich am Sonntag, dem 11. März, mit der polizeilichen Auflage, Musik- und Gesangsbegleitung in den nächsten Tagen unbedingt zu unterlassen. Am Freitag, dem 16. März, dem Tag der feierlichen Beisetzung des Reichsoberhauptes in Berlin, blieb der Keller ganz geschlossen. Diese Maßnahmen sorgten bereits in den ersten Ausschanktagen bei einem Teil des Salvatorpublikums für deutlichen Unmut.[121]

In der Woche darauf kam es am Dienstag, dem 20. März, zu einem ersten Eklat. Aus geringfügiger Ursache gerieten in der Salvatorhalle angetrunkene Militärs und Zivilisten aneinander. Als ein Artillerist den Säbel zog, artete der Streit zu einer schweren Schlägerei aus. Es wurde mit Literkrügen geworfen und mit Stöcken geschlagen. „Eine ziemliche Anzahl Personen erlitten mehr oder minder schwere Verletzungen."[122]

Trotzdem verlief der Ausschank in der üblichen Form bis zum 24. März (Samstag) ohne Einschränkungen weiter. Am Palmsonntag, dem 25. März, begann die Karwoche. Da seit 1833 die verbindliche Übereinkunft bestand, in der stillen Zeit keinen Ausschank abzuhalten, wäre die Saison nun eigentlich beendet gewesen. Doch die Brauerei wollte den durch das kaiserliche Staatsbegräbnis ausgefallenen Ausschanktag wettmachen und beantragte die Weiterführung am Palmsonntag. Die Polizeidirektion genehmigte ausnahmsweise die Verlängerung, allerdings nur unter der Auflage eines strikten Gesangs- und Musizierverbotes.

Diese Entscheidung sollte sich als fataler Fehler entpuppen. Denn am Palmsonntag waren Kellerhalle und Garten bei herrlichem Wetter sehr gut besucht. Das neuerliche Musikverbot wirkte vor allem auf die jungen Burschen und die übrige Problemklientel als Stimmungskiller. Ein entsprechender Funke konnte die gereizte Atmosphäre jederzeit zur gewaltsamen Entladung bringen.

Am späteren Nachmittag des 25. März kam es im Kellergarten zu einer schweren Schlägerei, die immer größere Kreise zog und sich schließlich bis in die Halle fortsetzte. Am Ende waren wohl mehrere Hundert Besucher darin verwickelt. Der genaue Anlass ließ sich auch später nicht eindeutig ermitteln. Doch waren es vermutlich zwei Konflikte, die sich fast zeitgleich entzündeten und überlagerten.

So provozierte ein Besucher, der in Begleitung mehrerer Kameraden den Keller demonstrativ mit einem Zylinderhut betrat, eine Clique von Halbstarken, die ihm – wie zu erwarten – sofort die verpönte Kopfbedeckung einschlugen. Als der Geschädigte da-

SALVATOR
UND
BOCK-ZEIT
MUNCHNERS
FREUD.

Im Salvatorkeller, 1880 (4568; Zeichner: Franz Kollarz)

raufhin unvermittelt einem neben ihm stehenden, völlig unbeteiligten Gast den Maßkrug aufs Haupt schlug, worauf dieser blutüberströmt zu Boden ging, brach eine heftige Prügelei aus.[123]

Parallel dazu entwickelte sich eine tätliche Auseinandersetzung infolge einer spontanen Racheaktion angetrunkener Rekruten des Infanterie-Leibregiments. Sie entdeckten unter den Salvatorgästen einen allgemein verhassten Sergeanten, der in der Kaserne als Leuteschinder verschrien war, und verprügelten ihn nach Strich und Faden. Da das Opfer aber von befreundeter Seite Hilfe erhielt, entstand eine Rauferei, die schnell um sich griff und zur Massenschlägerei ausartete. Maßkrüge flogen wild durch die Gegend und verletzten auch Unbeteiligte.[124]

Angesichts dieses Ausmaßes waren der private Saalschutz und die vor Ort eingesetzten Polizeikräfte machtlos. Sie alarmierten weitere Gendarmen sowie die Auer Zuchthauswache samt der dort einquartierten Infanterietruppe. Doch konnten auch die anrückenden Soldaten nichts ausrichten. Die Gendarmerie forderte daraufhin Unterstützung durch in Bereitschaft stehende schwere Reiter an.[125]

Als schließlich eine 50 Mann starke Abteilung eiligst in Marsch gesetzter Kürassiere auf dem Nockherberg eintraf, wurde sie mit lautem Gejohle und Schmährufen empfangen. Hatten die „Exzedenten" sich zuvor noch gegenseitig bekämpft, fanden sie sich nun zur gemeinsamen Abwehr zusammen und bombardierten die Reiter mit einem Hagel von Steinen. Der befehlshabende Leutnant gab das Zeichen zum Angriff. Die Soldaten zogen ihre Säbel und schlugen von den Rössern herab mit der flachen Klinge in die Menge. Trotzdem die vielen Tische und Bänke im Garten ein zügiges Vorankommen der Reiter zunächst behinderten, gelang es ihnen dennoch bald, die Menschenansammlung zu zerstreuen und den Kellergarten mitsamt der Halle zu räumen. Die Aufrührer ergriffen die Flucht. Nur 20 der Beteiligten konnten von den Ordnungskräften noch am Ort des Geschehens verhaftet werden.[126]

Vor dem Aus

Kaum war die „Schlacht" geschlagen, begannen die Schuldzuweisungen. Der Betreiber des Salvatorkellers und auch die Brauerei machten die Behörden mitverantwortlich für das Desaster. Der Gendarmerie wurden eine verfehlte Lageeinschätzung und ein zu geringer Personaleinsatz unterstellt. Der berittenen Truppe warf man unverhältnismäßig scharfes, die Eskalation beförderndes Vorgehen vor.[127]

Gendarmerie und Militär wiesen die Vorwürfe zurück. Das Verhalten der schweren Reiter, die in bewusst schonender Weise gegen die „Salvatorritter" nur mit der flachen Klinge vorgegangen waren, fand in der Öffentlichkeit vielfach ausdrückliches Lob und weit überwiegende Zustimmung in der Presse.[128] Die angesehene „Allgemeine Zeitung" weigerte sich sogar, eine Gegendarstellung der Schmederer-Brauerei zu der Affäre abzudrucken.[129]

Am 26. März 1888 verfügte die Polizeidirektion unter Bezug auf die einschlägigen Bestimmungen des Polizeiaufgabengesetzes von 1871 die sofortige Schließung des Salvatorausschanks auf dem Nockherberg. Das Verbot bezog sich keineswegs nur auf die laufende Saison, sondern auch auf die Zukunft.[130] Damit drohte der Veranstaltung im Salvatorkeller nicht weniger als das endgültige Aus.

Für das Brauhaus in der Ohlmüllerstraße kam dieses Szenario zur Unzeit. Denn es kämpfte bereits seit zwei Jahren mit betriebswirtschaftlichen Schwierigkeiten. Im Sudjahr 1884/85 hatte die stark expandierende Augustinerbrauerei das Auer Sudhaus überholt und auf Platz sieben unter den ausstoßstärksten Münchner Betrieben verdrängt. Im Sudjahr 1885/86 war der Absatz aufgrund schlechter Bierqualität infolge einer mangelhaften Betriebsführung um 15 Prozent eingebrochen, ein Bilanzverlust von über 186.000 Mark entstanden und das Sudhaus auch von der Bürgerbräu AG überrundet worden.[131]

Die drei bisherigen Alleininhaber – der 42-jährige Franz Xaver Schmederer und sein um drei Jahre jüngerer Cousin Ludwig d. J. zusammen mit seiner Mutter Elise – hatten sich vom operativen Geschäft zurückgezogen und die Firma im April 1886 in eine Aktiengesellschaft mit einem Grundkapital von 2,9 Millionen Mark umgewandelt. An der „Actienbrauerei Gebrüder Schmederer" hielten sie – zusammen mit den beiden als Aktionäre neu eingestiegenen Familienangehörigen Max (1854–1917) und Cajetan Schmederer (1847–1923) weiterhin die Aktienmehrheit.[132]

Kaum war das Sudhaus nach drei dividendenlosen Jahren wieder in ruhigeres Fahrwasser gelangt und schrieb wieder schwarze Zahlen, drohte die Salvatoraffäre das Unternehmen erneut in wirtschaftliche Turbulenzen zu stürzen. Durch das Ausschankverbot auf dem Nockherberg drohte ein Umsatzeinbruch von über 30.000 Mark pro Jahr. Denn es war kaum möglich, eine Menge von 800 hl während der Starkbiersaison zusätzlich in anderen Münchner Gaststätten abzusetzen. Außerdem war der Salvatorkeller seit Jahrzehnten das Aushängeschild der Brauerei. Eine dauerhafte Schließung kam unter Imagegesichtspunkten einer Katastrophe gleich.

Entsprechend energisch fiel die Reaktion der Brauereileitung aus. Sie nahm juristischen Beistand in Anspruch, legte Widerspruch ein und wehrte sich mit allen ihr zu Gebote stehenden Mitteln gegen ein dauerhaftes Verbot des Starkbierausschanks auf dem Salvatorkeller. In einer umfangreichen juristischen Stellungnahme kündigte das Sudhaus an, die Beschwerde bis zur letzten Instanz durchzufechten. Gleichzeitig drohte man mit Einschaltung der beiden Kammern des Landtages „wegen eventueller Verletzung verfassungsmäßiger Rechte."[133]

Letztlich hatten die Verantwortlichen in der Ohlmüllerstraße mit dieser Strategie Erfolg. Die Polizeidirektion zog das Verbot schließlich zurück, sofern die Brauerei Ordnung und Sicherheit auf dem Nockherberg künftig garantierte. Für den Fall weiterer Zwischenfälle aber drohte sie mit der definitiven Schließung des Kellers.

Einschneidende Maßnahmen

Um den Auflagen der Polizei zu genügen, ergriff die Leitung der Schmederer Brauerei für die bevorstehende Salvatorsaison eine Reihe von einschneidenden Maßnahmen.

Ab sofort wurde an den stark frequentierten Haupttagen ein Eintrittsgeld erhoben. 1889 zahlten die Besucher an Sonn- und Feiertagen 30 Pfennige, im Jahr darauf kostete die Eintrittskarte 20 Pfennige – den halben Preis einer Maß Starkbier. Damit wollte man der weniger zahlungskräftigen Problemklientel, die den Salvatorausschank in erster Linie zum Skandalmachen und zum Provozieren von Raufereien nutzte, den Zutritt verleiden. Mit der Installation von Drehkreuzen bei der Eingangskontrolle konnte zugleich die Besucherzahl automatisch erfasst und der Keller bei Überschreitung der zulässigen Höchstfrequenz sofort geschlossen werden.[134]

Für Unteroffiziere und gemeine Soldaten verhängte die Militärverwaltung ein generelles Betretungsverbot des Salvatorkellers in Uniform an Sonn- und Feiertagen. Diese Bestimmung galt bis 1907.[135] Männlichen Besuchern wurde das Tragen von Zylinderhüten untersagt. Damit beabsichtigte man, das beliebte „Eintreiben" der noblen Kopfbedeckung, das in der Vergangenheit immer wieder Anlass zu Tätlichkeiten gegeben hatte, endgültig abzustellen. Am Kellereingang nahmen fortan Aufsichtskräfte der Brauerei die Hüte in Verwahrung und gaben sie beim Verlassen des Kellers wieder an die Besitzer aus.[136]

Musikbegleitendes, aufputschendes Pfeifen, Schreien und Schlagen mit Maßkrügen und Stöcken in der Kellerhalle war nun ebenso wie das Stehen und Umherlaufen auf Tischen und Bänken ausdrücklich verboten. Um den Übermut der Gäste in dieser Richtung zu dämpfen, wurden die bislang so beliebten Salvatorlieder nicht mehr gespielt. Stattdessen engagierte die Brauerei mit dem erhobenen Eintrittsgeld Militärkapellen für die musikalische Unterhaltung.[137]

Fortan spielte an Sonn- und Feiertagen das Orchester des 10. Infanterie-Regiments aus Ingolstadt. An Werktagen musizierte die Kapelle des in München stationierten Infanterie-Leibregiments. Das Repertoire bestand in „anständigen" Konzertstücken, namentlich Märschen, Walzern und Potpourris aus Volks- und Studentenweisen. Ein lautstarkes Mitsingen war dabei weder möglich noch erwünscht. Bei Zuwiderhandlung schritt die noch einmal verstärkte Hauspolizei konsequent ein.[138]

Die Maßnahmen verfehlten ihre beabsichtigte Wirkung nicht. „Gewisse Elemente, die sich sonst auf dem Keller sehr breit machten, waren nur wenig zu bemerken", beschrieb ein Berichterstatter der „Münchner Neuesten Nachrichten" den eingetretenen Wandel.[139]

Insbesondere der Einsatz der Militärkapellen erwies sich als zielführend. So berichtete das „Neue Münchener Tagblatt" 1889: „Dieses Auskunftsmittel wirkte am vorgestrigen Sonntage, an dem der Salvatorkeller eröffnet wurde, geradezu verblüffend auf die Salvatorlinge: Sie waren gezwungen, während des Vortrags der Concertstücke sich mäuschenstille zu verhalten; freilich entschädigten sie sich, sobald die Musik zu spielen aufhörte, mit einem Bravogebrüll, das etwas zu ungeheuerlich war, um als bloße Beifallskundgebung gelten zu können. Das Klappern mit den Maßkrugdeckeln und Aufdentischschlagen mit den Stöcken sowie das Singen ist aber verschwunden. Insoferne hat die Polizei ihren Zweck, größere Rohheiten hintanzuhalten, jetzt erreicht."[140]

Zur allgemeinen Zurückhaltung des Publikums trug auch eine anfänglich stark erhöhte Polizeipräsenz bei. An die Gendarmerie erging die strikte Anweisung, „Excesse schon im Entstehen" unbedingt zu unterdrücken und „dort, wo Mahnungen und Warnungen nicht mehr fruchten, mit der Abführung der Beteiligten vorzugehen."[141] Ein Zeitungsberichterstatter sprach deshalb 1889 scherzhaft von einem auf dem Salvatorkeller herrschenden „kleinen Belagerungszustand".[142] Ein anderer Spaßvogel meinte in Anspielung auf die Farbe der Polizeiuniformen, „man sitze nun am Nockherberg zwar nicht im Grünen, aber doch zwischen den Grünen."[143]

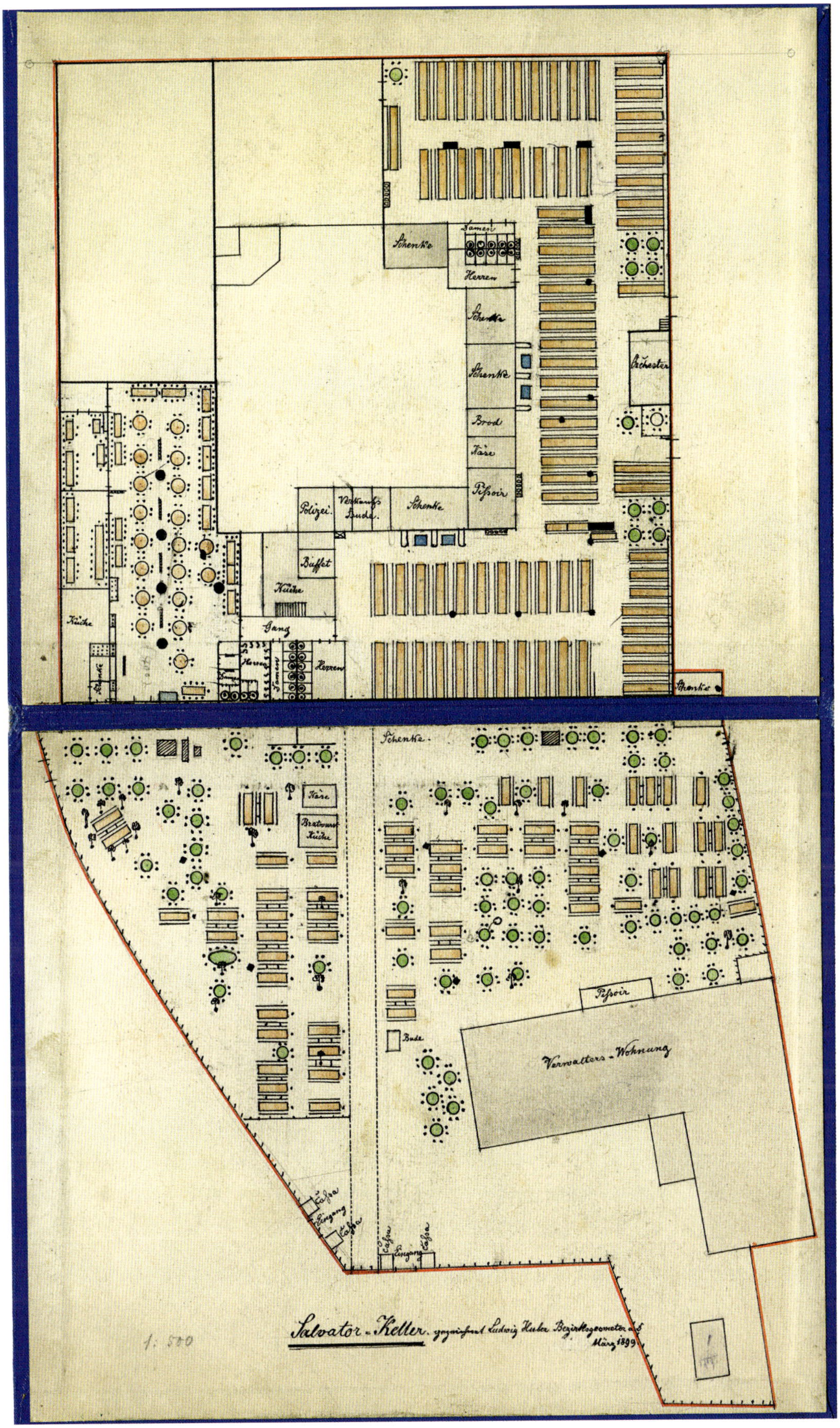

Grundriss des umgebauten Salvatorkellers mit Kellergaststätte und den beiden Sälen (oben) sowie Kellergarten (unten), 1899 (2228; Zeichner: Ludwig Huber)

Auf dem Salvatorkeller, 1894 (2312; Zeichner: Emil Kneiß)

Auch die militärischen Sicherungsmaßnahmen wurden noch einmal verstärkt. Ab sofort lagen während der Salvatorsaison 60 schwere Reiter und 80 Mann Infanterie in ständiger Bereitschaft. Die Eingreiftruppe in der Auer Zuchthauswache wurde auf zwei Unteroffiziere und 24 Mannschaften verdoppelt.[144]

Erst 1893 wurde die Militärassistenz wieder spürbar verringert. Seither umfasste das Bereitschafts-Kommando der schweren Reiter nur mehr acht Mann unter dem Befehl eines Unteroffiziers. Die bei der Zuchthauswache stationierte Eingreiftruppe zählte zwei Unteroffiziere und 18 Infanteriesoldaten.[145] Die reguläre Polizeipräsenz auf dem Salvatorkeller wurde bereits 1890 wieder auf fünf Gendarmen reduziert.[146]

Die Ausschankzeiten auf dem Nockherberg wurden deutlich verkürzt. An Sonn- und

Feiertagen war der Salvatorkeller generell nur mehr für vier Stunden von 14 bis 18 Uhr geöffnet. An Werktagen erfolgte die Schließung um 19 Uhr.[147]

Zähmung der Salvatorlinge

Die getroffenen Maßnahmen zeigten Wirkung. 1889 kam es zu keinerlei gravierenden Zwischenfällen. Zwar wurde vereinzelt noch „mancher Ulk getrieben", doch herrschte bei Weitem „kein so wüstes Getreibe wie in den Vorjahren."[148] Insgesamt bewiesen die Auflagen ihre Praxistauglichkeit und wurden deshalb dauerhaft beibehalten.

Die wilden Zeiten auf dem Nockherberg waren nun endgültig vorbei. Durch die erfolgreiche Zurückdrängung der Problemklientel gewann das bürgerliche Publikum wieder völlig die Oberhand. In der öffentlichen Meinung wie in der Presse wurden die von den Sicherheitsorganen ergriffenen Maßnahmen einhellig begrüßt.

Die „Augsburger Abendzeitung" brachte die allgemeine Stimmungslage auf den Punkt, wenn sie feststellte: „Es hat sich in den letzten Jahren da draußen eine Sorte von Publikum breit gemacht, die anständigen Leuten den Besuch nicht blos moralisch verleiden, sondern sie auch theilweise in Gefahr für Leib und Leben setzte. [...] Sicher wird es dem anständigen Publikum nur angenehm sein, zu wissen, daß der Besuch des Salvatorausschanks nunmehr ohne Belästigung und persönliche unliebsame Erfahrungen möglich sein wird. Wir können daher das Vorgehen der Königlichen Polizeidirektion nur begrüßen."[149]

Lediglich einige hartgesottene „alte Salvatorpilger" lamentierten bisweilen über das Ende der guten alten Zeit. Angesichts von „zuviel Polizei, zu strenger, ungemütlicher Ordnungsmacherei und Bevormundung"[150] überkam sie noch manchmal die Wehmut über den Verlust der „alten Kellerfreiheiten" und die Untröstlichkeit darüber, „daß es aus ist mit der alten Fröhlichkeit, dem ächten Münchner Schlag."[151]

Mitunter kam es zwar noch zu einem Anflug von Aufbegehren gegen die strengen Regeln. Aber der Widerstand erschöpfte sich in vergleichsweise erträglichen Unsitten: im lautstarken Bravo-Rufen während der Konzertpausen, im „sportsmäßigen Werfen mit Bierfilz'ln" oder im „Hineingrunzen in die leeren Maßkrüge."[152]

Der Besucherfrequenz tat die erfolgreiche „Zähmung der Salvatorlinge"[153] keinen Abbruch. Im Gegenteil: Ungeachtet des sehr schlechten Wetters tranken am Josefitag 1891 5.000 Besucher in der überfüllten Halle 10.000 Liter.[154] Beim Anstich am 13. März 1892 war der völlig eingeschneite Salvatorkeller trotz der Wetterkapriolen brechend voll.[155]

Erst recht strömten die Massen bei schönem Wetter herbei. So berichtete der Münchner Schriftsteller Maximilian Krauss (1868–1942) in seinem 1901 erschienenen Roman „Unter den Frauentürmen" über den Ansturm auf den Nockherberg: „Die warme, milde Märzsonne lockte Tausende hinaus auf den heiligen Berg Isarathens [...]. Die weite, mit Tannenguirlanden und mächtigen Papierblumen geschmückte Halle des Zacherlbräukellers hatte [...] wie alljährlich um diese Zeit geöffnet. In der Halle, in der eine Regimentsmusikkapelle spielte, war in den Nachmittagsstunden kaum durchzukommen. [...] Vor den einzelnen Bierquellen, die schon in Strömen flossen, das gleiche Gedränge. Studenten und Arbeiter, Soldaten und Gigerl [Modegecken], ehrwürdige Bürger und halbwüchsige Burschen, Nähmädeln und Mütter mit dem Säugling auf dem Arm – alles schob sich und drängte sich vor den Schanktischen. Mit heißen Gesichtern, lachend, schimpfend, stoßend, gestikulierend, trampelnd, schreiend, krampfhaft den mühsam eroberten Maßkrug umklammernd – vor jedem einzelnen der in der Halle zu Dutzenden aufgestellten Riesenfässer derselbe, unentwirrbare, hin und her wogende Menschenknäuel, den nur ein Gedanke, ein Wunsch, ein Ideal beseelte: Bier, Bier, Bier!"[156]

So war es natürlich auch kein Wunder, dass auf dem Nockherberg der Pro-Kopf-Verbrauch von Bier stets deutlich höher lag als beim Münchner Oktoberfest. Zwar äußerte die Polizeidirektion 1880 die Befürchtung, „dass [auch] dieses Fest nur als Zechgelegenheit der arbeitenden Bevölkerung benützt

Im Kellergarten, 1903
(2257)

Titelblatt Salvatorliederbuch, 1900 (3446)

wird."[157] Doch waren die Verhältnisse auf der Theresienwiese mit denen auf dem Salvatorkeller in keiner Weise vergleichbar.

Das Oktoberfest bezog seine Attraktivität für weite Bevölkerungskreise damals nicht vorrangig aus dem Bierkonsum. 1887 tranken die vermutlich weit über 300.000 Besucher des bayerischen Nationalfestes in den 20 dort aufgestellten Wirtsbuden binnen 16 Tagen 270.000 Maß.[158] Im Salvatorkeller dagegen stemmten seinerzeit binnen acht Tagen geschätzte 35.000 Gäste mindestens 70.000 Liter hochprozentiges Starkbier.

Damit erreichte der Salvatorausschank auf dem Nockherberg auch einen deutlich größeren Tagesabsatz als der Maibockausschank des Hofbräuhauses. 1898 wurden von der Staatsbrauerei, die seit 1891 alljährlich eine Maibockprobe veranstaltete, binnen 15 Tagen „nur“ 850 hl an durstige Zecher verkauft.[159]

Salve pater patriae!

1886 begann die Schmederer-Brauerei mit der Herausgabe eigener Gedenkblätter zum Salvatorausschank. Die aufwendig gestalteten, großformatigen Broschüren wurden jeweils in hoher Auflage gedruckt und zum Preis von zehn Pfennigen an die Salvatorgäste verkauft. Die bis 1914 alljährlich herausgegebenen Hefte, die ab 1907 sogar im Farbdruck erschienen, waren ein geschicktes Werbemittel. Sie erfreuten sich beim Publikum größter Beliebtheit und wurden eifrig gesammelt.

Die Broschüren enthielten humoristische Textbeiträge von Jakob Geis, Benno Rauchenegger, Fritz von Ostini, Joseph Benno Sailer, Hermann Roth, Richard Braunbeck, Konrad Dreher oder Peter Auzinger. Die Illustrationen steuerten renommierte Münchner Künstler bei, namentlich Ludwig Skell, Lothar Meggendorfer, Franz von Stuck, Otto Obermeier, Ernst Retemeyer, Eduard Thöny, Maurycy Trębacz, Emil Kneiß, Georg Ritzer, Fritz Hass, Arpad Schmidhammer, Georg Strathmann, Eugen von Baumgarten, Carl Moos und Karl Arnold.[160]

Eine große Nachfrage bei den Festbesuchern erzielte die Brauerei mit der Herausgabe von „Salvatorliederbüchern“. Das erste erschien bereits 1897. Ein zweites wurde 1900, ein drittes 1909, das vierte 1913 aufgelegt.[161]

Einen weiteren Werbeerfolg realisierte die Schmederer-Brauerei mit der Erfindung des „Salvatorgrußes“. Dabei griffen die Verantwortlichen auf die erstmals 1830 von Franz Xaver Zacherl verbreitete Legende einer alljährlich im Paulanerkloster stattfindenden offiziellen Starkbierprobe durch die bayerischen Kurfürsten zurück. 1894 beauftragte man den Münchner Maler und Illustrator Eduard Ille, eine werbewirksame bildliche Darstellung der Szene zu gestalten.

Der Künstler, der bereits 1861 und 1863 im Auftrag der Brauerei einzelne Artikel und Illustrationen über den Salvatorausschank geliefert hatte, bewies dabei großes Geschick. Seine Darstellung zeigte den Vorsteher (Guardian) des Paulanerkonvents, der dem bayerischen Kurfürsten Karl Theodor vor barocker Klosterkulisse einen blanken Krug mit Salvatorbier zur Probe reicht, flankiert von einem Posaune blasenden Engel auf einem Bierfass und dem bayerischen Löwen mit dem kurfürstlichen Wappen. Damit wurde der Salvator im wahrsten Sinne des Wortes „geadelt“, zollte ihm doch gleichsam die höchste weltliche Autorität Bayerns seine Anerkennung.

„Salve pater Patriae“ – imaginäre Salvatorprobe durch Kurfürst Karl Theodor im Paulanerkloster in der Au (2220; Zeichner: Eduard Ille, 1894)

Mit der Zeichnung schuf Eduard Ille die Urform des Salvator-Signets. Es wurde später mehrfach dem Zeitstil angepasst und verändert. An die Stelle des kredenzenden „Pater Guardian“ trat dabei 1907 die Figur des bekannten Klosterbraumeisters „Frater Barnabas“. Bis heute findet das Logo auf Flaschenetiketten und allen anderen Formen der Salvatorwerbung Verwendung.[162]

Als Pendant zu diesem bildlichen „Markenzeichen“ verfasste Ille ein humoristisches

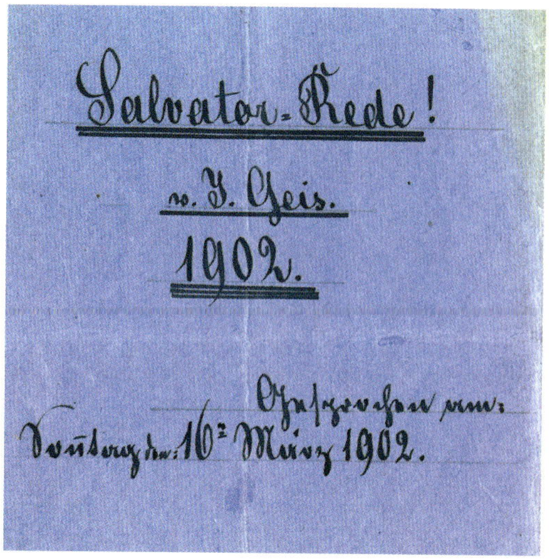

Manuskript der Salvatorrede von Jakob Geis, 1902 (2242)

Gedicht. Damit begründete er den noch heute auf dem Nockherberg bei der alljährlichen Salvatorprobe verwendeten Gruß an den bayerischen Ministerpräsidenten. Zugleich lieferte der Autor eine amüsante Erklärung des Namens „Salvator“. Illustration und Gedicht erschienen erstmals 1894 in der auflagenstarken Münchner humoristischen Wochenzeitschrift „Fliegende Blätter“:

„‚Salve, pater! – Grüß’ Gott, Vater!‘
So sprach Barnabas, der Frater
Und Bräumeister der Paulaner,
Zum Pater Cellarius, wann er
Ihm das erste, schaumbegrenzte
Glas vom neuen Bier kredenzte.
Und der Herr Cellarius
Nickte nach des Biers Genuß
Mit dem Haupte: ‚Ecce quam
Cervisiam optimam!‘

‚Salve pater! Grüß’ Gott, Vater!‘
Grüßt hinwiederum der Pater
Kellermeister den Prioren;
Und der Prior, schier verloren
In dem goldig frischen Nasse,
Eilet pflichtgetreu zum Fasse,
Thut noch einen Schluck zuvor,
Und zum Pater Superior
Tritt kredenzend er herfür:
‚Salve pater! – welch ein Bier!‘

Am Aprilis Tag, dem zweiten,
Dem Sanct Franz de Paul’ geweihten,
Kam, hochehrend alte Sitten,
Der Herr Churfürst selbst geritten
Auf die Neudeck ob der Au,
Daß sich Seel’ und Leib erbau’.
Mit dem blanken Krug der Pater
Guardian harret, und schon naht er:
‚Salve pater patriae!
Bibas princeps optime!‘

‚Salve pater!!‘ – immer wieder
Klang’s im Ohr von Hoch und Nieder.
Doch gar viele brave Leute
Wußten nicht, was das bedeute;
Bis es – schier verwunderbar
Allen ward auf einmal klar:
‚Solch ein Trank, dess’ Hochgenuß
Aus des Lebens Kümmernuß
Uns salvirt, – wird mit Verstand
D’rum Salvator auch genannt!‘

So hat sich das ‚Salve pater!‘
Denn verwandelt in ‚Salvater‘
Und verblieb im Volkesmunde
Seßhaft bis zur heut’gen Stunde,
Pars pro toto, als ein Mahner
An die guten Franz-Paulaner.
Längst braut Frater Barnabas
Nimmermehr sein gold’nes Naß,
Hinterlassen aber hat er
Den bierdurst’gen Seelen allen
Die hinauf zur Neudeck wallen,
Noch den Namensgruß ‚Salvater!‘“[163]

Prominente als Testimonials

Nicht nur Presseartikel und Werbeannoncen beförderten den Starkbierabsatz. Ein bewährtes Reklamemittel waren auch Salvatorgeschenke an allseits bekannte Persönlichkeiten. Die Beschenkten äußerten sich nach dem Genuss des Freitrunkes stets lobend über dessen Qualität. Anschließend fand die Würdigung meist den Weg in die Presse. Auf diese Weise ließ sich die Prominenz von der Brauerei äußerst werbewirksam als Testimonials einspannen.

In München zählte dazu Prinzregent Ludwig, der Ende 1913 als König Ludwig III. von Bayern (reg. 1913–1918) den Thron bestieg. Sein Hofmarschall Joseph von Laßberg bedankte sich im Namen seines Herrn schwärmerisch für die von der Brauerei-Direktion „in liebenswürdiger Weise übersandten 12 Flaschen des vortrefflichen Salvator." Das Starkbier wurde in der Residenz „bei den Mahlzeiten serviert und hat den Königlichen Hoheiten vorzüglich gemundet."[164]

1910 erhielt Ferdinand Graf von Zeppelin (1838 – 1917) aus der Ohlmüllerstraße ein Fass Starkbier als Geschenk. Der in Deutschland reichsweit populäre Begründer des Luftschiffbaues stattete der Brauereileitung brieflich seinen „wärmsten Dank" für die „reiche Sendung des wundervollen Salvatorbieres" ab. Den Labetrunk kredenzte er am 2. März in seinem Stuttgarter Heim bei einem festlichen Bierfrühstück, an dem auch König Wilhelm II. von Württemberg (reg. 1891 – 1918) teilnahm. Der überschwängliche und der Öffentlichkeit bald zur Kenntnis gebrachte Dankesbrief an das Münchner Sudhaus schloss mit der Versicherung: „Seiner Majestät wie den übrigen Gästen aus allen Kreisen der amtlichen und bürgerlichen Gesellschaft hat Ihr Salvatorbier ganz ausgezeichnet gemundet."[165]

Zu den prominentesten Salvatorliebhabern außerhalb Bayerns gehörte Reichskanzler Otto von Bismarck (1815 – 1898). 1871 übersandte die Brauereileitung dem Reichsgründer erstmals ein Fass als Geschenk.[166] Auch in den folgenden Jahren ließ es sich das Sudhaus nicht nehmen, zur Starkbierzeit ein Gebinde „als feucht-kräftige Widmung" an den Kanzler zu senden, „welcher den schweren Salvator stets mit Wohlbehagen trank."[167]

Als Bismarck am 1. April 1875 seinen 60. Geburtstag in der Reichshauptstadt feierte, stand mitten in der Festgesellschaft ein Fass Salvator, dass sein Sohn Herbert aus München mitgebracht hatte und aus dem die Gäste fleißig zapften.[168] Anlässlich der Feierlichkeiten zu seinem 70. Geburtstag 1885 bestellte der Reichskanzler über den Berliner Vertreter der Brauerei sogar 500 Liter und weitere hundert Liter als Reserve.[169]

1892 orderte Bismarck zur Ausrichtung seines 77. Geburtstages auf seinem Landsitz in Friedrichsruh hundert Liter.[170] Noch 1898, im Jahr seines Todes, bestellte der 83-jährige Fürst „sein gewohntes Quantum" Salvator.[171]

Salvatorprobe

Franz Xaver Zacherl war nicht nur der Erfinder der imaginären Salvatorprobe durch die bayerischen Kurfürsten. Gleichzeitig begründete er die reale, nicht weniger werbewirksame Tradition der Salvatorprobe.

Vermutlich schon seit den 1820er Jahren lud Zacherl wenige Tage vor dem regulären Beginn des Salvatorausschanks Freunde, bevorzugte Stammgäste, Geschäftspartner, hohe Beamte oder Honoratioren zu einer Verkostung ein. Die Geladenen genossen das Privileg, das Starkbier auf Kosten der Brauerei schon vorab zu probieren, und der Brauherr freute sich über das Lob aus der versammelten Runde.

So fand sich am 29. März 1845, drei Tage vor dem offiziellen Anstich, im Bräustübel der Zacherlbrauerei eine Gesellschaft von etwa 30 Personen zur Probe ein. Darunter waren der Präsident des Münchner Oberappellationsgerichts, der Vorstand des Berg- und Hüttenamtes sowie mehrere hohe Beamte. Zusammen verkosteten die Geladenen über 40 Maß Salvator.[172]

Mitunter fand das Urteil der zur Probe Berufenen den Weg in die Presse. Dadurch erhöhte sich die Spannung der Zeitungsleser auf den bevorstehenden Starkbieranstich. So berichtete das „Münchener Tagblatt" am

ZACHERL'SCHE BRAUEREI
Salva tor
Schutz-Marke.
MÜNCHEN.

Die Gebr. Schmederer Aktienbrauerei gestattet sich zu der am 8. März Abends 8 Uhr in den Räumen der Brauerei Ohlmüllerstraße 42 stattfindenden Salvatorprobe

Herrn

freundlichst einzuladen.

Eintritt nur gegen Vorzeigung dieser Karte.

Druck von Knorr & Hirth in München.

Eintrittskarte zur Salvatorprobe 1888 (2234)

29. März 1840: „Am Mittwoch, den 1. April leuchtet in der Au ein schöner Stern. Herr Zacherl schenkt wieder sein Salvatorbier aus. Gewisse priviliegirte Biertrinker sollen schon die Gnade gehabt haben, von diesem Nektar zu schlürfen, und diese Auserwählten aus dem Volke preisen und loben das Zacherl-Öl ganz außerordentlich. Wir wollen sehen oder vielmehr probiren, ob's wahr ist."[173]

Unter der Regie von Zacherls Erben nahm die Zahl der zur Probe Geladenen bald deutlich zu. Am 23. März 1856 berichtete die Presse: „Vorgestern wurde das diesjährige Salvatorbier in dem Zacherl'schen Bräuhause in der Au ‚probirt', und war eine ziemliche Anzahl unserer feinsten Bierschmecker zu der Prüfung geladen. Dieselbe, mit allem Bedacht vollführt, hat den anerkennenden Urtheilsspruch zum Resultat gehabt, einen Urtheilsspruch, dessen Entscheidungsgründe die Prüfungskommissäre als schwere Last nach Hause trugen."[174]

Spätestens ab 1866 wurden offenbar auch Vertreter der Presse regelmäßig zur Salvatorverkostung gebeten. Denn die Redaktion des „Münchner Boten für Stadt und Land" konnte sich in diesem Jahr selbst vom „guten Ruf" des Starkbieres überzeugen, „den es sich unter dem industriellen Geschäftsbetrieb der Herren Schmederer neu erworben hat." Dabei lobten die „Prüfungsberechtigten" die „Reinheit des Geschmackes, Stärke und Glanz" des Salvator ausdrücklich.[175]

Auch 1868 berichtete die Redaktion des Blattes über die „Probe, die wir zu kosten Gelegenheit hatten."[176] Der Werbezweck, der von Anfang an mit der Salvatorprobe verbunden war, trat mit dem Presselob nun ganz augenscheinlich in den Vordergrund.

Einen besonders exklusiven Anstrich erhielt die Salvatorprobe 1867, als die Mitglieder des bayerischen Kabinetts zur Verkostung gebeten wurden. Pressevertreter waren diesmal offenbar nicht zugelassen, weshalb die Zeitungen auch nur aus zweiter Hand darüber berichten konnten: „Unsere Herren Minister sollen vorgestern besonders eingeladen worden sein, das Salvatorbier, dessen Saison gestern dahier [...] begonnen hat, zu probiren und die Excellenzen [sollen] diese Hauptstaatsaction denn auch in der erfreulichen Übereinstimmung und kräftigem Zusammenwirken unter den Klängen eines (Bock)Streichquartetts vollzogen haben."[177]

Seit 1875 erhielt der gesamte Magistrat der Stadt München einschließlich des Kollegiums der Gemeindebevollmächtigten und der Mitglieder des Armenpflegschaftsrats eine Einladung zur Starkbierprobe im Bräustübel der Schmeder'schen Brauerei.[178] 1877 erfolgte die Probe im Kelleranwesen an der Hochstraße auf dem Nockherberg, an der 20 Mitglieder der städtischen Kollegien teilnahmen.[179]

Mit der Einbeziehung der Stadtväter und der Presse verfolgte die Brauerei zweifellos auch die Absicht, der seit Mitte der 1870er Jahre in der Öffentlichkeit immer mehr aufkeimenden Kritik an den Schattenseiten des Salvatorausschanks möglichst jede Resonanz zu nehmen. Denn städtische Amtsträger und Presseredakteure, die sich bei der Salvatorprobe üppig bewirten und unterhalten ließen, konnten sich kaum gleichzeitig allzu kritisch über das Starkbierspektakel äußern.

Nicht zuletzt deshalb nahm der Event bald einen noch festlicheren Rahmen an. Schließlich wurden Vertreter aller gesellschaftlich relevanten Gruppen der Landeshauptstadt eingeladen. Das alljährliche Probetrinken entwickelte sich zu einem wichtigen und exklusiven sozialen Ereignis. Eine Einladung zur Starkbierverkostung der Schmederer-Brauerei bescheinigte die Zugehörigkeit zur Hautevolee der Münchner Gesellschaft.

Damit gehörte man im Volksmund zu den „Gewappelten". So bezeichnete der Schriftsteller Ludwig Thoma (1867 – 1921) in seiner Komödie „Moral" die „Leut, die wo was sind und die wo Geld haben."[180] In Verbindung mit dem alljährlichen Zeitungsecho entfaltete die Salvatorprobe für die Schmederer-Brauerei einen ebenso nachhaltigen wie unbezahlbaren Werbeeffekt.

Festlicher Event

1887 begann die Starkbierprobe am Mittwoch, den 9. März, gegen 19.30 Uhr in der Malztenne des Brauhauses in der Ohlmüllerstraße. Das große dreischiffige Kellergewölbe war zuvor aufwendig vom Münchner Kunst-

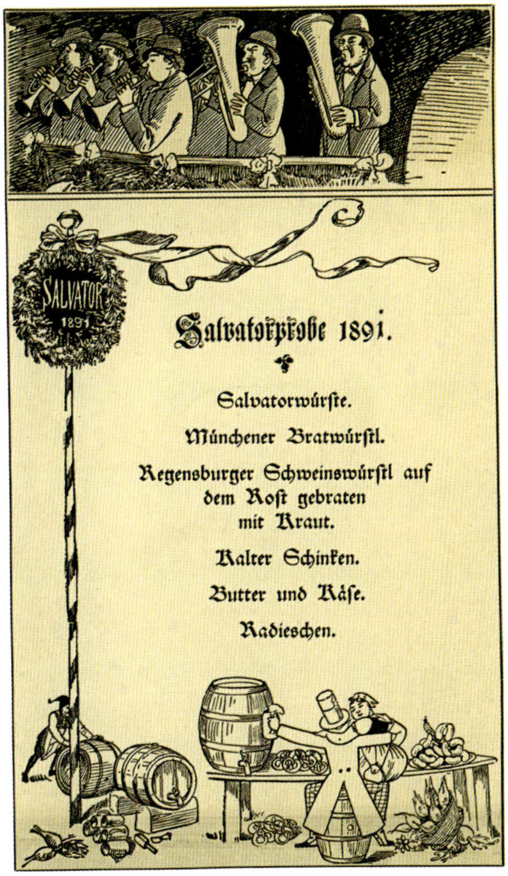

Speisekarte zur Salvatorprobe 1891 (2234)

maler und Dekorateur Adolf Lentner zu einer prächtigen buntbemalten Bierhalle umgewandelt worden. Unzählige farbige Lampions an der Decke, elektrische Glühlampen und Hunderte an den Wänden linienförmig angebrachte Kerzenlichter erleuchteten den im „assyrischen Stile“ gestalteten Raum.[181]

Weit über 300 Gäste – darunter allein 40 Magistratsvertreter[182] sowie „hohe Offizire, Beamte verschiedenster Sparten, Pfarrherren mit ihren Hilfspriestern, Künstler, Finanz- und Kaufleute, Gemeindevertreter, fast die gesamte Münchener Presse“ – nahmen an langen Tafelreihen Platz.[183] Nach eröffnetem Buffet und dem Ausschank des ersten Starkbieres begrüßte die Brauereileitung „in launiger Weise“ die Gäste. Danach folgte ein Toast auf den Prinzregenten, der jubelnd aufgenommen wurde.[184]

Der weitere Verlauf des Abends „vollzog sich unter den heitersten Musik- und Liederweisen“, wobei eine Streichmusikkapelle auch die populärsten Bocklieder zum Besten gab. Für gelungene Unterhaltung sorgten schließlich drei bekannte Vertreter der Münchner Volkssängerszene mit ihren humoristischen Beiträgen: der Mundartdichter Peter Auzinger (1836–1914), der Leiter der „Singspielhalle im Oberpollinger“ Jakob Geis (1840–1908) sowie der Volksschauspieler und Gründer des Schlierseer Bauerntheaters Konrad Dreher (1859–1944). In Anspielung auf die im Jahr zuvor erfolgte Umwandlung der Zacherlbrauerei in eine Aktiengesellschaft wurde das Starkbier humorig als „Aktien- und Dividenden-Salvator“ vorgestellt. Die probierenden Gäste vergaben einstimmig das „Prädicat summa cum laude“.[185]

Die Vorbereitung zur Salvatorprobe 1888 stand unter dem Eindruck der schweren Erkrankung Kaiser Wilhelms I., mit dessen Ableben täglich gerechnet wurde. Da bis zum Abend des 8. März in München keine Todesnachricht aus Berlin eintraf – der Kaiser verstarb erst am 9. März –, konnte die Veranstaltung im Malzbodengewölbe der Zacherlbrauerei wie geplant stattfinden. Die Halle war von Adolf Lentner „in einladenster Weise mit grünem Geäste, Lüstern und Rosenzweigen“ geschmückt worden. In der Mitte der Trinkhalle hatte der Dekorateur eine „mannshohe Darstellung eines bayerischen Maßkruges“ platziert.[186]

Die anfänglich in Erwartung schlimmer Nachrichten aus der Reichshauptstadt „etwas gedrückte Stimmung“ wich unter dem Einfluss des gehaltvollen Buffets und des genossenen Salvator bald völlig einer gelösten Atmosphäre. Insbesondere die humoristischen Darbietungen von Dreher, Auzinger und Geis sowie die Beiträge des Schauspielers Johann Heinrich Davideit (1833–1894) vom Münchner Hoftheater „brachten Leben und Laune in den großen Kreis der lange ausharrenden Gäste.“[187]

1889 erfolgte die Salvatorprobe erstmals nicht mehr in der Ohlmüllerstraße, da der aufwendige Umbau der Malztenne den Sudbetrieb allzu sehr störte. Deshalb lud die Brauerei nun in den Kellersaal der von 1872 bis 1889 im Besitz des Sudhauses befindlichen Hirschbräuhalle am Färbergraben. Der mit Blumengirlanden, heiteren Freskobildern und aufgesteckten Kerzen festlich geschmückte Saal konnte die an diesem Abend zahlreich Erschienenen kaum fassen, weshalb die gut 300 Gäste „etwas pöckelartig zusammengepresst" saßen.[188]

Dafür entschädigten die üppige Bewirtung und das Unterhaltungsprogramm. Neben den fidelen Klängen eines Streichquintetts trug Opernsänger Ernst Josef Krägel (1853–1932) vom Hoftheater einige Lieder „heiteren Inhalts" vor. Mit von der Partie waren wiederum Davideit, Auzinger und natürlich Geis. Er gab eine „ganze Anzahl seiner famosen Kouplets" zum Besten, „die den unerschöpflichen Beifall des Auditoriums fanden."[189]

Ab 1890 war der brauereieigene Stubenvollkeller an der Hochstraße Schauplatz der Salvatorprobe.[190] Über 500 Gäste versammelten sich dort am Abend des 13. März in dem mit Tannengrün und weiß-blauen Emblemen dekorierten Saal. Für die abendliche Unterhaltung sorgten – neben „fideler Musik" einer Streichkapelle – wiederum Dreher, Krägel, Auzinger und Geis sowie dessen Singspielhallen-Kollegen Schreyer und Rothhaas. Sie rissen die Gäste oft zu „minutenlangen Lachsalven" hin. Neu dabei war auch der Lyriker August Gemming (1836–1893), der in Reimen den „Heilquell Salvator" und die Herren Schmederer als dessen Erzeuger pries. Der betagte Münchner Lokaljournalist, Volksschriftsteller und Herausgeber des humoristischen Volksblattes „Stadt-Frau-Bas" Ferdinand Fränkel (1815–1898) bestieg schließlich spontan das Podium. Frei aus dem Gedächtnis trug er unter jubelndem Beifall einen „Hymnus auf Salvator" vor.[191]

1891 fand die Salvatorprobe erstmals in Form eines Frühschoppens zur späten Vormittagszeit im Stubenvollkeller statt. Die „weiten, mit Tannenreisig und Flaggengezier geschmückten Räume" wurden wiederum zum „Vereinigungspunkt für ganz München". Diesmal fanden sich über 600 geladene Gäste ein, darunter „die große Mehrzahl von Namen, welche in München politischen, behördlichen, künstlerischen und literarischen Klang haben." Ebenso stark vertreten waren „die bürgerlichen Kreise in allen ihren erwerbenden Schichten", wie die „Allgemeine Zeitung" berichtete.[192]

Eintrittskarte zur Salvatorprobe 1904 (2234)

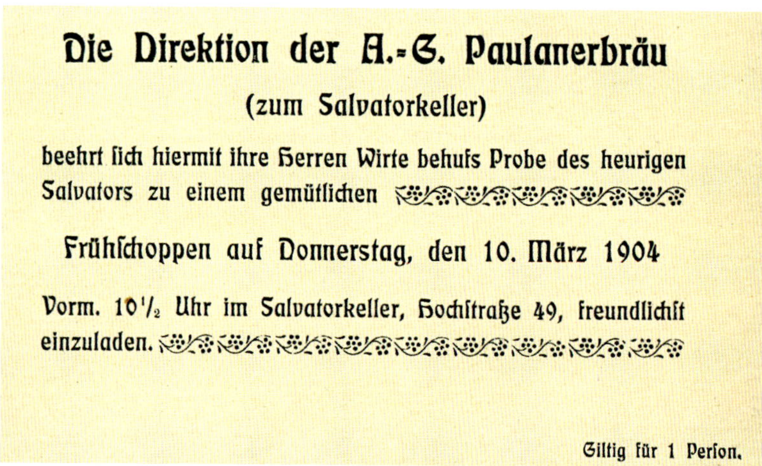
Die Direktion der A.-G. Paulanerbräu
(zum Salvatorkeller)
beehrt sich hiermit ihre Herren Wirte behufs Probe des heurigen Salvators zu einem gemütlichen
Frühschoppen auf Donnerstag, den 10. März 1904
Vorm. 10½ Uhr im Salvatorkeller, Hochstraße 49, freundlichst einzuladen.
Giltig für 1 Person.

Auf die Begrüßung der Besucher durch die gastgebende Brauerei folgte – wie stets – ein Hochruf auf den Prinzregenten Luitpold und das Absingen der bayerischen Nationalhymne. Anschließend würzten Musik, heitere Vorträge und „harmlose Fröhlichkeit, welche die Salvatorproben von jeher auszeichnete", den Trunk. Großen Beifall für ihre humoristischen Darbietungen erhielten der Münchner Volkssänger Christian Seidenbusch (1837–898) und Jakob Geis. Der Einleitungsvers seines Vortrags begann mit den Zeilen:

„Den Leu zu wecken, wie ihr wißt,
Der Dichter sagt – gefährlich ist.
Des Tigers Zahn ist schrecklich sehr,
Doch wäre noch viel schrecklicher:
Der Münchner, wenn er einst erführ'
Dies Jahr gibt's kein Salvatorbier!"[193]

Besucht von staatlichen und städtischen Würdenträgern, Künstlern, Vertretern der Presse und zahlreichen Landtagsabgeordneten fand die Festlichkeit 1892 erneut zur späten Vormittagszeit im Stubenvollkeller statt. Für Unterhaltung sorgten neben Geis die Schauspieler Willmers und Augustin vom Münchner Volkstheater sowie der Sänger Ludwig Anwander (*1866). Tosenden Beifall erhielt Ferdinand Fränkel, der als Paulanerpater verkleidet auftrat und ein Lob auf den Salvator ausbrachte.[194]

Ende der Salvatorprobe als Gesellschaftsereignis

1893 musste die auf den 8. März anberaumte Probe aufgrund der Trauerfeier für den plötzlich verstorbenen Münchner Oberbürgermeis-

Stubenvollkeller der Schmederer-Brauerei an der Hochstraße, 1880 (StadtAM FS, NL-KV-1635; Zeichner: Franz Grainer)

ters Johannes von Widenmayer (1838 - 1893) kurzfristig um einen Tag verschoben werden.[195] Der Besucherresonanz tat dies jedoch keinen Abbruch. Am 9. März gegen elf Uhr vormittags waren die langen Tischreihen im festlich geschmückten Stubenvollkeller dicht besetzt „von trinklustigen und trinkfesten Männern aus allen Ständen." Gelehrte und Künstler, Offiziere, Pressevertreter, die Studentenschaft und die „behördliche Welt" waren - wie die „Allgemeine Zeitung" berichtete - zahlreich vertreten. Für Unterhaltung sorgten ein Streichorchester und insbesondere Jakob Geis mit Mitgliedern seiner Singspielgesellschaft, die Couplets zum Besten gaben.[196]

1894 fiel der Event zum Bedauern des interessierten Publikums aus - angeblich aufgrund „terminlicher Schwierigkeiten".[197] Tatsächlich war der Grund ein anderer. Maßgeblich verantwortlich dafür waren die heftigen Auseinandersetzungen, die sich inzwischen um die Rechte an der Marke „Salvator" unter den Münchner Großbrauereien entzündet hatten.

Denn nun brauten gleich mehrere Sudhäuser in München einen „Salvator" und luden jeweils die Spitzen der Stadtgesellschaft zur Probe ein. Eine Starkbierverkostung als repräsentatives gesellschaftliches Ereignis der Landeshauptstadt machte für die Verantwortlichen in der Ohlmüllerstraße unter diesen Umständen kaum noch Sinn. Die Veranstaltung hatte ihr Alleinstellungsmerkmal und damit ihren exklusiven Charakter verloren.

Aufgrund des Salvatorstreits verabschiedete sich die Schmederer-Brauerei 1894 von der bisher gepflegten aufwendigen Form der Salvatorprobe. Sie schrumpfte seither zu einer Lustbarkeit im kleineren Kreis, zu der vorwiegend Kunden und Geschäftspartner des Sudhauses geladen waren. Das Ereignis fand nun stets in der 1899 eröffneten Tagesgaststätte des Salvatorkellers auf dem Nockherberg statt.[198]

Den Stubenvollkeller an der Hochstraße - bisher traditioneller Schauplatz des imagefördernden Probenspektakels - hatte die Brauerei 1898 verkauft.[199]

Plakat-Institut
Salvator-Bier Ausschank Concert
Eröffnung der Salvator !!Quelle!! Zacherl-Kellers
Salvator Bier! Ausschank Café Luitpold!
Salvator-Strom Nokhergarten Fidele Musik!
Schenke Preis pro Liter 40 d.
Salvator Lied
Salvator Zeitung
1.
2.
3.
4

Der Salvatorstreit

Salvatorszenen, 1893 (2321; Zeichner: Gustav Heine)

Der große Erfolg, den die Zacherlbrauerei mit ihrem Salvator ab 1870 nicht nur südlich der Mainlinie, sondern auch in Norddeutschland und im Ausland erzielte, rief bald Konkurrenten auf den Plan. Mitbewerber brachten ihr Bier ebenfalls unter der bestens eingeführten Bezeichnung „Salvator" zum Verkauf. Dahinter stand die unlautere Absicht, dem Sudhaus Marktanteile abzunehmen.

Der sich daraus entwickelnde Rechtsstreit führte nicht zuletzt unter den Münchner Großbrauereien zu heftigen Turbulenzen. Sie gipfelten schließlich in einem bis dahin beispiellosen, über Jahre hinweg verbissen mit allen juristischen Mitteln geführten Kampf um die Marke. Er wurde in ganz Deutschland mit Aufmerksamkeit verfolgt und ging als „Salvatorstreit" in die Geschichte ein.

Markenschutz kein Thema

Bis 1848 besaß die Zacherlbrauerei neben dem Königlichen Hofbräuhaus ein rechtlich geschütztes Monopol zum Verkauf von Starkbier über dem staatlich fixierten Maximalpreis. Aber auch nach der in diesem Jahr in Bayern erfolgten gesetzlichen Freigabe des Verkaufs von sogenanntem „Doppelbier" war es keinem Brauer in der Landeshauptstadt eingefallen, nun ebenfalls ein solches unter dem Namen „Salvator" auf den Markt zu bringen.

Die Münchner Sudhäuser nannten das seither von ihnen produzierte Starkbier „Einbock" bzw. schlicht „Bock" nach dem bewährten Vorbild des Hofbräuhauses. Das staatliche Sudhaus selbst verhielt sich gegenüber der Verwendung dieses Labels durch andere Brauereien stets völlig passiv. Aus diesem Grund entwickelte sich der Name „Bock" schon bald zur allgemeinen Bezeichnung für eine Biersorte. Markenschutzrechtlich galt der Begriff deshalb später als Freizeichen, das von jeder Brauerei für ihr Starkbier verwendet werden konnte.[1]

Dass in München der Name „Salvator" der Zacherlbrauerei auch nach der Aufhebung des Starkbiermonopols 1848 exklusiv erhalten blieb, war kein Zufall. Dafür gab es gute Gründe. Die 1837 von König Ludwig I. unter bestimmten Auflagen erteilte Erlaubnis zum Verkauf von „Salvatorbier" war auch nach 1848 rechtlich bindend. Der Salvatorausschank bedurfte auch weiterhin (bis 1865) alljährlich der Genehmigung durch die Regierung von Oberbayern. Die Behörde hatte auch stets die von der Zacherlbrauerei vorgesehene Ausschankzeit zu bestätigen.

Zwar handelte es sich dabei letztlich nur mehr um einen formalen Rechtsakt. Er bewirkte aber, dass der Salvator auch weiterhin in der Landeshauptstadt eine rechtliche Sonderstellung einnahm. Schon deshalb spielte das Label zunächst keine Rolle bei der Benennung des Starkbieres anderer Münchner Brauer. Dies änderte sich erst 1865, als mit der Aufhebung des seit 1811 bestehenden Biersatzregulativs auch die 1837 für den Salvator erlassene Sonderregelung erlosch. Die 1868 in Bayern eingeführte allgemeine Gewerbefreiheit befreite schließlich alle Wirtschaftsbranchen von staatlichen Zwängen.

Abgesehen von der rechtlichen Seite war der Name „Salvator" als ausschließliche Be-

Titelblatt Salvatorliederbuch, um 1905 (2235)

zeichnung für das Starkbier der Schmederer-Brauerei bis in die 1860er Jahre in München auch faktisch unangreifbar. Er galt als das seit Jahrzehnten bestehende Markenzeichen für das Starkbier aus der Ohlmüllerstraße. Jeder andere Münchner Brauer, der den Namen damals um irgendeines Vorteiles willen usurpiert hätte, wäre beim biertrinkenden Publikum wohl sofort in Ungnade gefallen oder hätte sich der Lächerlichkeit preisgegeben, von einem geschäftlichen Erfolg ganz zu schweigen.

Angesichts dieser Tatsache war es bezeichnend, dass die ersten Fälle einer Mitbenutzung des Namens „Salvator“ für Bier sämtlich außerhalb der Landeshauptstadt auftraten. 1842 brachte das Passauer Sudhaus „Hellbräu“ einen Salvator zum Verkauf. Dessen Inhaber, der Brauer Kühbacher, hatte bei Zacherl in München seine Lehrzeit abgeschlossen. Er wusste um das Renommee des Namens und übernahm ihn einfach für sein eigenes Bier. 1849 warb die „Gräflich v. Pückler-Limpurgische Brauerei“ in Burgfarrnbach bei Nürnberg für ihr „Farrnbacher Salvatorbier“, das sie jeweils von Oktober bis Juni zum Ausschank brachte. 1850/51 nannte der Würzburger Brauer Gabler sein Produkt ebenfalls nach dem Münchner Vorbild. 1862 folgte ein anderer Brauereibesitzer in Passau seinem Beispiel. Anfang der 1870er Jahre tauchte in Kaiserslautern, Hof an der Saale und Kulmbach von dortigen Brauereien produzierter Salvator auf. 1877 bot die „St. Magnus-Brauerei“ in Stadtamhof ein „Salvatorbier“ zum Preis von 30 Pfennig pro Maß an.[2]

Diese Mitbenutzung des Namens durch andere, weiter entfernte bayerische Sudhäuser war für die Zacherlbrauerei zunächst nicht nachteilig. Denn die Salvatorproduktion dieser Brauereien war sehr gering und währte in allen Fällen nicht dauerhaft. Ein dem Zacherlsalvator zumindest ähnliches Starkbier herzustellen, war für diese Nachahmer freilich kein allzu großes Problem. Denn in Lehrbüchern wurde das dabei angewandte Verfahren der Dickmaischbrauerei oft beschrieben.[3] Allerdings war das „Salvator“ getaufte Gebräu der Mitbewerber qualitativ mit dem Zacherl'schen Produkt in der Regel in keiner Weise vergleichbar.

Außerhalb der bayerischen Landesgrenzen wurde damals ebenfalls Bier unter dem Namen „Salvator“ gebraut und verkauft. Zweifellos stand hinter einem großen Teil dieser Unternehmungen ebenfalls die unlautere Absicht, den am Markt gut eingeführten Namen des Zacherl'schen Starkbieres zum eigenen Vorteil zu nutzen. Bis Mitte der 1870er Jahre lag die Zahl der zeitweiligen Mitbenutzer im übrigen Deutschland bei rund 50 Brauereien.[4]

In den folgenden 20 Jahren stieg die Anzahl der dauerhaft Bier unter dem Namen Salvator vertreibenden Sudhäuser im Reichsgebiet auf rund 80. Angesichts der geschätzten Gesamtzahl von etwa 22.000 deutschen Brauereien war dies eine verschwindende Minderheit. In der Regel handelte es sich um Kleinbetriebe, deren Absatz nicht über die nächste Umgebung hinausreichte. Auch deshalb stellten sie für die Zacherlbrauerei keine ernsthafte Konkurrenz dar.[5]

Eine Ausnahme bildeten lediglich die Verhältnisse im Elsass. Dort verkauften die beiden Großbrauereien „Schützenberger Vater & Söhne“ in Schiltigheim und „Gruber & Co.“ in Königshofen seit Beginn der 1860er Jahre erhebliche Mengen ihres dunklen Bieres unter dem Namen „Salvator“. Es handelte sich dabei aber ausschließlich um gewöhnliches Schankbier, das mit dem stärker eingebrauten und wesentlich teureren Luxusbier aus München nichts gemein hatte. Darüber hinaus war das Gebräu bis zur Annexion des Elsass 1871 im Deutschen Reich so gut wie unbekannt.[6]

Ew. Hochwohlgeboren!

Wir haben uns entschlossen, in diesem Jahre „Salvator“ zu brauen und eine

Salvator-Probe

mit Frühstück

zu veranstalten.

Es würde uns sehr freuen, Sie dabei begrüssen zu können, weshalb wir uns gestatten, Ihnen eine Eintrittskarte zur gefälligen Benutzung zu übergeben.

Hochachtungsvoll

Aktienbrauerei zum Löwenbräu

in München.

A. Hertrich. Hch. Pollich.

München, Februar 1893.

Einladung zur ersten „Salvatorprobe“ der Münchner Löwenbrauerei, 1893 (BWA F2, 3820)

Angesichts dieser Sachlage verwundert es nicht, dass die Zacherlbrauerei einstweilen keinerlei Anstrengungen unternahm, um die Wortbezeichnung „Salvator" rechtlich zu schützen. Die Möglichkeit dazu bestand zunächst auch gar nicht. Die entsprechenden warenzeichenrechtlichen Verordnungen in Bayern vom 9. März 1840 und 21. Dezember 1862 gaben Gewerbetreibenden zwar die Möglichkeit, ihren Namen oder ihre Firma zusammen mit einem Fabrikzeichen bildlicher oder figürlicher Art in das Markenschutzregister bei der zuständigen Distriktpolizeibehörde eintragen zu lassen und ihre Produkte damit zu kennzeichnen. Allerdings waren reine Wortzeichen bzw. Phantasienamen wie „Salvator" davon ausdrücklich ausgeschlossen.[7]

Fest steht, dass die Verantwortlichen in der Zacherlbrauerei noch in den 1860er Jahren überhaupt nicht beabsichtigten, irgendeine Art von Markenschutz – und sei es in Form einer figürlichen Marke in Kombination mit dem Firmenamen – für ihr Starkbier in Anspruch zu nehmen. Damit befand sich das Sudhaus in bester Gesellschaft. Denn keine einzige Münchner Brauerei ließ damals ein Markenzeichen für ihr Bier eintragen.

Solange der Bierabsatz sich hauptsächlich auf München und die nähere Umgebung sowie nur auf einzelne weiter entfernte Orte konzentrierte, machte ein solcher Schritt, der zudem mit allerhand Kosten verbunden war, keinen Sinn. Das Bier überzeugte die vor allem im Umfeld der Brauerei angesiedelten Abnehmer durch die Leistungsfähigkeit und den bekannten guten Ruf der Braustätte, aus der es stammte. Das galt erst recht für eine Bierspezialität wie den Salvator, von der pro Saison kaum 1.500 hl zum Ausstoß kamen, wobei die Hälfte auf dem Nockherberg im brauereieigenen Salvatorkeller getrunken wurde.

Die Situation änderte sich aber im Verlauf der 1870er Jahre. Mit dem zunehmenden Absatz außerhalb Münchens und im gesamten Reichsgebiet gewann der Markenschutz größere Bedeutung. Denn der wachsende Markt für den Salvator aus der Zacherlbrauerei verstärkte nun zugleich die Begehrlichkeiten vonseiten Dritter.

Ankündigung des Salvatorausschanks der Münchner Hackerbrauerei im Pollinger-Keller, 1896 (4713)

Verpasste Chance

Am 30. November 1874 wurde im Berliner Reichstag das „Gesetz über Markenschutz" verabschiedet. Es trat mit Wirkung vom 1. Mai 1875 im Deutschen Reich in Kraft und löste im Königreich Bayern das bisher geltende Warenzeichenrecht ab. Paragraph 3 des Gesetzes bestimmte: „Die Eintragung von [...] solchen Zeichen, welche bis zum Beginn des Jahres 1875 im Verkehr allgemein als Kennzeichen der Waaren eines bestimmten Gewerbetreibenden gegolten haben, darf nicht versagt werden. Im Uebrigen ist die Eintragung zu versagen, wenn die Zeichen ausschliesslich in Zahlen, Buchstaben oder Worten bestehen."[8]

Die Verantwortlichen in der Schmederer-Brauerei nahmen dieses Gesetz entweder überhaupt nicht weiter zur Kenntnis, unterschätzten aus Sorglosigkeit seine Bedeutung oder waren juristisch sehr schlecht beraten. In jedem Fall vergaben sie leichtfertig die hier gebotene einmalige Möglichkeit zum ausschließlichen Erwerb des Rechtes an der Wortmarke „Salvator".

Zacherl und seine Nachfolger in der Brauereileitung hatten durch eine andauernde Presseberichterstattung über das Salvatorfest sowie durch eine über 30 Jahre anhaltende, alljährlich wiederkehrende Anzeigenwerbung in Münchner, anderen bayerischen und außerbayerischen Zeitungen den Namen für ihre Bierspezialität in Anspruch genommen.

Ohne Zweifel galt die Bezeichnung „Salvator“ Anfang 1875 im Geschäftsverkehr unter allen beteiligten Wirtschaftskreisen reichsweit als ausschließliches Kennzeichen für eine Bierspezialität der Zacherlbrauerei.

Die im Markenschutzgesetz für die Eintragung eines Wortzeichens geforderten Voraussetzungen waren deshalb sicher erfüllt. Der Beweis war anhand gesammelter Zeitungsmeldungen und Werbeinserate leicht anzutreten. Hätten die Verantwortlichen in der Ohlmüllerstraße nun die Eintragung des Wortzeichens „Salvator“ im Handelsregister des Landgerichts München I vorgenommen, wären der Brauerei die in der Folgezeit erwachsenen zeit- und kostenintensiven Auseinandersetzungen erspart geblieben. Die Eintragungsgebühr von 50 Mark wäre vor diesem Hintergrund gut angelegtes Geld gewesen.[9]

Die einmalige Chance, die nach Paragraph 9 des Markenschutzgesetzes aber nur bei einer Anmeldung bis zum 1. Oktober 1875 bestand, wurde jedoch nicht wahrgenommen. Nach Ablauf dieser Frist war die Eintragung eines Wortzeichens generell ausgeschlossen.

Allerdings war der Markenschutz damals nicht nur bei der Schmederer-Brauerei kein Thema. Auch zahlreiche andere bayerische Unternehmen unterschätzten die Materie. 1876 klagte die Handels- und Gewerbekammer für Oberbayern: „Das Markenschutzgesetz [...] scheint leider noch nicht genügend bekannt zu sein, wenigstens haben, mit Ausnahme der Fabrikanten Nürnbergs, die bayerischen Industriellen einen ausreichenden Gebrauch von den Vortheilen nicht gemacht, welche das Gesetz gewährt.“[10]

Die Schmederer-Brauerei sollte die Folgen ihres Desinteresses schon wenig später unangenehm zu spüren bekommen. Denn andere Sudhäuser hatten offenbar nur darauf gewartet, dass die Brauerei ihre Chance ungenutzt verstreichen ließ.

Eine zweite Salvatorbrauerei in München

Im März 1877 brachte der Besitzer der Augsburger Kronenbrauerei Michael Wahl ein Starkbier unter der Bezeichnung „Salvator“ auf den Markt. Da sich in der Lechstadt traditionell zahlreiche Konsumenten des Luxusbieres aus der Zacherlbrauerei befanden, spekulierte der Brauunternehmer mit der Nutzung des Namens auf ein lohnendes Geschäft. 1885 ging das Augsburger Sudhaus an die Börse. Binnen zehn Jahren verdoppelte es seinen Bierausstoß auf über 65.000 hl.[11]

Entsprechend nahm auch der Verkauf von „Salvatorbier“ zu, der von etwa 300 auf rund 1.000 hl pro Jahr stieg.[12] In der Folgezeit schaltete die Augsburger „Actien-Gesellschaft Kronenbräu“ zur Starkbierzeit für ihren „Salvator“ sogar Werbeanzeigen in Münchner Tageszeitungen und attackierte damit die Schmederer-Brauerei auf ihrem ureigenen Terrain.[13]

1883 begann im mittelfränkischen Fürth die Brauerei „Gebrüder Geismann“ in größerem Maßstab mit dem Verkauf eines Stark-

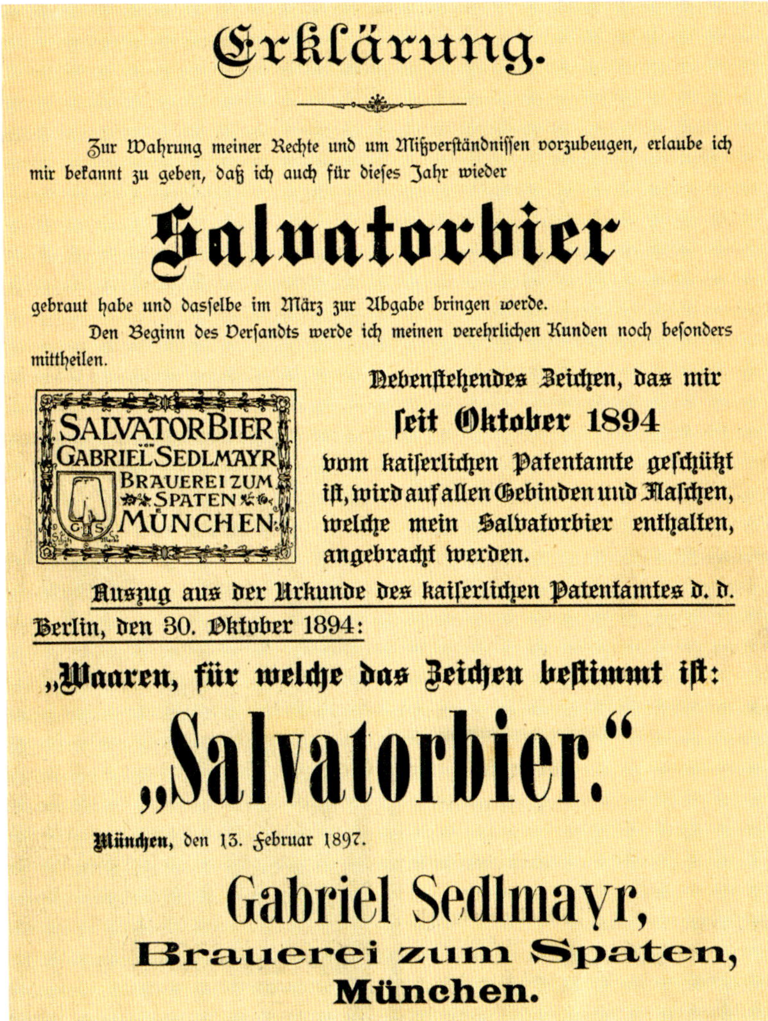
Erklärung.

Zur Wahrung meiner Rechte und um Mißverständnissen vorzubeugen, erlaube ich mir bekannt zu geben, daß ich auch für dieses Jahr wieder

Salvatorbier

gebraut habe und dasselbe im März zur Abgabe bringen werde.

Den Beginn des Versandts werde ich meinen verehrlichen Kunden noch besonders mittheilen.

Nebenstehendes Zeichen, das mir seit Oktober 1894 vom kaiserlichen Patentamte geschützt ist, wird auf allen Gebinden und Flaschen, welche mein Salvatorbier enthalten, angebracht werden.

Auszug aus der Urkunde des kaiserlichen Patentamtes d. d. Berlin, den 30. Oktober 1894:

„Waaren, für welche das Zeichen bestimmt ist:

„Salvatorbier.“

München, den 13. Februar 1897.

Gabriel Sedlmayr,
Brauerei zum Spaten,
München.

Ankündigung von „Salvatorbier“ der Münchner Spatenbrauerei, 1897 (BWA F130, 1693) bieres unter dem Namen „Salvator".[14] Sechs weitere Brauereien in Niederbayern und Oberfranken schlossen sich im Lauf der 1880er Jahre mit kleineren Mengen an.[15] Diese Konkurrenz wäre vielleicht noch hinnehmbar gewesen. Aber die gleichzeitige Begründung einer zweiten Salvatorquelle in München leitete eine folgenschwere Entwicklung ein.

1877 errichtete der aus Freising stammende Brauer Ludwig Petuel (1839 - 1911), der zuvor in Milbertshofen ein Bräuhaus betrieben hatte, im Münchner Vorort Schwabing ein neues Sudhaus. Neben der Herstellung von Schankbier begann er mit der Produktion eines Doppelbieres. Er schenkte es erstmals im März 1878 zur üblichen Starkbierzeit unter dem Namen „Salvator" preisgleich mit dem Zacherlsalvator in seiner Brauereigaststätte aus. Auch bei den Münchner Wirten fand er Abnehmer. Als erster bezog der Gasthofbesitzer Michael Schottenhamel (1838 - 1912) den Schwabinger Salvator.[16]

Binnen zehn Jahren steigerte Petuel seinen jährlichen Salvatorabsatz auf 568 hl. Davon verkaufte er während der achttägigen Starkbiersaison ein Fünftel in seinem Schwabinger Brauhaus, das sich nun allmählich zum Gegenpol des Salvatorkellers auf dem Nockherberg entwickelte. Petuels Bierhallen in der Leopoldstraße fassten rund tausend Bierdurstige, im Biergarten fanden weitere 2.000 Gäste Platz.[17]

Drei Fünftel seines Starkbieres setzte Petuel in anderen Münchner Gaststätten ab, ein Fünftel außerhalb der Landeshauptstadt. Zwar produzierte die „Petuel'sche Brauerei" 1888 nur zwölf Prozent der Starkbiermenge, die damals in der Zacherlbrauerei (4.700 hl) zum Ausstoß kam. Aber die aufkeimende Konkurrenz am Standort München war für den Marktführer mehr als ärgerlich.[18]

Der Verdruss in der Ohlmüllerstraße steigerte sich noch, als Ludwig Petuel im Juli 1888 sein Brauunternehmen für 950.000 Mark an ein Berliner Finanzkonsortium veräußerte. Hauptinvestor war der Berliner Börsenmakler und „Speculant" Manuel Saloschin. Er überführte die Schwabinger Brauerei in eine am 23. September in Berlin gegründete Aktiengesellschaft unter dem Namen „Salvator-Brauerei in Schwabing-München".[19]

Als Geschäftsgegenstand wurde „insbesondere die Herstellung von Salvatorbier" angegeben.[20] Im Zuge der Eingemeindung Schwabings in die bayerische Landeshauptstadt 1890 verlegte das Sudhaus, das sich zu über 90 Prozent im Besitz Berliner Investoren befand,[21] am 17. Dezember seinen Sitz dorthin und firmierte in „Salvatorbrauerei in München" um.[22]

Damit gelang dem Schwabinger Konkurrenten ein echter Coup. Denn mit den Worten „Salvator" und „München" im Firmennamen stilisierte er sich nun nach außen hin zur originären Produktionsstätte des berühmten Starkbieres. Gerade bei weiter entfernten und mit den örtlichen Verhältnissen weniger vertrauten Interessenten konnte dieser Eindruck leicht entstehen. „Die Salvator-Consu-

Ankündigung zum Ausschank des Starkbieres „Namenloser" der Münchner Hackerbrauerei, 1898 (4713)

menten außerhalb Bayerns sind sogar der Meinung, daß in München eine Brauerei sei, welche ausschließlich nur Salvator braut und deshalb den Namen Salvatorbrauerei führt", beschrieb ein Münchner Brauereifachmann die beabsichtigte Wirkung treffend.[23]

Die darüber wenig amüsierte Brauereileitung in der Ohlmüllerstraße musste nun öfters feststellen, dass manche Geschäftsbriefe und Telegramme ihrer norddeutschen Starkbierkunden, die – wie früher vielfach üblich – an „Salvatorbräu München" adressiert waren, nun bei der Schwabinger Konkurrenz landeten.[24]

1890 gab der Wettbewerber bekannt, sein Salvatorbier „habe auch in diesem Jahre seine Zugkraft auf die Münchner Bevölkerung bewährt [und] es stehe zu erwarten, dass sich der begründete Ruf dieser Specialität weiter ausdehne und der Export von Salvatorbier sich mit der Zeit gut entwickle."[25] Das war nicht einmal übertrieben. Denn gegenüber dem Vorjahr steigerte die Salvatorbrauerei ihren Starkbierabsatz schlagartig um zwei Drittel auf 936 hl. 1896 wurden bereits über 1.300 hl abgesetzt.[26]

Zweifellos entfaltete das Schwabinger Sudhaus, das vor der Übernahme durch die Aktiengesellschaft „von geringer Leistungsfähigkeit und baulich wie maschinell sehr mangelhaft eingerichtet" war, nunmehr aufgrund erheblicher finanzieller Investitionen eine beeindruckende Dynamik.[27] Der jährliche Bierausstoß des Konkurrenten, der 50 Arbeiter beschäftigte, verdoppelte sich bis 1894 auf fast 62.000 hl.[28]

Nordlichter als Nachahmer

In Norddeutschland nahmen ab Ende der 1870er Jahre nun ebenfalls mehrere größere Brauereien den Namen „Salvator" für ihr Bier in Anspruch und ließen dazu sogar entsprechende kombinierte Bild/Wort-Schutzmarken in das Zeichenregister eintragen: 1878 die St. Pauli Brauerei in Bremen, 1879 die Kaiserbrauerei Beck & Co. in Bremen, 1884 die Aktienbrauerei Lübeck und die Hamburger Brauerei Dés. Valentin, 1885 das Sudhaus F. A. Zieseniss in Hamburg.[29]

Unlautere „Salvator"-Werbung der Ersten Bamberger Exportbrauerei Frankenbräu, 1897 (BWA F2, 13/2, Prod. 4)

Die Bremer Kaiserbrauerei exportierte ihr „Salvator" getauftes Starkbier in Flaschenabfüllung hauptsächlich nach Übersee. Später versah sie auch leichteres Gebräu für den Inlandsmarkt mit der Etikettenbezeichnung „Salvatorbier".[30] 1883 erfolgte die Gründung einer „Salvatorbrauerei" in Schwäbisch Gmünd.[31]

Schon seit 1875 verkaufte die Vereinsbrauerei „Schönbeck & Co." in Paderborn unter dem Namen Salvator ganzjährig ein schwer eingebrautes Bier von hohem Extragehalt. Es wurde vorzugsweise als Heilbier für Kranke und Rekonvaleszenten angepriesen. 1892/93 erreichte der Absatz der Paderborner rund 1.000 hl.[32]

Im rechtsrheinischen Bayern starteten ab 1890 weitere 21 Sudhäuser mit dem Verkauf von „Salvator". Die Jahresmengen pro Betrieb bewegten sich meist zwischen 30 und 100 hl.[33] Zweifellos stand hinter allen diesen Initiativen die Absicht, aus der Benutzung der reichsweit bekannten Warenbezeichnung zum Schaden der Schmederer-Brauerei Profit zu schlagen.

Kampf gegen Imitationen

Rechtlich konnte die Brauereileitung in der Ohlmüllerstraße gegen diese Praxis der Mitbewerber nichts unternehmen. Was blieb, war eine verstärkte Werbung für das eigene Produkt, mit der man das Publikum zugleich über die „wahren" Verhältnisse informierte.

S. 124/125: Auf dem Salvatorkeller, 1899 (4574; Reproduktion nach Aquarell von Frank Kirchbach)

Geschichte des Salvatorbieres, um 1900 (2324)

Ab 1878 ließ das Münchner Sudhaus durch die bekannte Berliner Anzeigenagentur Rudolf Mosse regelmäßig und flächendeckend Werbeinserate und „aufklärende" Artikel in allen größeren deutschen Zeitungen schalten. Darin wurde die weit über hundertjährige Tradition des Starkbieres dargelegt, der „Salvator" der Gebrüder Schmederer als der „allein echte" und das Fabrikat anderer Salvatorhersteller als „Imitation" bezeichnet.[34]

Wie zu erwarten, startete die Konkurrenz entsprechende Gegenangriffe. 1884 inserierten die Augsburger Kronenbrauerei und die Münchner Salvatorbrauerei gemeinsam in zahlreichen Blättern eine „Erklärung". Darin wiesen sie den Vorwurf der Imitation weit von sich. Stattdessen erklärten sie dem Publikum, „daß wir schon seit Jahren unter unseren eigenen Namen Salvatorbier erzeugen und solches auch als unser Fabricat verkaufen und daß [...] die Zacherl'sche Brauerei [...] ein Monopol für Salvatorbier nicht besitzt [und] daß anderwärts mindestens ebenso gutes Salvatorbier erzeugt wird."[35]

Als Reaktion darauf erhöhte die Schmederer-Brauerei die Werbeaktivitäten für ihren „Original-Salvator" kräftig. Allein im Jahr 1887 ließ sie durch die Agentur Mosse reichsweit in 267 Blättern inserieren, darunter in der „Straßburger Post", den „Hamburger Nachrichten", der „Lübecker Eisenbahnzeitung", der „Weserzeitung", der „Vossischen Zeitung" oder im „Berliner Tageblatt".[36]

1887 begann die Publikation der „Geschichte des Salvatorbieres und der Zacherl'schen Brauerei in München" im Beiblatt der „Fliegenden Blätter" mit gleichzeitiger Warnung vor Nachahmerprodukten. Die Veröffentlichung nahm jeweils eine ganze Vorderseite der in München erscheinenden und im ganzen Reich gelesenen humoristischen Wochenzeitschrift ein und wurde bis 1895 zweimal pro Jahr geschaltet.[37]

Zudem verwies das Sudhaus regelmäßig in allen Zeitungsannoncen zur Bekanntgabe des Beginns ihres Salvatorausschanks auf Imitationen der Konkurrenzbrauereien. Dasselbe geschah in allen Zeitungsinseraten, in denen die Brauerei oder ihr Vertreter für den Flaschenbierexport das „allein echte" Salvatorbier zum Versand offerierten.[38]

Neben der Tages- und Zeitschriftenpresse nutzte die Schmederer-Brauerei seit 1881 spezielle Flugschriften als Werbe- und Aufklärungsmittel. Insbesondere brachte sie aufwendig in „altdeutschem" Stil gestaltete farbige Flyer über „Die Geschichte des Salvatorbieres" in Umlauf. Die Handzettel kamen zum Teil als Beilage in Zeitungen, teilweise auch über belieferte Wirte und Zwischenhändler in Umlauf. 1882 wurden 2.000 Exemplare gedruckt. In der Folgezeit verstärkte das Sudhaus seine Werbeaktivitäten noch einmal erheblich. 1888 erreichte die Auflage der Flyer 50.000, 1892 95.000 und 1893 206.000 Stück. Bis 1895 kamen binnen acht Jahren 457.000 Exemplare dieser Flugblätter im gesamten Reichsgebiet wie im Ausland zur Verteilung.[39]

Zur Bekämpfung der konkurrierenden Salvatorbiere spannte die Münchner Brauerei nicht zuletzt den Vertrieb ein. Ihre rund 40 über das ganze Reichsgebiet verteilten, in abgegrenzten Verkaufsbezirken arbeitenden Zwischenhändler erhielten den Auftrag, die Interessen des Sudhauses „in energischer Weise wahrzunehmen" und insbesondere „eine fortgesetzte Agitation gegen Nachahmungen zu entfalten." Die Betriebsleitung in der Ohlmüllerstraße „übte über sie eine ständige Aufsicht aus, versah sie mit genauen Anweisungen und unterhielt mit ihnen eine rege Korrespondenz, in der, sobald eine Nachahmung an einem Orte auftauchte, jeder Theil dem anderen Nachricht gab, worauf die dagegen zu ergreifenden Schritte berathen wurden. Aehnlich wie die [... Brauerei] selbst entwickelten auch die Vertreter eine eifrige Thätigkeit im Inseriren und Erlass von Rundschreiben."[40]

Um zumindest einen gewissen Markenschutz für das eigene Produkt zu erhalten und die Herkunft ihres Salvatorbieres entsprechend zu kennzeichnen, ließ die Schmederer-Brauerei am 16. August 1883 im Markenschutzregister des Landgerichts München I eine bildliche Schutzmarke eintragen. Sie zeigte den heiligen Franz de Paula mit einem Wanderstab in beiden Händen, an dessen Spitze ein Strahlenkranz mit der Inschrift „Salvator" prangte. 1886 erfolgte im Zuge der Umwandlung in eine Aktiengesellschaft die Neuanmeldung des Zeichens.[41]

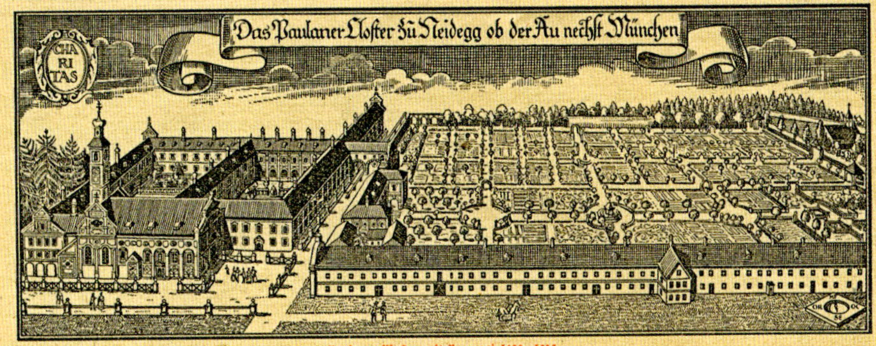

Paulaner-Kloster mit Brauerei 1690—1825

Geschichte des Salvator-Bieres.

Die jetzt eine große Vorstadt von München bildende Au verdankt ihre Entstehung vorzugsweise der Erbauung eines kleinen Jagdschlosses, genannt Neudeck. Unter den bayerischen Herzögen Wilhelm IV. und Wilhelm V., die besonders gern an diesem Platze, dem mit Gesträuch überwachsenen ehemaligen Strombette der wilden Isar, der Jagd und Fischerei oblagen, gelangte dieses Jagdschloß zu immer größerer Ausdehnung. Es entstanden verschiedene Gebäude für das Hof- und Jagdpersonal, die sich teilweise bis in die neuere Zeit erhielten und durch ihre Namen „Falkenhof", „Pagenhaus", „Jägerhäuschen", „Damenwirt" (Haus der Hofdamen) auf ihre einstige Bestimmung hinwiesen. Herzog Wilhelm V., der Fromme, der schon 1596 seinem ältesten Sohne Maximilian I. die Regierung überließ, befahl 1623 den Bau eines Klosters in der Nähe seines Lieblingsschlosses Neudeck, das von Mönchen des Paulaner-Ordens bezogen und von diesen im Laufe der Zeit namhaft vergrößert und verschönert wurde.

Unter der Regierung des Kurfürsten Ferdinand Maria (1651) erhielten die Paulaner-Mönche die Erlaubnis, bei ihrem Kloster ein Bräuhaus zu erbauen. Dieses gelangte alsbald zu großem Ruf durch sein gutes Bier, „das alle anderen übertraf". Der Ausschank fand alljährlich am Feste des Ordensstifters, des heiligen Franz von Paula statt, welchen die Paulaner ihren „heiligen Vater" nannten und in der darauffolgenden Oktave. Deswegen soll das Bier „Heilig Vaterbier", auch „Sankt Vaterbier" genannt worden und hieraus der Name „Salvator" entstanden sein. Dieser Name kommt bereits in gerichtlichen Urkunden aus dem Anfang des vorigen Jahrhunderts vor als längst bekannte Bezeichnung des berühmten Bieres der Paulanermönche. Beim Ordensfeste beteiligte sich stets der ganze kurfürstliche Hof und erhielt den Ehrentrunk kredenzt. Dann begann der Ausschank an das massenhaft herbeigeströmte Volk.

Das Paulaner-Kloster wurde 1799 aufgehoben, anfangs des vorigen Jahrhunderts als französisches Feldspital benützt und 1807 in ein Strafarbeitshaus umgewandelt. Das gegenüberliegende Klosterbräuhaus wurde zunächst vom Staate in Regie genommen, dann 1803 an den Johanniterorden veräußert, der die Brauerei zuerst selbst betrieb, dann 1806 an den Bierbrauer Frz. X. Zacherl verpachtete. Dieser erwarb nach siebenjähriger Pachtzeit im Jahre 1813 das Paulaner-Brauhaus mit allen ihm anhaftenden Rechten.

Der Salvator-Ausschank fand früher in der Brauerei selbst statt, seit 1861 auf dem hoch oben am Nockherberg liegenden und eine herrliche Rundsicht über ganz München gewährenden Salvatorkeller.

Der Ausschank auf dem Salvator-Keller in München beginnt alljährlich am Sonntag vor Josefi (19. März). Der Versand nach auswärts findet von Januar bis März statt.

Die Bezeichnung „Salvator" ist seit März 1896 vom Reichs-Patentamt als Warenbezeichnung uns als der jetzigen Inhaberin der ehemaligen Paulaner Braustätte geschützt; es darf daher niemand ein anderswoher als aus unserer Brauerei stammendes Bier als „Salvator" bezeichnen, widrigenfalls er sich einer Verletzung dieses Zeichenrechtes schuldig machen würde. (§ 14 des Gesetzes zum Schutze der Warenbezeichnungen vom 12. Mai 1894.)

Um sicher zu sein, auch wirklich das berühmte Salvatorbier zu erhalten, wolle man auch auf die an jedem Gebinde und jeder Flasche angebrachte, obenstehende Schutzmarke achten.

Paulanerbräu Salvatorbrauerei
München.

Aktiengesellschaft Kronenbräu vorm. M. Wahl,

Augsburg.

Unsere seit 20 Jahren unter dem Namen Salvator während der Monate März und April alljährlich zum Ausschank und Versandt gebrachte Bierspecialität werden wir heuer und solange die Frage wegen Berechtigung zur Weiterführung der seitherigen Bezeichnung „Salvator" durch definitiven Urtheilsspruch nicht gesetzlich entschieden sein wird, als

„Augsburger Fastenbier"

ausschenken und versenden. Gefällige Auftrage werden promptest erledigt.

Ankündigung der Augsburger Kronenbrauerei zur Umbenennung ihres Salvatorbieres, 1897 (BWA F2, 13/2, Prod. 4)

Weitere Salvatorquellen in München

Die Abwehrmaßnahmen der Schmederer-Brauerei konnten jedoch nicht verhindern, dass auch die Konkurrenz ihre öffentlichkeitswirksamen Aktionen verstärkte.

1891 verbreitete die Augsburger Kronenbrauerei über die Presse eine „Erklärung". Darin qualifizierte sie den alleinigen Anspruch des Münchner Sudhauses auf die Marke Salvator als bloße „Reklame" ab, „mit welcher die Schmeder'sche Brauerei für ihr ‚Originalsalvatorbier' Stimmung zu machen versucht."[42]

Für die Augsburger war der Name „Salvator" nichts anderes als die allgemeine Bezeichnung für eine Biersorte, deren Herstellungsverfahren seit Jahrzehnten in Brauereilehrbüchern beschrieben wurde und deren Produktion, Vertrieb und Benennung folglich jeder Brauerei ebenso freigestellt war wie etwa im Fall von „Weißbier", „Märzenbier", „Exportbier" oder „Bockbier".

Entsprechend behauptete die Kronenbrauerei in ihrer „Erklärung": „Das Salvatorbier ist kein anderes Gebräu, als ein auf hohen Prozentsatz, nach dem bayerischen Dickmaischverfahren und nach den bayerischen gesetzlichen Vorschriften eingesottenes Bier. Seine Qualität hängt lediglich von der Vorsicht bei Auswahl der Rohmaterialien und bei Behandlung in Sudhaus, Gär- und Lagerkeller ab. Alles Uebrige, was über das Wesen, Zusammensetzung und Herstellung dieses Luxusgetränkes schon gesagt, geschrieben und gedruckt wurde, gehört in das [!] Bereich der Fabel. Die Schmeder'sche Brauerei in München hat höchstens die Priorität des Namens für sich, die wir ihr nicht streitig machen wollen. Wenn sich dieselbe Brauerei aber gestattet, aufgrund dieses Umstandes alles [...] unter dem Namen Salvatorbier verkaufte Bier als ‚Imitation' öffentlich auszuschreiben, so müssen wir gegen dieses unberechtigte Vorgehen nachdrücklichst protestiren."[43]

Wesentlich dreister agierte die Schwabinger Salvatorbrauerei. Sie nahm das ausschließliche Recht an der Bezeichnung Salvator einfach für sich selbst in Anspruch. In ihren ab 1889 in Tausenden von Exemplaren in ganz Deutschland verbreiteten Kundenrundschreiben behauptete sie frech: „Die hiesige L. Petuel'sche Brauerei, seit Jahrzehnten die Erzeugerin des Salvator-Bieres, [ist] an die Aktiengesellschaft Salvatorbrauerei München übergegangen und [deshalb] hat diese Gesellschaft mit dem Kaufe das ausschließliche und alleinige Recht des Brauens und des Verkaufes dieses weltberühmten Specialbieres erworben."[44]

Diese Aussagen waren völlig aus der Luft gegriffen. Weder hatte Petuel „seit Jahrzehnten" ein Starkbier unter der Bezeichnung Salvator gebraut – tatsächlich waren es lediglich elf Jahre –, noch besaß das Schwabinger Sudhaus seit 1888 ein ausschließliches und alleiniges Recht an Herstellung oder Verkauf von Bier unter der Bezeichnung „Salvator“. Und Weltberühmtheit genoss bislang allein das Salvator genannte Produkt aus der Ohlmüllerstraße.

Doch vermochte selbst ein scharfer Protest gegen diese eklatanten Unwahrheiten nicht, den Angriffen einen Riegel vorzuschieben. Im Gegenteil: Sie ermunterten vielmehr weitere Münchner Brauereien, dem Beispiel zu folgen. Im März 1892 startete die Spatenbrauerei mit dem Verkauf von Salvatorbier. 1893 folgten Löwen- und Hackerbräu. 1894 schlossen sich ihnen Thomas- und Augustinerbräu an. Mathäserbräu startete im März 1896 mit 200 hl, Bergbräu mit 130 hl „Salvator“.[45] Sogar die Münchner „Weißbierbrauerei M. Schramm“ brachte nun ein Weizenbier mit dem Etikett „Schramm’s Salvatorbier“ auf den Markt.[46]

In der Vergangenheit hatten diese Sudhäuser vielfach von der Schmederer-Brauerei als Zwischenhändler Salvatorbier bezogen und an ihre gastronomischen Abnehmer weiterveräußert. So belieferte etwa die Spatenbrauerei seit 1882 ihre Bierkunden im In- und Ausland fast ausschließlich mit dem Starkbier aus der Ohlmüllerstraße. Jetzt gingen die Wettbewerber dazu über, selbst produziertes Starkbier unter der Bezeichnung „Salvator“ auf den Markt zu bringen, um auf diese Weise von dem im In- und Ausland bestens eingeführten Namen zu profitieren.[47]

Die Spatenbrauerei bezeichnete ihr Produkt seither als „das weltberühmte echte Münchener Salvatorbier“, die Hackerbrauerei als „Originalsalvator“.[48] Die Löwenbrauerei pries in Werbeinseraten ihren „weltberühmten echten Salvator“ als „Perle des Jahrhunderts“ an.[49] Geismann in Fürth warb als „erste und alleinige Salvatorbierbrauerei“ für ihr „rühmlichst bekanntes echtes Salvatorbier“.[50]

Salvator-Inflation

Zur Vermarktung ihres Starkbieres luden nun auch die Wettbewerber in München publikumswirksam zur Salvatorprobe. Am 11. März 1893 veranstaltete die Salvatorbrauerei den Event im oberen Saal ihrer „Salvatorhalle“ in der Leopoldstraße.[51]

Die Hackerbrauerei eröffnete ihren Salvatorausschank am 3. März 1893 mit einer Probe im Pollingerkeller auf der Theresienhöhe, „zu der sich außer den besonders geladenen Gästen ein sehr zahlreiches Publikum einfand.“[52] Die Löwenbrauerei bat Ende Februar 1893 einen illustren Personenkreis zu einer „Salvator-Probe mit Frühstück“ in den Löwenbräukeller.[53] Die Thomasbrauerei empfing ihre Probe-Gäste im Kellersaal des Sudhauses am Kapuzinerplatz.[54]

Der Spatenbrauerei gelang es schließlich sogar, Prinzregent Luitpold von Bayern (reg. 1886–1912) während der Starkbierzeit als Werbeträger für ihren „Spaten-Salvator“ einzuspannen. Am 14. März 1894 berichteten die Zeitungen über einen Besuch des bayerischen Staatsoberhauptes in der Marsstraße: „Seine Königliche Hoheit der Prinz-Regent fuhr heute Vormittag bei der sehr schön decorirten und beflaggten Spatenbräuerei in der Marsstraße vor und besichtigte unter Führung der Eigenthümer eingehend das riesige Etablissement. Eine ihm dargebotene Salvatorprobe kostete er mit sichtlichem Wohlbehagen und äußerte sich sehr anerkennend über den edlen Stoff.“[55]

Spaten-, Löwen- und Salvatorbrauerei erzeugten 1894 zusammen mit Geismann in Fürth bereits die Absatzmenge der Schmede-

Öffentliche Erklärung zur Anerkennung der Wortmarke „Salvator“ als ausschließliches Label der Aktiengesellschaft Paulanerbräu Salvatorbrauerei München durch den Brauereibesitzer Franz Junke in Bojanowo (preußische Provinz Posen), 1909 (1339)

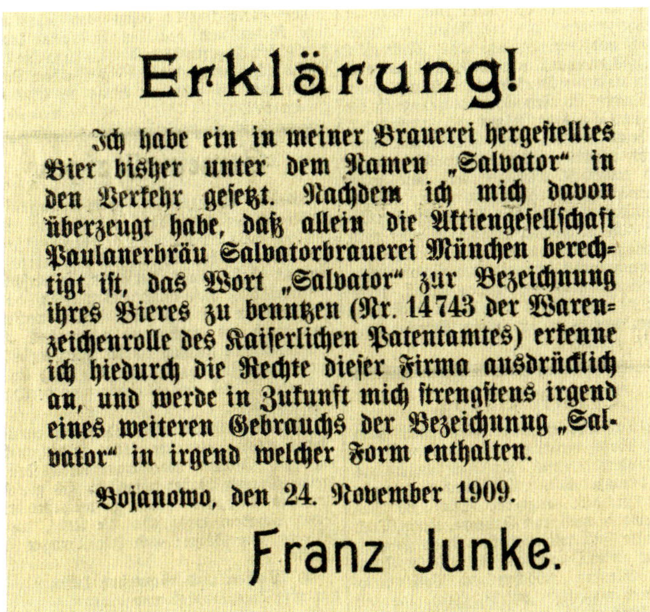

Erklärung!

Ich habe ein in meiner Brauerei hergestelltes Bier bisher unter dem Namen „Salvator“ in den Verkehr gesetzt. Nachdem ich mich davon überzeugt habe, daß allein die Aktiengesellschaft Paulanerbräu Salvatorbrauerei München berechtigt ist, das Wort „Salvator“ zur Bezeichnung ihres Bieres zu benutzen (Nr. 14743 der Warenzeichenrolle des Kaiserlichen Patentamtes) erkenne ich hiedurch die Rechte dieser Firma ausdrücklich an, und werde in Zukunft mich strengstens irgend eines weiteren Gebrauchs der Bezeichnung „Salvator“ in irgend welcher Form enthalten.

Bojanowo, den 24. November 1909.

Franz Junke.

rer-Brauerei.[56] Geismann verkaufte 1896 1.600, Hacker über 500 und Löwenbräu über 2.000 hl „Salvator", davon knapp die Hälfte außerhalb Münchens.[57] In der Landeshauptstadt belieferte die Schwabinger Salvatorbrauerei damals nach eigenen Angaben bereits 150 Gaststätten,[58] die Löwenbrauerei knapp hundert. Insgesamt versorgte der Löwe fast 880 private und gewerbliche Abnehmer an 150 Orten im In- und Ausland mit seinem „Salvator" getauften Starkbier.[59]

Vor allem die beiden ausstoßstärksten bayerischen Sudhäuser Löwe und Spaten im Verein mit Hacker als damals siebtgrößter Münchner Brauerei waren aufgrund ihrer überlegenen Marktmacht auf dem besten Weg, die Position der Schmederer-Brauerei im Salvatorgeschäft dauerhaft zu erschüttern.

Neues Markenschutzgesetz

Vor diesem Hintergrund musste es den Verantwortlichen in der Ohlmüllerstraße eigentlich als sprichwörtliches Geschenk des Himmels erscheinen, als am 1. Oktober 1894 im Deutschen Reich ein neues „Gesetz zum Schutz der Waarenbezeichnungen" in Kraft trat. Es erlaubte nun auch ausdrücklich die Anmeldung von reinen Wortmarken.[60]

Salvatorjahresheft 1906 (2325; Zeichner: Eugen von Baumgarten)

Damit erhielt die Schmederer-Brauerei die Chance, sich das ausschließliche Recht an der Verwendung der Bezeichnung „Salvator" zu sichern und sämtlichen Mitbenutzern den Gebrauch des Wortes zu untersagen. Die Neufassung des Markenschutzgesetzes stand schon seit 1889 in der Diskussion. Bereits im Oktober 1892 lag ein Gesetzesentwurf vor, der am 12. Mai 1894 vom Berliner Reichstag ohne wesentliche Änderungen verabschiedet wurde.[61]

Trotzdem war die Brauereileitung in der Ohlmüllerstraße auf das neue Gesetz offenbar in keiner Weise vorbereitet. Denn anstatt sofort nach Inkrafttreten beim Patentamt entsprechend aktiv zu werden, herrschte über Wochen hin Funkstille. Seit über zehn Jahren hatte man die Salvatorkonkurrenten mit erheblichem Aufwand an Zeit und Geld in der Öffentlichkeit als Nachahmer bekämpft und ihnen die Verwendung des Markennamens „Salvator" abgesprochen. Jetzt glänzte das Sudhaus mit kaum nachvollziehbarer Untätigkeit. Eile wäre aber durchaus geboten gewesen, um Maßnahmen von dritter Seite einen wirksamen Riegel vorzuschieben.

Das sträfliche Zögern in der Ohlmüllerstraße hatte zur Folge, dass ein schlagfertiger Münchner Hauptkonkurrent erfolgreich vorpreschen konnte. Die Spatenbrauerei war offenbar längst gewappnet und zu sofortigem Handeln entschlossen. In der Marsstraße bestand die feste Absicht, der befürchteten Anmeldung des Wortzeichens „Salvator" vonseiten der Schmederer-Brauerei durch eine eigene Initiative unbedingt zuvorzukommen.

Schon am 1. Oktober 1894 beantragte deshalb die Spatenbrauerei in Berlin die Eintragung eines Etiketts zur Bezeichnung ihres Salvatorbieres in Fässern und Flaschen. Das dem Patentamt vorgelegte Muster enthielt den für das Münchner Sudhaus kennzeichnenden roten Spaten, verbunden mit dem Schriftzug „Salvatorbier von Gabriel Sedlmayr Brauerei zum Spaten München." Bereits vier Wochen später, am 30. Oktober 1894, erfolgte anstandslos der Eintrag des Etiketts ins Markenregister.[62] Hätte die Schmederer-Brauerei entsprechend früher die Initiative ergriffen, wäre die Zulassung des Spaten-Zeichens durch das Berliner Patentamt wohl kaum erfolgt.

Salvatorausschank in Wien, 1906 (4553)

Sträfliches Zögern

Dabei hatten die Verantwortlichen in der Ohlmüllerstraße noch großes Glück, dass andere Münchner und auswärtige Konkurrenten ebenfalls schliefen und nicht sogleich dem Beispiel von Sedlmayr folgten. Hätten nämlich auch sie noch im Jahr 1894 ein solches Etikett für ihr Salvatorbier bei der Patentbehörde in Berlin zur Eintragung gebracht, wäre die Rechtsposition der Schmederer-Brauerei im nun folgenden Markenrechtsstreit zumindest sehr geschwächt, wenn nicht am Ende sogar völlig untergraben worden.

Die Reaktion auf den Markeneintrag der Spatenbrauerei offenbarte, dass die Direktion in der Ohlmüllerstraße noch Ende 1894 über gar keinen schlüssigen Plan verfügte. Sehr wahrscheinlich war sie noch zu diesem Zeitpunkt juristisch völlig unzureichend informiert bzw. beraten und über die bestehenden rechtlichen Möglichkeiten keineswegs erschöpfend im Bilde. Denn nur aufgrund solcher Unkenntnis scheint erklärbar, dass die Brauereileitung am 24. Dezember 1894 nun beim Patentamt um die Eintragung des Wortzeichens „Zacherlsalvator“ nachsuchte.[63]

Damit war aber in der Auseinandersetzung mit den Konkurrenten um die exklusive Verwendung der Bezeichnung „Salvator“ rein gar nichts gewonnen. Erst einen Monat später, am 26. Januar 1895, beantragte die Schmederer-Brauerei schließlich über ihren Patentanwalt in Berlin die Eintragung des Wortzeichens „Salvator“ für ihre Firma und beschritt damit den einzig erfolgversprechenden Weg zur ausschließlichen Sicherung der Marke.[64]

Die bei der Berliner Behörde nun eingeleitete Prüfung über die Eintragungsfähigkeit der Wortmarke „Salvator“ verlief allerdings wesentlich zeitraubender als von den Verantwortlichen in der Ohlmüllerstraße erwartet.

Markenschutzurkunde der Paulanerbrauerei für Spanien, 1910 (4567)

MINISTERIO DE FOMENTO

DIRECCIÓN GENERAL DE AGRICULTURA, INDUSTRIA Y COMERCIO

Don Tesifonte Gallego y García

DIRECTOR GENERAL DE AGRICULTURA, INDUSTRIA Y COMERCIO

Certifico: Que la Razón Social Actiengesellschaft Paulanerbräu Salvatorbrauerei

se ha dirigido á este Ministerio en solicitud de que se le expida Certificado-título del registro de una marca de fábrica para distinguir "cerveza".

Y habi[…]dades que establece la ley de 16 de Mayo de 1902, esta Dirección general expide, por delegación del Excmo. Sr. Ministro de Fomento, á favor de […] mencionad…, y sin perjuicio de tercero, el presente Certificado-título que le asegure en todo el territorio español, por el término […]ta consignada, y con facultad de renovación indefinida, el derecho á la protección de la marca que va adherida al pie, y se detalla en la adjur[…] el art. 32 de la ley, cuyo texto íntegro se imprime al dorso.

[…]n en el Registro de la Propiedad Industrial, constituye sólo una presunción juris tantum de propiedad; pero á los tres años de posesión no inte[…]minio; y se previene que caducará y no tendrá valor alguno si los interesados no satisface en el me[…]uenales que establece el art. 52 ó deja de usar la marca durante tres años consecutivos, salvo caso de fuerza mayor debidamente justificado.

Madrid, siete de Setiembre de mil novecientos diez.

Tomada razón en el libro 2.º, folio 282, con el número 17456

Das lag daran, dass die Spatenbrauerei nun gemeinsam mit fünf norddeutschen Sudhäusern, die bereits über ein nach dem Markengesetz von 1874 eingetragenes kombiniertes Bild/Wort-Zeichen für Salvatorbier verfügten, im Frühsommer 1895 beim Patentamt Widerspruch anmeldeten.

Ihnen schloss sich die Handelskammer Straßburg an. Sie vertrat die Interessen mehrerer Brauhäuser im Elsass, die seit Jahrzehnten ihr dunkles Bier unter der Marke „Salvator" vertrieben. Die Kammer unterstützte deshalb den von den widersprechenden Sudhäusern vertretenen Standpunkt, dass der Name „Salvator" nichts anderes als eine Biersorte bezeichne und somit ein Freizeichen darstelle, dessen Gebrauch jeder Brauerei zustehe. Daraufhin leitete das Patentamt zur Klärung der Frage ein aufwendiges Beweisverfahren ein.[65]

„Wer's Podagra hat und den Berg net nauf will, der kriegt den Salvator per Automobil" (4555; Bildpostkarte, 1910; Kunstanstalt Ottmar Zieher, München)

Um ihre Rechtsauffassung zu untermauern, legte die Schmederer-Brauerei der Berliner Behörde ein in 70 Aktenfaszikeln geordnetes, aus weit über tausend Einzeldokumenten bestehendes Beweismaterial vor. Neben rund 200 Kundenbriefen aus den letzten 13 Jahren wurden über 460 aktuelle Bescheinigungen aus Konsumenten- und Händlerkreisen sowie Erklärungen von 32 Brauereien und einzelnen Brauereisachverständigen aus dem In- und Ausland beschafft. Die Äußerungen stimmten im Wesentlichen darin überein, dass „das konsumirende Publikum unter ‚Salvator' nur das Spezialbier der Anmelderin verstehe oder wenigstens wisse, dass ‚echter Salvator' nur von letzterer zu beziehen sei."[66]

Zudem präsentierte die Brauerei dem Patentamt die Ergebnisse einer unter sämt-

Gäste im Salvatorkeller, 1906 (2277)

lichen Münchner Zeitungsredaktionen und bei anderen repräsentativen Institutionen vor Ort durchgeführten Umfrage. Die Teilnehmer bekundeten darin fast einhellig die Ansicht, „dass wenn man in München von ‚Salvator' im Allgemeinen spreche, man damit die Zacherlbrauerei meine."[67]

Die Klagewelle rollt

Während das Patentamt in Berlin die vorgelegten Beweismittel noch eingehend prüfte, wurde das Klima zwischen den beteiligten Sudhäusern in der bayerischen Landeshauptstadt zunehmend frostiger. Auch die gegenseitige persönliche Abneigung unter den Brauereichefs wuchs.

Im Verein Münchner Brauereien flogen also bald die Fetzen. Auslöser war eine bei der Interessenvereinigung eingegangene massive schriftliche Beschwerde der Schwabinger Salvatorbrauerei. Darin rügte ihr Direktor Karl Grenzner das Vorgehen der Schmederer-Brauerei, die in ihren Werbeinseraten vor „Salvatorimitationen" anderer Münchner Sudhäuser warnte, als vereinsschädlich. Der Vereinsvorsitzende, Löwenbräu-Chef Anton Hertrich (1851–1898), stellte sich mit Unterstützung der Münchner Salvatorkonkurrenten, aber offenbar ohne weitere Aussprache im Mitgliederkreis, voll hinter die Beschwerde Grenzners. Er forderte die Brauereileitung in der Ohlmüllerstraße im Namen des Vereins ultimativ auf, ihre „im Widerspruch mit der Wahrheit" stehenden Behauptungen zu unterlassen.[68]

Damit tat er sich und den anderen Salvatornachahmern aber keinen Gefallen. Denn als maßgeblich Beteiligte im Salvatorstreit konnten sie im Namen des Münchner Brauervereins kaum als Richter auftreten. Dies umso weniger, als die Meinungen in der Salvatorfrage dort offenbar geteilt waren. Andere Vereinsmitglieder wie etwa Bürgerbräu, Franziskaner-Leist oder die Kochelbrauerei, die selbst keinen „Salvator" produzierten, vertraten eine abweichende Auffassung.[69]

Die Schmederer-Brauerei verwahrte sich deshalb energisch und mit Recht gegen den ihr gegenüber „geführten Ton" und gegen die ebenso offensichtliche wie unzulässige Instrumentalisierung des Vereins zugunsten der Interessen einzelner Mitglieder.[70]

SALVATOR
Willkommen
Dr. M. Kindl
Spezialist
für
Frühjahrskuren.
Salvator
Zur Erinnerung
an die Salvatorsaison 1913
Aktiengesellschaft Paulanerbräu-Salvatorbrauerei-München.

Nach diesem wenig erquicklichen Einschüchterungsversuch ging die Münchner Salvatorkonkurrenz nun gerichtlich gegen die Schmederer-Brauerei vor. Einen willkommenen Anlass dazu bot ihnen deren Magdeburger Vertriebsvertreter. Dieser hatte in einem Werbeinserat in der „Magdeburger Zeitung" vom 10. März 1895 behauptet: „Echtes Salvatorbier liefert nur die Zacherl-Brauerei zu München, wo es seit mehr als 200 Jahren gebraut wird. In den letzten Jahren versuchen mehrere andere Brauereien, wie Spaten-, Löwen-, Hacker-Brauerei dasselbe nachzuahmen, und um das Publikum zu täuschen, geben sie dem Bier denselben Namen."[71]

Die Direktoren der drei angegriffenen Münchner Sudhäuser stellten gegen den Magdeburger Vertreter Strafantrag wegen persönlicher Beleidigung. Doch der Schuss ging nach hinten los: Der Angeklagte wurde freigesprochen. Das Landgericht Magdeburg rügte dagegen vielmehr die Praxis der Kläger als unlauteren Wettbewerb. Zugleich bekräftigten die Richter das Recht der Zacherlbrauerei und ihrer Vertreter, gegen die missbräuchliche Verwendung der Bezeichnung Salvator durch andere Sudhäuser vorzugehen und das Publikum durch Zeitungsinserate entsprechend aufzuklären. Zwar gingen die Kläger gegen das Urteil in Revision, wurden aber auch in zweiter und dritter Instanz abgewiesen.[72]

Ganz ähnlich erging es der Schwabinger Salvatorbrauerei. Ihr Direktor Karl Grenzner verklagte am 5. März 1895 den Chef der Schmederer-Brauerei Johann Felmer vor dem Amtsgericht München ebenfalls wegen Beleidigung. Letzterer hatte das Erzeugnis des Schwabinger Konkurrenten in Werbeinseraten als „Imitation" bezeichnet und Grenzner damit indirekt des unlauteren Wettbewerbs bezichtigt. Das Gericht konnte dem Strafantrag aber nicht folgen und sprach den Beklagten Felmer frei. In der Urteilsbegründung bekräftigten die Richter ausdrücklich dessen Recht, sich gegen die Irreführung des Publikums durch die Salvatorbrauerei öffentlich zur Wehr zu setzen. Grenzners Beschwerde gegen das Urteil wurde vom Landgericht München in zweiter Instanz abgewiesen.[73]

Damit erlitten die Münchner Gegenspieler eine empfindliche Schlappe. Das Desaster war vollkommen, als das Patentamt nach 14 Monaten eingehender Prüfung den Antrag der Schmederer-Brauerei schließlich positiv beschied. Am 8. März 1896 erfolgte der Eintrag des Wortzeichens „Salvator" für ihre Firma.

Einlasskontrolle zum Salvatorkeller mit Kassenhäuschen und Drehkreuzen, um 1910 (2259; Foto: Joseph Benno Sailer)

Die Begründung der Berliner Behörde gipfelte in folgendem Resümee, das dem Geschäftsgebaren der Nachahmer ein vernichtendes Zeugnis ausstellte: „Nach dem gesamten vorliegenden Beweismaterial kann kein Zweifel darüber bestehen, dass der Gebrauch der Bezeichnung ‚Salvator' als ein freier nicht anzusehen ist. Die Anmelderin bzw. ihre Rechtsvorgänger haben sich derselben zuerst und lange Zeit hindurch ganz allein bedient. Das Wort ‚Salvator' hat ebenso unzweifelhaft von Anfang an als Kennzeichen der historischen Braustätte gegolten und ist somit, obwohl gesetzlich nicht geschützt, als Individualzeichen der Anmelderin vom Verkehr anerkannt worden. Dieser Zustand hat noch nicht aufgehört, sondern er besteht trotz der Nachahmungen in hinreichendem Maasse noch jetzt fort. Dem Gebrauch der anderen Firmen, der zum Theil sich als ein auf Täuschung abzielender darstellt, ist damit je-

Linke Seite: Das Münchner Kindl empfiehlt den Salvator als Heilmittel zur Frühjahrskur – Salvatorjahresheft 1913 (2325; Zeichner: Emil Kneiß)

Gaststätte Salvatorkeller (BWA S8, 516; Bildpostkarte um 1905, Entwurf: P. Kraemer)

de Berechtigung entzogen. Er ist kein loyaler und freier Gebrauch, sondern ein Missbrauch."[74]

Kein Ende der Querelen

Diesen Ausgang hatten die Münchner Salvatorkonkurrenten nicht erwartet. Entsprechend hoch gingen die Wogen der Entrüstung bei den davon betroffenen Sudhäusern. Ein unbekannter Autor der illustrierten Wochenzeitschrift „Jugend" beschrieb die Situation am 4. April 1896 sehr treffend in einem humoristischen Gedicht:

„Im bierberühmten Bayerland,
Da ist ein wilder Kampf entbrannt,
Ein Kampf um eines Namens Klang,
Der ruhmreich um die Erde drang;
Wenn der ertönt, so lächelt milde,
Vergnüglich gleich dem Mondenschilde,
Jedweden Zechers Angesicht.
Der Name – ach, wer kennt ihn nicht,
Den unbesiegten Triumphator! –
Der Name – nun, er heisst: Salvator.

Man siedet das Salvatorbier
Bekannterweis in München hier.
Da sieden es mit Kunst und Schläue
Die Zacherl-, Spaten-, Löwen-Bräue,
Und manche and're Bierfabrik
Braut noch Salvator mit Geschick,
Sobald im Hain der Lenz sich regt
Und man die Frühjahrshüte trägt.
Dem braven Münchner schmeckt das Nass,
Drum trinkt er stets noch eine Mass,
Die ersten still, die letzten laut,
Bis er die Dinge doppelt schaut.

In diese friedlich-feuchte Stille
In diese Frühlingsfest-Idylle,
Des Bierjahrs wonnevollen Mai,
Ertönt nun plötzlich Kampfgeschrei.
Der Zacherl ruft: ‚Ihr Herrn Collegen!
Braut, was Euch gut dünkt, meinetwegen,
Ich geh' mit Euch nicht in's Gericht!
Nur blos: Salvator nennt es nicht!
Der Name, den Ihr wählt, ist mein –
Missbraucht ihn nicht, sonst geht Ihr ein!'

Das bringt der Andern Blut in Gährung,
Erklärung folgt nun auf Erklärung;

Gäste im Salvatorkeller, 1906 (2277)

Die Concurrenz des Zacherl ruft:
‚So wie die blaue Himmelsluft
Für Jeden lächelt, wer es sei,
Ist des Salvators Name frei!‘
So scholl's im Osten, scholl's im Westen,
In Inseraten und Protesten."[75]

Mit der Eintragung des Wortzeichens „Salvator" zugunsten der Schmederer-Brauerei war der Markenstreit noch lange nicht beendet. Die juristischen Auseinandersetzungen gingen weiter. Denn vor allem die Münchner Konkurrenten waren keineswegs bereit, die Flinte schon ins Korn zu werfen. Vielmehr fochten sie die Entscheidung des Patentamtes an.

Salvatorbrauerei, Thomasbräu, Spaten, Hacker, Löwenbräu sowie die Gebrüder Leonhard und Johann Geismann in Fürth zusammen mit dem Brauereibesitzer Georg Beer in Würzburg beantragten die Löschung des Wortzeichens „Salvator". Sie argumentierten, dass die Berliner Behörde von falschen Voraussetzungen ausgegangen und die Eintragung deshalb zu Unrecht erfolgt sei. Die Löschungsanreger bestanden darauf, dass es sich um die Bezeichnung einer Biersorte und somit um ein Freizeichen handle.[76]

Zugleich unterstellten sie den Verantwortlichen in der Ohlmüllerstraße eine bewusste Täuschung des Patentamtes. Die Behörde sei unter den „Einfluß geschickter und wenig scrupulöser Patentanwälte" der Schmederer-Brauerei geraten.[77]

Gemäß den gesetzlichen Vorschriften war die Berliner Dienststelle gehalten, den Einspruch zu prüfen. Dazu hatte sie nicht nur die umfangreichen Beweismittel der Löschungsanreger zu würdigen, sondern auch die weiteren Stellungnahmen der Schmederer-Brauerei.[78] Außerdem beauftragte die Patentbehörde im Juli 1897 sämtliche 142 Handelskammern im Deutschen Reich mit der Einholung von Sachverständigengutachten zu der strittigen Markenfrage.[79]

Angesichts der gewaltigen Menge an vorgelegten Beweismitteln konnte die Entscheidung über den Löschungsantrag zwei bis drei Jahre in Anspruch nehmen. So lange wollten die Salvatorkonkurrenten aber nicht warten, sondern eine schnelle juristische Entscheidung herbeiführen.

Andrang am Salvatorkeller, 1903 (2256)

Im Frühsommer 1896 erhoben deshalb Salvatorbrauerei, Hackerbräu und die Paderborner Vereinsbrauerei Schönbeck beim Landgericht München Klage. Sie beschuldigten die Schmederer-Brauerei der vorsätzlichen Täuschung des Patentamtes und verlangten deshalb von der Beklagten, umgehend selbst die Löschung des zu Unrecht eingetragenen Wortzeichens „Salvator" zu veranlassen. Damit kamen sie aber nicht durch. Denn das Gericht wollte der ausstehenden Entscheidung des Patentamtes nicht vorgreifen und stellte die Klage zurück.[80]

Auch die Löwenbrauerei musste einen Misserfolg hinnehmen. Dem vorausgegangenen Beispiel der Spatenbrauerei von 1894 folgend, ersuchte sie im Frühjahr 1896 beim Berliner Patentamt um die Eintragung der Wortmarke „Löwenbräu-Salvator". Unter Verweis auf den bereits bestehenden Eintrag des Wortzeichens „Salvator" für die Schmederer-Brauerei wurde ihr Antrag jedoch abgelehnt. Auch ein weiteres Gesuch auf eine vorläufige Zulassung des beantragten Markenzeichens bis zur endgültigen Klärung des Markenstreits wurde von der Berliner Behörde zurückgewiesen.[81]

Stattdessen musste sich Löwenbräu-Chef Anton Hertrich von seinem Patentanwalt über die Zwecklosigkeit weiterer „Beanstandung in dieser Richtung" aufklären lassen. Denn solange der Schutz des Wortzeichens „Salvator" zugunsten der Schmederer-Brauerei zu Recht bestand, war eine Nutzung der Bezeichnung durch Dritte in jedweder Form ausgeschlossen. Das galt insbesondere auch für alle Arten von Wortkombinationen wie etwa „Löwenbräu-Salvator", um Verwechslungen im Warenverkehr eindeutig auszuschließen.[82]

Anfang November 1896 unternahmen die Schwabinger Salvatorbrauerei und Hackerbräu vor dem Landgericht München einen ähnlichen Vorstoß. Sie beantragten den Erlass einer einstweiligen Verfügung, wonach ihnen wenigstens vorläufig bis zur abschließenden Entscheidung des Patentamtes gestattet werde, „ihre Bierprodukte unter der Bezeichnung ‚Salvatorbier aus der Salvatorbrauerei München' bzw. ‚Hackerbräu-Salvator' oder ‚Salvator aus der Hackerbrauerei

EINGANG
Salvator

München‘ in Verkehr zu bringen.“ Die Richter wiesen den Antrag mit den bekannten Argumenten als unzulässig ab.[83]

Schließlich versuchte die Löwenbrauerei sogar, die Politik für ihre Interessen einzuspannen. In einem vertraulichen Schreiben an das Bayerische Innenministerium bezeichnete sie den „Monopolanspruch“ der Schmederer-Brauerei auf den Namen „Salvator“ als besonders schädlich für den guten Ruf des bayerischen Bieres und die Prosperität der gesamten weiß-blauen Bierindustrie. Damit verbunden war die Bitte des Löwenbräu-Vorstands, „das Ministerium wolle Gelegenheit nehmen, vielleicht auf diplomatischem Wege, vielleicht auch im Reichstage bei Gelegenheit der Beratung des Gesetzesentwurfs über unlauteren Wettbewerb den thatsächlichen Verhältnissen Ausdruck zu verleihen und damit unsere angegriffene Ehre schützen zu helfen.“[84]

Das Innenministerium sah jedoch keine Veranlassung, diesen Lobbyinteressen nachzugeben. Die Politik wahrte strikte Neutralität und überließ die Entscheidung den zuständigen Gerichten. Entsprechend hielt sich auch der bayerische Finanzminister Emil von Riedel in der öffentlich stark diskutierten Frage über „echten“ oder „unechten“ Salvator bedeckt. Als ihn ein Mitglied der Abgeordnetenkammer im bayerischen Landtag am 10. April 1896 zu einer Stellungnahme drängte, zog er sich mit der salomonischen Antwort aus der Affäre, dass aufgrund des in Bayern geltenden Reinheitsgebots für Bier überhaupt kein „unechtes Bier“ gebraut werden könne.[85]

Am längeren Hebel

Nach den juristischen Misserfolgen der Salvatorkonkurrenten saß die Schmederer-Brauerei nun am längeren Hebel. Denn solange die Patentbehörde in der Markenfrage keine gegenteilige abschließende Entscheidung traf, blieb das Wortzeichen „Salvator“ für die Bierfabrik in der Ohlmüllerstraße in jedweder Form exklusiv geschützt.

Nur sie allein war bis auf Weiteres berechtigt, Bier unter dieser Bezeichnung in den Verkehr zu bringen und den Namen in ihrer Werbung zu verwenden. Jede widerrechtliche Nutzung des Wortes durch Dritte – auch in Kombination mit anderen Begriffen – war schadenersatzpflichtig. Bei wissentlicher Verletzung drohte jedem Zuwiderhandelnden nach geltendem Gesetz zudem eine Geldstrafe von 150 bis 5.000 Mark oder eine Gefängnisstrafe bis zu sechs Monaten.[86]

Angesichts dieser klaren Rechtslage mutete es schon als Akt der Verzweiflung an, dass die Münchner Löwenbrauerei im Februar 1897 das Sudhaus in der Ohlmüllerstraße noch einmal mit einer Klage wegen „unlauteren Wettbewerbs“ überzog. Denn nach den bisherigen Erfahrungen bestand dabei für

Anzeige.

Das seit vielen Jahren von uns erzeugte und weit und breit beliebt gewordene

Salvatorbier

bringen heuer unter dem Namen

Frühlings-Doppelbier

zum Versand und beginnt der Ausstoß dieses unseres Special-Gebräus am 20. Februar cr.

Die Abgabe desselben erfolgt in Fässern von 20 Liter ab bis zu 200 Liter haltend und in Kisten mit 1/2 und 3/4 Liter-Flaschen von je 12 Stück Inhalt.

Der Export dauert ungefähr drei Wochen und wollen bald gefällige Bestellungen direct an die Brauerei gerichtet werden.

Gebr. Geismann'sche Brauerei
Fürth-Nürnberg.

Ankündigung der Gebr. Geißmann’schen Brauerei in Fürth zur Umbenennung ihres Salvatorbieres, 1897 (BWA F2, 13/2, Prod. 4)

Steckerlfischbrater im Kellergarten, 1910 (2274)

die Klägerin keinerlei Erfolgsaussicht. Den Anlass zu dem Prozess bot ein Inserat der Schmederer-Brauerei in den „Dresdener Nachrichten", worin sie den von der Löwenbrauerei seit 1893 verkauften „Salvator" als „Imitationsprodukt" bezeichnete. Das Landgericht München wies die Klage zurück und stellte in seiner Urteilsbegründung lapidar fest, dass „der klägerische Salvator eine Nachahmung" ist.[87]

Damit hatten die Salvatorkonkurrenten ihr Pulver vor Gericht endgültig verschossen. Eine Wende zu ihren Gunsten konnte überhaupt nur noch ein positiver Entscheid des Kaiserlichen Patentamtes auf ihre Löschungsanregung herbeiführen. Das Ende des Verfahrens in Berlin war jedoch nicht absehbar. Und bis dahin besaßen sie keinerlei gesetzliche Möglichkeit mehr, ihr Starkbier unter dem Label „Salvator" zu vermarkten.

Noch Mitte Januar 1897 hatten Löwen-, Hacker- und Salvatorbrauerei in großformatigen Zeitungsinseraten vollmundig angekündigt, „auch für dieses Jahr ihr Salvatorbier [...] zur üblichen Saison in den Verkehr [zu] bringen."[88] Jetzt mussten sie das in den Lagerkellern zum Ausschank vorbereitete Starkbier umtaufen, wollten sie nicht Bekanntschaft mit dem Staatsanwalt machen.

Wenige Tage vor Beginn der Starkbiersaison in München verkündete die Löwenbrauerei die Umbenennung ihres Gebräus in „Narrenbier" (ab 1900 „St. Bennobier"). Thomasbräu schwenkte zum „Thomas-Oel" um. Die Schwabinger Salvatorbrauerei wählte – offenbar in der Hoffnung auf eine doch noch zu ihren Gunsten ausfallende Entscheidung in Berlin – die eine Übergangslösung signalisierende Bezeichnung „X-Bier". Ähnlich reagierte die Münchner Hackerbrauerei, die ihren Fastentrunk nun unter dem Label „Namenloser" kredenzte. Die Brauerei Pasing erfand die ganz bewusst als Gegensatz zum Salvator gedachte Marke „Salmutter".[89]

Das Münchner Bergbräu offerierte sein Starkbier nun schlicht als „Doppelbock". Die Brauerei Geismann in Fürth vermarktete ihr Erzeugnis ab 1897 unter der neuen Bezeichnung „Frühlings-Doppelbier". Die Augsburger Kronenbrauerei entschied sich für die neue Marke „Augsburger Fastenbier".[90]

Sieg auf der ganzen Linie

Nach diesem wichtigen Etappensieg ging die Schmederer-Brauerei juristisch in die Offensive. Sie drehte den Spieß um und überzog

Bahnverladung auf dem Brauereiareal an der Hochstraße, 1900 (Benninghoven, S. 266)

nun ihrerseits die Konkurrenz mit Prozessen.

Einmal verklagte sie die Schwabinger Salvatorbrauerei beim Landgericht München wegen unlauteren Wettbewerbs und forderte die Streichung des Namensbestandteils „Salvator“ aus ihrem Firmennamen. Weiterhin eröffnete sie dort eine Klage gegen die Spatenbrauerei. Man verlangte von ihr die Löschung der im Oktober 1894 beim Berliner Patentamt eingetragenen Salvator-Etikette und zugleich den Verzicht auf jegliche Verwendung des Wortes „Salvator“ in ihrer Werbung.[91] Gleichzeitig führte sie Prozesse gegen einige norddeutsche Sudhäuser. Von ihnen forderte man die Streichung des Wortes „Salvator“ aus ihren noch bestehenden Warenzeichen für Salvatorbier.

Die Klage gegen die Schwabinger Salvatorbrauerei wurde vom Landgericht zunächst bis zum endgültigen Entscheid des Patentamtes zurückgestellt. Es zeichnete sich aber ab, dass bei einem Berliner Beschluss zugunsten der Schmederer-Brauerei deren Erfolgsaussichten in dem anhängigen Prozess deutlich stiegen. Denn die Verantwortlichen in der Ohlmüllerstraße hatten schon im April 1896 mit Erfolg auch die Bezeichnung „Salvatorbräu“ für ihre Firma ins Berliner Zeichenregister eintragen lassen.

Am 20. Juni 1899 schließlich befand das Kaiserliche Patentamt nach 26-monatiger Verfahrensdauer die Eintragung des Wortzeichens „Salvator“ zugunsten der Schmederer-Brauerei für rechtmäßig. Sämtliche Anträge der Löschungsanreger wurden als unbegründet zurückgewiesen.[92] Damit war die endgültige Niederlage der Salvatorkonkurrenten besiegelt. Besonders ärgerte die Münchner Verlierer, dass die dortige Handels- und Gewerbekammer in ihrem Gutachten für die Berliner Behörde die Rechtsposition der Schmederer-Brauerei uneingeschränkt unterstützt hatte.[93]

Angesichts des Desasters gab sich die Schwabinger Salvatorbrauerei nun kompromissbereit. Bereits im Dezember 1899 einigten sich die Kontrahenten außergerichtlich. Um die Klage gegen die Salvatorbrauerei auf Änderung ihres Firmennamens am Ende nicht noch über viele Monate mit hohem finanziellem Einsatz bis zur letzten Instanz gerichtlich durchfechten zu müssen, zeigte sich auch die Schmederer-Brauerei entgegenkommend. Für die sofortige Aufgabe ihrer Firmierung entschädigte sie das lange bekämpfte Sudhaus in der Leopoldstraße mit 110.000 Mark. Es nannte sich nun „Schwabinger Brauerei“. Für einen Zeitraum von fünf Jahren durfte es sogar noch den Firmenzusatz „vorm. Salvatorbrauerei“ führen.[94]

Die Schmederer-Brauerei änderte deshalb 1899 ihre Firmierung zunächst in „Aktiengesellschaft Paulanerbräu (Zum Salvatorkeller) in München“. Erst nach der gewährten Übergangsfrist war der Name frei verfügbar. Entsprechend firmierte das Unternehmen ab 21. Dezember 1907 nun als „Aktiengesellschaft Paulanerbräu Salvatorbrauerei in München“.

Die beiden norddeutschen Sudhäuser Aktienbrauerei Lübeck und Dés. Valentin in Hamburg hatten nach juristischen Auseinandersetzungen bereits 1896 die Löschung ihrer Markenzeichen für Salvatorbier veranlasst.[95]

Spatenbrauerei gibt nach

Weniger erfolgreich für die Schmederer-Brauerei verliefen die übrigen Gerichtsverfahren. Das lag daran, dass das Reichsgericht in Leipzig im März 1898 ein wegweisendes Urteil zum Markenrecht fällte. Demnach blieben bestehende Warenbezeichnungen, die schon während der Geltung des Markenschutzgesetzes von 1874 angemeldet waren oder danach in die Zeichenrolle des Kaiserlichen Patentamtes übernommen wurden, ab sofort generell von Löschungsklagen freigestellt.[96]

Diese neue Rechtslage begünstigte die beiden Bremer Sudhäuser St. Pauli und Beck sowie die Hamburger Brauerei F. A. Ziesenis. Sie durften ihre bereits seit 1878/79 nach dem alten Markengesetz eingetragenen und 1885 in das neue Markenregister übernommenen Warenzeichen für Salvatorbier auch weiterhin verwenden.[97]

Das Grundsatzurteil des Leipziger Reichsgerichts bestätigte auch die Münchner Spatenbrauerei im rechtmäßigen Besitz ihres im Oktober 1894 eingetragenen Etiketts für Salvatorbier. Allerdings war dem Sudhaus nun ausdrücklich nur der Gebrauch dieses Labels gestattet. Jede andere Verwendung des Wortes „Salvator“ außerhalb des Etiketts war rechtlich unzulässig. Dies erschwerte für die Sedlmayr-Brauerei die Verwendbarkeit des Markenzeichens in der Werbung. Trotzdem hielt die Brauereileitung in der Marsstraße kompromisslos an der Nutzung fest. Diese stand seither unter genauer Beobachtung der Schmederer-Brauerei. Das Sudhaus blieb entschlossen, jede unzulässige markenrechtliche Verwendung durch die Spatenbrauerei gerichtlich zu verfolgen.[98]

Schließlich lieferte die Sedlmayr-Brauerei dem Münchner Konkurrenten in der Ohlmüllerstraße eine Steilvorlage. Denn 1903 stellte sich heraus, dass ihr Flaschenbiervertreter auf seinen Rechnungsformularen das Wort „Salvator“ zur Bezeichnung des Starkbieres der Spatenbrauerei außerhalb des Etiketts verwendete. Die Schmederer-Brauerei verklagte deshalb die beiden verantwortlichen Brauereichefs Carl und Anton Sedlmayr bei der Strafkammer des Landgerichts München wegen Zeichenrechtsverletzung. Die Spatenbrauerei versuchte in dem nun folgenden Prozess erneut, den Namen „Salvator“ als Freizeichen für sich in Anspruch zu nehmen. Angesichts der geltenden Rechtslage war das aber ein völlig aussichtsloses Unterfangen. Die beiden Angeklagten wurden deshalb zur Übernahme der Gerichtskosten und zu einer Geldstrafe von jeweils 150 Mark verurteilt. Carl und Anton Sedlmayr gingen zwar in Re-

Salvatorkeller (4601; Reproduktion einer Bildpostkarte, um 1910)

Bierfuhrwerke auf dem Brauereiareal an der Hochstraße, 1906 (Benninghoven, S. 265)

vision. Doch bestätigte das Reichsgericht in Leipzig das Urteil in letzter Instanz.[99]

In der Marsstraße saß der Frust über diese juristische Niederlage tief. Er sorgte dafür, dass nun auch die Verantwortlichen bei Spaten ein Ende des leidigen Salvatorstreits herbeiwünschten. Letztlich akzeptierten sie die Löschung ihres Salvatoretiketts im Zeichenregister gegen eine Entschädigungszahlung in Höhe von 100.000 Mark durch die Schmederer-Brauerei. Seither verkaufte das Sudhaus in der Marsstraße sein Starkbier unter der neuen Marke „Doppelspaten".[100]

„Ator"-Starkbiere

Bei anderen Münchner Sudhäusern wirkte der Frust über den für sie negativen Ausgang des Salvatorstreits noch länger nach. Die bis 1918 bestehende Schwabinger Brauerei hielt bis zuletzt als Zeichen der Abneigung trotzig an der Bezeichnung „X-Bier" für ihr hochprozentiges Fastengebräu fest. Die Hackerbrauerei gab sich zunächst ebenso prinzipienfest. Sie führte die Bezeichnung „Namenloser" für ihr Starkbier, in der sich der Protest gegen das als „ungerecht" empfundene Urteil der Berliner Patentbehörde ausdrückte, noch elf Jahre weiter. Erst 1905 gab sie das mittlerweile doch reichlich abgestanden klingende Markenzeichen auf und schwenkte zum wohltönenderen „Liebfrauenbier" um.[101]

Andere Münchner Brauereien, die erst nach der Jahrhundertwende ein Starkbier im Angebot führten, legten sich dafür ebenfalls klangvolle Bezeichnungen zu. Sie endeten bezeichnenderweise meist mit der Silbe „ator", was markenrechtlich kein Problem darstellte. Das Vorbild des Salvator war dabei aber ganz offensichtlich prägend.

Die Pschorrbrauerei erfand den „Animator", die Augustinerbrauerei den „Agitator". Das Bürgerliche Brauhaus erdachte einen „Triumphator", die Münchner Kindl-Brauerei einen „Vivator". Die Wagnerbrauerei schließlich legte höchsten Wert auf das „patentierte Brauverfahren" des von ihr erzeugten Starkbieres und kreierte deshalb einen „Patentator". Die Gernerbrauerei legte sich einen „Sanator" zu, überschritt damit aber die markenrechtlich zulässige Grenze. Nach dem prompten Einspruch aus der Ohlmüllerstraße taufte sie ihr Gebräu dann eiligst in „St. Winthirbier" um – in Anlehnung an den seligen Winthir. Der englische Wanderprediger hatte im 8. Jahrhundert in Oberbayern als Missionar gewirkt und sich dann im späteren Münchner Stadtteil Neuhausen zur Ruhe gesetzt.[102]

Ator-Fest mit Doppel-Spator

Der 1899 vom Berliner Patentamt bestätigte Eintrag des Warenzeichens „Salvator" zugunsten der Schmederer-Brauerei bedeutete allerdings nicht, dass Markenrechtsverletzungen nun der Vergangenheit angehörten. Im Gegenteil: Der anhaltend gute Klang des Namens „Salvator", der in Konsumentenkreisen im In- und Ausland als Synonym für erstklassiges Starkbier stand, sorgte weiterhin dafür, dass den Rechtsanwälten der Paulanerbrauerei die Arbeit auch nach der Jahrhundertwende nicht ausging.

Immer wieder priesen Gastwirte ihr von anderen Brauereien bezogenes Starkbier in Werbeinseraten in Verbindung mit dem Namen „Salvator" an – sei es aus Gewohnheit, in Unkenntnis der Rechtslage oder aber ganz bewusst, um sich einen Wettbewerbsvorteil zu verschaffen. Allein zwischen 1899 und 1914 führte die Paulanerbrauerei deshalb im Reichsgebiet über 200 Unterlassungsklagen aufgrund widerrechtlicher Verwendung der Marke. Im Ausland waren es über 30.

Besonders beliebt war der – rechtlich unzulässige – Kunstgriff, die eigene Biermarke in der Werbung mit dem Zusatz „früher" bzw. „vormals Salvator" zu versehen. In Augsburg praktizierte diesen Trick der Wirt der „Altdeutschen Bierhalle". Er bezog sein Starkbier von der dortigen Kronenbrauerei. Der frühere Salvatorkonkurrent der Schmederer-Brauerei hatte sein Gebräu 1897 notgedrungen in „Augsburger Fastenbier" umgetauft. In Presseinseraten bewarb der Wirt den Gerstensaft aber noch 1902 als „Augsburger Fastenbier (früher Salvator)", wobei das Wort „Salvator" durch Fettdruck dem Leser noch besonders ins Auge stach. Für diese Markenrechtsverletzung verurteilte ihn das Landgericht Augsburg auf Unterlassung. Im Wiederholungsfalle erwartete ihn eine Geldstrafe von 500 Mark.[103]

Auch die Münchner Hackerbrauerei folgte vorübergehend dieser rechtswidrigen Praxis. 1903 versandte sie Werberundschreiben an ihre Abnehmer mit der Ankündigung, „dass wir auch dieses Jahr wieder die früher als Salvatorbier bekannte und bezeichnete Sorte Bier eingebraut haben und dasselbe unter der [...] seit einigen Jahren eingeführten und gesetzlich geschützten Bezeichnung ‚Namenloser' versenden werden." Nicht zufällig erschien auch hier das Wort „Salvator" in vergrößertem Fettdruck, um weiterhin in unlauterer Weise von der bekannten Marke zu profitieren. Die Schmederer-Brauerei sorgte dafür, dass die Flyer in den Geschäftsräumen bei Hacker polizeilich beschlagnahmt wurden. Im Wiederholungsfalle stellte das Landgericht München dem Sudhaus in der Bayerstraße eine empfindliche Geldstrafe in Aussicht.[104]

Nachdem sich allmählich die Untauglichkeit dieser Masche herumgesprochen hatte, entwickelten manche Wirte einen größeren Einfallsreichtum. Den Vogel schoss dabei zweifellos ein Gastronom im elsässischen Metz ab. Er bezog seit 1908 von der Spatenbrauerei das Starkbier „Doppelspaten". Zur Münchner Salvatorsaison schaltete er dazu in Metzer Zeitungen Inserate mit der Ankündigung „Bock-Bier-Fest. Doppel-Spaten. Das Beste in der Salvatorzeit." Als ihn die Paulanerbrauerei unter Hinweis auf die unzulässige Verwendung des Wortes „Salvator" abmahnte, änderte er den Anzeigentext. Nun lautete die Kundgabe: „Ator-Fest mit Doppel-Spator!"

Mit der unkonventionellen Formulierung hatte der Wirt die Lacher in Metz sicher auf seiner Seite. Die Brauereileitung in München verstand jedoch keinen Spaß und verklagte ihn und seinen Geschäftspartner wegen Verletzung ihrer Wortmarke. Der Paulaner-Rechtsanwalt stellte in dem Prozess vor dem Landgericht Metz klar: „Aus der Benutzung der gänzlich sinnlosen Worte Ator und Doppel-Spator gehe deutlich hervor, dass die Beklagten durch Benutzung des Klanglautes der Nachsilbe Ator sich zur Kennzeichnung ihres nicht aus der Braustätte der Klägerin herrührenden Bieres denjenigen Klanglaut anzuzeigen versucht hätten, den sie aus dem Warenzeichen der Klägerin für den wesentlichsten erachtet hätten." Die Richter sahen den Fall genauso und verhalfen der Münchner Klägerin uneingeschränkt zu ihrem Recht.[105]

Erfinderisch gaben sich auch einige Gastwirte im mittelfränkischen Fürth. Sie bezogen ihr Starkbier von der dort ansässigen

Brauerei Geismann. Die hatte ihren Sud 1897 von „Salvator“ in „Frühlings-Doppelbier“ umtaufen müssen. Dessen ungeachtet luden 1900 die von ihr belieferten Gastronomen zum Ausschank des Geismann-Gebräus in ihre Gaststätten zu einem „Salvator-Abend“ ein. Die Brauerei selbst bat ihre Gäste zum Anstich in ihren „Geismann-Salvator-Saal“. Am Eingang zum brauereieigenen Lokal prangte ein großes Transparent mit der herausfordernden Aufschrift: „Ein jeder kann Salvator sagen, der Schmederer kann auch nicht verklagen!“

Allerdings unterlagen die Verantwortlichen damit einer Täuschung. Denn sie wurden vom Münchner Sudhaus postwendend vor den Kadi zitiert. Zwar wies das Landgericht Fürth die Unterlassungsklage der Schmederer-Brauerei in erster Instanz ab. Die Freude darüber währte in Fürth aber nur kurz. Denn die Betriebsleitung in der Ohlmüllerstraße ging in Revision. In letzter Instanz wurden die Angeklagten vor dem Obersten Landesgericht in München schließlich der Warenzeichenverletzung für schuldig befunden.[106]

Trittbrettfahrer

Einen anderen originellen Versuch, den Zeichenschutz zu umgehen, unternahm der Besitzer der „Klosterbrauerei und Malzfabrik St. Salvator“ im niederbayerischen St. Salvator, einem nahe Griesbach im Rottal gelegenen Weiler. Er offerierte sein Erzeugnis seit 1907 unter Bezug auf den Herstellungsort als „Salvatorer-Malz“ bzw. „Salvatorerbier“. Als die Schmederer-Brauerei ihn abmahnte, beantragte er beim Berliner Patentamt die Löschung des Wortzeichens „Salvator“. Als Begründung verwies er dabei auf den Umstand, dass es sich bei „Salvator“ zuallererst um einen Ortsnamen handle, der als Herkunftsangabe laut Markenschutzgesetz für die Schmederer-Brauerei gar nicht eintragungsfähig sei.

Die Berliner Behörde klärte den Antragsteller freilich darüber auf, dass der vollständige Ortsname „St. Salvator“ lautet und wies die Beschwerde auch aus grundsätzlichen Erwägungen ab.[107] Das Landgericht Passau schließlich verurteilte den uneinsichtigen Brauer auf Unterlassung. Im Wiederholungsfall musste er mit einer Geldstrafe von tausend Mark rechnen. Das Oberlandesgericht München bestätigte das Urteil in letzter Instanz.[108]

Als Trittbrettfahrer versuchte sich bei dieser Gelegenheit die „Bayerische Malzfabrik“ in München. Sie ließ nämlich seit 1907 einen Teil des von ihr vertriebenen Produktes in Lohnmälzerei im niederbayerischen St. Salvator produzieren und verkaufte es dann unter Bezug auf den Herstellungsort unter der qualitätsvoll klingenden Marke „Salvatormalz“ an Braubetriebe. Die Abnehmer setzten die Herkunft des verarbeiteten Rohstoffes dann in der Werbung für ihre Biere ein. So bewarb etwa eine belieferte Brauerei in Ricklingen bei Hannover ihren Gerstensaft mit dem Hinweis, dass er „aus feinstem Münchener Malz aus Salvator“ gebraut werde. Damit suggerierte das Sudhaus dem unkundigen norddeutschen Konsumenten, dass sein Produkt mit demselben Grundstoff wie das berühmte Salvatorbier aus der Münchner Paulanerbrauerei hergestellt sei.[109]

Nach juristischem Einspruch aus der Ohlmüllerstraße machte das Landgericht München im Juni 1908 dem unlauteren Treiben der Bayerischen Malzfabrik unter Androhung einer Geldstrafe von tausend Mark ein Ende.[110]

Eine ganz ähnliche Strategie verfolgte damals auch die „Münchner Exportmalzfabrik AG“. Sie hatte sich 1902 beim Patentamt in Berlin mit Erfolg ein Warenzeichen „Salvator“ ausschließlich für Malz eintragen lassen. Seither lieferte das Unternehmen sein „Münchner Salvator-Malz“ zur Bierherstellung an norddeutsche Brauereien. Diese brachten anschließend ihr Produkt unter dem vermeintlichen Qualitätssiegel „garantirt rein aus Münchener Salvator Malz gebraut“ oder „als berühmtes Münchner Salvator-Malzbier“ in den Handel.[111]

Nach einer erfolgreichen Klage der Paulanerbrauerei stellte die Exportmalzfabrik die arglistige Wettbewerbspraxis ein. Gleichzeitig verpflichtete sie sich zur Löschung ihres Warenzeichens.[112]

Brauereileitung mit einem Teil der Belegschaft, 1900 (Benninghoven, S. 267)

Markenschutz im Ausland

Nach dem Eintrag der Marke „Salvator" beim Kaiserlichen Patentamt am 8. März 1896 ließ die Schmederer-Brauerei ihr Wortzeichen auch im Ausland schützen. In Österreich und Ungarn geschah die Anmeldung bereits im April 1896.[113] Andere Länder folgten nur wenig später. Dennoch entstanden bisweilen Probleme mit ausländischen Sudhäusern, die vorjährige Rechte besaßen.

In Salzburg musste das Brauhaus „Sternbräu", das über ein älteres Zeichen verfügte, 1899 mit tausend Gulden abgefunden werden.[114] Schwierigkeiten ergaben sich auch in den USA. Dort verfügte die „Conrad Seipp Brewing Company of Chicago" über ein schon im April 1893 eingetragenes Warenzeichen „Salvator". Um den nordamerikanischen Markt uneingeschränkt bearbeiten zu können, boten die Münchner der US-Brauerei schließlich 1.500 Dollar für die Löschung ihres Zeichens, die 1909 erfolgte.[115]

Auch im Ausland musste die Paulanerbrauerei eine Reihe von Unterlassungsklagen gegen Markenrechtsverletzer führen. Darunter waren Brauereien in Belgien, der Schweiz, Österreich-Ungarn, Rumänien, Bulgarien, Serbien und Russland[116]. Auch Gastwirte in Zürich, Kopenhagen, Antwerpen, Prag, Nizza und Budapest, die fremdes Bier unzulässigerweise unter der Bezeichnung „Salvator" vertrieben, machten Bekanntschaft mit dem Staatsanwalt.[117]

SAL
VATOR
1912
Zur Erinnerung an die Salvator-Saison 1912

Höhen und Tiefen

Auf zum Salvator – Salvatorjahresheft 1912 (2325; Zeichner: Emil Kneiß)

Zur Jahrhundertwende machte sich überall im Deutschen Reich wie in den europäischen Nachbarstaaten eine wirtschaftliche Rezession bemerkbar. In der Folge drückte die stark steigende Arbeitslosigkeit den Bierverbrauch der zur Sparsamkeit gezwungenen Konsumenten. Auch die Paulanerbrauerei blieb von dem Einbruch nicht verschont. Bis 1905 büßte sie fast ein Drittel ihres Absatzes ein. Der Jahresbilanzgewinn ging von 810.000 auf 560.000 Mark zurück.[1]

Salvator als Stabilitätsanker

Trotzdem bewältigte das Sudhaus in der Ohlmüllerstraße die Wirtschaftskrise deutlich besser als einige ihrer Münchner Konkurrenten. Manche Aktienbrauerei konnte ihren frustrierten Aktionären über Jahre keine Dividende mehr zahlen.

Die Paulanerbrauerei dagegen schüttete an ihre Anteilseigner auch weiterhin kontinuierlich zehn Prozent des Grundkapitals der Kapitalgesellschaft aus. Dies war auch deshalb möglich, weil die umsichtige Betriebsleitung „als Gebot vorsichtiger Wirtschaftsführung" die fetten Jahre vor der Jahrhundertwende dazu genutzt hatte, eine Bilanzreserve in Höhe von einer Million Mark aufzubauen. Damit konnten die Einbußen während der Depression abgefedert werden.

Vor allem aber erwies sich das Starkbier Salvator als ausgesprochen krisenfeste Einnahmequelle. Der Salvatorausstoß entwickelte sich bereits ab Mitte der 1880er Jahre stürmisch aufwärts. Von 1887 bis 1900 stieg der jährliche Absatz um das Dreifache von 4.000 auf über 12.000 hl. Während infolge der Wirtschaftsdepression von 1900 bis 1905 der jährliche Mengenumsatz bei den übrigen Biersorten insgesamt um weit über ein Drittel von 143.000 auf 94.000 hl einbrach, legte der Starkbierverkauf auch in dieser Krisenzeit gegen den allgemeinen Trend sogar um über 6.000 hl zu. Nicht zuletzt der wachsende Salvatorabsatz außerhalb der weiß-blauen Grenzen und im Ausland bewahrte die Paulanerbrauerei an der Jahrhundertwende vor größeren betriebswirtschaftlichen Turbulenzen.

1904 lag der Salvatorausstoß bei 16.200 hl. Rund 2.500 hl fanden während der Starkbiersaison allein in München und der nächsten Umgebung Abnehmer. 13.700 hl verließen per Bahn die bayerische Landeshauptstadt. Davon wurden 13 Prozent innerhalb der bayerischen Grenzpfähle konsumiert. 87 Prozent gingen in andere Länder des Deutschen Reiches und in den Export.

Spätestens ab der Jahrhundertwende war das Spezialbier der Paulanerbrauerei auf allen fünf Kontinenten vertreten. Starkbierfreunde in aller Welt genossen das hochprozentige Edelgebräu aus der Ohlmüllerstraße. Mit Stolz verkündete das Sudhaus 1900: „Mögen andere Brauereien Münchens auch grössere Productionsziffern aufweisen, so dürfte doch kaum eine Bierspecialität bekannter sein als das von der Paulanerbrauerei erzeugte und trotz aller Nachahmung bisher unübertroffene ‚Salvatorbier'."[2]

25.
1886
1910
SALVATOR
SALVATOR
SALVATOR
Zur: Erinnerung · an · die · Salvator: Saison: 1910
Aktiengesellschaft: Paulanerbräu : Salvatorbrauerei · München

Stürmische Nachfrage

1908 verließen rund 400 Eisenbahnwaggons mit etwa 7.000 Fass und 160.000 Flaschen Salvator (wohl rund 5.000 hl) den Münchner Hauptbahnhof in Richtung Ausland. Das meiste davon nahmen die angrenzenden europäischen Länder ab, vor allem die Schweiz, Österreich-Ungarn, Frankreich und Belgien. Entferntere Abnehmer mit wesentlich geringeren Bestellmengen saßen in Konstantinopel (Türkei), Kairo (Ägypten), Tokio (Japan) und Sydney (Australien). Einzelne Lieferungen gingen auch nach Russland sowie nach Süd- und Nordamerika.[3]

In Buenos Aires zählte das Restaurant „Zum Fürsten Bismarck" zu den Starkbierkunden des Münchner Sudhauses. Bei den argentinischen Gästen des deutschen Lokals fand der Salvator „reichlichen Zuspruch". Im April 1910 orderte der Wirt 25 hl.[4] Im selben Jahr bezog die „Kaiserlich Deutsche Gesandtschaft in Peking" Salvator „in tropensicherer Verpackung" aus der Ohlmüllerstraße.[5] 1911 sandte ein begeisterter Salvatorkonsument aus Keetmanshoop in der Kolonie Deutsch-Süd-West-Afrika einen Gruß an die Münchner Brauerei.[6]

Bis 1910 stieg der Salvatorabsatz auf 28.889 hl. Fast ein Fünftel der jährlichen Produktion entfiel nun auf das Spezialbier.[7] Bei allen anderen Münchner Großbrauereien war der Starkbieranteil am Gesamtausstoß damals deutlich geringer. Bei Löwenbräu (7.419 hl „St. Bennobier") erreichte er 0,9, bei Spaten (2.927 hl „Doppelspaten") 0,7 und bei Franziskaner-Leist (1.334 hl „St. Franziskusbier") lediglich 0,4 Prozent. Die Aktienbrauerei zum Löwenbräu – damals die größte bayerische und drittgrößte deutsche Brauerei – erzeugte nur ein Viertel des Starkbiervolumens der Paulanerbrauerei.[8]

Daran sollte sich auch in den 1920er und 1930er Jahren nichts ändern. Der Sieg über die Münchner Konkurrenten im Markenrechtsstreit 1896 zeigte deutliche Wirkung. Er sicherte dem Sudhaus in der Ohlmüllerstraße über Jahrzehnte die absolute Marktführerschaft im Starkbiersegment. Die Erlöse aus dem profitablen Starkbiergeschäft trugen auch im Jahrzehnt vor dem Ersten Weltkrieg nicht unwesentlich zum steten Geschäftserfolg der Paulanerbrauerei bei.[9]

In den Geschäftsperioden 1909/10 bis 1913/14 verdoppelte sich der Jahresbilanzgewinn des Unternehmens, das mit einem Ausstoß von gut 200.000 hl an achter Stelle unter den Münchner Braubetrieben stand, von 665.000 auf 1,5 Millionen Mark. Die Aktionäre konnten sich alljährlich über eine Dividende von zwölf Prozent des Grundkapitals erfreuen. Nach der Löwenbrauerei, die 20 Prozent ausschüttete, arbeitete das Sudhaus in der

Eintrag im Gästebuch des Salvatorkellers, 1922 (2350)

Linke Seite: Salvatorjahresheft 1910 zum 25-jährigen Jubiläum der Aktiengesellschaft (1946; Zeichner: Otto Obermeier) – dargestellte Personen v.l.n.r.: Joseph Benno Sailer, Fritz von Ostini, Peter Auzinger, Jakob Geis, Benno Rauchenegger, Hermann Roth, Konrad Dreher

Joseph Benno Sailer – Eintrag im Gästebuch des Salvatorkellers, 1922 (2350; Zeichner: Georg Ritzer)

Ohlmüllerstraße unter den Aktienbrauereien der Landeshauptstadt nicht zuletzt dank der Salvatorerträge am profitabelsten. Die stillen Reserven in der Bilanz des Unternehmens erreichten fast die Höhe des Aktienkapitals von 2,9 Millionen Mark.

Aufgrund ihrer überdurchschnittlichen Rentabilität weckte die Paulanerbrauerei Übernahmegelüste bei der Münchner Konkurrenz. Namentlich die kapitalstarke Aktienbrauerei zum Löwenbräu, die im Sudjahr 1912/13 mit 825.000 hl Bier die vierfache Menge erzeugte, zeigte sich interessiert.

Im März 1914 unterbreitete sie den vier Stämmen der Familie Schmederer als Hauptaktionären ein Übernahmeangebot. Doch die Verantwortlichen entschieden sich letztlich gegen ein Zusammengehen mit dem bayerischen Marktführer in der Nymphenburger Straße. Denn aufgrund der hervorragenden Ertragssituation konnte die Paulanerbrauerei als selbstständiges Unternehmen den Herausforderungen der Zukunft getrost ins Auge blicken.

Nockherberg in neuem Glanz

1898 unternahm die Brauerei an der vierflügeligen Kelleranlage auf dem Nockherberg erhebliche Umbauten. An der südwestlichen Ecke wurde eine ganzjährig geöffnete Kellergaststätte („Zacherlkeller", später „Salvatorkeller") eingerichtet. Das Lokal umfasste zusammen mit zwei Nebenzimmern 373 Quadratmeter. Der zugehörige Biergarten erstreckte sich auf 1.600 Quadratmeter. Die Wohnräume des jeweiligen Pächters befanden sich im Obergeschoss der Kellergaststätte. Besonders beliebt war der dort während der Starkbiersaison täglich bereits ab zehn Uhr stattfindende Salvatorfrühschoppen.[10]

Unmittelbar anschließend an die neue Tagesgaststätte baute man den restlichen Südflügel des Kellergebäudes zu einer 35 Meter langen und 16 Meter breiten Räumlichkeit um. Dieser sogenannte „kleine Saal" wurde mit einer Musiktribüne ausgestattet. Außerdem beherbergte er drei über eine Treppe zugängliche, 12 bis 15 Quadratmeter große Gesellschaftsräume. Diese „Logen" waren künftig für prominente Besucher und Ehrengäste der Brauerei beim Salvatorausschank reserviert. Über den größten Teil des Ost- und etwa die Hälfte des Nordflügels erstreckte sich der neu geschaffene – ebenfalls mit einer Musikbühne bestückte – rund tausend Quadratmeter umfassende „große Saal".[11]

Das Salvatorspektakel spielte sich seit 1899 in beiden Sälen ab. Dort wie im Biergarten übernahm die Brauerei ab 1908 den Ausschank während der achttägigen Starkbiersaison in eigener Regie.[12] Der Pächter hatte dem Sudhaus dafür die Säle und den Garten unentgeltlich zur Verfügung zu stellen. Ihm blieb seither nur mehr der Salvatorverkauf in der Kellergaststätte.[13]

Während der „kleine Saal" das ganze restliche Jahr über vom Pächter auch für andere Veranstaltungen genutzt wurde, war der „große Saal" zunächst ausschließlich während der

Salvatorsaison zugänglich. 1907 genehmigte die Baupolizei dem Betreiber der Tagesgaststätte die Verwendung der fünf Meter hohen Halle auch für andere Festlichkeiten.[14]

Nach Abschluss des Umbaus 1899 bot der gesamte Gebäudekomplex auf dem Nockherberg – einschließlich der Tagesgaststätte – nun auf über 2.000 Quadratmetern Gastronomiefläche Platz für nahezu 5.000 Gäste.[15] Die Finanzierung dieser Investitionen im Umfang von rund einer halben Million Mark gelang der Brauerei durch den 1898 vollzogenen Verkauf des Stubenvollkellers an der Hochstraße.[16]

Bis 1905 erweiterte das Sudhaus auch den Kellergarten erheblich. Der mit 150 Kastanienbäumen bepflanzte neu angelegte Freiluftbereich erhielt eine Jagd- und eine „Sennhütte" sowie einen großen achteckigen Musikpavillon. Seitdem bot der erweiterte Biergarten, der im Sommer auch für zahlreiche Vereinsfeste genutzt wurde, bei schönem Wetter zusammen mit den beiden Kellersälen Raum für bis zu 10.000 Besucher und entfaltete „das Gepräge eines großen Volksplatzes".[17]

Entlang der Hochstraße errichtete die Brauerei zudem ein überdachtes Gartenhaus, das sogenannte „Salettl", mit über 150 Sitzplätzen für Gäste. Der gastronomische Freiluftbereich rückte nun aber nahe an den Östlichen Friedhof heran. Deshalb durfte auch während der Salvatorsaison im Pavillon von 14 bis 17 Uhr ausschließlich Streichmusik gespielt werden, um die Trauerfeierlichkeiten auf dem Gottesacker nicht zu stören.[18]

Diese Regelung hatte auch in der Folgezeit Bestand. Die Baumaßnahmen auf dem Salvatorkeller erfolgten parallel zu der von der Münchner Stadtverwaltung damals durchgeführten „Nockherbergregulierung". Diese umfassende straßenbauliche Erschließung des gesamten Geländes kam 1904 zum Abschluss.

Filmpremiere

Schon seit 1889 betrieb ein geschäftstüchtiger Lichtbildner im Garten des Salvatorkellers eine „Photographiebude". Betuchtere Besucher konnten sich dort in bester Starkbierlaune vor entsprechender Kulisse ablichten lassen und so ein fotografisches Andenken mit nach Hause nehmen.[19]

Salvatorauftakt nach siebenjähriger Pause – Salvatorjahresheft 1922 (2249; Zeichner: Otto Obermeier)

Als Mitbringsel und zur Erinnerung dienten auch Bildpostkarten mit verschiedenen Kellermotiven. Sie fanden bereits in den 1890er Jahren zahlreiche Käufer. 1904 legte die „Ottmar Ziehersche Kunstanstalt" in München eine neue Serie solcher Salvatorkarten mit „ganz originellen Neuheiten" auf. Zudem bot der Verlag den Besuchern nun noch ein ganz besonderes Andenken „in Form eines Albums mit Ansichten des Innern und Aeußeren des Kellers und des Panoramas von München und der Salvatorquelle."[20] Dieses Souvenir verkaufte sich offenbar blendend, zumal an dem dekorativen Büchlein auch „ein Sigillum und ein Miniatur-Salvatorkrug mit weiß-blauer Seidenschnur befestigt" waren.[21]

Der Bierverbrauch auf dem erweiterten Salvatorkeller erreichte immer neue Spitzenwerte. 1898 konsumierten die Gäste allein am Eröffnungsnachmittag über 17.500 Maß Starkbier.[22]

1902 startete der Ausschank bei denkbar schlechtem Wetter. „Es stürmte, hagelte und schneite fast den ganzen Tag über." Trotzdem herrschte ein „ganz gewaltiger" Andrang, „so daß die stattlichen Räume die Massen kaum zu fassen vermochten."[23] Allein am Josefitag wurden fast 12.000 Eintrittskarten verkauft. An den beiden letzten Tagen der nur sechstägigen Saison stemmten die Bierdurstigen bei schönerem Wetter jeweils rund 13.000 Maß.[24]

1905 tranken die Besucher auf dem Nockherberg am Josefitag rund 16.000 Maß.[25] 1906 beeinträchtigte anfangs sehr schlechtes Wetter mit Schnee und Eis den Ausschank. Die Halle war beim Anstich dennoch zum Bersten voll. Am 19. März mussten schließlich bei sonnigem Wetter sogar im Garten Gänge durch den dort liegenden Schnee geschaufelt werden, um den Gästen den Zugang zu Tischen und Bänken im Freien zu ermöglichen.[26]

Am Josefitag 1907 konsumierten „die fortwährend in Massen ankommenden Besucher" trotz Regenwetters binnen vier Stunden über 23.000 Maß. Damit stellten sie einen neuen Tagesrekord auf.[27]

Der Nockherberg zur Salvatorsaison, 1909 (2258)

1908 musste die Halle an den Feiertagen wegen Überfüllung mehrmals gesperrt werden. Am Kellertor drängten sich ständig Hunderte von Bierdurstigen, die lautstark Einlass begehrten. Die Brauerei sah sich gezwungen, die Eingänge mit massiven Barrieren zu versehen, um die herandrängende Menschenmasse vom Betreten abzuhalten. Bereits nach sieben Tagen waren alle Salvatorvorräte abverkauft, weshalb der Keller vorzeitig seine Pforten schloss. Trotz der verkürzten Saison klagte das Sudhaus über 700 zu Bruch gegangene Keferloher Krüge.[28]

In diesem denkwürdigen Jahr erlebte der Nockherberg auch seine Filmpremiere. Am 16. März 1908 wurde der Salvatorkeller „kinematographisch aufgenommen“. Zwei Monate später war der Film in einem eigens eingerichteten Kino in der Ausstellung „München 1908“ zu sehen. Die anlässlich des 750-jährigen Stadtjubiläums veranstaltete weitläufige Leistungsschau der bayerischen Landeshauptstadt mit einem großen Vergnügungspark auf der Münchner Theresienwiese besuchten rund drei Millionen Menschen. Mit dem Kinostreifen konnten sich vor allem die angereisten Touristen „ein Bild dieser Kursaison auf dem Nockherberg“ machen.[29]

1909 frequentierten trotz kalten Schneewetters binnen acht Tagen rund 55.000 Besu-

„Hoch der Salvator" – Eintrag im Gästebuch des Salvatorkellers, 1925 (2350; Zeichner: Joseph Benno Sailer)

cher den Salvatorkeller. 1910 waren es allein am Eröffnungstag fast 13.000.[30]

Salvator trinken ist nicht schwer

1911 konnte die Paulanerbrauerei das 50-jährige Salvatorjubiläum auf dem Nockherberg begehen. Über 47.000 Gäste stemmten damals in acht Tagen 769 hl. Mit durchschnittlich 5.875 Besuchern und einem entsprechenden Verbrauch von 9.613 Litern pro Tag erreichte der Absatz auf dem Salvatorkeller im Jubiläumsjahr einen Pro-Kopf-Verbrauch von 1,63 Liter.[31]

Das Jubiläum nahm die Brauerei zum Anlass, in den 1898 eingerichteten Kellerlogen ein Gästebuch aufzulegen. Fortan erhielten prominentere Starkbierfreunde alljährlich die Gelegenheit, sich darin anlassbezogen mit mehr oder weniger sinnreichen Versen und Sprüchen, mit Porträts, Zeichnungen

Liesl Karlstadt (rechts) und Karl Valentin (3. v. links) auf dem Nockherberg, 1929 (2352)

oder auch nur schlicht mit ihrem Namen zu verewigen.[32]

Einen geradezu typischen Salvator-Vers verfasste ein Ehrengast 1913. Stolz auf seine wohl in langen Jahren erworbene Geübtheit im Umgang mit dem Starkbier aus der Paulanerbrauerei dichtete er:

„Salvator trinken ist nicht schwer,
doch ihn vertragen um so mehr.
Zehn Mass kann leicht ich stets vertragen,
denn ich hab einen Schwartenmagen."[33]

Ein anderer Logengast, der sich beim Anstich 1911 offensichtlich zu einem entsprechenden Reim genötigt sah, obwohl ihm partout nichts Passendes einfallen wollte, zog sich schließlich ebenso knapp wie sinnfrei mit folgendem – an die bekannte Arie des Sarastro in Mozarts Zauberflöte angelehnten – Vierzeiler aus der Affäre:

„In diesen heil'gen Hallen
Kennt man die Rache nicht.
Drum – sollts auch nicht gefallen –
Riskiert ich dies Gedicht!"[34]

1913 besuchten während der elftägigen Saison 72.218 Gäste den Nockherberg und tranken 100.700 Liter. Am besucherstärksten Tag frequentierten rund 10.000 Bierdurstige den Keller. Die Maß kostete 44 Pfennige, die Eintrittskarte 35 Pfennige.[35] Werktags war der Ausschank von 14 bis 19 Uhr geöffnet. An Sonn- und Feiertagen wurde die Bierabgabe bereits um 18.30 Uhr eingestellt.[36]

Größere Zwischenfälle mit Tätlichkeiten unter den Besuchern, die zu ernsten Verletzungen führten, registrierte die Polizei nach der Jahrhundertwende auf dem Nockherberg kaum mehr. Zu den wenigen Ausnahmen zählte 1902 eine Auseinandersetzung zwischen aggressiven Gästen.

Auf dem Heimweg vom Salvatoranstich gerieten in der Ohlmüllerstraße zwei betrunkene Ehepaare aneinander, weil eine der Damen einen unbeabsichtigten Rempler erhalten hatte. Als ihr Ehemann daraufhin lauthals eine Entschuldigung forderte, quittierte das gegnerische Paar, das auf dem Nockherberg zuvor gemeinsam elf Maß Salvator genossen hatte, das Begehren mit einer Ohrfeige. Die nun beginnende Prügelei, in die sich sofort auch noch eine Anzahl „warmfühlen-

„MEI RUA'H. --
MÖCHT I"
FRITZ GÄRTNER
XII 1922

der“ Passanten stockschlagend einmischte, endete für den Hauptbetroffenen mit dreiwöchiger Arbeitsunfähigkeit und für die übrigen Beteiligten mit einer Anklage wegen schwerer Körperverletzung.[37]

Festlicher Salvatoranstich

Aufgrund der insgesamt deutlich gesunkenen Gefährdungsschwelle rüsteten die Sicherheitskräfte auf dem Nockherberg ab 1907 ab. In diesem Jahr erhielten an Sonn- und Feiertagen Unteroffiziere und Mannschaften in Uniform erstmals wieder Zugang zum Keller. Auf die Bereitstellung von schweren Reitern im Krisenfall wurde fortan völlig verzichtet. Stattdessen stand nun eine Infanterieabteilung mit einem Offizier und 27 Mann in Kasernenbereitschaft. Ab 1909 tat nurmehr an Sonn- und Feiertagen ein 20-köpfiges Militär-Kommando Dienst. Die ständig auf dem Keller präsente Gendarmerie zählte nun sechs Mann unter dem Befehl eines Unteroffiziers. Die im Wachlokal des Auer Zuchthauses untergebrachte militärische Eingreiftruppe wurde auf ein halbes Dutzend Infanteristen verringert.[38]

Eine nicht unerhebliche Verantwortung für die Aufrechterhaltung von Ordnung und Sicherheit auf dem Nockherberg lag nach wie vor bei der 48-köpfigen Hauspolizei der Brauerei.

Nachdem die zuvor aufwendig gestaltete Salvatorprobe aufgrund des Markenrechtsstreits ab 1894 zwangsläufig an Bedeutung verloren hatte, gewann seither der eigentliche Anstich im Salvatorkeller als zentrales Medienereignis stärker an Gewicht. Der stets am Sonntagnachmittag zwischen 14 und 15 Uhr in der überfüllten Halle zelebrierte Event sorgte aufgrund der stimmungsvollen Umrahmung in der Regel für Schlagzeilen in der Presse. Im Mittelpunkt stand dabei die humorige, meist in Reimform verfasste Salvatorrede. Ab 1891 hielt sie alljährlich Jakob Geis, der schon bei der Salvatorprobe zu den künstlerischen Hauptakteuren gezählt hatte.[39]

1897 lautete die erste Strophe seiner im vollbesetzten Salvatorkeller zum Besten gegebenen Lobeshymne auf den Nockherberg:

„Russen, Türken und Franzosen,
Congo-Neger auch sogar,
Leute mit und ohne Hosen
Feiern Feste wunderbar!
Aber so was, wie's der Münchner
Feiert alle Jahr im März,
Auferstehung vom Salvator,
Das gibt's nirgends anderwärts.
Da vergißt'n Zeitlang jeder,
Was ihm Sorg macht, was'n druckt,
Weil er nur mehr denkt und rechnet,
Wieviel Liter er wohl schluckt.

‚Wo gehst hin?‘ Ein'n heut zu fragen,
Möchte ich wahrlich net riskir'n.
Denn der saget höchstens: ‚Freunderl,
Mir scheint gar, Dir fehlts im Hirn!‘
Denn das wissen Kinder, Greise,
'S weiß der Riese wie der Zwerg,
Daß's heut gibt kein' andre Wallfahrt,
als'n heil'gen Nockherberg!“[40]

Literarisch verewigt wurde Jakob Geis mit seinem Auftritt im Salvatorkeller vom Schriftsteller und Redakteur der „Münchner Neuesten Nachrichten“ Maximilian Krauss. In seinem Roman „Unter den Frauentürmen“ schilderte er die alljährliche Begeisterung der Menge über die Salvatorrede des gefeierten Volkssängers: „Plötzlich erschüttert ein ohrenbetäubender Beifallsdonner die qualmerfüllte, in der Ferne in blaue, undurchsichtige Nebel verschwimmende Salvator-Halle. Bravo, Geis! Bravo, Geis! Silentium, Ruhe! Papa Geis, der Komiker steht auf dem Podium. Tausende von glänzenden, lachenden Augen hängen an seinem Munde.“[41]

1899 musste „Papa Geis“, wie er von den Münchnern liebevoll genannt wurde, wegen plötzlicher Heiserkeit seinen Vortrag von einem Kollegen verlesen lassen.[42] Ab 1903 konnte er als Redner im Salvatorkeller krankheitshalber gar nicht mehr auftreten. Der begnadete Komiker starb am 3. März 1908. 1911 übernahm der Schauspieler August Glonny (1872–1950) vom Gärtnerplatztheater den Vortrag. Der Reimtext stammte vom Münchner Lokalschriftsteller Hermann Roth (1865–950).[43]

Als musikalisches Bühnenwerk wurde der „Salvator“ 1911 verewigt. Die Uraufführung

„Mei Ruah möcht i“ – Eintrag im Gästebuch des Salvatorkellers, 1922 (2350; Zeichner: Fritz Gärtner)

der gleichnamigen Operette in drei Akten fand im Münchner Volkstheater statt. Das Libretto verfasste der Schriftsteller Max Ferner (1881 - 1940) zusammen mit dem Volkssänger Philipp Weichand (1875 - 1941) und dem russischen Autor Michail Alexandrowitsch Weikone (1871 - 1921). Die Musik stammte vom Münchner Komponisten Theo Rupprecht (1873 - 1934). Der Inhalt des Stückes verhalf dem Starkbier zu einer weiteren Legende. Demnach rettete der Braumeister Barnabas durch die Erfindung des Salvator das Paulanerkloster vor der bereits beschlossenen Auflösung durch den bayerischen Kurfürsten Karl Theodor.[44]

Mangelware Salvator

Als am 1. August 1914 der Erste Weltkrieg begann, war es mit der Herrlichkeit auf dem Nockherberg vorbei. Im März 1915 kam der lediglich in kleinen Mengen eingebraute Salvator ausschließlich in der Kellergaststätte und einigen Stadtwirtschaften der Paulanerbrauerei zum Ausschank.[45]

Am 1. Februar 1916 erging ein Brauverbot für Starkbier. Gerste wurde nun zu kriegswichtigeren Zwecken verwendet. Der Salvatorausschank auf dem Nockherberg blieb deshalb auch in der Folgezeit geschlossen. Daran änderte sich selbst nach der militärischen Kapitulation des Deutschen Reiches im November 1918 nichts.

Während des Ersten Weltkrieges ging der Bierausstoß in der Ohlmüllerstraße um ein Drittel zurück. Um den Einbruch aufzufangen, neue Absatzstellen zu gewinnen und die Produktionskapazitäten auszulasten, peilte die Unternehmensleitung die Übernahme eines fusionsreifen geschwächten Münchner Konkurrenzbetriebes an. Seit April 1918 verhandelte man deswegen mit der angeschlagenen Münchner Aktienbrauerei zum Eberl-Faber. Das in der Rosenheimer Straße ansässige Sudhaus stand betriebswirtschaftlich mit dem Rücken zur Wand. Schließlich gelang es der Paulanerbrauerei, die Aktienmehrheit zu erwerben. Dabei manövrierte sie die ebenfalls an einer Übernahme stark interessierte Löwenbrauerei aus. Im Mai 1920 schließlich erfolgte die Fusion mit Paulaner und die Stilllegung des Betriebes.[46]

Erst Ende 1920 wurde in der Ohlmüllerstraße wieder Salvator eingebraut. Aber der Löwenanteil des Starkbieres ging im Früh-

Gäste im Kellergarten, um 1937 (4618; Foto: Hermine Maier)

jahr 1921 ins Ausland, um dringend benötigte Devisen zu erwirtschaften. Nur am 19. und 20. März hatten betuchtere Münchner für zwei Tage Gelegenheit, den lange entbehrten Stoff in der Tagesgaststätte auf dem Nockherberg und in wenigen Stadtwirtschaften in überschaubarer Menge zu genießen.[47]

Obwohl die Brauerei schon im Oktober 1921 darauf drängte, im nächsten Jahr den Ausschank auf dem Nockherberg in der „früher üblichen Weise in den drei Salvatorhallen und dem daran anstoßenden großen Wirtschaftsgarten“ zuzulassen, erhielt sie von der Polizeidirektion dafür keine Genehmigung. Die Behörde befürchtete, angesichts der wirtschaftlichen Notlage weiter Bevölkerungskreise mit einem Starkbierfest ein falsches Signal zu setzen.[48]

Am 2. Januar 1922 erteilte sie dann aber schließlich doch die Erlaubnis. Allerdings wurde der Ausschank auf lediglich vier Tage vom 12. bis 15. März, jeweils von 15 bis 19 Uhr begrenzt. Die Öffnungszeiten des Salvatorkellers durften nur in Tageszeitungen bekanntgemacht werden, nicht über Plakate oder sonstige Werbemittel. Denn die Polizei rechnete mit einem unkontrollierbaren Massenandrang. Außerdem sollte gegenüber dem Ausland, das nach dem gewonnenen Krieg Reparationsforderungen an Deutschland stellte, nicht der Eindruck von herrschendem Wohlstand erweckt werden. Aus diesem Grund war auf dem Keller lediglich solche Musikbegleitung zugelassen, die dem Publikum keinen Anreiz zum Mitsingen oder gar zum Tanzen bot. Die Ausschmückung der Halle und des Gartens durfte ohne großen Aufwand nur „in einfacher Form“ erfolgen.[49]

Dennoch übertraf der Andrang 1922 alle Erwartungen. An den ersten beiden Tagen mussten schon eine halbe Stunde nach Einlass Halle und Garten wegen Überfüllung gesperrt werden. Insgesamt konsumierten 35.420 Besucher an vier Tagen 613 hl Salvator. Mit 1,73 Litern ergab sich der höchste Pro-Kopf-Verbrauch seit dem Jahr 1911, dem Beginn der erhaltenen Aufzeichnungen der Brauerei zu Besucherzahl und Konsum. Allein am letzten Tag stemmten 7.891 Besucher 16.700 Liter. Die Maß kostete aufgrund der steigenden Inflation acht Mark, der Eintritt drei Mark inklusive einer Mark „Lustbarkeitssteuer“.[50]

Schneeräumung im Kellergarten, 1931 (2353)

Der Nachholbedarf nach siebenjähriger Nockherberg-Pause war enorm. Viele Besucher tranken deutlich mehr, als sie vertragen konnten. „Wegen zu großer Trunkenheit verfielen mehrere Personen in Herzkrämpfe“, wie der Polizeibericht festhielt.[51]

Der prominente österreichische Schriftsteller und Kabarettist Alexander Roda Roda (1872–1945), der den Salvatorkeller am 15. März 1922 als Logengast besuchte, dichtete in Erinnerung an die knapp drei Jahre zuvor erfolgte Niederwerfung der Münchner Räterevolution nicht ohne Ironie im Gästebuch: „Wo Salvator fließt, da magst du ruhig wohnen. Salvator ist das beste Mittel gegen Revolutionen.“[52]

Insgesamt überstieg die Nachfrage nach dem Spezialbier im In- und Ausland den Ausstoß um mindestens das Doppelte.[53] Von der 1922 verkauften Gesamtmenge von 14.143 hl entfiel etwa ein Viertel des Verbrauchs auf München. Ein Fünftel davon wurde auf dem Nockherberg konsumiert, vier Fünftel (2.634 hl) kamen in anderen Münchner Gaststätten zum Ausschank. Sieben Prozent der Produktion gingen ins übrige Bayern, 57 Prozent in deutsche Landstriche jenseits der weiß-blauen Grenzen, 13 Prozent in den Export, davon 187 hl nach Übersee.[54]

Im Jahr darauf war es mit der Salvatorherrlichkeit schon wieder vorbei. Im Oktober 1922 erließ die Reichsregierung ein Starkbier-

Im Kellergarten, 1903
(2257)

Salvator im Schnee, 1931 (2353)

verbot für das Inland. In den beiden folgenden Jahren kamen deshalb ausschließlich ausländische Salvatorliebhaber in den Genuss der Bierspezialität. 1923 gingen 4.503 hl, 1924 3.253 hl in den Export. In München war das Starkbier nur in überschaubaren Mengen als Geheimtipp in einigen Paulaner-Gaststätten verfügbar.[55]

Shimmy und Jazz auf dem Salvatorkeller

Nach 26-monatiger Dauer fiel das Starkbierverbot zum 1. Januar 1925. Bereits im Oktober 1924 hatte die Paulanerbrauerei in sicherer Erwartung der baldigen Verbotsaufhebung mit dem Einbrauen des Starkbieres begonnen. Im November ersuchte sie ihre Vertriebsvertretungen im In- und Ausland, bis Monatsende ihre Salvator-Bestellungen vorzunehmen, um den erwarteten Ansturm bewältigen zu können.[56]

Mit 32.528 hl erzielte die Brauerei 1925 dank des enormen Nachholbedarfs und der sich nach den tristen Nachkriegsjahren wieder belebenden wirtschaftlichen Konjunktur einen Rekordabsatz. Er sollte für die nächsten 50 Jahre Bestand haben. Etwa ein Fünftel des Salvatorausstoßes wurde in München konsumiert, davon der zehnte Teil allein auf dem Nockherberg. Sieben Prozent des Starkbieres fanden Liebhaber in anderen bayerischen Landstrichen. Fast zwei Drittel gingen ins außerbayerische Reichsgebiet, elf Prozent ins Ausland.[57]

Im stets überfüllten Salvatorkeller, der 1925 werktags von 13 bis 19 Uhr geöffnet hatte und sonn- wie feiertags eine halbe Stunde früher schloss, tranken 33.923 Gäste binnen acht Tagen 51.900 Liter. Die Maß kostete eine Reichsmark, der Eintritt 20 Pfennige.[58]

Ein Polizeibeobachter registrierte gegenüber der Vorkriegszeit unter den Besuchern nun einen deutlich erhöhten Frauenanteil und stellte fest: „Das sogenannte schwache Geschlecht hat sich auf dem Salvatorkeller in Trinken, Essen, Singen und Rauchen ziemlich stark gezeigt.“[59] Die verstärkte Präsenz der Weiblichkeit feierte auch der Salvatorredner, wenn er dichtete: „Die Frauen, die schlürfen gar so gern, den süssen Paulaner-Nektar um d'Wett mit ihren Herr'n.“[60]

Besucherzahl und Verbrauch auf dem Nockherberg selbst wären 1925 sicherlich mit

Bedienungen auf dem Salvatorkeller, 1931 (2353)

einer neuerlichen Bestmarke in die Salvator-Annalen eingegangen, hätte nicht das anfangs ausgesprochen schlechte Wetter der Brauerei hier noch einen Strich durch die Rechnung gemacht. Denn beim Anstich am 15. März herrschte Schneefall bei eisigen Temperaturen. Aus diesem Grund blieb der weitläufige Kellergarten während der ersten Tage völlig menschenleer. Er füllte sich erst am 19. März, als die nun strahlende Frühlingssonne den Salvatorgenuss trotz Schneelage auch im Freien erlaubte.[61]

Zum Abschluss der Starkbiersaison 1925 richteten die „Münchner Bürgersängerzunft" und die Karnevalsgesellschaft „Narhalla" für ihre Mitglieder im Salvatorkeller jeweils ein besonderes Salvatorfest aus. Diese Veranstaltung wurde seither auch in den folgenden Jahrzehnten beibehalten.[62]

Am Josefitag 1926 tranken rund 11.000 Besucher 133 hl. Es herrschte ein derart großer Andrang, dass schon seit dem frühen Nachmittag Halle und Garten in Abständen immer wieder gesperrt werden mussten. Vor den Eingängen bildeten sich lange Schlangen von Bierdurstigen. Gegen 17 Uhr schließlich drückte die ungeduldige Menge das Gartentor ein. Einige Hundert Bierdurstige rannten das Kassenhäuschen nieder und verschafften sich gewaltsam Zugang. Viele tranken an diesem Tag weit über den Durst. Die Sanitätskolonne kam in 93 Fällen zum Einsatz, „meist durch Betrunkene, darunter viele Frauen", wie der Polizeibericht festhielt.[63]

Zum Anstich 1927 präsentierte sich der Salvatorkeller mit enormem Saalschmuck. 3.700 Meter Tannengirlanden, 300 Tannenkränze, 400 Föhrenbäume, 2.000 weiß-blaue Kranzbänder und Hunderte von Goldkugeln verliehen den weiten Räumen mit ihrem tiefbraunen Deckengebälk eine festliche Note. Am Haupteingang und vom Dachfirst wehten mächtige Fahnen in den Landes- und Stadtfarben. Die früher üblichen Militärorchester waren seit Kriegsende völlig aus der Mode gekommen. Stattdessen spielten jetzt beliebte „Zivilkapellen" die neuesten Schlager und sogar Modetänze wie „Shimmy" und „Jazz".[64]

Die flotte Musik versetzte offenbar nicht wenige Besucher in Tanzlaune. Deshalb machte die Polizeidirektion der Brauerei zur strikten Auflage, „das Tanzen von Gästen [...] mit allem Nachdruck zu verhindern."[65]

Stammgast beim Salvator im Kellergarten, 1939 (2270)

Der Bierverbrauch im Salvatorkeller war 1927 mit 705 hl noch einmal deutlich höher als in den Vorjahren. Am Josefitag stürmten bei schönstem Frühlingswetter 14.411 Besucher den Nockherberg und stemmten 17.600 Liter. Gegen 15 Uhr war nicht einmal mehr im Garten ein Platz zu finden. „Das Publikum raufte sich um die Stühle und um jede Sitzmöglichkeit."[66]

Um weiteren Platz für die Besucher zu schaffen, wurde in der Folgezeit für die Dauer des Salvatorausschanks eine an den großen Saal anstoßende geräumige Lagerhalle entlang des Betriebsbahngeleises als provisorischer Gästeraum eingerichtet. Dieser hinterste Teil des Salvatorkellers galt seither als „Domäne der Vorstadthelden. Wenn gerauft wurde, dann war es dort. Wenn einer hinausgeworfen wurde, dann kam er aus dieser Ecke."[67]

1929 erreichte der Absatz im Salvatorkeller mit 740 hl bei 55.300 Besuchern einen neuen Höhepunkt. Der Zuwachs war aber nicht zuletzt der in diesem Jahr um zwei auf zehn Tage verlängerten Saison geschuldet. Am Josefitag konsumierten 10.968 Gäste über 14.000 Liter. Viele tranken offenbar mehr, als sie vertragen konnten. Der Polizeibericht resümierte das Ergebnis lakonisch mit dem Satz: „Betrunkene gab es in Menge."[68]

Fast ein Fünftel (4.990 hl) des Gesamtausstoßes von 28.460 hl ging 1929 in den Export – fast dieselbe Menge, die in München außerhalb des Salvatorkellers konsumiert wurde. Über die Hälfte der Starkbierproduktion setzte die Paulanerbrauerei zudem im Reichsgebiet jenseits der weiß-blauen Grenzen ab.[69] Um die auswärtigen Abnehmer schon ab Mitte Dezember beliefern zu können, wurde mit dem Einbrauen des Starkbieres für diesen Kundenkreis nun bereits Ende August begonnen.[70]

Weiß Ferdl am Nockherberg

Nach den krisenhaften Nachkriegsjahren lebte ab 1925 auch die traditionell festliche Gestaltung des Salvatoranstichs in neuem Glanz wieder auf. Den von den Besuchern in der überfüllten Halle stets mit Spannung erwarteten Prolog sprach in diesem Jahr der bekannte Münchner Theaterschauspieler Max Bayrhammer (1867 – 1942). Er hielt als „König Gambrinus von Brabant und Flandern" mit seiner Schankkellnergarde Einzug. Seine mit großem Beifall bedachten Reime stammten aus der Feder von Hermann Roth.[71]

1926 übernahm der landesweit bekannte Volkssänger Ferdinand Weisheitinger, genannt Weiß Ferdl (1883 – 1949), die Rolle des Orators beim Anstich. Er hatte schon 1922 als Sprecher des Prologs im Salvatorkeller debütiert.[72] Weisheitinger sympathisierte schon früh mit Hitlers NSDAP, auf deren Veranstaltungen in der Landeshauptstadt er seit 1922 mehrfach künstlerisch auftrat.[73] 1927 wurde sein Salvatorvortrag von der Münchner Hörfunkanstalt „Deutsche Stunde in Bayern" übertragen.[74]

Darin artikulierte der Redner die – sicherlich auch bei einem nicht geringen Teil der Salvatorgäste auf dem Nockherberg – vorhandene Antipathie gegen den Weimarer Staat und die ihn tragenden demokratischen Parteien. Voller Vorbehalte und innerer Missbilligung blickte er auf die Berliner Reichsregierung, den Völkerbund und die gesamte Versailler Nachkriegsordnung und setzte sie in seinen Reimen in Gegensatz zu den „salvatorianischen" Verhältnissen in München:

„In Berlin herrscht's Wechselfieber
Im Regierungskabinett,
Weil halt jede der Parteien
Gern die Macht für sich nur hätt;
Und so wechseln die Minister
Rasch in dem Parteien-Skat,
Bis daß jeder der Erwählten
Sei' Ministerpension hat!
Schiebereien, ganz im Großen,
Hat man viele aufgedeckt,
Aber 's wird bei den Prozessen
Meist so viel wie nichts bezweckt.
Doch wer am Salvatorkeller,
Eine einz'ge Maß verschiebt,
Und läßt sich dabei erwischen,
Der wird schauen, was es gibt! [...]

Anschluss suchen unsere Brüder
In Deutsch-Oesterreich schon lang.
Unsere Feinde sind dagegen,
Denn die G'schicht macht ihnen bang.
Aber Anschluß beim Salvator
Zu gemütlich froher Rund
Findet Jedes – an geht's gar nix –
Den famosen Völkerbund! [...]

Und 's Berliner Reichsfinanzamt
Hat ganz grausam dekretiert,
Daß die Steuer für das Bier auch
Wiederum gesteigert wird.
Und so stieg der Preis des Bieres
Ohne Rücksicht auf den Durst,
Daß das Bier uns Nahrungsmittel,
Das ist denen drob'n ganz wurscht.
Tröstend wirkt, daß der Salvator
Wird in dankenswerter Weis'
Auf dem Nockherberge wieder
Ausgeschänkt zum alten Preis!"[75]

Hauspolizei auf dem Salvatorkeller, 1932 (2353)

In den nächsten Jahren folgten keine weiteren Radioübertragungen mehr aus dem Salvatorkeller.[76] 1928 glänzte der Münchner Komiker Josef Gewald (†1932) als Vortragender auf dem Nockherberg, bevor Weisheitinger 1929 als „Münchner Kindl" verkleidet letztmalig dort auftrat. Die Texte der Reden zum Salvatoranstich stammten sämtlich aus der Feder des Münchner Lokalschriftstellers Joseph Benno Sailer (1866–1933).[77]

Paulaner-Salvator-Thomasbräu auf Platz zwei

In den 1920er Jahren nutzte die kapitalkräftige Paulanerbrauerei die Chance, sich an einigen finanzschwachen bayerischen Sudhäusern zu beteiligen. 1923 erwarb das Management 80 Prozent des Stammkapitals der Hofbräuhaus Coburg AG. Im selben Jahr erfolgte eine Beteiligung an der Anfang 1923 über den Zusammenschluss einzelner Lokalbrauereien gegründeten Auerbräu AG in Rosenheim. 1927 gelang der Erwerb von 35 Prozent des Aktienkapitals der Waitzingerbräu AG im oberbayerischen Miesbach mit einem Zweigbetrieb in Landsberg am Lech.[78]

Im selben Jahr kaufte man drei oberbayerische Kleinbrauereien in Egmating, Staltach und Grünbach bei Erding. Diese Betriebe wurden sofort stillgelegt, die Absatzstellen aus München weiterbeliefert.[79] Der Ausstoß erreichte rund 311.000 hl.[80] Damit belegte die Paulanerbrauerei nun Rang fünf unter den Münchner Großbrauereien.

Im Juli 1928 schließlich fusionierte die „Aktiengesellschaft Paulanerbräu Salvatorbrauerei" mit der seit 1881 bestehenden Thomasbrauerei zur „Aktiengesellschaft Paulanerbräu Salvatorbrauerei und Thomasbräu in München". Zwischen beiden Unternehmen bestand bereits seit 1923 eine Interessengemeinschaft, die eine enge Abstimmung im Produktions- und Vertriebsbereich begründete. Eine mangelhafte Auslastung ihrer Überkapazitäten bewog schließlich die familiengeführte Brauerei am Münchner Kapuzi-

Laden mit Werbeplakat für Salvator, um 1926 (4554)

In der Presseloge des Salvatorkellers, 1931. Vorne rechts: Joseph Benno Sailer (2353)

nerplatz, die das Konterfei des heiligen Thomas von Aquin in ihrem Markenlogo führte, mit über 300 Beschäftigten und einem Ausstoß von zuletzt 230.000 hl zum Zusammenschluss mit dem bisherigen Partner.[81]

Der Merger brachte das Sudhaus in der Ohlmüllerstraße auf die Überholspur. Mit einem Ausstoß von 483.000 hl zog Paulaner-Salvator-Thomas nun an Hacker, Spaten und Pschorr vorbei. Nach der Löwenbrauerei, die eine Million Hektoliter produzierte, besetzte man jetzt Platz zwei unter den Münchner Braubetrieben.[82]

Nach der Fusion verfügte das Sudhaus über 84 eigene Gastwirtschaften, davon 60 in München.[83] Der Salvator fand nun auch bei der weiterbelieferten Gastronomiekundschaft der Thomasbrauerei alljährlich regen Absatz. 1932 bezogen das Starkbier während der Wintersportsaison unter anderem 60 touristisch frequentierte Gastronomiebetriebe im bayerischen Hochland zwischen Bad Reichenhall und Kempten.[84]

Weltwirtschaftskrise

Mit dem Börsenkrach an der New Yorker Wall Street im Oktober 1929 begann die Weltwirtschaftskrise. Auch für Paulaner-Salvator-Thomas hatte diese Entwicklung dramatische Folgen. Der Bierabsatz brach in der Folgezeit bis 1932 um 44 Prozent auf nur mehr 269.000 hl ein. Die Wirtschaftsdepression traf das Sudhaus schwer. Es fiel unter den Münchner Brauereien hinter Spaten auf Platz drei zurück.[85]

Der wirtschaftliche Einbruch hinterließ auch auf dem Nockherberg deutliche Spuren. Absatz und Besucherzahl sanken fortlaufend. 1930 besuchten bereits über 19.000 Bierdurstige weniger als im Vorjahr den Salvatorkeller. Als Konsequenz verkürzte man den Ausschank werktags von 14 bis 18.30, sonntags von 14 bis 19 Uhr.[86]

Die weniger gewordenen Gäste im Salvatorkeller ließen sich trotz der allgemeinen Krise die Stimmung nicht verderben. Als Ehrengäste in der „Diplomatenloge" sprachen in diesem Jahr unter anderem der Münchner

Brauereianlagen an der Ohlmüller- und Hochstraße, um 1925 – entgegen der Realität sind die beiden Betriebsteile auf eine Ebene projiziert (4670; Kunstanstalt Eckert & Pflug, Leipzig)

Oberbürgermeister Karl Scharnagl (1881–1963) von der Bayerischen Volkspartei, US-Konsul Alfred W. Donegan, der serbische Politiker Velizar Nintschitsch und der bekannte Münchner Rechtsanwalt Joseph Warmuth dem Starkbier zu. Letzterer verewigte die gesellige Runde mit einem lyrischen Eintrag im Gästebuch:

> „Ich lobe mir
> Das feine Bier
> Das herrliche ‚Salvator' –
> Es löst die Zunge,
> Löst das Herz –
> Als hieß' es ‚Diplomator'."[87]

Am 22. März 1931 schrieb Scharnagl im Namen der „Diplomaten-Runde" zuversichtlich in die Kladde: „Zum Schlusse der Saison sind wir wie in früheren Jahren hier vereint – lauter Freunde einer wichtigen Münchener Festlichkeit, die aus allen Teilen der Welt stammen und einig sind im Urteil über den Salvator und seine guten Auswirkungen auf gute, edle Menschen – wie wir es sind!"[88]

Der Tiefpunkt der Wirtschaftskrise war 1932 erreicht. In diesem Jahr konsumierten 22.195 Besucher im Salvatorkeller binnen zehn Tagen nur mehr 361 hl Starkbier. Gegenüber 1929 bedeutete dies einen Einbruch um mehr als die Hälfte. Der Gesamtausstoß der Bierspezialität halbierte sich auf nur mehr 13.073 hl. Das entsprach dem Absatzvolumen

von 1901. Der jährliche Nettoerlös der Brauerei im Salvatorgeschäft sank von 1,14 Millionen auf nur mehr 524.000 RM.[89]

Angesichts der allgemein herrschenden wirtschaftlichen Not war das freilich kein Wunder. Das Münchner Arbeitsamt zählte im Juni 1932 82.000 Arbeitssuchende, 20.000 mehr als im Vorjahr. Ende des Jahres lebten über 105.000 Münchner, die Familienangehörigen nicht eingerechnet, von öffentlicher Unterstützung.[90]

Die allermeisten von ihnen verzichteten auf den Besuch des Salvatorkellers – trotz der Preissenkung von einer Reichsmark auf 90 Pfennige pro Maß. Schließlich beeinträchtigte auch ein plötzlicher Wintereinbruch das Geschäft. In der Nacht vom 8. auf den 9. März fielen auf dem Nockherberg über 30 Zentimeter Schnee. Noch dazu wurde die Salvatorsaison 1932 zweimal unterbrochen. Sie begann am 6. März, doch blieb der Keller am Sonntag, den 13. März, aufgrund der an diesem Tag stattfindenden Reichspräsidentenwahl geschlossen. Die Polizei musste aufgrund der angespannten politischen Lage ihre gesamten Einsatzkräfte in München zum Schutz der Wahllokale abstellen. Für den Nockherberg stand nicht ein Mann zur Verfügung. Danach lief der Ausschank am 14. und 15. März weiter, bevor er nach erneuter dreitägiger Pause am Samstag, den 19. März (Josefitag), rechtzeitig vor dem Beginn der Karwoche endete.[91]

Trotz der allgemeinen Krisenstimmung besuchten – wie schon in den Jahren zuvor –

Salvatorredner Karl Steinacker als „Kellnerin Kreszentia Wimplinger" mit Begleitung, 1933 (2263)

auch 1932 ausländische Gäste den Salvatorkeller. Sie kamen aus Österreich, Holland, Spanien, Schweden, Jamaika und New York.[92]

Braune Zeiten

Mit der Weltoffenheit war es freilich bald vorbei. Beim Anstich am 12. März 1933 herrschten völlig veränderte politische Verhältnisse. In den Tagen zuvor hatten die – mit der am 30. Januar erfolgten Ernennung Hitlers zum Reichskanzler an die Macht gelangten – Nazis die Grundrechte im ganzen Reich außer Kraft gesetzt, eine Verhaftungswelle gegen politische Gegner gestartet und bei der Reichstagswahl am 5. März reichsweit 43,9 Prozent der Wählerstimmen geholt.

Im Gästebuch des Salvatorkellers prangte nun erstmals ein großes Hakenkreuz, verziert mit einem unübersehbaren „Heil!". Eine Gruppe von Logengästen, offenbar gut gelaunte Anhänger der NSDAP, verewigte sich damit in der Kladde.[93]

Der von den Nazis mit brachialer Gewalt herbeigeführte politische Umsturz zeigte sich auf dem Nockherberg besonders daran, dass viele altbekannte Gesichter der Logen-Prominenz nun plötzlich fehlten. Die „Münchner Zeitung" kommentierte den unübersehbaren Schwund mit den Worten: „Die Salvator-Prominenten von gestern kamen allerdings nur spärlich, es hat ihnen anscheinend den Durst verschlagen; jene von heute kamen überhaupt nicht, sie haben ja schließlich auch Wichtigeres zu tun."[94]

Karl Scharnagl, der seit seiner Wahl zum Münchner Oberbürgermeister 1925 stets zu den Logen-Gästen auf dem Nockherberg gezählt hatte, hielt sich ebenfalls fern. Die für das Stadtoberhaupt im Gästebuch reservierte Seite blieb gähnend leer. Später notierte dort ein unbekannter „Dichter": „Dieses Blatt bleibt unbeschrieben. Der Herr Oberbürgermeister ist ausgeblieben!"[95]

Am 20. März 1933 trat Scharnagl unter dem Druck der Nationalsozialisten von seinem Amt zurück und machte dem „Alten Kämpfer" der Nazibewegung Karl Fiehler (1895–1969) Platz. Noch am gleichen Tag gab der kommissarische Münchner Polizeipräsident Heinrich Himmler die Errichtung des Konzentrationslagers Dachau bekannt. Über die radikal veränderten Verhältnisse und den politischen Terror versuchte sich ein Besucher in der Presseloge des Salvatorkellers mit einem Spruch hinwegzutrösten. Beim Anstich 1933 reimte er im Gästebuch: „Im 1., 2. und 3. Reich fließt der Salvator immer gleich."[96]

Steigender Pro-Kopf-Verbrauch

Tatsächlich aber floss das Starkbier auf dem Nockherberg nun nicht mehr so üppig wie in den „Goldenen Zwanzigern". Während des „Dritten Reiches" stagnierten die Besucherzahlen weiterhin auf niedrigerem Niveau. Im Schnitt besuchten bis 1939 alljährlich 23.300 Gäste den Salvatorkeller, die durchschnittlich 528 hl konsumierten.[97]

Verantwortlich für den Minderabsatz war die aufgrund der weiterhin angespannten wirtschaftlichen Lage in weiten Bevölkerungskreisen noch immer herrschende Konsumzurückhaltung. Zudem schafften die Nationalsozialisten im Februar 1934 den Josefitag als gesetzlichen Feiertag in Bayern ab. Dadurch verlor der Nockherberg am 19. März seine vormals überaus starke Anziehungskraft.

Den veränderten Bedingungen mussten die Kelleröffnungszeiten angepasst werden. Am 4. Januar 1933 berichtete die Brauerei an die Polizeidirektion München: „In den vergangenen Jahren hat es sich gezeigt, dass die üblichen Ausschankzeiten, werktags von 2 bis 6½, sonntags von 2 bis 7 Uhr, den Zeitverhältnissen nicht mehr angepasst sind. Früher war der Salvator-Keller schon um 2 Uhr gut besucht, weil die Leute, die nichts zu tun hatten, Privatiers, Pensionisten und dergleichen, sich schon um diese Stunde einfanden. Diese Gäste fehlen heute vollständig, weil sie kein Geld mehr haben. Infolgedessen ist der Zuspruch auf dem Keller bis etwa um 4 Uhr nur schwach, von da ab bis zum Schlusse drängen sich die Besucher oft sehr zusammen, nicht zur Annehmlichkeit des einzelnen Gastes und zum Schaden des Wirtschaftsbetriebes, weil das Bedienungspersonal nicht mehr durchkommt. Ein weiterer Nachteil der bisherigen Zeiteinteilung ist, dass berufstätige Leute unter der Woche den Salvator-Keller überhaupt nicht besuchen können und, wenn sie schon einmal auf den Keller gehen wollen, alsdann am Samstag oder Sonntag das Gedränge vermehren helfen. Bei einer Verlängerung der Ausschankzeit würden sich die Besucher viel besser auf die einzelnen Tage verteilen."[98]

Die Brauerei schlug deshalb eine allgemeine Ausweitung des abendlichen Ausschanks bis 22 Uhr vor. Damit konnte sich die Polizeibehörde aber nicht anfreunden. Letztlich wurde ab 1934 die Ausschankzeit an Werktagen bis 21 Uhr und an Sonntagen bis 20 Uhr verlängert. Ab 1936 verkürzte man den Ausschankbeginn werktags um eine Stunde auf 15 Uhr.[99]

Während dieser Zeit versorgten an den Ständen im Garten und in den Hallen 45 Verkäuferinnen und Verkäufer die Gäste mit Brathühnern, Schweinswürsteln und Steckerlfischen. Je sechs Händler boten dort Brezeln und Rauchwaren feil, acht verkauften Blumen, Süßigkeiten, Postkarten und Scherzartikel.[100]

1935 gab es unter den Salvatorgästen Beschwerden über das offenbar zu selbstherrliche Auftreten der 48-köpfigen brauereieigenen Hauspolizei. Im Jahr darauf beauftragte das Sudhaus daher die Münchner Wach- und Schließgesellschaft mit dem Ordnungsdienst. Sie sorgte fortan zusammen mit einer 30-köpfigen Polizeimannschaft unter dem Kommando eines während der Salvatorsaison auf dem Nockherberg eingerichteten Polizeikommissariats für die Sicherheit auf dem Keller.[101]

Für Angehörige von NS-Organisationen wie Sturmabteilung (SA), Schutzstaffel (SS) oder Nationalsozialistisches Kraftfahrkorps (NSKK) galt noch 1934 ein Verbot zum Besuch des Salvatorkellers in Uniform.[102] Offenbar wollten die neuen Machthaber Auftritte von

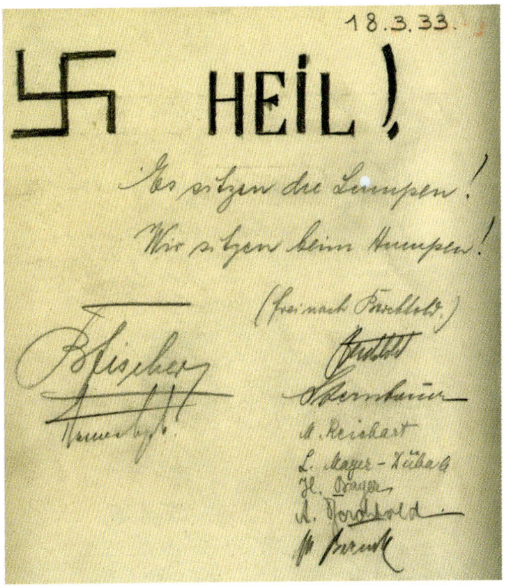

Hakenkreuz-Eintrag im Gästebuch des Salvatorkellers, 1933 (2354)

Salvator

MÜNCHEN IX, im Januar 1938.

Wir beehren uns hiemit zum Bezuge von

Salvator in Flaschen

höflichst einzuladen.

Verpackung: Der Versand beginnt Mitte Februar und erfolgt in Kisten mit 24 und 36 Flaschen zu ca. ½ Liter. Kisten und Flaschen sind im Preise inbegriffen. Bei frachtfreier Rücksendung derselben an unsere Adresse München-Ostbahnhof vergüten wir: für eine leere Flasche RM. —.15, für eine Kiste RM. 5.—.

Preise: Die Preise sind:

Flaschen	24	36	
RM.	20.60	28.40	ab **München-Ostbahnhof.**

Die Gemeindebiersteuer ist vom Empfänger zu bezahlen.

Die Lieferung erfolgt gegen Vorauszahlung oder gegen Nachnahme. Die Art der gewünschten Zahlung muß auf der Bestellkarte vermerkt sein. (Nichtzutreffendes durchstreichen!) Unser Postscheckkonto hat die Nummer 879 München. Die Bestellungen erbitten wir mittels anliegender Karte und in möglichst deutlicher Schrift an untenstehende Adresse.

Zeitpunkt des Versandes: Die Bestellungen werden in der Reihenfolge des Eingangs erledigt. Für Eintreffen an einem bestimmten Tage übernehmen wir keine Gewähr. Bei starkem Frost muß der Versand unterbleiben.

Haltbarkeit: Salvator in Flaschen ist infolge besonderen Herstellungsverfahrens monatelang haltbar. In der wärmeren Jahreszeit ist es geraten, die Flasche vor dem Genusse gut zu kühlen.

Schutzmarke: Jeder Flaschenverschluß trägt den **Namen unserer Braustätte,** jede Etikette die **nebenstehende Schutzmarke.**

PAULANERBRÆU Schutz marke SALVATOR-BIER MÜNCHEN

Der Name „Salvator" ist uns als Warenzeichen vom Reichspatentamte geschützt. Niemand darf Bier, das nicht aus unserer Brauerei stammt, als „Salvator" bezeichnen (§ 14 des Gesetzes zum Schutze der Warenbezeichnungen vom 12. Mai 1894). Wir ersuchen unsere Freunde, uns jeden Mißbrauch des Wortes „Salvator" unverzüglich zu melden, damit wir sofort die nötigen Schritte zur Wahrung unseres Zeichenrechtes unternehmen können.

Heil Hitler!

Aktiengesellschaft Paulanerbräu Salvatorbrauerei und Thomasbräu
München IX.

Bahnstation: München - Ostbahnhof
Telegr.: Paulanerbräu

1 weiße Bestellkarte.

angetrunkenen Funktionsträgern in der Öffentlichkeit tunlichst vermeiden.

Steigende Tendenz zeigte während der NS-Zeit auf dem Salvatorkeller der Pro-Kopf-Verbrauch. Er wuchs von 1,5 auf über 1,8 Liter. Insgesamt zählte man auf dem Nockherberg im Vergleich zu den 1920er Jahren zwar weniger Konsumenten. Aber diejenigen, die sich den Besuch leisteten, tranken deutlich mehr als früher.[103]

„Dös Frankerl saufa mir alloa"

Nach dem Abflauen der Weltwirtschaftskrise stabilisierte sich die Lage bei der Paulaner-Salvator-Thomasbrauerei. Der jährliche Bierabsatz stieg von 1933 bis 1939 wieder kontinuierlich auf über 360.000 hl an. Das bedeutete eine Steigerung gegenüber dem Tiefstand 1932 um fast 82.000 hl (37 Prozent). Der Salvatorausstoß erhöhte sich gleichzeitig um 85 Prozent von rund 13.000 auf fast 24.000 hl. Der Starkbierverkauf zog im Verhältnis wieder deutlich schneller an als der Absatz der übrigen Sorten.[104]

Trotzdem waren Sparmaßnahmen angezeigt. Noch 1932 gab die Brauerei über 47.000 RM für Salvatorwerbung in Zeitungsinseraten und auf Plakaten aus. Bis 1938 halbierte sich der Reklameetat für das Starkbier. Das lag vor allem am deutlich verminderten Exportgeschäft. Die gesamte jährliche Bierausfuhr brach aufgrund der erhöhten Zollmauern und der Devisenbeschränkungen zwischen 1929 und 1935 um fast zwei Drittel von 14.500 hl auf nur mehr 5.300 hl ein. Konstant ein Drittel des sinkenden Auslandsvolumens entfiel dabei noch immer auf das Starkbier Salvator. Bis 1938 verdoppelte sich der jährliche Gesamtexport wieder auf über 11.000 hl.[105]

Ein erfreulicher Lichtblick im Ausland war 1933 die Aufhebung der seit 1919 in den USA herrschenden Prohibition. Von 1934 bis 1938 stieg der US-Verbrauch an Salvator pro Saison von 23 auf 472 hl.[106] Insgesamt lieferte die Paulaner-Salvator-Thomasbrauerei zwischen November 1935 und Juni 1938 rund 1.500 hl Salvator (zum Preis von je 33,20 RM) und eine ebenso große Menge an Exportbier (zum Preis von je 24,20 RM) an ihre US-Vertretung, die Firma „Gambrinus" in New York. Zur Markteinführung der Biere unterstützte das Sudhaus seine Vertriebsagentur mit 12.000 Dollar (über 30.000 RM) für Werbemaßnahmen.[107]

Im Gegensatz zum Inlandsmarkt, den die Paulanerbrauerei unter den Münchner Sud-

Salvatorredner Karl Steinacker als „Alter Münchner" mit Brauergarde, 1934 (2264)

Linke Seite: Salvator in Flaschen – Bezugseinladung an Wiederverkäufer, 1938 (2286)

Salvatorredner Karl Steinacker mit Brauergarde, 1935 (2265; Foto: Kurt Huhle)

häusern mit ihrem Salvator weiterhin mit Abstand dominierte, holte die Löwenbrauerei beim Export ihres Starkbieres ab Mitte der 1930er Jahre deutlich auf. Der finanzstarke Münchner Konkurrent steigerte – nicht zuletzt aufgrund seiner großen Exporterfolge in den USA – seine jährliche Starkbierausfuhr bis 1938 auf 1.464 hl und erreichte damit bereits zwei Drittel des in der Ohlmüllerstraße erzielten Auslandsvolumens.[108]

1937 lag der Salvatorexport bei 2.167 hl. Ein Viertel davon gelangte in die Schweiz, ein Fünftel in die USA. 14 Prozent der Starkbierausfuhr gingen nach Polen, zwölf nach Österreich, je sechs nach Ägypten und Jugoslawien, fünf nach Ungarn, vier in die Tschechoslowakei, drei nach Holland, je zwei nach Belgien und Frankreich. Ein Prozent konsumierten die trinkfreudigen Luxemburger.[109]

Die Salvatorausfuhr spülte dringend benötigte Devisen in die Kassen des NS-Staates. 1933 hatte ein Spaßvogel unter Bezug auf die neue, dem Autarkiegedanken verpflichtete Wirtschaftspolitik der Nazis listig ins Gästebuch des Salvatorkellers geschrieben:

„Was lastet uns so sehr am Magen:
Die Ausfuhrstockung hör ich sagen.
Sogar die Brauerwelt am Ort
Klagt lang schon über Bierexport.
Kein Mensch bei uns weiß einen Rat,
Da kommt des Reiches Kanzlers Tat.
Bringt uns den Autarkie-Gedanken,
Nun gibt es nirgends mehr ein Schwanken.
Auch die Paulaner Brauerei find' Trost
Vom Ruf des Publikums umtost:
Pfeift auf Export: – Amerika,
Dös Frankerl saufa mir alloa."[110]

„'S gibt auf der Welt koan zweiten Hitler!"

Als Redner beim Salvatoranstich auf dem Nockherberg agierte ab 1930 der Münchner Humorist Karl Steinacker (1888–1963). Für die Texte zeichnete bis zu seinem Tod 1933 Joseph Benno Sailer verantwortlich, danach Hermann Roth.[111]

Steinacker trat beim Salvatorprolog stets in Kostümierung auf, so als König Gambrinus (1932), als „Alter Münchner" (1934), als Schenkkellner (1935), als Bierkieser (1938) oder als Kellnerin (1939). 1930 gab er den „Salvatorstammgast Alois Blimbacher", 1931 den „Bierführer Lorenz Brandner", 1933 die Kellnerin „Kreszentia Wimplinger, geschiedene Sturzlberger, verwitwete Schnerpfl und geborene Machtlbeck, genannt die Zenzi vom Salvatorkeller", im Olympiajahr 1936 „Gott Jupiter in Begleitung von Gattin Juno", 1937 den „Stammgast Dimpflhuber aus der Au".[112]

Schon die Salvatorreden des Weiß Ferdl in den 1920er Jahren enthielten politische Bezüge. Nach der „Machtergreifung" durch die Nazis nahm der Vortrag beim Salvatoranstich dann entschieden braune Züge an. 1934 feierte Steinacker, der im Jahr zuvor in die NSDAP eingetreten war,[113] auf dem Nockherberg das Ende der ungeliebten Weimarer Republik. Er begrüßte das neue NS-Regime und rief zur Unterstützung Hitlers auf:

„I brauch Euch gar net dran erinnern:
Kaum war's a bisserl stad im Innern,
ham uns die andern schickaniert,
und allaweil hat si was g'rührt!
Zahln ham ma müass'n, immer zahl'n!
Dazwischen jährlich fünf, sechs Wahl'n,
obwohl ma g'wusst ham z'erst schon glei:
Es bleibt die alte Sauerei!

No, jetzt ham wir uns g'wählt grad gnua,
jetzt is mit dera G'schicht a Ruah,
weil wir halt g'funden hab'n den Mo,
der Deutschland guat regieren ko!
Des siecht sogar der ärgste Krittler:
'S gibt auf der Welt koan zweiten Hitler!
Und weil wir so an Führer ham,
gibt's nur des oane: Leut, halt's z'samm
und arbats mit ihm Hand in Hand
für's neue deutsche Vaterland!"[114]

1935 gab der Redner beim Salvatorgruß „von fröhlicher Volksgemeinschaft und Kraft durch Freude kund."[115] Der Anschluss des Nachbarlandes Österreich an das Deutsche Reich am 13. März 1938 wurde wenige Tage später beim Starkbierauftakt am Nockherberg allgemein bejubelt. Steinackers erster Gruß beim Salvatorprolog galt dem Führer und Reichskanzler Adolf Hitler. Dann schwärmte er: „Nun gehört mit Herz und Hand zu uns das alte Bruderland."[116]

Beim Anstich 1939 schließlich bekundete – der als „Auer Kellnerin Resi" auftretende – Steinacker die Treue und Verlässlichkeit der Salvatorgemeinde gegenüber dem NS-Staat. Er feierte dessen außenpolitische „Erfolge", die auch die Rohstoffversorgung des Deutschen Reiches und damit den Salvatorgenuss sicherstellten:

„I will mi aber weiter net lob'n;
Am liebsten bedien i scho da herobn,
Da findt'ma no den ächten Humor,
Politische Witz, die komma net vor,
Wie's d'Regirung gern mag, a so wird da gred,
Nach Dachau kummt da so leicht einer net!
[...]
Ja, hätt' unser Führer net Grosses getan
Und Österreich uns gwonna, s' Sudetenland,
Na hätten mirs heuer wohl gnau beianand.
So aber gibt's wieder an Malz und an Hopfen
Und Thomas-Paulaner hab'n braut uns den Tropfen."[117]

Unter den vier Vorstandsmitgliedern der Paulaner-Salvator-Thomasbrauerei trat während des „Dritten Reiches" keiner als Nazisympathisant besonders in Erscheinung. Als einziger wurde am 1. Mai 1937 Kommerzienrat Ludwig von Hoessle (1880–1955) aus opportunistischen Gründen Mitglied der NSDAP. Im Unternehmen entfaltete er keine parteipolitische Aktivität.[118] Auch in anderen Münchner Großbrauereien waren nach 1933 Führungskräfte aus Rücksicht auf Geschäftsinteressen der Nazi-Partei beigetreten.[119]

1939 besuchten 24.736 Trinklustige den anfangs verschneiten Nockherberg und konsumierten in den drei Kellerhallen binnen acht Tagen rund 45.000 Liter Salvator.[120] Der Pächter der Kellergaststätte, der wie andere Münchner Gastronomiebetriebe das Starkbier in der Regel noch bis Ende April ausschenkte, setzte allein 203 hl ab.[121]

Dass die Nazis von Anfang an auf Krieg aus waren, merkten die allermeisten der Nockherbergbesucher erst ein halbes Jahr später. Am 1. September 1939 entfesselte das NS-Regime mit dem Überfall auf Polen den Zweiten Weltkrieg.

Ab 1. Dezember durfte im Reich aufgrund der kriegsbedingten Sparmaßnahmen nur noch Bier mit einer Stammwürze bis zu neun Prozent eingebraut und verkauft werden. Deshalb war es mit dem Nockherbergspektakel nun vorbei. Der noch in den Kellern der Brauerei lagernde Vorrat von 2.500 hl Salvator musste Anfang 1940 zu Dünnbier verschnitten werden.[122]

In den bombensicheren Untergrund des Salvatorkellers zog im Oktober 1943 die zentrale Befehlsstelle des Münchner Luft- und Feuerschutzes ein. Anfang März 1944 verlagerte auch der Gauleiter der „Hauptstadt der Bewegung" sein Quartier von der Prannerstraße unter den Nockherberg. Die Dienststellen belegten dort eine Fläche von 2.400 Quadratmetern. In der Nacht vom 24. auf den 25. April 1944 zerstörte der bis dahin schwerste Luftangriff auf München den Salvatorkeller vollständig. Mit ihm versanken vier Fünftel des Stadtteils Au mitsamt einem Teil der Betriebsanlagen der Paulaner-Salvator-Thomasbrauerei in Schutt und Asche.[123]

BIN HEUT MIT ALLE SEPPERL'N BEIM SALVATOR
JOSEF BIKL

HEUTE SCHULFREI-
LEHRKRÄFTE AUF DEM
NOCKHERBERG
Juhu!

HABE HEUTE NICHT GEKOCHT BIN BEIM SALVATOR GRUSS MUTTI

STANDESAMT
HEUTE GESCHLOSSEN! SIND BEIM SALVATOR

KOMME SCHON WIEDER, BIN NUR ZUM SALVATOR

BIN BEIM SALVATOR AB 24 UHR WIEDER IM SATTEL KURFÜRST WILH. III

SALVATOR
LINIE 7
ZUM SALVATOR- AUF DEM NOCKHERBERG

APOTHEKE
HEUTE GESCHLOSSEN! BIN BEIM SALVATOR

WENN ICH SIE ZUM SALVATOR EINGELADEN HÄTTE, WÄRE SIE BESTIMMT GEKOMMEN!
SALVATOR

Neubeginn am Nockherberg

Im Verlauf des Zweiten Weltkrieges war der Bierausstoß bei Paulaner-Salvator-Thomas um über zwei Drittel gesunken. Im Braujahr 1944/45 lag die Marke bei nur mehr 108.239 hl. Die Betriebsanlagen der ehemaligen Thomasbrauerei an der Kapuziner-, Mai- und Tumblingerstraße waren sehr stark zerstört. Der Wiederaufbau konzentrierte sich deshalb auf die Standorte Ohlmüller- und Hochstraße. Dort hatten die Spreng- und Brandbomben zwar größere Schäden an den Gebäuden angerichtet, die maschinelle Einrichtung war aber über weite Strecken intakt geblieben. Ende September 1945 beschäftigte das Sudhaus 371 Menschen.[1]

Salvator contra Atomator

In der unmittelbaren Nachkriegszeit blieb die Situation dennoch schwierig. Der Mangel an Rohstoffen, an Kohle und elektrischer Energie sowie das Fehlen von Flaschen und Fässern beeinträchtigte den Braubetrieb erheblich. Im Braujahr 1945/46 konnten lediglich rund 10.000 Zentner Gerste und 232 Zentner Hopfen beschafft werden. Damit produzierte man mit den verbliebenen Vorräten rund 114.000 hl Dünnbier.[2] Denn bis 30. September 1948 durften wegen der angespannten Ernährungslage in der amerikanischen Besatzungszone nur Hopfengetränke mit einer Stammwürze von 1,7 und einem Alkoholgehalt von höchstens 0,4 Prozent an deutsche Biertrinker verkauft werden.[3]

Aufgrund des verminderten Absatzes und der großen finanziellen Aufwendungen für den Wiederaufbau häufte das Unternehmen in den folgenden beiden Jahren Verluste von fast 700.000 RM an. Nach der Währungsreform ergab sich 1948/49 ein weiteres Defizit von 262.000 DM.[4] Um wieder schwarze Zahlen zu schreiben und Devisen zu erwirtschaften, setzte das Management neben dem Inlandsabsatz zunächst auf eine Wiederankurbelung des Auslandsgeschäfts. Dabei spielte das Starkbier Salvator bis Mitte der 1950er Jahre eine nicht unwesentliche Rolle.

Linke Seite: „Bin beim Salvator" – Salvatorwerbung, um 1956 (4525)

Verladung von Salvator in Flaschen für die USA, 1948 (4602)

Salvatorwerbung in den USA, 1948 (4598)

Im Oktober 1947 erhielt das Sudhaus von der Amerikanischen Militärregierung die Genehmigung zum Einbrauen von Starkbier für eine Ausfuhr in die USA. Die Abfertigung des ersten Transports im März 1948 wurde sogar im Radio übertragen.[5]

Von Juni 1948 bis Mitte 1952 lieferte man fast 6.000 hl Gerstensaft an die New Yorker Exportvertretung. Etwa die Hälfte davon war Salvator mit der gewohnten Stammwürze von 18,5 Prozent, die andere Hälfte 14-prozentiges Exportbier.[6] Zu den starkbierfreudigen

Direktor Bernhard Scheublein (rechts) bei Dreharbeiten zum Film „Mönche, Mädchen und Panduren" in Geiselgasteig, 1952 (4622)

US-Kunden gehörte damals der Rotary Club im 2.000-Seelen-Städtchen Chadron im US-Bundesstaat Nebraska, der 1952 Salvator in Flaschen bezog.[7]

Auch die Löwenbrauerei verschiffte seit Anfang Oktober 1948 Starkbier nach New York. Im Zeichen des angebrochenen Kernwaffenzeitalters und der noch alleinigen Atommacht USA tauften die Werbefachleute in der Nymphenburger Straße das hochprozentige Gebräu „Atomator". Doch war damit die Marke „Salvator" jenseits des Atlantiks nicht zu schlagen. Der Mengenumsatz des Löwen erreichte dort kaum die Hälfte der Starkbierlieferungen aus der Ohlmüllerstraße.[8]

Um das US-Geschäft zu pushen, nahmen beide Sudhäuser im April 1949 an der „Deutschen Industrieschau" im Rockefeller Center in New York teil. Paulaner und Löwenbräu waren die einzigen bayerischen Brauereien unter den 530 deutschen Ausstellern, die dort den 125.000 amerikanischen Besuchern ihre Produkte präsentierten.[9]

Ab Mitte 1949 startete der Bierexport aus der Ohlmüllerstraße in die Schweiz, nach Italien, Frankreich und Belgien. Die Gesamtausfuhr des ab 1. Juni 1951 in „Paulaner-Salvator-Thomasbräu AG" umfirmierten Sudhauses erreichte in den Geschäftsjahren 1948/49 bis 1953/54 im Schnitt 11.800 hl.[10] Damit wurde wieder das Niveau der späten 1920er Jahre erreicht. Ein Fünftel der jährlichen Exportmenge und fast zwei Fünftel der dabei erzielten Devisenerlöse von rund einer halben Million DM entfielen allein auf den Salvator. In den beiden folgenden Perioden erbrachte das Starkbier sogar 46 Prozent des Ausfuhrumsatzes.[11]

Ab 1955 war es jedoch mit den Exporterfolgen vorbei. Denn das Auslandsgeschäft war mittlerweile mit hohen Kosten für Werbung und Vertrieb verbunden. Nur ein traditioneller Exportspezialist wie die Münchner Löwenbrauerei, die am Beginn der 1970er Jahre über ein Viertel (470.200 hl) des Gesamtausstoßes und sogar zwei Drittel ihrer Starkbierproduktion von 19.900 hl im Ausland absetzte, konnte auf diesem Feld dauerhafte Erfolge erzielen.

In der Ohlmüllerstraße dagegen ging der Ausfuhranteil sämtlicher Sorten bis 1960 von 5,7 auf verschwindende 1,1 Prozent zurück. In der Folgezeit stieg er nur leicht wieder an. 1980 erreichte er 3,5 Prozent. Die Exportquote des Starkbieres verminderte sich ebenfalls stetig. 1955 gingen noch 13 Prozent der Salvatorproduktion (2.178 hl) ins Ausland. Ab 1963 waren es mit 920 hl nur mehr marginale drei Prozent.[12]

Ihre Zukunft sah die Paulanerbrauerei nun fast ausschließlich auf dem traditionellen Absatzmarkt in München und Bayern.

Mit Flaschenbier an die Spitze

Mit voller Kraft konzentrierte man sich in der Ohlmüllerstraße in den Nachkriegsjahren auf das Biergeschäft im Großraum München und in Südbayern. Der Erfolg blieb nicht aus. Schon zu Beginn der 1950er Jahre lag das Sudhaus nach der Löwenbräu AG wieder auf Platz zwei unter den ausstoßstärksten Großbrauereien der Landeshauptstadt. In der Folgezeit wuchs das Unternehmen auch schneller als Spaten, Hacker, Pschorr und Augusti-

SALVATOR-DARK-BEER
THE PRIDE OF BAVARIA
KNOWN FOR CENTURIES
MUNICH
AG. PAULANERBRAEU SALVATORBRAUEREI AND THOMASBRAEU

ner. Schon im Sudjahr 1956/57 wurde der Vorkriegsausstoß von 360.000 hl wieder erreicht.

Mit jährlichen Wachstumsraten von durchschnittlich über acht Prozent überschritt die Paulaner-Salvator-Thomasbräu AG 1971 mit 1.023 Beschäftigten beim Ausstoß die Millionengrenze. Im Sudjahr 1975/76 überflügelte sie mit 1,27 Millionen hl die schwächelnde Löwenbrauerei. Damit behauptete sie 4,8 Prozent der Bierproduktion in Bayern. Im Verbund mit den vier zum Konzern gehörigen Biertöchtern – Auerbräu AG Rosenheim (153.000 hl), Waitzingerbräu AG Miesbach (91.000 hl), Hofbräuhaus Coburg AG (48.000 hl) und der 1975 anteilig erworbenen Klosterbrauerei St. Veit AG in Neumarkt-St. Veit (28.000 hl) – kontrollierte der bayerische Marktführer sogar 5,7 Prozent. Paulaner stand nun unangefochten an der Spitze der bayerischen Brauindustrie.[13]

Bereits 1954 erreichte der Jahresgewinn 0,6 Millionen DM. Er verdoppelte sich bis 1960. 1979 wurden 2,4 Millionen DM erreicht. Die zufriedenen Aktionäre freuten sich ab 1967 alljährlich über eine Dividende von 20 Prozent des Grundkapitals.[14]

Das Erfolgsgeheimnis des Sudhauses beruhte einmal auf seiner starken Position im Lebensmittelhandel. Ab den 1950er Jahren setzte Paulaner neben dem traditionellen Fassbierverkauf im Gastronomiegeschäft voll auf diesen zukunftsweisenden Vertriebskanal. 1955 wurde bereits über die Hälfte der Produktion in Flaschen verkauft. 1961 lag der Flaschenbieranteil bei 65, 1970 bei 75 Prozent. 1978 stammte ein Drittel des vom Lebensmittelhandel im Großraum München verkauften Bieres aus der Ohlmüllerstraße.[15]

Der fulminante Erfolg beruhte weiterhin auf der stark verdichteten Absatzstruktur. 95 Prozent der Verkäufe konzentrierten sich auf den südbayerischen Raum mit einem Radius von hundert Kilometer um die Landeshauptstadt. Die Hälfte davon setzte Paulaner im Großraum München ab. Dort behauptete das Sudhaus 1978/79 einen Marktanteil von 25 Prozent. Der eng begrenzte Absatzradius rund um den Schornstein sorgte für eine außerordentlich günstige Kostenstruktur bei Vertrieb und Logistik. Sie verschaffte der Brauerei auch weiterhin Zuwächse – trotz der durch Marktsättigung am Beginn der 1970er Jahre anhaltenden Stagnation des gesamtdeutschen Biermarktes.[16]

Der Berg ruft

Im Herbst 1949 erwartete man in München sehnlichst die Aufhebung des Starkbierverbotes für den Inlandsverkauf. Nach elfjähriger Pause standen alle Sudhäuser der Stadt in den Startlöchern für die kommende Starkbiersaison.

Die Paulanerbrauerei arbeitete seit Anfang November mit Hochdruck daran, den demolierten Salvatorkeller wieder aufzubauen. Bereits nach zwei Monaten konnte am 3. Januar 1950 auf der Baustelle das Richtfest gefeiert werden. Pünktlich zum ersten Salvatoranstich wurden sowohl die Kellergaststätte wie der daran anschließende 45 Meter lange und 17 Meter breite – nach Plänen des 84-jährigen Münchner Architekten Franz Zell

Linke Seite: Barnabas-Darsteller Dagobert Kratzer mit Salvator-Flaschenbierkarton für US-Export vor dem „fliegenden Maßkrug“, 1950 (2275)

Barnabas-Darsteller Dagobert Kratzer mit Schauspielerin Pier Angeli im Salvatorkeller, 1952 (4623; Foto: Berthold Fischer)

(1866–1961) mit einem Tonnengewölbe versehene – Hauptsaal fertiggestellt. Er bot Platz für über 800 Gäste. An der Rückwand der Halle befand sich eine Empore mit drei Logen für je 50 Besucher. Neben dem neuen Gebäude stellte die Brauerei für den Salvatorausschank noch ein großes Bierzelt auf, das weitere 4.500 Gäste fasste. Der neu hergerichtete Garten verfügte über rund 2.500 Sitzplätze.[17]

Zum Neustart auf dem Nockherberg ließ das Sudhaus dort an einem 20 Meter langen Seil einen Gasballon in Form eines Maßkruges aufsteigen. Mit einer Höhe von 6,5 und einem Durchmesser von 3 Metern war das Wahrzeichen schon von Weitem sichtbar. Bis 1976 wies der fliegende Maßkrug allen Starkbierdurstigen den Weg zur Salvatorquelle.[18]

Bei der Eröffnung des Ausschanks am 11. März 1950 war der Ansturm auf den Nockherberg gewaltig. Schon am Nachmittag mussten Halle und Zelt wegen Überfüllung viermal polizeilich gesperrt werden. Am Josefitag, der in Bayern bis 1968 nun wieder ein Feiertag war, setzte die Bundesbahn sogar Salvator-Sonderzüge ein. Aufgrund des großen Andrangs bewilligte die Polizeidirektion an den beiden letzten Ausschanktagen längere Öffnungszeiten. Statt von 14 bis 21 Uhr blieb der Keller nun von 11 bis 22.30 Uhr geöffnet.[19]

Binnen neun Tagen konsumierten 65.641 Besucher 87.100 Liter Salvator. Der Pächter der Kellergaststätte setzte dort auf eigene Rechnung weitere 28.600 Liter ab.[20] „Der Erfolg übertraf alle Erwartungen und bestätigte die einmalige Beliebtheit unseres ‚Salvator'", wie die Brauereileitung ihren Aktionären im Geschäftsbericht mitteilte.[21]

1951 feierte man auf dem Nockherberg 300 Jahre Salvator. Zwar entsprach dies nicht der historischen Wahrheit, denn der urkundlichen Überlieferung zufolge hätte man – unter Bezug auf die kurfürstliche Ausschankerlaubnis von 1751 – allenfalls das 200-jährige Jubiläum begehen können. Aber das interessierte niemand. Wichtiger war, dass im Jubeljahr fast 69.000 Besucher kamen und 102.300 Liter konsumierten. Damit wurde ein neuer Absatzrekord aufgestellt. In der Kellergaststätte tranken dazu geschätzte 20.000 Gäste noch einmal 30.700 Liter.[22]

Vollbesetzter Kellergarten, 1950 (2260)

Salvatorprobe 1952 – Brauereidirektor Bernhard Scheublein bei der Begrüßung der Gäste (1910; Foto: Kurt Huhle)

1953 konnten die Besucher auf dem Nockherberg einen an der nordöstlichen Front des Hauptsaales neu angebauten zweiten Saal nutzen. 1955 kam unmittelbar daneben noch ein weiterer hinzu. Fast 5.000 Starkbierdurstige fanden seither in den drei Hallen Platz. Insgesamt hatte die Paulanerbrauerei ab 1949 für Aufbau und Einrichtung des Salvatorkellers gut zwei Millionen Mark aufgewendet.[23] Bis 1959 wurden schließlich noch drei weitere kleinere Säle angebaut. Die Investitionen in den imageträchtigen Biertempel lohnten sich. Denn der Starkbierverbrauch auf dem Nockherberg nahm stetig weiter zu.

1954 tranken 87.538 Gäste in den täglich von 11.30 bis 22.30 Uhr geöffneten Sälen unter musikalischer Begleitung zweier Blaskapellen 145.800 Liter Salvator. Weitere 28.300 Liter kamen in der Kellergaststätte zum Ausschank.[24]

In den Zeitungen wurden die in den Münchner Starkbierhochburgen abgesetzten Mengen oftmals weit übertrieben dargestellt. So sprach etwa die „Süddeutsche Zeitung" 1954 von 150.000 Besuchern und einem Absatz von 300.000 Maß auf dem Salvatorkeller.[25] Auch unter Berücksichtigung der Tatsache, dass beim Ausschank vom Fass eine Maß mengenmäßig stets weniger als einen Liter Starkbier enthielt, erschienen diese Zahlen doch erheblich zu hoch. In der Regel wurden auf dem Nockherberg – wie auch anderwärts üblich – vom Hundert-Liter-Fass etwa 120 Maß ausgeschenkt. Der sogenannte Überschank betrug demnach bis zu 20 Prozent.[26]

1954 verlieh die Brauerei auf dem Salvatorkeller erstmals Auszeichnungen an besonders trinkfeste Besucher in Form von Salvator-Anstecknadeln. Für fünf an einem Tag von einer Person gekaufte Maß gab es die sil-

Einweihung des Barnabas-Brunnens im Salvatorkeller, 1956 (1921; Foto: Ludwig Wirth)

berne, für zehn Maß die goldene Nadel. 1957 erhielten 700 Salvatorliebhaber die goldene und 2.400 die silberne Auszeichnung.[27] Die Tagesbestleistung lag 1954 bei 16 Maß. Sie wurde am 14. März vom Münchner Franz Maier aufgestellt, wie die „Münchner Abendzeitung“ unter dem Foto des Rekordhalters berichtete.[28]

Angesichts solcher Trinklust war die für Autofahrer seit 1953 geltende Fahrtüchtigkeitsgrenze von 1,5 Promille Blutalkohol schnell überschritten. Dafür genügten schon zwei Maß Starkbier, wie der Münchner Polizeipräsident warnte. Da es vermehrt zu alkoholbedingten Verkehrsunfällen kam, führten die Beamten auf den Parkplätzen rund um den Salvatorkeller bald verstärkt Alkoholkontrollen durch.[29]

Um die Situation zu entschärfen, bot der Allgemeine Deutsche Automobilclub den um ihren Führerschein bangenden motorisierten Starkbierfreunden Hilfe an. Ab 1955 setzte der ADAC für die Dauer der Starkbierzeit als besonderen Service einen „Lotsendienst“ ein. Täglich von 21 bis 2 Uhr nachts standen „zuverlässige Fahrer“ des Automobilclubs auf Abruf bereit, um Kraftfahrer, die zu tief in die Maßkrüge geschaut hatten, sicher nach Hause zu chauffieren. Für ADAC-Mitglieder kostete die Fahrt 2,50 DM (70 Pfennig mehr als eine Maß Salvator), Nichtmitglieder zahlten das Doppelte. Der „Hilfsdienst“ erstreckte sich über das gesamte Stadtgebiet und die näheren Vororte Münchens.[30]

Fromme Biere

Im Unterschied zu den beiden Jahrzehnten vor dem Ersten Weltkrieg und auch zu den Zwischenkriegsjahren setzte die Starkbierzeit in München zu Beginn der 1950er Jahre früher ein. Vormals hatte die Saison auf dem Nockherberg in der Regel stets erst um den Josefitag (19. März) begonnen. Jetzt startete der Ausschank bereits wenige Tage nach dem Beginn der Fastenzeit. Zudem dauerte er nun nicht mehr acht Tage wie in der Vorkriegszeit, sondern ab 1954 gleich 16 Tage.

Die Änderung beruhte auf einer Übereinkunft im Verein Münchner Brauereien.[31] Die dort vertretenen Sudhäuser versprachen sich von der allgemeinen Ausweitung der Starkbiersaison einen größeren Absatz. Denn nach den entbehrungsreichen Kriegs- und Nachkriegsjahren war der Nachholbedarf unter den Konsumenten groß.

Die Sudhäuser bewarben ihre „Atoren“ nun ganz entschieden als „Fastenbier“. Das alkoholstarke Hopfengetränk wurde als „Erfindung“ der Klöster zur „Bewältigung“ des Fastengebots vermarktet. Deren Tradition zu bewahren und fortzuführen, gaben die Brauereien nun in ihrer Werbung vor. Gemäß dieser Marketingstrategie war in der Presse jetzt vermehrt von „frommen Bieren“ die Rede. „Münchens Zeit der frommen Biere“ betitelte etwa der Bremer „Weser-Kurier“ nun die Starkbiersaison.[32]

Auf Tischen und Bänken – feiernde Gäste im Salvatorkeller, 1952 (4623; Foto: Kurt Huhle)

Fastenzeit war nun Starkbierzeit, und Fasten war gleichbedeutend mit dem Konsum von Starkbier. Bei der Paulanerbrauerei setzte man voll auf dieses Vermarktungskonzept. Denn mit Ausnahme von Augustinerbräu war sie in München das einzige Sudhaus, das in diesem Zusammenhang überhaupt eine reale klösterliche Tradition besaß. Während die anderen „Ator"-Produzenten ihre hochprozentigen Hopfengetränke nur mit Kunstnamen bezeichnen konnten, verfügte man allein in der Ohlmüllerstraße über eine auch in dieser Beziehung authentische Marke.

Im Rahmen des forcierten Fastenbier-Marketings erhielt die historische Figur des Klosterbraumeisters Barnabas eine zentrale Rolle. Der Paulanermönch wurde zur allgegenwärtigen Werbeikone. Bereits bei der Hebefeier des Salvatorkellers sprach ein als „Bruder Barnabas" im Paulaner-Habit und mit Glatzenperücke auftretender Brauerei-Angestellter den Richtspruch.[33] Beim Salvatoranstich 1950 führte er den Einzug in den Saal an. „Mit Hornbrille und schokoladebrauner Kutte" begrüßte er dort unter großem Beifall des Publikums auf der Bühne den an-

Walter Popper am Klavier mit Fee von Reichlin und Fred Rauch beim Vortrag des neuen Salvatorliedes, 1950 (1906; Foto: Berthold Fischer)

wesenden Innenminister Willi Ankermüller von der CSU und reichte ihm im Krug den ersten Schluck Salvator.[34]

Der schauspielerisch begabte Paulaner-Mitarbeiter – mit bürgerlichen Namen Dagobert Kratzer und von Beruf Buchhalter – war auch künftig als Barnabas kostümiert während der gesamten Starkbiersaison täglich im Salvatorkeller unterwegs. Er begrüßte prominente Besucher, animierte sie zum Eintrag ins Gästebuch, heftete den besonders trinkfesten Gästen die goldene oder silberne Salvatornadel an und posierte dabei ständig für die anwesenden Zeitungsberichterstatter und Fotografen.[35]

Seit 1953 eröffnete Barnabas (alias Dagobert Kratzer) zudem alljährlich die Nockherberg-Saison, indem er medienwirksam den Hauptsaal des Salvatorkellers symbolisch mit einem meterlangen goldenen Schlüssel aufschloss.[36]

Die Instrumentalisierung der Fastenzeit für den Starkbiergenuss kam beispielhaft beim Salvatoranstich 1951 zum Ausdruck. Damals mimte der Münchner Schauspieler Adolf Gondrell (1902–1954) den Barnabas beim Einzug in die Halle.[37] In seiner gereimten Bühnenrede im brechend vollen Salvatorkeller erinnerte er die Besucher

„an jene Tage vor 300 Jahren,
wo die durstige Menschheit erstmals erfahren
den Leitspruch, den Abstinenzler stets haßten
‚die flüssige Nahrung gefährdet kein Fasten'!
Das war das Losungswort einst der Paulaner.

Und ganz unter uns, die Brüder war'n Planer,
die haben genossen in vollen Zügen,
will sagen genossen aus vollen Krügen!
Die hab'n aus der Not eine Tugend gemacht.
Und mit haarscharfer Logik hab'n die sich gedacht:
Nun, man verbietet uns Fleisch, versagt uns den Schinken,
was ist die Folge? Hunger lehrt trinken!
Drum, fast wie die Alten an den Ufern des Rheins,
tranken die Brüder immer noch eins!"[38]

Die Botschaft an die starkbierdurstigen Besucher auf dem Nockherberg war klar: Sie sollten es den pfiffigen Paulanermönchen gleichtun.

1956 installierte die Brauerei im Salvatorkeller sogar einen „Barnabas-Brunnen". Aus der von einer Gipsfigur des Paulanerbraumeisters bekrönten Apparatur in Form eines Springbrunnens sprudelte auf Knopfdruck Salvatorbier. Besondere Gästegruppen – etwa Geburtstagskinder, frisch Vermählte oder besonders rüstige Senioren – konnten sich dort nun einmal täglich zu festgesetzter Zeit unter Aufsicht von „Bruder Barnabas" publikumswirksam eine Maß Freibier zapfen.[39]

Die zentrale Werbefigur des Barnabas kam schließlich auch noch auf der Kinoleinwand zum Tragen. 1952 produzierte die Münchner Filmgesellschaft Dörfler einen Streifen mit dem Titel „Mönche, Mädchen und Panduren". Das Drehbuch stammte von Hans Fitz in Anlehnung an die 1911 uraufgeführte Salvator-Operette von Ferner und Weichand. In dem – in den Filmstudios in Geiselgasteig gedrehten – Historien-Lichtspiel deckte der Paulanerbruder Barnabas – gespielt von Joe Stöckel (1894–1959) – nach vielen Verwicklungen eine Intrige gegen den bayerischen Kurfürsten auf, rettete zudem ein junges Liebesglück und erfand als Mittel gegen den Hunger in der Fastenzeit ein besonderes Starkbier, das er schließlich dem über den „Göttertrank" höchst erfreuten Landesherrn im Paulanerkloster kredenzte.[40]

Die Paulanerbrauerei unterstützte die Produktion des Films mit 19.000 DM. Vertragsbedingung war, dass die Bezeichnung „Paulanermönch" oder auch nur das Wort „Paulaner", soweit dies dramaturgisch vertretbar schien, möglichst oft in den Filmdialogen Verwendung fand. Außerdem legte die Brauerei fest, dass die Schlussszene mit dem bekannten Trinkspruch endete: „Salve pater patriae! Bibas, princeps optime!"[41]

Den Film sahen 1952 fast 1,9 Millionen Besucher im Kino, davon rund 600.000 im deutschsprachigen Ausland.[42] Zwei Wiederholungen des Streifens im Bayerischen Fernsehen zur Starkbiersaison 1974 und 1978 unter dem Titel „Der Salvator" verfolgten jeweils rund 2,4 Millionen Zuschauer.[43]

Salvatorprobe in neuem Glanz

Mit dem Neustart auf dem Nockherberg 1950 wurde zugleich die Salvatorprobe wiederbelebt. Die Veranstaltung war infolge des „Sal-

Kaiserin Soraya (links), Ehefrau von Schah Mohammad Reza Pahlavi, mit ihrer Mutter im Salvatorkeller anlässlich des Staatsbesuchs am 7. März 1955 in München (1918; Foto: Berthold Fischer)

Salvatorprobe 1955 – Schauspielerin Elfie Pertramer (als Marilyn Monroe) mit dem ältesten Münchner Georg Kufer (1918)

vatorstreits" ab der Jahrhundertwende nur mehr in kleinerem Rahmen als Kundenevent in der Kellergaststätte weitergeführt worden. Nun war man entschlossen, sie wieder in der früheren Form aufzuziehen. Das darin schlummernde Marketingpotenzial sollte erneut zur vollen Entfaltung gebracht werden.

Die Wiedererweckung der Probe war ein besonderes Anliegen des neuen Brauereichefs Bernhard Scheublein (1906 – 1994). Der gebürtige Münchner hatte nach einer 1937 gestarteten erfolgreichen Laufbahn als Brauereimanager in Berlin im Juli 1948 die Position des Vorstandsprechers bei Paulaner-Salvator-Thomas übernommen. Er behielt sie über 27 Jahre bis 1975.[44]

Am 10. Februar 1950, vier Wochen vor dem allgemeinen Start der Salvatorsaison, lud Scheublein 18 „Auserwählte" zur Starkbierprobe in einen Gastraum des noch im Aufbau begriffenen Salvatorkellers. Unter den Geladenen waren neben dem Münchner Oberbürgermeister Thomas Wimmer (1887 – 1964) mehrere bekannte Volksschauspieler wie Liesl Karlstadt, Beppo Brem und Michl Lang. Dazu kamen Kulturschaffende des eben gegründeten Bayerischen Rundfunks, namentlich Orchesterchef Walter Popper, der Kabarettist und Hörspielautor Olf Fischer, die Hörfunkstars Fee von Reichlin (1912 – 2002) und Barbara Gallauner (1912 – 2011) sowie der beliebte Radiomoderator Fred Rauch (1909 – 1997).

Popper hatte für die Feier extra das Lied „Mei' Frühjahrskur is' der Salvator!" komponiert, für das Rauch den Text lieferte. Unter Gesangsbegleitung der Anwesenden brachte er den neuen Salvator-Schlager am Klavier zu Gehör. Die „Süddeutsche Zeitung" berichtete in einer Fotoreportage über den Event. Die neue Salvatorhymne wurde später beim allgemeinen Anstich als Faltblatt verteilt.[45]

Am 21. Februar 1951 fand die Salvatorprobe wieder in dem bis 1893 gewohnten festli-

Auszeichnung von Kellnerin Kathi Spranger zur „Miss Salvator" bei der Salvatorprobe 1952 – mit Oberbürgermeister Thomas Wimmer (rechts) und Barnabas-Darsteller (1910; Foto: Kurt Huhle)

chen Rahmen unter Teilnahme zahlreicher Repräsentanten der Münchner Gesellschaft statt. Zur späten Vormittagszeit konnte Brauereichef Scheublein rund 200 Gäste im Salvatorkeller begrüßen. Der Einladung gefolgt waren neben Oberbürgermeister Thomas Wimmer und zahlreichen Stadträten insbesondere Vertreter von Behörden und Vereinen, der in- und ausländischen Presse, Künstler von Film, Rundfunk und Theater sowie wichtige Geschäftskunden. Eingeladen waren auch die fünf ältesten Münchner Bürger. Die betagten Senioren, alle jenseits der 90, genossen die geballte Aufmerksamkeit der Presse. Bereitwillig ließen sie sich von den Fotografen mit einer Salvatormaß ablichten und bekundeten auf diese Weise die offensichtlich gesundheitsfördernde Wirkung gemessenen Salvatorgenusses. Die Ältesten-Einladung behielt man auch in der Folgezeit bei.[46]

Im Schaltjahr 1952 erfolgte die Probe am 29. Februar, zwei Tage nach Aschermittwoch. Unter den rund 300 Geladenen waren wiederum Vertreter der Stadt, von Behörden, Verbänden, Kultur, Wirtschaft und den in Bayern stationierten amerikanischen Streitkräften sowie des konsularischen Corps'. Aber auch die Politik zeigte diesmal unübersehbar Flagge auf dem Nockherberg. Mehrere Landtags- und bayerische Bundestagsabgeordnete gaben sich die Ehre. In der ersten Reihe saß der stellvertretende bayerische Ministerpräsident und Innenminister Wilhelm Hoegner (1887 – 1980) von der SPD. Neben ihm strahlte Landtagspräsident Alois Hundhammer (1900 – 1974) von der CSU in die Kameras der Fotografen.[47]

1953 kamen neben Hoegner, Hundhammer und Justizminister Otto Weinkamm (CSU) auch der Bayern-SPD-Vorsitzende Waldemar von Knoeringen, Landtagsvizepräsident Georg Hagen (SPD), Bayernpartei-Chef Jakob Fischbacher und der Fraktionsvorsitzende der FDP im Landtag Otto Bezold.[48]

1956 erschien Ministerpräsident Hoegner als Chef der seit 1955 in Bayern ohne CSU-Beteiligung regierenden Viererkoalition aus SPD, FDP, BHE und Bayernpartei mit gleich

Sauber derbleckt – Jakob Roider bei der Salvatorprobe 1957 (1924)

vier seiner Kabinettskollegen und mehreren Staatssekretären zur Probe. In diesem Jahr saßen erstmals auch uniformierte Offiziere der neuen Bundeswehr aus dem Wehrbereichskommando München im Saal.[49]

Für Thomas Wimmer, der am 19. März 1956 mit über 58 Prozent der Stimmen erneut die Münchner Oberbürgermeisterwahl gewann, richtete die Brauereileitung noch am Wahlabend zum Abschluss der Nockherbergsaison eine „Siegesfeier" aus. Mit einem Lorbeerkranz auf dem Haupt und einer Siegerschärpe um die Schultern nahm er im Salvatorkeller die Ovationen des Publikums entgegen. „Der Triumphator beim Salvator", titelten am nächsten Tag die Zeitungen.[50]

1958 folgten der Einladung zur Probe rund 400 Gäste. Darunter waren mehrere Minister mit ihren Staatssekretären der wieder CSU-geführten Koalitionsregierung, namentlich Hundhammer und Otto Schedl von der CSU sowie Bezold von der FDP. Ministerpräsident Hanns Seidel hatte sich aufgrund dringender Geschäfte entschuldigen lassen.[51]

Die Salvatorprobe hatte sich binnen kurzer Zeit wieder zu dem entwickelt, was sie schon am Ende des 19. Jahrhunderts einmal gewesen war: zu einem wichtigen gesellschaftlichen Ereignis in der Landeshauptstadt. Eine Einladung zu der Veranstaltung bescheinigte die Zugehörigkeit zur Münchner Hautevolee. Auch die Spitzenpolitiker der im Landtag vertretenen Parteien schätzen die popularitätsfördernde Wirkung des Probenspektakels. Von den stets zahlreich anwesenden Pressefotografen ließen sie sich nur zu gerne ablichten.

Salvatorstreiflichter

Das künstlerische Programm, das die Probengäste nun ab 1951 alljährlich am späten Vormittag im „Saal II" des Salvatorkellers zwischen Weißwurstbrotzeit und Mittagessen serviert bekamen, bewegte sich weithin auf der traditionellen Linie. Die humoristischen Reden, Sketche und kurzen Spielszenen auf der Bühne hatten noch kaum politische Bezüge, sondern drehten sich stets und fast ausschließlich um das Starkbier.

Das bei der Probe aufgeführte Programm wurde bis 1972[52] beim wenige Tage später folgenden offiziellen Salvatoranstich im „Saal I" des Salvatorkellers vor großem Publikum in der Regel in einem etwa 40 Minuten dauernden Unterhaltungsteil wiederholt. War das aus technischen oder organisatorischen

Gründen nicht möglich, kam nach dem Einmarsch der Musikkapelle eine Darbietung mit „ein paar starken Komiker-Nummern" zur Aufführung, die vom Conférencier „kurz und volkstümlich" angesagt wurden.[53]

1952 kam bei der Salvatorprobe das aus mehreren kurzen Szenen bestehende „lustige Vorspiel Miss Salvator" zur Aufführung. Es handelte vom durstigen Ritter, der sein Weib verprügelte, weil es ihm noch keinen Salvator liefern konnte; von Lola Montez, die nicht etwa wegen König Ludwig I., sondern nur dem Salvator zuliebe nach München kam; vom Münchner Brauburschen, der nach drei Maß Salvator den Ringerkönig auf die Bretter legte; vom Arzt, der einen schwerkranken Patienten mit der Verschreibung von Salvatorbier wieder auf die Beine brachte; und natürlich vom Bruder Barnabas, dessen Salvator-Erfindung auf einer wundersamen Eingebung durch den heiligen Franz von Paula beruhte.[54]

Zum Schluss wurde unter den im Saal diensttuenden Kellnerinnen „gaudihalber" der Titel einer „Miss Salvator" vergeben. Die Wahl fiel auf die stämmige Spranger Kathi. Mit zwölf Maß Starkbier in beiden Händen erschien sie auf der Bühne. Dort erhielt sie neben einem riesigen Blumenstrauß ihre Siegerschärpe und posierte zusammen mit Landtagspräsident Hundhammer und Brauereidirektor Scheublein für die Fotografen.[55]

Bei der Probe 1954 wirkten 34 Kunstschaffende (Autoren bzw. Darsteller) mit.[56] Schauspieler Hans Fitz (1891 – 1972) präsentierte in humoristischen „Salvatorstreiflichtern" das Starkbier als allseitigen Problemlöser: als Gesundheitsstifter, Retter von Ehen und Schlichter in der Politik. Anschließend erfuhren die Zuschauer in einer pantomimischen Szene „die Wahrheit über den Sündenfall": Eva versuchte einst vergeblich, Adam mit einem Apfel zu verführen. Erst nachdem sie ihm eine Maß Salvator kredenzte, interessierte er sich für ihre weiblichen Reize. Dann trug das bekannte Musikquartett „Isarspatzen" eine „Salvatorballade" vor. Der Komiker Georg Blädel (1906 – 1990) dirigierte ein „Salvatorballett". Im Sketch „Der Salvator rettet München" wurde schließlich auf der Bühne die imaginäre Befreiung der Landeshauptstadt von Napoleon inszeniert, wobei der vom Salvator trunkene Franzosenkaiser schließlich auf einem leibhaftigen Esel reitend den Rückzug antrat.[57]

Ähnliche Humoresken kamen auch in den folgenden Jahren zur Aufführung. Dreh- und Angelpunkt blieb das Starkbier Salvator. 1958 hieß es in der Begrüßungsrede:

„Wir ham a kloans Programm bloss
g'macht,
Des lauft ganz zwanglos nebenher,
Denn – so ham wir uns des gedacht –
Die Hauptroll'n spielt ja schließlich er,
Auf den wir g'wartet ham so sehnlich:
Er, der Salvator höchstpersöhnlich,
Der no dazua heut gar nix kost –
Es lebe der Salvator, prost!"[58]

Programmgestaltung und Regie bei den Aufführungen lagen von Beginn an in den bewährten Händen von Olf Fischer (1917 – 1988).

Salvatorprobe 1954 – Kurt Großkurth und Thea Ruess als Adam und Eva (1915)

Salvator

Der im Stadtteil Au geborene Schauspieler, Kabarettist und Regisseur war in der Münchner Unterhaltungs- und Bühnenszene bestens vernetzt. Er sorgte im engen Einvernehmen mit der Brauerei stets für die Verpflichtung geeigneter Künstler und Darsteller. Nicht zuletzt aufgrund seiner hauptamtlichen Tätigkeit beim Bayerischen Rundfunk – bis 1982 war er Leiter der Abteilung Unterhaltung – erwuchs daraus eine für die mediale Präsenz der Salvatorprobe sehr fruchtbare Zusammenarbeit mit der Sendeanstalt.[59]

1955 gab Fischer gegenüber Brauereichef Scheublein zu bedenken, „ob es nicht der Sache dienlicher sei, zur Abwechslung jemand anderen mit der Produktion zu beauftragen." Zwar fand er die „Aufgabe durchaus als ehrenvoll und prestigemäßig interessant." Auch konnte er sich über das „immer großzügige" Honorar nicht beklagen. Doch wollte er – in der Befürchtung, „daß aus dem gleichen Kopf zum gleichen Thema nicht viermal hintereinander gleich Brauchbares herauskommt", – das „für das Festspiel erreichte Renommé nicht aufs Spiel setzen."[60] Die Brauerei überzeugte ihn aber offenbar schnell vom Gegenteil, denn Fischer machte bis 1985 als Regisseur weiter.

Für die „musikalische Einrichtung" des Bühnenprogramms zeichnete mehrfach Walter Popper (1905–1962), gleichfalls Mitwirkender der ersten Stunde, verantwortlich. Später übernahm der Filmkomponist Fred Sporer seinen Part. Seit 1954 schließlich wirkte der Dramaturg, Schauspieler und Autor Emil Vierlinger (1909–1984) maßgeblich am Probenspektakel mit.

Der Geisteswissenschaftler hatte 1935 an der LMU München mit einer theaterwissenschaftlichen Arbeit über das „Puppenspiel in München" promoviert. Seit 1948 arbeitete er als freier Hörfunkmoderator für den Bayerischen Rundfunk. Vierlinger lieferte nun Texte und Ideen für manche Spielszene. Insbesondere führte er nun stets als geistreich-witziger Conférencier mit kurzen Redebeiträgen durch die Bühnenvorstellung auf dem Nockherberg.

Roider Jackl derbleckt

Zur Salvatorprobe 1954 legte die Brauerei den rund 400 Gästen erstmals ein gedrucktes Programmheft vor. Das illustrierte Büchlein enthielt neben der Speisekarte die Programmfolge. Dazu wurden Presseberichte über die vorjährige Probe abgedruckt, die prominenten Besucher entsprechend ins Bild gesetzt und historische Ereignisse aus der langen Salvatorchronik in Erinnerung gerufen. Die noch heute alljährlich aufgelegten Broschüren waren unter Sammlern bald begehrt.[61]

Ab 1954 verlieh die Brauerei bei der Salvatorprobe den „Bierdukaten". Alljährlich auf der Bühne ausgezeichnet wurden seither Persönlichkeiten, die sich „besondere Verdienste" um das Starkbier erworben hatten. Neben Oberbürgermeister Thomas Wimmer ging die Ehrung im ersten Jahr an die 73-jährige Amalie Braun. Sie arbeitete schon vor dem Ersten Weltkrieg während der Salvatorsaison auf dem Nockherberg als „Radiweiberl".[62]

1956 trat bei der Salvatorprobe erstmals ein „Fastenprediger" auf. Mundartdichter Michl Ehbauer (1899–1964) gab in mönchischer Kutte den „Pater Rochus Cyprian". Er redete den auf Kosten der Brauerei üppig schlemmenden Salvatorgästen im Saal heftig ins Gewissen. Der Vortrag enthielt noch keinerlei politische Bezüge. Vielmehr geißelte der Prediger in gänzlich ironischer Weise mit starken und groben Worten das dem christlichen Fastengebot widersprechende Treiben der „scheinheiligen Versammlung" – nur um sich am Ende, nicht weniger scheinheilig, ebenfalls eine Maß Salvator zu genehmigen.[63]

Den einzigen scharfen Kontrapunkt zu den bis Anfang der 1960er Jahre noch fast gänzlich unpolitischen Salvatorhumoresken lieferte ab 1953 der regelmäßige Auftritt des Volkssängers Jakob Roider (1906–1975). Der gebürtige Niederbayer und gelernte Förster hatte sich schon vor dem Krieg als „Gstanzl-Sänger" einen Namen gemacht. Ab 1946 wurde er durch Radiosendungen im Bayerischen Rundfunk populär. Denn er nutzte die traditionelle Form des altbayerischen Spottliedes nun zur Kommentierung von Ereignissen und Personen in Politik und Gesellschaft. In kurzen Sätzen brachte der „Roider Jackl", wie

Der Triumphator beim Salvator – Thomas Wimmer nach gewonnener Wahl zum Oberbürgermeister beim Anzapfen für die „Siegesfeier" auf dem Nockherberg, 1956 (1921; Foto: Berthold Fischer)

ihn seine Fangemeinde nannte, die Wahrheit ebenso spaßig wie mit tief sitzenden Pointen auf den Punkt, die mitunter recht hinterfotzig daherkamen.[64]

Das bewies der Jackl schon 1953 bei seinem ersten Proben-Auftritt im Salvatorkeller. Über die Vergangenheitsbewältigung der NS-Zeit in Bayern gstanzelte er: „Am Obersalzberg hams aufgforst mit ganz große Bam, damit si der frühere Besitzer net auskennt, wenn er schließli no kam.“ Den in der ersten Reihe mit mächtigem Vollbart sitzenden Landtagspräsidenten Alois Hundhammer von der CSU, der sich durch seine erzkatholisch-

Werbemotiv zum Salvatorausschank 1963 (4520)

konservative Haltung während seiner Zeit als bayerischer Kultusminister in Teilen der bayerischen Bevölkerung großen Unmut zugezogen hatte, derbleckte er mit dem Reim: „Weil am Hundhammer sei Vollbart sei Gsicht ganz verdeckt, drum woaß ma nia, ob er lacht oder Zunga raus streckt“. Innenminister Hoegner von der Bayern-SPD konfrontierte er mit dem Gegensatz zwischen den in München an der Regierung beteiligten „staatstragenden“ Sozialdemokraten und der Oppositionsrolle der SPD im Bund unter dem Parteivorsitzenden Erich Ollenhauer: „Die Sozi in Bayern, de hams halt schwer, denn in München sans weiß-blau und in Bonn Ollen-hau-er.“[65]

Triumphatorprobe im Löwenbräukeller

Neben der Paulanerbrauerei entfachten ab 1950 auch die anderen Münchner Sudhäuser während der zweiwöchigen Saison einen entsprechenden Trubel um ihre Starkbiere. Vor allem in den jeweiligen Hauptausschankstellen floss das hochprozentige Gebräu zum musikalischen Unterhaltungsprogramm: der „Maximator“ im Augustinerkeller in der Arnulfstraße, der „Patronator“ im Hackerkeller auf der Theresienhöhe, der „Animator“ in den Pschorrbäubierhallen in der Neuhauser Straße, der „Doppelspaten“ (ab 1967 „Optimator“) im Schwabingerbräu in der Leopoldstraße.

Das Münchner Hofbräu, dem der traditionelle Maibockausschank ab Ende April und die alljährlich von bayerischen Ministern und rund tausend geladenen Gästen besuchte Maibockprobe im Hofbräukeller nicht mehr genügte, legte sich 1953 ebenfalls ein dunkles Starkbier mit dem Markennamen „Delicator“ zu.[66]

Doch erreichten die Münchner Konkurrenten mit ihren „Atoren“ – wie schon früher – nicht die Anziehungskraft und bei Weitem nicht den Pressewirbel, den die Paulanerbrauerei mit ihrem Salvator erzeugte. In vielen bayerischen und nicht wenigen außerbayerischen Blättern war die Starkbiersaison auf dem Nockherberg alljährlich Thema. Neben Tageszeitungen berichteten Illustrierte wie „Quick“, „Stern“, „Bunte“ und „Revue“ über die Salvatorprobe.

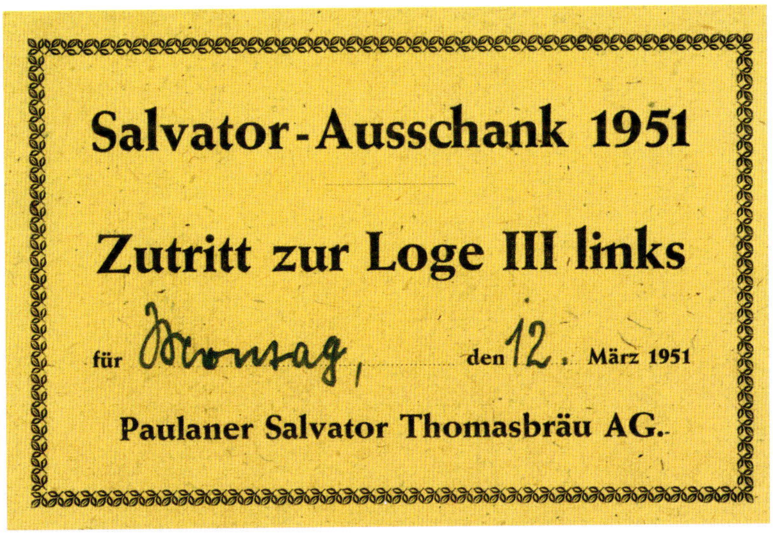

Salvator - Ausschank 1951

Zutritt zur Loge III links

für Montag, den 12. März 1951

Paulaner Salvator Thomasbräu AG.

Oben: Musikanten im Salvatorkeller, 1964 (1943)

Unten: Eintrittskarte für einen Logenplatz im Salvatorkeller, 1951 (2281)

Auch Fotoberichte über die gerne zu einem Nockherbergbesuch anreisende Leinwandprominenz füllten regelmäßig die Spalten der Regenbogenpresse. Großes Medienecho erzielte Kaiserin Soraya von Persien (1932 – 2001), als sie während des Schah-Besuchs in Deutschland am 7. März 1955 in

München zusammen mit ihrer Mutter den Salvatorkeller besuchte.[67]

Lediglich die Löwenbrauerei, Bayerns größtes Sudhaus, inszenierte ein ähnlich aufwendiges, dabei aber ungleich geräuschvolleres Starkbierspektakel. Am 18. März 1950 fand im großen, weit über 2.000 Gäste fassenden Saal des Löwenbräukellers am Stiglmaierplatz der erste Nachkriegsanstich des „St. Bennobieres" statt.[68]

Im Jahr darauf taufte die Brauerei ihr Starkbier in „Triumphator" um. Den bereits seit 1903 bestehenden Markennamen hatte der Löwe von der 1921 fusionierten Münchner Bürgerbräu AG geerbt. Die Marketing-Verantwortlichen in der Nymphenburger Straße versprachen sich von dem neuen „Ator"-Label, das gleichermaßen Kraft und Überlegenheit symbolisierte, einen größeren Markterfolg.

Dem Beispiel von Paulaner folgend, veranstaltete die Löwenbrauerei seit 1951 nun eine „Triumphatorprobe". Sie fand jeweils am Dienstag vor dem offiziellen Anstich ab dem späten Nachmittag im Bräustüberl des Löwenbräukellers statt. Eine ausgiebige Münchner Brotzeit bot die Grundlage zur Verkostung des in Halbliterkrügen den Geladenen gereichten Frühjahrstrunkes. Zur ersten Probe kamen über 80 prominente Gäste aus allen Münchner Gesellschaftskreisen. Auch mancher Politiker folgte der Einladung.[69]

1955 konnte Brauereichef Karl Messner (1893–1957) unter der noch deutlich gewachsenen Gästeschar neben Oberbürgermeister Thomas Wimmer die Minister Otto Bezold (FDP), Fritz Koch (SPD) und August Geiselhöringer von der Bayernpartei begrüßen.[70] Bevor die Teilnehmer im eingedeckten Bräustüberl Platz nahmen, bot ihnen die Brauerei-

Fest der Turmfalken 1963 – Einzug des Triumphators im Löwenbräukeller (BWA F2, 8935; Foto: Georg Schödl)

Schauspielerin Maria Schell im Salvatorkeller, 1956 (1921; Foto: Georg Schödl)

Schauspieler Hans Moser beim Salvator, 1956 (2272; Foto: Berthold Fischer)

leitung zuvor auf dem Brauereigelände noch ein besonderes Schauspiel.

Dort hielt ein extra zu diesem Zweck engagierter Muskelmann im Gewand eines römischen Triumphators in seinen Armbeugen zwei Seile. Die Enden waren jeweils an einem Kleinlaster befestigt. Auf Kommando setzten sich die Fahrzeuge in entgegengesetzter Richtung in Bewegung. Das Kraftpaket im römischen Siegerdress aber blieb standhaft und brachte die motorisierten Gegner zum Stillstand. Damit war – wie die Zeitungen am nächsten Tag berichteten – der Beweis erbracht, „daß der Triumphator-Trinker zum Kraftmenschen wird."[71]

Das Unterhaltungsprogrogramm der Triumphatorprobe selbst bestand üblicherweise aus einer Aneinanderreihung bodenständiger und teilweise improvisierter belustigender Auftritte. Als Conférencier wirkte Karl Steinacker, der noch bis 1939 auf dem Nockherberg beim Anstich den Salvatorprolog gesprochen hatte.

1956 berichtete die „Süddeutsche Zeitung" über die in diesem Jahr den Probe-Gästen im Löwenbräukeller gebotene Zerstreuung: „Kammersänger Hans Hermann Nissen sang, am Klavier begleitet von Frau Hindelang, das ‚Flohlied'. Ernst Firnholzer zauberte aus Papier eine prächtige Tischdecke. Der Turmfalken-Dichter Max Hafner sprach heitere Gedichte eigener Produktion. Karl Hauer sang mit abgrundtiefem Baß bekannte Lieder. Hans Fitz rezitierte Karl Stieler. Walter Lindermeier stellte sich als parodistischer Sänger vor. Karl Amesmaier sang zur Zither und Lisa Endlicher zum Akkordeon, die Geschwister Fahrenberger jodelten." Zum Schluss bestieg Oberbürgermeister Wimmer spontan die Bühne und gab „eine lustige Stotterszene aus alter Zeit" mit dem Titel „Der Schwerverbrecher" zum Besten.[72]

1957 wurde das „bunte" Programm – wie schon in den Jahren zuvor – hauptsächlich von der „Münchener Geselligen Vereinigung der Turmfalken" mit „heiteren Gedichten und Liedern aus der alten Zeit" bestritten. Auch eine „Valentinade", nämlich die „Geschichte von den beiden Elektrikern und dem Kurzschluss", kam zur Aufführung. Die Geschwister Gerda und Peter Steiner sangen „sanfte Jodelschlager". Als besondere Attraktion erwies sich ein vier Monate alter leibhaftiger Löwe mit Namen „Otto". Er wurde zum Streicheln von den Gästen von Tisch zu Tisch herumgereicht und dabei „stark strapaziert". Das Löwenbaby hatten die beiden Volksschauspieler Beppo Brem (1906–1990) und Joe

Triumphatorprobe 1957 – Schauspieler Joe Stöckl (links) und Beppo Brem mit Löwenbaby (BWA F2, 8932; Foto: Margot Moelter)

Stöckel von den Dreharbeiten zum Film „Afrika grüßt Oberbayern“ zur Triumphatorprobe in den Löwenbräukeller mitgebracht.[73]

Turmfalkenfest als Triumphatorauftakt

Mit diesem Unterhaltungsformat, dessen künstlerisches Niveau das der Salvatorprobe nicht erreichte, konnte die Löwenbrauerei dem Nockherberg auf Dauer nicht Paroli bieten. Die Triumphatorprobe fand deshalb 1957 letztmalig statt.

Seither lud das Sudhaus die zuvor separat am Stiglmaierplatz verwöhnte Münchner Prominenz alljährlich zum „Fest der Turmfalken“ in den Löwenbräukeller. Die gesellige Vereinigung, deren Mitglieder hauptsächlich aus mehr oder weniger begabten Laiendarstellern bestand, war durch ihre Faschingsauftritte als „Damische Ritter“ in München ein Begriff. Der Turmfalken-Verein hatte seit 1928 im Turmzimmer des Löwenbräukellers sein Domizil. Er besorgte auch den Verkauf der Eintrittskarten zu der Festveranstaltung.

Das Turmfalken-Spektakel, das nun den offiziellen Auftakt zum Starkbierausschank der Löwenbrauerei markierte, fand schon seit 1950 alljährlich am Freitagabend im großen Kellersaal am Stiglmaierplatz statt. Die Ouvertüre bildete seit dem 1951 vollzogenen Markenwechsel vom „St. Bennobier“ zum „Triumphator“ nun stets der Einzug des Herzogs „Kasimir des Starken“ im Triumphatorkostüm. Er marschierte mit seinem 40 Mann starken Turmfalken-Gefolge auf die Bühne, wo sie in wechselnder Kostümierung „zur Gaudi“ allerhand Darbietungen zur Aufführung brachten.[74]

1957 bestand das „Glanzstück“ der Bühnenshow – wie der „Münchner Merkur“ berichtete – in einem „Quartett alter, ehrwürdiger Herren mit langen Bärten, Nickelbrillen und vergilbten Notenblättern, das – als [...] die Kapelle das ergreifende Lied zu einem wilden Rock'n Roll mißbrauchte – wie tobsüchtige Jazzfans mit Stühlen um sich warf und das völlig unschuldige Klavier zertrümmerte.“[75]

Fester Bestandteil des Turmfalkenfestes war zudem stets der Auftritt der Damengarde

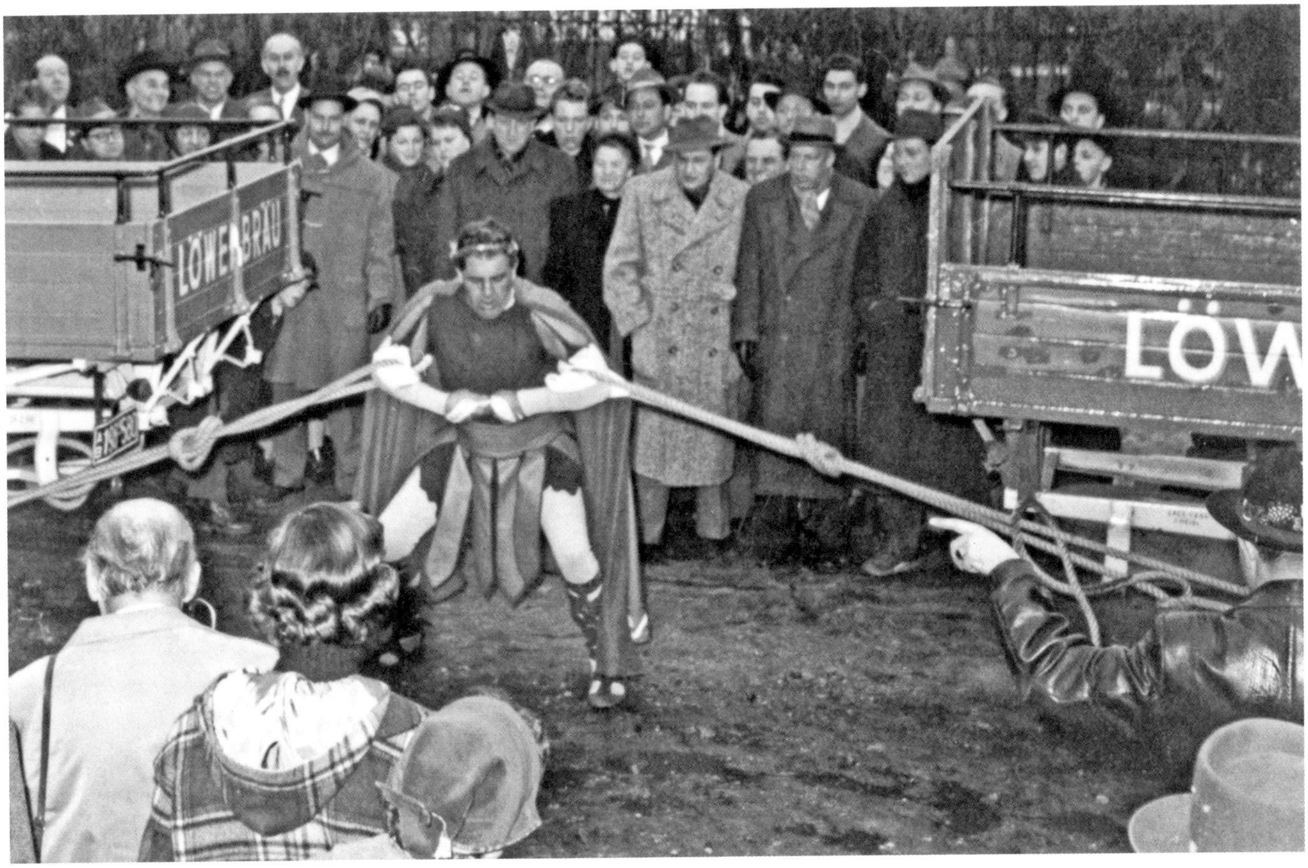

Löwenbräu-Triumphator besiegt Lastkraftwagen, 1955 (BWA F2, 8932; Foto: Margot Moelter)

des Münchner Faschingsvereins „Narhalla" unter der Leitung von Karoline (Poppy) Eglinger (1913–2001). Die „kurzgeschürzten und powippenden" Akteurinnen des „Triumphatorballetts" versetzten die 1.800 Turmfalken-Festgäste im Löwenbräukeller regelmäßig in Hochstimmung. Seit 1958 gehörte auch ein Auftritt des Roider Jackl mit seinen Gstanzln zum Programm. Doch konnte die Paulanerbrauerei ihn ab 1965 exklusiv für den Nockherberg verpflichten.[76]

Ab Samstagnachmittag folgte dann im Löwenbräukeller der allgemeine Triumphatorausschank mit täglichem Musikprogramm. Zugleich startete dort der sogenannte Steinhebewettbewerb. Nach dem Vorbild des legendären „Steyrer Hans" – eines bärenstarken Münchner Gastwirts – versuchten sich zur Gaudi des Publikums nun allabendlich Besucher auf der Bühne am Heben eines 508 Pfund schweren Steines.[77]

Der Bestplatzierte unter den über 500 Teilnehmern erhielt am Ende der Ausscheidungskämpfe neben der Siegerurkunde einen goldenen Lorbeerkranz sowie einen Ehrenkrug mit goldenem Deckel. Die zweiten und dritten Sieger bekamen Triumphatorkrüge in Silber bzw. in Zinn. Bis 1967 hielt den Steinheberekord der Student Horst Ullrich mit einer Höhe von 57,8 Zentimetern. Der Wettbewerb fand unter ärztlicher Überwachung statt, um Verletzungen ungeübter Athleten zu vermeiden. 1955 verloste die Brauerei anlässlich des Betriebsstarts der Deutschen Lufthansa unter den Steinhebern einen Freiflug von München nach Frankfurt am Main und zurück.[78]

Auch aus dem Löwenbräukeller wurden laufend Trinkrekorde an die Presse gemeldet. Ein dort täglich anzutreffender Akteur brachte es 1957 binnen 14 Tagen auf genau hundert Maß Triumphator.[79] In den beiden anderen Münchner Großgaststätten der Löwenbrauerei herrschte ebenfalls ausgelassene Triumphatorstimmung. Im 1958 neuerrichteten Mathäser an der Bayerstraße, dem nach eigenen Angaben „größten Bierausschank der Welt", wurde während der Starkbierzeit täglich ein „internationales Varietéprogramm" gezeigt. Außerdem zelebrierte der Pächter zur Gaudi des Publikums die Wahl einer „Bier-

Triumphatorprobe 1955 – Triumphatorbalett im Löwenbräukeller (BWA F2, 8932)

königin".[80] Im Bürgerbräukeller an der Rosenheimer Straße lieferten sich zur Triumphatorsaison seit 1962 alljährlich am Wochenende 15 oberbayerische Blaskapellen einen musikalischen Dauerwettstreit.[81]

Nicht nur in der „lärmenden Festkultur", sondern auch in der medialen Werbung für ihr Starkbier beschritt die Löwenbrauerei neue Wege. Bereits 1953 ließ sie einen „Triumphator-Film" über das Starkbierfest im Löwenbräukeller herstellen. Zum Auftakt der nächsten Saison lief der Streifen im Vorprogramm der Kinos in- und außerhalb Münchens, um die Zuschauer für das Starkbier zu begeistern.[82]

Trotz aller Anstrengungen ihres schärfsten Konkurrenten hatte die Paulanerbrauerei aber die Nase weiterhin vorn. Beim Starkbierverkauf in München wie im gesamten Inland konnte der Löwe mengenmäßig zu keiner Zeit mithalten. Hier war das Sudhaus in der Ohlmüllerstraße unschlagbar. Zwar zog die Bierfabrik in der Nymphenburger Straße ab dem Sudjahr 1965/66 beim Gesamtausstoß von Starkbier gleich. Aber lediglich im Ausland, wo die führende deutsche Exportbrauerei dank ihres überlegenen Vertriebs im Vorteil war, wurde der Triumphator seinem Namen gerecht und der Werbespruch „Rund um den Äquator fließt der Triumphator" wirklich eingelöst.[83]

Das glänzende, durch eine über 200-jährige Tradition gefestigte Markenimage des Salvator konnte durch die Konkurrenz aus der Nymphenburger Straße aber zu keiner Zeit erschüttert werden. Das zeigte sich augenfällig bereits 1954. Damals richtete die Stadt München nach dem Ende der Starkbiersaison am 8. April bei der bayerischen Landesvertretung in Bonn einen „bayerischen Bierabend" aus. Rund 400 Gäste, darunter zahlreiche Parlamentarier und mehrere Bundesminister, folgten der Einladung. Im „Gepäck" hatte Oberbürgermeister Wimmer neben 2.000 Weißwürsten selbstverständlich keinen Triumphator, sondern – natürlich – tausend Liter Salvator.[84] Weitere „Salvatorabende" in der Bundeshauptstadt am Rhein fanden noch bis 1964 statt.[85]

Kirchenkritik

Die auf den Starkbierfesten sich unter dem Einfluss der hochprozentigen Hopfengetränke ungehemmt entfaltende Feierlust erregte in kirchlichen Kreisen bald Anstoß. Besonders für die katholische Geistlichkeit war es nur schwer erträglich, dass die wochenlangen Ausschweifungen der Münchner Faschingszeit am Aschermittwoch kein Ende fanden, sondern durch die nun fast nahtlos anschließende 16-tägige Starkbiersaison noch weiter andauerten.

Den Kritikern stieß dabei besonders auf, dass die Sudhäuser die „Entweihung" der Fastenzeit und der „stillen Wochen" ausgerechnet mit einer klösterlichen Bier-Tradition begründeten. „Nur noch zum Weinen ist, daß man heute in der Berufung auf die Mönchstradition [...] den listigen Versuch der Bierbrauer erkennen muß, sich durch den Starkbierausschank den ohnehin vollen Beutel noch mehr zu füllen", wetterte die katholische „Deutsche Tagespost" in Würzburg.[86]

Die „Münchner Katholische Kirchenzeitung" warnte im März 1957: „Unsere Stadt kommt in den Geruch, daß Lärm und die Gaudi und der Fasching niemals ein Ende nehmen. München möchte sonst in Deutschland und Europa ernst genommen sein als Stadt der Wissenschaft, der Kunst und des Geistes. Aber ist nicht München daran, eine der leichtfertigsten Städte Europas zu werden?" Auch die Salvatorprobe fand in den Augen der geistlichen Kritiker keine Gnade: „Regierung und Landtag repräsentierten. Politiker (von welcher Farbe sie immer sind) assistierten bei diesem Fest des Bieres", verurteilte Prälat Simon Irschl vom erzbischöflichen Ordinariat das Verhalten der Volksvertreter. Als Kompromiss verlangte man wenigstens eine Verschiebung des Starkbierausschanks auf die Zeit nach Ostern.[87]

Dieser Vorschlag stieß jedoch auf taube Ohren. Die Politik sah keine gesetzliche Handhabe für ein Eingreifen, und die Brauereien beriefen sich auf die Tradition. „Nach Ostern ist es viel zu warm. Dann werden die Räusche viel schlimmer", begründete Paulaner-Vorstand Hans Molitor in der „Münchner Abendzeitung" seinen ablehnenden Standpunkt. Im Übrigen stellte der schon seit 1933 für die Organisation des Salvatorausschanks auf dem Nockherberg Verantwortliche klar: „Niemand muß hingehen. Jeder der will, kann ‚Stille Wochen' haben."[88]

Nun suchten die beiden christlichen Konfessionen den Schulterschluss und gingen gemeinsam in die Offensive. Anfang Februar 1959 veröffentlichten Monsignore Lorenz Freiberger von der „Münchner Katholischen Kirchenzeitung" und Pfarrer Robert Geisendörfer vom „Evangelischen Presseverband für Bayern" einen gemeinsamen Aufruf zum Innehalten.

Darin hieß es: „Wir bitten jeden Christen, der die Absicht hat und sich auch bemüht, nach seinem Glauben zu leben, nach der lärmenden Faschingszeit in den kommenden sechs Wochen bis Ostern allen öffentlichen Tanz- und Bierfesten zu entsagen." Zwar wollte man niemandem zumuten, auf Bier oder auch auf Starkbier völlig zu verzichten. „Wir bitten hier ausschließlich darum, daß die Christen durch ihr persönliches Verhalten das Abgleiten unseres Volkes in ununterbro-

Schauspieler Gert Fröbe beim Salvator, 1971 (1961)

gut besser PAULANER
Salvator
69
69
5,8 t
M WK 595

Links: Salvatorprobe 1956 – Mundartdichter Michl Ehbauer als Fastenprediger (1924)

Rechts: Salvatorprobe 1959 – Karl Peukert (links) und Michl Ehbauer als „Xaverius" und „Aloisius" beim „Frauen-turmgespräch" (1930; Foto: Berthold Fischer)

chene Lustbarkeit verhindern und in der Fastenzeit Wochen der Stille und der religiösen Einkehr einlegen." Besonders in die Pflicht genommen wurden die Politiker, wenn ihnen die Kirchen ins Stammbuch schrieben: „Wir haben in den letzten Jahren die Wahrnehmung gemacht, daß die Volksvertreter und die Männer der Öffentlichkeit in übermäßiger Weise zur Repräsentation bei diesen Bierfesten herangezogen worden sind. Auch in der Demokratie darf die Popularität nicht das Höchste sein."[89]

Drastischer und direkter formulierte Monsignore Freiberger seine Vorwürfe an die Politik in einem weiteren Artikel in der „Kirchenzeitung": „Was in den letzten Jahren in immer steigendem Maße von den Ministern und Parlamentariern in der Repräsentation beim ‚Anzapfen' geleistet wurde, hatte schon längst innerhalb und außerhalb Bayerns zum Spott herausgefordert [...]. Mußte denn in Bayern an jedem größeren Zapf- und Spundloch nicht nur ein Oberbürgermeister, sondern gleich eine ganze Regierung mitsamt dem Parlament sitzen? Mußten diese ehrenwerten Männer zur Repräsentation Bayerns den besonders feinen Sauf-Kantus: ‚I hab Durst, Durst, Durst – mir ist alles wurscht, wurscht, wurscht ...' aus voller Kehle mitgröhlen?"[90]

CSU-Boykott

Für die CSU, die das Adjektiv „christlich" im Parteinamen führte, hatte der öffentliche Kirchenprotest Gewicht. Denn bei einem Teil ihrer potenziellen Wählerschaft traf der Aufruf auf Zustimmung. Nach einer längeren Diskussion beschloss die Landtagsfraktion deshalb, dass kein CSU-Parlamentarier oder Regierungsmitglied während der Fastenzeit mehr an einem Starkbierfest oder einer sonstigen „lärmenden" Veranstaltung teilnimmt.[91]

Als am 27. Februar 1959 Bernhard Scheublein im Salvatorkeller die Gäste zur Probe begrüßte, befand sich kein einziger CSU-Politiker unter den Anwesenden. Die anderen Parteien waren dagegen in der üblichen Mannschaftsstärke aufgelaufen.

Auf der Bühne verlas Paulanerchef Scheublein zu Beginn eine Erklärung. Darin stellte

Linke Seite: Salvatoranlieferung unter der Bavaria, um 1962 (4595; Foto: Hans Wildner)

Empfang von Schauspieler und Filmregisseur Vittorio De Sica (Mitte) im Salvatorkeller, 1959 (1930)

er klar, „dass wir es als eine Pflicht gegenüber unserer Stadt München und unserem Land Bayern betrachten, die jahrhundertealte Tradition des Salvatorausschanks aufrecht zu erhalten. Aus der Verpflichtung dieser Tradition haben wir stets Wert darauf gelegt, dass sich der Ausschank in einem ruhigen und würdigen Rahmen abwickelt. Wir haben von jeher jeden Rummel abgelehnt und werden dies weiter tun, um von vorne herein Auswüchse zu vermeiden. Deshalb haben wir auch von Darbietungen und Attraktionen, wie sie von Nachahmern unseres historischen Salvatorausschanks angewandt wurden, abgesehen."[92]

Das war ein ebenso unmissverständlicher wie gelungener Seitenhieb gegen die vor allem von der konkurrierenden Münchner Löwenbrauerei gepflegte „lärmende" Festkultur. Danach bekräftigte Scheublein: „Was wir wollen, ist die Pflege der über unsere Stadtgrenzen hinaus bekannten geradezu sprichwörtlich gewordenen ‚Münchner Gemütlichkeit', ist das Zusammensein von jung und alt, von arm und reich gleich welchen Standes und welcher Weltanschauung für einige frohe Stunden der Entspannung."[93]

Kaum hatte er den Satz beendet, erscholl Beifall. Der galt aber nicht nur dem Brauereidirektor, sondern auch dem ehemaligen bayerischen Justizminister, früheren Parteivorsitzenden und gegenwärtigen Münchner CSU-Chef Josef Müller (1898–1979), der in diesem Moment den Saal betrat. Unter allgemeinem Jubel wurde der „Ochsensepp", wie ihn die Münchner nannten, an einen Tisch in der ersten Reihe geführt. Dort begrüßten ihn die Kollegen Hoegner, Bezold und Oberbürgermeister Wimmer. Müller erklärte, dass er den Boykottbeschluss der CSU-Fraktion in Abwesenheit nicht mitgetragen habe und sich deshalb auch nicht daran zu halten gedenke. Kritische Beobachter argwöhnten freilich ein bewusst kalkuliertes Manöver des „Ochsensepp", der sich mit dem Auftritt bei den starkbierfreudigen Münchnern womöglich Sympathien für seine Kandidatur bei der im nächsten Jahr anstehenden Oberbürgermeisterwahl sichern wollte.[94]

Scheublein betonte anschließend, dass man in einer Demokratie lebe, und ließ im Saal abstimmen: „Wer will Salvator, wer will ein Springerl?" Keiner wollte ein Mineralwasser, alle blieben beim Starkbier. Oberbürgermeister Wimmer besorgte daraufhin routiniert wie stets den Anstich des ersten Fasses und die Veranstaltung nahm ihren gewohnten Verlauf. Den gelungenen Schlusspunkt setzte der Roider Jackl mit dem Gstanzl: „Es lebe der Salvator – das bayerische Bier. Wenn unser Regierung koans mehr dringa derf, nacha dringans hoit mir."[95]

Am nächsten Tag sah man in zahlreichen, auch außerhalb Bayerns erscheinenden Zeitungen ein Foto vom maßkrugschwenkenden „Ochsensepp" im Salvatorkeller mit der Unterschrift „Blockadebrecher". Selbst das Hamburger Nachrichtenmagazin „Der Spiegel" widmete dem Vorgang unter der Schlagzeile „Christliches Bier" einen längeren Artikel.[96]

In den Leserbriefspalten der Blätter waren die Meinungen in der Starkbierfrage durchaus geteilt. Nicht wenige Zuschriften sprachen sich aber gegen volkserzieherische klerikale Bestrebungen aus. Stattdessen wurden die Kirchen aufgefordert, sich lieber gegen die Kriegs- und Atomgefahr zu wenden, als sich über Bierfeste aufzuregen.[97]

Die Bayern-SPD wandte sich entschieden gegen den Appell der Kirchen. Den „Moralaposteln" hielt man entgegen, dass die Bierstadt München schon aus wirtschaftlichen Überlegungen auf die Starkbierveranstaltungen nicht verzichten könne.[98] Der Bayerische Brauerbund schließlich unterstützte seine Mitglieder vorbehaltlos. In einer Stellungnahme verwies der Branchenverband auf die Tatsache, dass der Anteil des Starkbieres in Bayern nur zwei Prozent betrage, der Konsum hochprozentiger Gerstensäfte in anderen Bundesländern wie Berlin, Hamburg oder Schleswig-Holstein jedoch um ein Mehrfaches höher liege.[99]

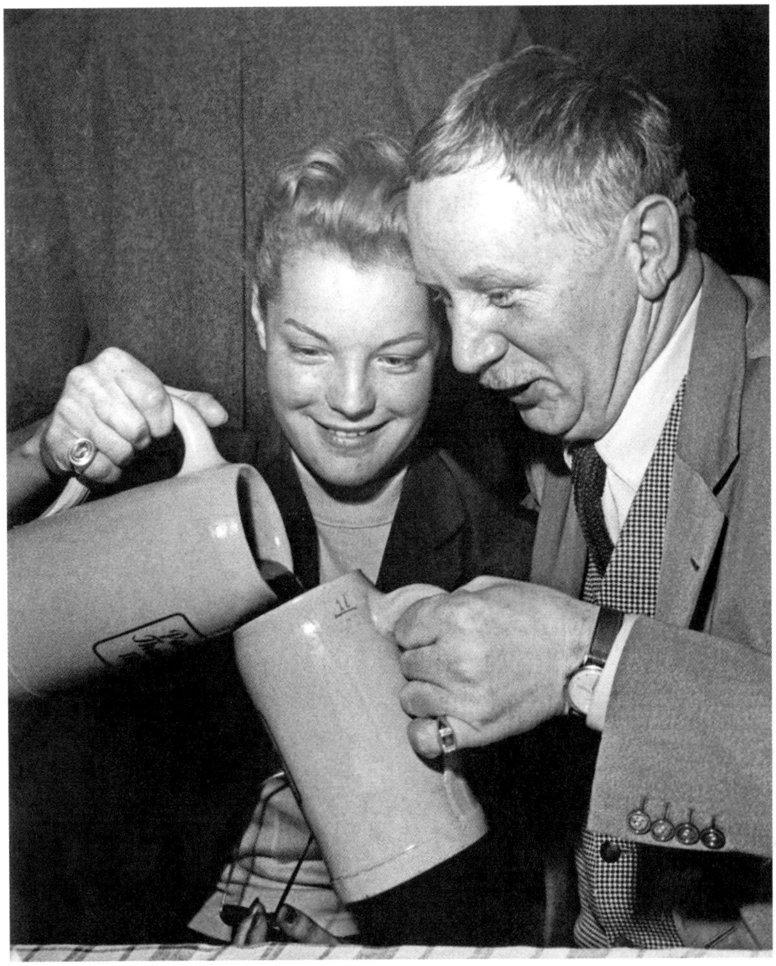

Schauspielerin Romy Schneider mit Filmregisseur Helmut Käutner beim Salvator, 1957 (1924; Foto: Georg Fruhstorfer)

Die CSU fühlte sich mit Blick auf einen Teil ihrer Wählerklientel dennoch verpflichtet, die kirchliche Forderung nach Möglichkeit zu unterstützen. Am 30. Dezember 1959, acht Wochen vor Beginn der nächsten Starkbiersaison, ging deshalb ein Schreiben des Bayerischen Innenministeriums an die Münchner Brauereien. In seiner Eigenschaft als Verantwortlicher „für die öffentliche Sicherheit und Ordnung in Bayern" äußerte CSU-Minister Alfons Goppel (1905–1991) darin die Sorge, „daß durch die nahezu ununterbrochene Folge von Festen, die mit starkem Alkoholgenuß, Unterhaltungsdarbietungen und lärmenden Vergnügungen verbunden sind, die allgemeine Vergnügungssucht und Oberflächlichkeit der Bevölkerung" in bedenklicher Weise gesteigert werde. Er bat die Sudhäuser deshalb um eine Verschiebung des Starkbierausschanks auf die Zeit nach Ostern.[100]

Die Münchner Brauereichefs sahen dazu keinerlei Veranlassung. Die Starkbiersaison

Abstimmung bei der Salvatorprobe 1959: „Wer will Salvator?" – Oberbürgermeister Thomas Wimmer (vorne Mitte) mit Wilhelm Hoegner von der SPD (vorne links), daneben „Blockadebrecher" Josef Müller von der CSU (1930; Foto: Berthold Fischer)

1960 startete zur üblichen Zeit. Der Absatz auf dem Salvatorkeller wie in den übrigen Münchner Starkbier-Hochburgen zeigte trotz der Querelen weiterhin steigende Tendenz. Auch von daher ergab sich aus Sicht der Bierfabriken kein Handlungsbedarf. Trotz der gegenüber den klerikalen Kritikern demonstrativ betonten Standfestigkeit nahm die Paulanerbrauerei auf dem Nockherberg dann aber doch einige bezeichnende Änderungen vor.

So verschwand die bisher zentrale Werbefigur des „Bruder Barnabas" von der Bildfläche. Der zuvor im Salvatorkeller täglich im Mönchskostüm auftretende Barnabas-Imitator versah seine Aufgaben nun im unverfänglichen historischen Gewand eines Brauburschen. Auch im Unterhaltungsprogramm der Salvatorprobe spielte der bislang stets präsente Paulanermönch bald keine Rolle mehr.[101] Dieser Verzicht auf die Instrumentalisierung klerikaler Attribute sollte der Kritik vonseiten der Kirchen den Wind aus den Segeln nehmen.

Dazu passte auch, dass nun aus dem Bühnenbild der Probe die zuvor stets präsenten beiden Zwillingstürme des Münchner Mariendoms verschwanden. Sie dienten bisher als Kulisse für die vom Schauspielerduo Karl Peukert (1903–1965) und Michl Ehbauer als „Ambrosius" und „Xaverius" in geistlicher Gewandung aufgeführten humorigen „Frauenturmgespräche". Ab 1960 lief das Zwiegespräch in „säkularisierter" Form in ziviler Kleidung und als Krüglrede. Schließlich stellte die Brauerei auch die Verleihung von goldenen und silbernen „Salvatornadeln" an besonders trinkfreudige Besucher ein.[102] Die exzessives Trinkverhalten befördernde Auszeichnung war kaum vereinbar mit dem stets vorgetragenen Anspruch, „Auswüchse" auf dem Nockherberg unbedingt vermeiden und stattdessen die „sprichwörtliche Münchner Gemütlichkeit" pflegen zu wollen.

Christsoziale wieder dabei

Zwar blieben auch im folgenden Jahr Parlamentarier und Regierungsmitglieder der CSU – ausgenommen der „Ochsensepp" und in seinem Gefolge Landtagspräsident Rudolf Hanauer (1908–1992) – der Salvatorprobe fern. Aber diese Linie war – trotz der Durchhalteappelle der Kirchen – für die Partei auf längere Sicht kaum aufrechtzuerhalten. Die Blockadehaltung lieferte lediglich den anderen Parteien und der Presse ständig Munition und dem Roider Jackl auf der Nockherbergbühne weitere Lacher, wenn er 1960 spottete: „De stilln Wochn vor Ostern, die kemma erst dann, wenn die Düsenjäger und Auto koan Treibstoff mehr ham.“[103]

Deeskalation war angesagt. Bereits 1961 wurden bei der Salvatorprobe unter den über 400 Gästen zwei CSU-Staatssekretäre aus dem Finanz- und Landwirtschaftsministerium gesichtet.[104] 1962 schließlich erschien neben Philipp Theodor Freiherr von Brand zu Neidstein, dem Protokollchef der Bayerischen Staatskanzlei, zur großen Überraschung der Probengäste auch Alois Hundhammer. Noch im Jahr zuvor war der sittenstrenge Gründer des „Katholischen Männervereins Tuntenhausen“ und „Statthalter des Ritterordens vom Heiligen Grab zu Jerusalem“ als eifriger Boykott-Befürworter aufgefallen.

Die Brauereileitung hatte dem Landwirtschaftsminister von der CSU eine goldene Brücke gebaut, die es ihm einigermaßen erlaubte, über seinen Schatten zu springen. Hundhammer wurde auf der Bühne von Brauereichef Scheublein mit dem „Goldenen Bierdukaten“ ausgezeichnet – für seine Bestrebungen zur Qualitätsverbesserung der Braugerste und für seinen unermüdlichen Einsatz zur Erhaltung des Bayerischen Reinheitsgebots für Bier. In seiner Dankesrede erklärte der Ausgezeichnete dann im Gegenzug: „Es ist bei uns in Bayern Brauch, daß man von dem, was historisch geworden ist, nicht ohne weiteres abweicht und weggeht, sondern es pflegt und dabeibleibt. Wir wollen und dürfen den Salvator, den die Paulaner Mönche einst hier heroben gebraut haben, auch weiterhin und in Zukunft genießen, wenn es in einer Form geschieht, an der in der Öffentlichkeit niemand Grund hat, Kritik zu üben.“[105]

Damit war die Kuh vom Eis und die Salvatorabstinenz der CSU beendet. Die Presse kommentierte Hundhammers öffentliche Ehrenerklärung für den Nockherberg mit dem spöttischen Hinweis, „daß sich an der Form des Salvator-Genießens gar nicht so viel geändert hat, seit es vorgestern böse war und heute wieder gut ist.“ Dieser Meinung waren sicher auch die kirchlichen Starkbierkritiker. Ihre Enttäuschung, insbesondere auf katholischer Seite, wurde noch dadurch gesteigert, dass der „Erzkatholik“ Hundhammer bei der Salvatorprobe um des lieben Friedens willen sogar das Fastengebot des Fleischverzichts am Freitag missachtete. Im Blitzlichtgewitter der Pressefotografen verzehrte er bei einer Maß Salvator ohne sichtlichen Widerwillen zwei Weißwürste.[106]

1963 saß Alois Hundhammer – zusammen mit CSU-Generalsekretär Friedrich Zimmermann – bei der Probe wieder prominent in der ersten Reihe. Zuvor hatte er bei Brauereidirektor Scheublein extra ein fastenzeit-gemäßes Fischgericht statt der obligatorischen Weißwürste bestellt.[107]

Diesmal erhielt der Münchner Oberbürgermeister Hans-Jochen Vogel (1926 – 2020) von der SPD den Bierdukaten aus der Hand des Paulanerchefs. Vogel betrat anschließend die Bühne zu einer Dankesrede. Darin begrüßte er die Rückkehr des CSU-Landwirtschaftsministers auf den Nockherberg schelmisch mit den Worten: „Ein Sünder, der heimkehrt, macht bekanntlich mehr Freude, als neunundneunzig Gerechte“ –, um dann seine große Freude darüber auszudrücken, dass bei der heutigen Verleihung einer von den neunundneunzig Gerechten zum Zug gekommen sei.[108]

Am Ende der denkwürdigen Veranstaltung gab der Roider Jackl ebenfalls noch eine

Ende des CSU-Boykotts – Staatsminister Alois Hundhammer (rechts) freut sich über die Verleihung des goldenen Salvator-Dukaten durch Brauereidirektor Bernhard Scheublein bei der Salvatorprobe 1962 (1938; Foto: Kurt Huhle)

Salvatorprobe 1965 – von rechts: Oberbürgermeister Hans-Jochen Vogel, Ministerpräsident Alfons Goppel, CSU-Chef Franz Josef Strauß, Marianne Strauß (1945: Foto: Kurt Huhle)

Salvatorprobe 1964 – Jakob Roider als „Apoll" auf dem Schimmel „Pegasus" (1943; Foto: Maria Penz)

Breitseite auf die CSU ab. Über den drei Monate zuvor aufgrund der „Spiegel-Affäre" um den Herausgeber Rudolf Augstein zurückgetretenen CSU-Minister Franz Josef Strauß gstanzelte er: „Und da Strauß war als Verteidigungsminister net bsonders auf Draht, weil'n trotz schwerster Bewaffnung oana mit'n Kuglschreiber abgschoss'n hat."[109]

Bibas, princeps optime!

1964 vertrat CSU-Finanzminister Rudolf Eberhard den geladenen, jedoch dringender Geschäfte halber in Bonn weilenden Ministerpräsidenten Alfons Goppel beim Nockherbergauftakt. Bei der Salvatorprobe, die unter dem Zeichen der fünf olympischen Ringe stand, schoss der Roider Jackl erneut den Vogel ab.

Er „bestampfte" – als Gott „Apollo" verkleidet – auf einem als „Pegasus" aufgeputzten leibhaftigen Schimmel sitzend die Bühne. Hoch zu Ross gab er auf der „göttlichen" Leier-Gitarre seine Spottverse zum Besten. Für eine „Mordsgaudi" war gesorgt, als er dabei unter anderem die Existenz der bayerischen Staatsregierung in Zweifel stellte: „Und in der bayerischen Regierung hat si' jetzt so wenig g'rührt, daß scho ganz viel Leut zweifln, ob s' überhaupt no existiert."[110]

1965 schließlich gelang Paulanerchef Bernhard Scheublein ein marketingtechnisches Meisterstück. Er gewann den bayerischen Ministerpräsidenten Alfons Goppel, der im Kreis mehrerer Minister unter Begleitung des erstmals an der Probe teilnehmenden CSU-Vorsitzenden Franz Josef Strauß (1915– 1988) erschienen war, für einen Auftritt. Nach der obligatorischen Begrüßung der Gäste bat er den Landesvater, der sechs Jahre zuvor als Bayerischer Innenminister noch öffentlich Vorbehalte gegen das Starkbierfest in der Fastenzeit geäußert hatte, auf die Bühne. Im blanken Kupferhumpen reichte Scheublein ihm einen Probetrunk des Salvator mit dem illustren Gruß: „Salve pater patriae! Bibas, princeps optime!"[111]

Damit knüpfte der Brauereidirektor geschickt an die legendäre Salvatorprobe durch die bayerischen Kurfürsten an und stellte den Ministerpräsidenten mit diesen in eine Traditionslinie. Dadurch erhielt die Marke „Salvator“ einen ganz besonderen Glanz. Zugleich bürgte der oberste Repräsentant des weiß-blauen Freistaates – wenn auch nur sinnbildlich – nun für die Qualität des Produktes.

Auch im nächsten Jahr stand Goppel wieder salvatorprüfend auf der Bühne. Der landesväterliche Probetrunk bildete fortan einen festen Programmpunkt beim alljährlichen Nockherbergspektakel. Der „Pflichttermin“ hatte zudem hohe Priorität. Nur zweimal – 1967 und 1985 – wurde die Probe nicht durch den amtierenden bayerischen Regierungschef, sondern durch seinen Stellvertreter im Amt vorgenommen.[112]

Angesichts der ständigen Präsenz des Ministerpräsidenten als obersten Vertreter der weltlichen Macht im Freistaat verstummte die frühere Kritik der Geistlichkeit am bierfestlichen Repräsentationsgebahren der Volksvertreter gänzlich. 1967 machte auch die Katholische Kirche ihren Frieden mit dem Nockherberg. Seit diesem Jahr folgten Domkapitulare des Erzbistums München und Freising der alljährlichen Einladung zur Salvatorprobe.[113] Auch die Evangelisch-Lutherische Landeskirche entsandte nun regelmäßig einen Oberkirchenrat in den Salvatorkeller.[114]

„Salve pater patriae“ – Direktor Bernhard Scheublein kredenzt Ministerpräsident Alfons Goppel (rechts) erstmals den Probetrunk bei der Salvatorprobe 1965 (1945)

Der
Paulaner-

Geisteslandschaft und Marketing-Instrument Nockherberg

Mit Beginn der 1960er Jahre erfuhr das künstlerische Programm der Salvatorprobe eine allmähliche Veränderung. Zwar blieb der Ablauf noch im Wesentlichen derselbe. Allerdings rückten nun politische Themen und die geladenen Politiker selbst immer mehr ins Zentrum der Aufmerksamkeit. Das betraf sowohl Vierlingers Conférence als auch das weitere Bühnenprogramm.

Eins-Zwei-Drei-Vierlinger

Regisseur Olf Fischer bezog die Politiker nun auch aktiv in das Bühnengeschehen ein. So wurden sie selbst zu Akteuren des „Salvatorbrettls“. 1960 schickte Fischer die zur Kommunalwahl in München antretenden Oberbürgermeister-Kandidaten – Hans-Jochen Vogel von der SPD, Josef Müller von der CSU, Adolf Hieber von der Bayernpartei, Hans Keller von den Parteifreien Wählern – zum Salvator-Anzapfwettbewerb auf die Bühne. Als souveräner Sieger verließ Vogel das Podium. Er gewann dann am 27. März auch die Wahl.[1]

1962 gab Alt-Oberbürgermeister Thomas Wimmer bei der Salvatorprobe eine Vorstellung als Volkssänger und intonierte souverän zwei bekannte Volksweisen.[2] 1964 lieferten sich Oberbürgermeister Vogel und CSU-Finanzminister Rudolf Eberhard live auf dem Podium einen Wettstreit im „Bierfaßlstemmen“.[3]

1965 standen Vogel und Ministerpräsident Alfons Goppel mit Uniformmützen als Stationsvorsteher einer imaginären „Nockherberg-U-Bahn“ auf der Bühne. In dem von der Regie für sie vorgesehenen U-Bahn-Diskurs agierten die beiden „ausnahmslos schlagfertig“ und machten dabei nach dem Urteil der Presse eine gute Figur.[4]

Für 1966 plante Regisseur Fischer den Auftritt von gleich drei bayerischen Spitzenpolitikern. CSU-Chef Franz Josef Strauß, Oberbürgermeister Vogel und FDP-Landeschef Klaus Dehler (1926 – 2005) sollten als Salvatorredner agieren.[5]

Dazu bekamen die Kandidaten drei Wochen zuvor jeweils ein von Fischer vorbereitetes „Manuskript-Blatt zur beliebigen Verwendung“ zugesandt. Der Spielleiter setzte darauf, dass der Ehrgeiz die Akteure dazu anstachelte, eigene Pointen zu setzen. „Selbstverständlich können Sie vollständig frei damit verfahren – auch ganz was anderes plaudern – das Skript soll lediglich Anregung sein“, ließ er die Politiker wissen. Konkret formulierte er die Erwartung an die Herren, „eigene Gedanken, ja bestimmt auch Improvisationen ein- und weiterzuspinnen. Das Ganze soll ja nicht ein Kabarett-Auftritt sein, sondern den Charakter der spontanen Wechselbeziehung zwischen den Ehrengästen am Tisch und dem Platz am Mikrofon behalten.“[6]

Von dem Polit-Dreigestirn konnte man angesichts der bekannten Schlagfertigkeit der Akteure einen kurzweiligen Auftritt erwarten. Doch fehlte am Ende das Salz in der Suppe. Denn Strauß musste offenbar kurzfristig absagen und Rudolf Hanauer von der CSU übernahm seinen Part. Im Gegensatz zu Vogel und Dehler legte der Landtagspräsident einen ziemlich lahmen Auftritt hin. Schließlich waren alle froh, dass seine offenbar pointenarme und „überlange Rede durch anhaltenden Applaus gerade noch rechtzeitig be-

Harte Arbeit – Maßkrugreinigen im Salvatorkeller, 1960 (1933; Foto: Kurt Huhle)

Salvatorprobe 1964 – Oberbürgermeister Hans-Jochen Vogel (rechts) und Finanzminister Rudolf Eberhard beim Bierfasslstemmen (1943)

endet wurde."[7] Der als Regierender Bürgermeister von Berlin in der ersten Reihe unter den Ehrengästen sitzende Willy Brandt von der SPD dürfte die Salvatorprobe dennoch genossen haben.

Anders als der Roider Jackl, der die Politikerprominenz seit 1953 mit seinen gesungenen Spottversen auf altbayerische Art ebenso knapp wie deftig „derbleckte", nahm der promovierte Theaterwissenschaftler Vierlinger sie mit filigranem Wortwitz aufs Korn. Aus Prinzip vermied er „Tiefschläge, die innerlich wehe tun mochten."[8]

„Eins-Zwei-Drei-Vierlinger", wie sich der quirlige Showmaster des Nockherbergs selbst nannte, setzte seine humorigen, im verbalen Florettstil geführten Seitenhiebe treffsicher, aber nie unter der Gürtellinie. Er entwickelte die ihm anvertraute Conférence „zu einer hohen Kunst, bei der hochpolitische, jedoch niemals verletzende Brisanz gerade die ‚Derbleckten' am meisten begeisterte", wie 1967 ein Pressebeobachter schrieb.[9]

Den stets gutaussehenden Finanzminister Rudolf Eberhard titulierte Vierlinger als „Mona Lisa der CSU",[10] Hans-Jochen Vogel als „Callas unter den bayrischen Rothkehlchen."[11] Das Parteikürzel CSU löste er in „Congregatio Sanct Ultramontanus" auf. Den stets im Maßanzug und mit perfekt sitzender Frisur auftretenden Münchner Polizeipräsidenten Manfred Schreiber (1926–2015) betitelte er als „Sex-Boy vom Gendarmenmarkt", Bundesfinanzminister Strauß als „Känguruh mit leerem Beutel" und den 1969 zurückgetretenen Landwirtschaftsminister Hundhammer als „schwarzen Bomber von Forstinning."[12]

Alt-Ministerpräsident Wilhelm Hoegner von der SPD, der seit 1952 über fast zwei Jahrzehnte kaum eine Salvatorprobe ausgelassen hatte, erklärte Vierlinger unter Verweis auf seine Parteizugehörigkeit zum „Salvator-Party-Denkmal".[13] Wirtschaftsminister Otto Schedl begrüßte er mit Blick auf die 1967 eröffnete transalpine Erdölpipeline von Triest nach Lenting als „Otto, den Ölraffinierten von Ingolstadt". Den Landtagspräsidenten von der CSU identifizierte er als „seltenen Vogel im weißblauen Gehege in Gestalt eines umdrahten Auerhahn, quasi [als] einen Auerhahn im Rückflug: den Hanauer."[14]

Den Ende 1970 vollzogenen Ministerwechsel im bayerischen Kultusressort von Ludwig Huber zu Hans Maier verbuchte Vierlinger unter dem Bonmont „Wenn der Huber nicht mehr kann, laß doch mal den Maier ran.“[15] Ministerpräsident Goppel wünschte er – im Interesse aller Anwesenden – 1971 einen guten Salvatordurst und für das nachfolgende Mittagessen einen gesegneten Appetit – eingedenk des türkischen Sprichworts: „Wenn der Sultan rülpst, freuen sich seine Untertanen.“[16]

Die Entwicklung der Salvatorprobe in den 1960er Jahren beschrieb die Münchner Branchenzeitschrift „Gastwirt und Hotelier“ mit den Worten: „Aus der Bierlandschaft ist eine Geisteslandschaft geworden. [...] So ist die Salvator-Probe durch die ausschließlich brillante Handhabung des Wortes, durch die Freude am geistvollen Wort längst zu einem Münchner Ereignis geworden, das im Grunde unnachahmlich bleibt. Erlaubt ist hier, was gescheit und witzig ist. Diesem Codex hat Dr. Emil Vierlinger [...] auf dem Nockherberg Gültigkeit verschafft.“[17]

Salvatorprobe 1965 – Ministerpräsident Alfons Goppel (links) und Oberbürgermeister Hans-Jochen Vogel als Stationsvorsteher der „Nockherberg-U-Bahn“ (1945; Foto: Otfried Schmidt)

Neues Probenformat

1970 erfolgte eine Neuausrichtung des Programms der Salvatorprobe. An die Stelle mehrerer künstlerischer Auftritte trat nun ein einziges längeres Salvatorspiel. Die Conférence als bisher verbindendes Element wurde dadurch entbehrlich. Die Probe startete nun mit einer etwa 20-minütigen, von Vierlinger gehaltenen Salvatorrede, an die sich das Spiel anschloss. Diese Grunddramaturgie sollte bis heute Bestand haben.

Neben Rede und Spiel blieb der Roider Jackl mit seinen Gstanzln zunächst noch im Programm. 1973 pausierte er aufgrund interner Querelen. Im Jahr darauf sprang er als Redner für den erkrankten Vierlinger ein.[18] Mit Roiders Tod 1975 endete nach 22 Jahren eine Ära auf dem Nockherberg.

1972 startete das Salvatorspiel erstmalig als ausgesprochene Polit-Show. Zur Aufführung kam das von Fischer und Vierlinger konzipierte Ritterspiel „Die feindlichen Brüder oder Der Zaubertrank in der Paulanerklause“. Dabei verkörperten die auftretenden Schauspieler nun allesamt bayerische Spitzenpolitiker. Sie wurden in Maske, Mimik und Tonfall imitiert, parodiert und karikiert.

Das Stück handelte vom Kampf der CSU-Ritter auf „Burg Schwarzenfels“ gegen die SPD-Kontrahenten auf „Burg Rotenstein“. Den Landesherrn „Don Alfonso von Ratisbona“ doubelte Max Grießer. „Alois der Gebartete von Hundham“ wurde von August Riehl dargestellt. Peter Steiner (1927–2008) spielte den Burgherrn „Franz Joseph Bavaricus von Gottesgnaden“. Burg Rotenstein war bewohnt von „Hans Joachim von der Vogelweide“, dem Schauspieler Gerd (Wastl) Fitz (1930–2015), der nach Meinung der Kritiker „in erstaunlicher Tonfarben- und Melodietreue die echte Vogel-Sprechweise“ gab. Alfred Pongratz (1900–1977) mimte Wilhelm I. vom Hoegnerhof mit seinem rebellischen Knappen „von Juso“. Wolf Euba (1934–2013) schließlich verkörperte mit dem Junker „Franz Huber von Schöneck“ den damals noch SPD-nahen Journalisten Franz Schönhuber. Nach dem Urteil der Presse bot die Salvatorprobe damit „bestes politisches Kabarett“.[19] Damit war die Form gefunden, durch die sich das Salvatorspiel seither auszeichnete.

Ab 1976 begnügte Vierlinger sich in seiner Salvatorrede nicht mehr mit dem „Derblecken“ weiß-blauer Politprominenz. Seine Pfeile schoss er nun regelmäßig auch gegen abwesende nicht bayerische und auch Bonner Polit-Schwergewichte wie Oppositionsführer Helmut Kohl, Hans-Dietrich Genscher oder andere Minister der sozialliberalen Koalition.

Das Salvatorspiel sah 1976 erstmals auch eine Rolle für einen nicht bayerischen Bundespolitiker vor: den SPD-Vorsitzenden und zehn Monate zuvor als Bundeskanzler zurückgetretenen Willy Brandt. Ihn mimte der Schauspieler Achim Strietzel (1926–1989) als schlichten „Telefonisten".[20] Im Jahr darauf bekam Brandt/Strietzel im Singspiel eine vielsagende Kleinrolle als „Verunglückter".[21]

In Funk und Fernsehen

Am 19. März 1953 übertrug der Bayerische Rundfunk „zum volksfestlichen Salvator-Abschiedsausschank" auf seiner Mittelwelle eine humoristische Reportage, gesprochen von Michl Ehbauer. Den mit Blasmusik untermalten Beitrag konnten Hörer in weiten Teilen Deutschlands bis nach Nordrhein-Westfalen empfangen.[22]

Der Regierende Berliner Bürgermeister Willy Brandt bei der Salvatorprobe 1966 (1947; Foto: Georg Schödl)

1954 zeichnete die Münchner Sendeanstalt erstmals die Salvatorprobe auf und brachte Ausschnitte davon im Radio.[23] Seither war das Nockherbergspektakel fester Bestandteil im Hörfunkprogramm des Bayerischen Rundfunks. 1968 ging bereits ein einstündiger, 1981 ein anderthalbstündiger Zusammenschnitt am Sonntagnachmittag über den Äther.[24] 1973 wurden kleine Probeausschnitte auch von anderen Sendern ausgestrahlt, etwa vom Hessischen und Süddeutschen Rundfunk, von Radio Bremen und vom Sender Freies Berlin.[25]

Schon bald begleiteten auch Kameraleute des Bayerischen Rundfunks das Geschehen auf dem Nockherberg. Am 16. März 1962 wurde die vormittägliche Salvatorprobe erstmals filmisch aufgezeichnet.[26] Ausschnitte daraus konnten die Fernsehzuschauer im Freistaat noch am selben Tag in der landesweit ausgestrahlten „Abendschau" sehen. Ein Zusammenschnitt wurde nun alljährlich in der abendlichen Fernsehreihe gezeigt. 1969 betrug die Sendezeit bereits 20 Minuten.[27]

Für die Politiker wurde die Salvatorprobe durch die Fernsehberichterstattung noch mehr zum Publicity-Event. Welchen Wert einzelne Spitzenpolitiker dem Auftritt vor der Probenkulisse beimaßen, zeigt das Beispiel von Bundesfinanzminister Franz Josef Strauß. 1969 bestellte er einen Fotografen des amerikanischen „Life Magazin" auf den Nockherberg, um sich dort entsprechend ablichten zu lassen.[28]

1977 erfuhr die Mattscheibenpräsenz des Nockherbergs eine entscheidende Erweiterung. Die Salvatorprobe vom 10. März wurde vier Tage später vom Bayerischen Fernsehen erstmals als 65-minütige Aufzeichnung ausgestrahlt.[29] Sie lief in dieser Form seither alljährlich an dem der Live-Veranstaltung folgenden Sonntagabend ab 19 Uhr unter dem Titel „Auf dem Nockherberg" in der Sendereihe „Unter unserem Himmel".[30]

Die Fernsehübertragung, die zuletzt sogar auf bis zu 80 Minuten ausgedehnt wurde, verschaffte dem Event im gesamten Freistaat große Aufmerksamkeit. 1980 berichtete erstmals auch das ZDF im „heute journal" über die Probe.[31] Später nahmen in der Regel ARD und ZDF sowie auch die meisten Privatsender wie RTL, SAT1 und PRO7 Kurzbeiträge in ihre Nachrichtensendungen auf. Die Gesamtsendezeit auf allen Kanälen erreichte beachtliche 2,4 Stunden. Seit 1988 übertrug der bayerische Hörfunk die Salvatorrede live in voller Länge und das Singspiel in Ausschnitten.[32]

Seit der 1985 gestarteten Ausstrahlung des Bayerischen Fernsehens über Satellit und der darauf folgenden Einspeisung in alle westdeutschen Kabelnetze war der Nockherbergauftritt schließlich für Zuschauer im ganzen Bundesgebiet zu empfangen. Die Salvatorprobe wurde dadurch zu einer Institution, die landesweites Interesse fand und bis heute für das Brauunternehmen eine unbezahlbare PR darstellt.

Salvatorausschank als Marketinginstrument

1913 gab die Paulanerbrauerei für die Vorbereitung des in Eigenregie betriebenen elftägigen Salvatorausschanks auf dem Nockherberg rund 12.000 Mark aus.[33] Diese Kosten fielen wohl vor allem für Saaldekoration, Musikbegleitung und Schankpersonal an.

Dem standen Einnahmen aus dem Bierverkauf (1.007 hl á 44 Mark) von über 44.000 Mark sowie aus nicht unerheblichen Eintrittsgeldern gegenüber.[34] Der Brauerei verblieb somit ein erklecklicher Überschuss. Wohl auch noch in den 1930er Jahren war der Starkbierausschank im Salvatorkeller ein unmittelbar finanziell lohnendes Biergeschäft.

Beim Neustart nach dem Zweiten Weltkrieg veränderte sich die Situation völlig. Ebenso wie das Oktoberfest erfüllte der Salvatorausschank ab den 1950er Jahren hauptsächlich die Funktion einer Werbe-, PR- und Marketingveranstaltung zur Profilierung der Marke „Paulaner".[35]

Was durch den Bierverkauf, die Eintrittsgelder und die Vermietung von Verkaufsständen während des 16-tägigen Ausschanks hereinkam, wurde nun in erheblich gesteigertem Umfang für Marketingmaßnahmen wieder ausgegeben. Dabei entstand nun sogar regelmäßig ein Kostenüberhang.

Ausgelassene Stimmung beim Fasching im Salvatorkeller, 1963 (4615; Foto: Kurt Huhle)

Die jährlichen Ausgaben für Werbung, Freibier und Bewirtung erhöhten sich laufend. Zwischen 1958 und 1967 stiegen die Kosten für Medien- und Printwerbung um zwei Drittel. Der Aufwand für Kundenverpflegung auf dem Nockherberg wuchs von 1973 bis 1988 sogar um das Fünffache. Die Ausgaben für die Salvatorprobe allein lagen 1958 bei 17.400 DM. 1974 wurden dafür 54.200 DM aufgewendet.[36]

Die Vergütungen für die Autoren und auftretenden Künstler waren anfangs überschaubar. 1955 erhielten die 32 Mitwirkenden zusammen knapp 3.500 DM. Das entsprach damals einem Fünftel der Gesamtkosten der Probe.[37] Mit der Professionalisierung des Bühnenprogramms stiegen die Künstler- und Autorenhonorare steil an. 1990 beanspruchten sie etwa drei Viertel des Probenaufwands. Seit der Ausstrahlung im Fernsehen ab 1977 übernahm der Bayerische Rundfunk regelmäßig zwei Fünftel der anfallenden Honorarsumme.[38]

Für die Salvatorsaison wurden alljährlich etwa 30.000 Maßkrüge bereitgestellt. Davon ging regelmäßig ein Teil zu Bruch oder verschwand durch Diebstahl. 1959 fehlten 5.214 Krüge. 1964 verschwanden 7.213 Trinkgefäße im Wert von 8.511 DM. 1974 musste die Brauerei für fehlende oder beschädigte Krüge sogar 34.500 DM abschreiben.[39]

Proteste der Mittelstandsbrauereien

Den alljährlichen Medienrummel um die Salvatorprobe fanden nicht alle lustig. Insbesondere mittelständischen Brauereibesitzern in Bayern, die unter dem scharfen Konkurrenzdruck von expansiven Großbrauereien wie Paulaner standen, war er ein steter Dorn im Auge. Sie empfanden es schlicht als unzulässige „Intensivwerbung", dass die Münchner Bierfabrik ihren Starkbierausschank gleichsam per Staatsakt im Beisein des Ministerpräsidenten und des versammelten Kabinetts eröffnete und damit eine breite Aufmerksamkeit in Presse, Funk und Fernsehen erzielte.

Bereits 1974 wetterte der Bundesverband deutscher Mittelstandsbrauereien öffentlich gegen den Auftritt von Regierungsvertretern auf dem Nockherberg. Man verurteilte ihr Verhalten als Verletzung der staatlichen Neutralitätspflicht gegenüber allen Gewerbetreibenden: „Wie sich diese Repräsentanten des bayerischen Staates aber auch die Vertreter der politischen Parteien aller Couleur seit Jahren jovial lächelnd und bierselig vor den Werbewagen der Paulaner-Brauerei spannen lasssen, hat kein Beispiel, das gibt es nicht ein zweites mal! Daß die Mitwirkung der Bayerischen Staatsregierung eine enorme Werbewirkung hat, steht außer Zweifel."[40]

Die 1977 wesentlich erweiterte Fernsehpräsenz der Salvatorprobe im öffentlich-rechtlichen Rundfunk brachte die bayerischen Mittelstandsbrauer gegenüber der Politik noch mehr in Rage. „Die gewählten Repräsentanten Bayerns lassen sich [...] als Zielscheibe deftiger ‚Derbleckereien' in den Dienst der Paulaner-Werbung stellen", lautete die nun noch breiter vorgetragene Kritik.[41]

Salvatorprobe 1967 – Emil Vierlinger (links) mit Double des französischen Staatspräsidenten Charles de Gaulle (1950; Foto: Otfried Schmidt)

Filmteam des Bayerischen Rundfunks bei der Salvatorprobe 1969 (1955; Foto: Kurt Huhle)

In einem Brief an Alfons Goppel wandte sich Verbandsgeschäftsführer Rudolf Stuiber gegen die Regierungspraxis, eine bestimmte Brauerei ständig aufzuwerten. Sein Kollege Fritz Ludwig Schmucker vom Bayerischen Brauerbund gab ihm darin in einem Presseinterview recht, wenn er feststellte: „Eine kostenlose Werbung, ohne Zweifel." Ministerpräsident Goppel wies die Beschwerde der Mittelstandsbrauer in einer Erklärung als völlig unberechtigt zurück. Bei der Teilnahme von Regierungsmitgliedern am Nockherbergauftakt handle es sich um eine alte Münchner Tradition. Eine Werbung für eine bestimmte Brauerei sei damit keineswegs verbunden. Der Münchner Oberbürgermeister Georg Kronawitter (1928–2016) pflichtete ihm seitens der Stadt vorbehaltlos bei.[42]

In der Öffentlichkeit konnten die Mittelstandsbrauer kaum auf Unterstützung zählen. In der weiß-blauen Presselandschaft wurde ihre Kritik als belangloser Sturm im Maßkrug abgetan. Die „Bayerische Staatszeitung" gab die weit überwiegende öffentliche Meinung wieder, wenn sie es als ungehörigen Einfall bezeichnete, „dem Pater Patriae das Jus Primi Poculi streitig zu machen und gegen jenes traditionsreiche Zeremoniell aufzumucken." Vielmehr belehrte das Staatsorgan die Kritiker: „Seit Generationen ist der Salvatoranstich das Zeichen für ganz Bayern, daß jetzt das Fastenbier getrunken werden kann, soll, muß. Das Symbol hat sich [...] von der Brauerei ziemlich gelöst; die Wettbewerbsrechtler könnten fast schon sagen, die Marke sei zum Gattungsbegriff geworden. Davon hat dann eben die ganze Gattung Fastenbier etwas, welche Brauerei auch immer es gebraut haben und ausschenken mag."[43]

Paulaner-Vorstand Richard Dusch argumentierte listig auf der gleichen Linie. Gegenüber der Bildzeitung meinte er, dass vom „Pauckenschlag auf dem Nockherberg" im Beisein des Ministerpräsidenten letztlich auch alle anderen 145 in Bayern gebrauten „Atoren" profitierten. Und außerdem „war in alten Zeiten sogar der Kurfürst unser Gast."[44]

Die Diskussion über die Werbefunktion der Salvatorprobe war damit schnell beendet. Auch Goppels Nachfolger auf dem bayeri-

Salvatorprobe 1973 – Politiker (von links: SPD-Fraktionschef Volkmar Gabert, BR-Intendant Reinhold Vöth, Ministerpräsident Alfons Goppel, Landtagspräsident Rudolf Hanauer, Bundesbauminister Hans-Jochen Vogel, Kultusminister Hans Maier) und ihre Doubles mit Conférencier Emil Vierlinger (vorne mit Krug) nach der Aufführung des Singspiels „Hipp – Hipp – Hurra, F. C. Bavaria!" (1969; Foto: Maria Penz)

schen Ministerpräsidentensessel wurden von den Wettbewerbshütern in der Folgezeit nicht mit einem Verfahren wegen „unlauterer Werbung“ überzogen. Die Hausjuristen und Marketingspezialisten der Brauerei waren im Einvernehmen mit den Rundfunk-Verantwortlichen kompetent genug, um in der Fernsehübertragung allzu aufdringliches Product-Placement zu vermeiden und die geltenden Werberichtlinien einzuhalten. Entsprechend war im Zusammenhang mit der Salvatorprobe im öffentlich-rechtlichen Fernsehen auch stets vom „Nockherberg“ die Rede und nicht von einer Paulaner-Veranstaltung.

Der Bayerische Rundfunk blieb in diesem Zusammenhang ebenfalls nicht gänzlich von Kritik verschont. Die Bayern-SPD fühlte sich 1983 im Singspiel, das mit der Krönung von Franz Josef Strauß zum „Rex Bavariae“ endete, schlecht behandelt. Deshalb entrüstete sich Parteichef Helmut Rothemund (1929–2004), es sei nicht Aufgabe des Bayerischen Rundfunks, Starkbierpremieren zu übertragen, „in denen für eine Brauerei und für die CSU Reklame gemacht und die Opposition nur noch niedergemacht wird.“[45]

Mit diesem Vorwurf stand die Partei zusammen mit den SPD-nahen Rundfunkräten am Ende aber ziemlich allein auf weiter Flur. Denn die Salvatorprobe zählte mittlerweile für viele Fernsehzuschauer im Freistaat fast schon zum immateriellen Kulturerbe. Ihre Übertragung konnte problemlos als Aufgabe einer öffentlich-rechtlichen Rundfunkanstalt angesehen werden. Bei der nächsten Probe blickten die Parteispitzen der Bayern-SPD deshalb auch wieder entspannt und ohne Groll in die Fernsehkameras.

Trotz Sauferei weniger Rauferei

Angesichts des in den 1960er Jahren zeitweise auf bis zu zwei Liter Starkbier gestiegenen Pro-Kopf-Verbrauchs auf dem Nockherberg blieben alkoholbedingte Tätlichkeiten unter den Besuchern eine nicht völlig abzustellende Begleiterscheinung. Doch war das Ausmaß dieser unschönen Szenen, an denen während der Saison vielleicht 200 unvernünftige Gäste beteiligt waren, angesichts einer Gesamtbesucherzahl von über 130.000 marginal.

1977 registrierte der private Sicherheitsdienst auf dem Salvatorkeller während des 16-tägigen Ausschanks 52 Schlägereien, darunter eine „Maßkrugschlägerei" im Garten und eine Messerstecherei im Saal. Doch wurde dabei in der Regel niemand ernsthaft gesundheitlich beeinträchtigt. Nur sieben Beteiligte mussten aufgrund der Tätlichkeiten notärztlich versorgt werden. Ein Gast wurde – wie es im Einsatzbericht hieß – „durch ein Wurfgeschoß (Schweinshaxenknochen) erheblich am Kopf verletzt." Zudem schlichteten die Einsatzkräfte fünf verbale Streitereien. Auch wurden fünf betrunkene Randalierer sowie „zwei männliche Gäste wegen Zudringlichkeit bei Frauen aus dem Saal entfernt." Insgesamt registrierte der Sicherheitsdienst fünf Schlägereien weniger als im Vorjahr.[46]

Diese relativ erfreuliche Bilanz veranlasste die „Süddeutsche Zeitung" in ihrem Resümee über die Starkbiersaison 1977 zu der Titelzeile „Mehr Sauferei – doch weniger Rauferei." Auch registrierte die Polizei insgesamt einen Rückgang der „ausgesprochenen Rauschdelikte".[47]

Zunehmend Probleme mit der „Sauferei" ergaben sich aber im Straßenverkehr. Schon ab 1962 setzte die Münchner Polizei zur Starkbierzeit auf eine verstärkte Verkehrsüberwachung. Die Maßnahme sollte verhindern, „daß sich offensichtlich Betrunkene ans Steuer eines Kraftfahrzeuges setzen", was wohl nicht allzu selten vorkam. Außerdem rief man den Starkbierfreunden ins Gedächtnis, „dass auch Radfahrer und Fußgänger sich strafbar machen, wenn sie in angeheitertem Zustand sich selbst oder den übrigen Straßenverkehr gefährden."[48]

Dennoch stellte die Verkehrspolizei 1977 ein leicht ansteigendes Auftreten alkoholisierter Kraftfahrer fest. Die seit 1973 geltende 0,8-Promille-Grenze war bereits mit einer Maß Starkbier überschritten. Täglich wurden deshalb während der Saison fünf bis zehn Führerscheine eingezogen.[49] 1979 kassierte die Münchner Polizei schon in den ersten drei Tagen des Ausschanks 38 Fahrerlaubnisse. Die Hälfte der erwischten Alkoholsünder war an einem Unfall beteiligt.[50]

Aus Sorge um den Führerschein kam der Wunsch nach alkoholfreien Getränken im Salvatorkeller auf. Denn traditionell wurde dort während der 16-tägigen Saison an den Sonntagen von 12.30 bis 22.30 Uhr sowie an den übrigen Tagen von 13.30 bis 22.30 Uhr[51] ausschließlich Starkbier ausgeschenkt. Auch Eltern, die bei schönem Wetter mit ihren Kindern den Garten besuchten, beklagten, dass sie ihren Sprösslingen keine Limo kaufen konnten.

Auf entsprechende Forderungen von Gästen reagierte die Brauerei abweisend. Ein

S. 224/225: Gäste bei der Salvatorprobe, 1980 (1997)

Im Kellergarten, 1973 (1969; Foto: Maria Penz)

Damen

Triumphatorprobe 1976 – Conférencier Gustl Bayrhammer (links) und Innenminister Bruno Merk (rechts) beim Anstich im Löwenbräukeller, 1976 (BWA F2, 7329; Foto: Rudolf Brauner)

Sprecher erklärte dazu 1974: „Sicher wollen auch wir keine betrunkenen Kinder. Aber Limonade verkaufen wir grundsätzlich nicht. Jetzt ist halt Starkbierzeit – im Weinlokal kriegt man auch kein Bier. Machen wir eine Ausnahme, dann verlangen andere Kaffee oder Schnaps. Ein Starkbierfest ist ohnehin nicht das Richtige für Kinder."[52]

Das Sudhaus vom Münchner Gewerbeamt wurde aber eines Besseren belehrt. Denn Paragraph 6 des Gaststättengesetzes schrieb beim Ausschank alkoholischer Getränke auf Verlangen auch die Abgabe alkoholfreier Erfrischungen zwingend vor. Ab 1975 gab es deshalb nun im Biergarten mit seinen 2.400 Sitzplätzen sowie in den während der Starkbierzeit von der Brauerei bewirtschafteten sechs Sälen mit der dafür feuerpolizeilich zugelassenen Höchstzahl von 3.809 Besuchern auch Limonade.[53]

Zehn Jahre später sah man das Ganze nicht mehr so eng. 1984 eröffnete auf dem Nockherberg eine Pilsbar, die das kurz zuvor eingeführte „Echt Paulaner Pils" ausschenkte. Nur wenig später wurde wohl auch der Betreiber einer Sektbar zugelassen.[54]

Angesichts der allmählich nachlassenden Starkbiereuphorie war 1968 mit einem Ausschank von 2.432 hl bei 148.710 Besuchern der Höhepunkt auf dem Nockherberg erreicht. Seither gingen Absatz und Gästezahl laufend zurück. 1988 konsumierten 100.859 Besucher im Salvatorkeller (ohne Restaurantbereich) noch 1.779 hl.[55]

Wie schon im 19. Jahrhundert standen im Garten und in den Hallen ein Dutzend Verkaufsstände eingemieteter Händler. Sie boten für die Besucher allerhand Leckereien feil, insbesondere Bratwürste, Grillhendl, Feinkostdelikatessen, Rettiche, Steckerlfische und Süßigkeiten, daneben auch Tabakwaren, allerhand Scherzartikel, Postkarten und Blumen.[56]

Zu Beginn der 1990er Jahre gab die Paulanerbrauerei den bisher in Eigenregie betriebenen Starkbierausschank auf dem Nockher-

„Auf zum Triumphator" – Gespann der Münchner Löwenbrauerei mit Triumphator, um 1970 (BWA F2, 8933; Foto: Berthold Fischer)

berg auf. Seither übernahm der Pächter des Salvatorkellers den gesamten Salvatorverkauf. 1992 setzte er während der 16-tägigen Saison in allen Ausschankbereichen noch rund 1.500 hl Starkbier ab.[57]

Triumphatorauftakt mit neuem Profil

Den anhaltenden medialen Erfolg der Paulanerbrauerei auf dem Nockherberg seit Mitte der 1960er Jahre konnte die Münchner Löwenbrauerei nur schwer verwinden. Denn das Sudhaus in der Ohlmüllerstraße war mittlerweile ihr schärfster Konkurrent unter den Großbrauereien der Landeshauptstadt. Die Paulaner-Salvator-Thomasbräu AG nahm der seit 1894 ausstoßstärksten Bierfabrik Bayerns zunehmend Marktanteile in Süddeutschland ab.[58]

Für die Brauereileitung in der Nymphenburger Straße galt es deshalb, das Image der Biermarke mit dem Löwen neu aufzupolieren und dem Rivalen in der Ohlmüllerstraße Paroli zu bieten. In diesem Zusammenhang sah man auch die Notwendigkeit, beim Starkbier wieder deutlicher Flagge zu zeigen und das eigene Profil zu schärfen.

Ende 1969 beendete Löwenbräu deshalb die seit 1958 geübte Praxis, den Starkbierauftakt im Rahmen des alljährlichen Turmfalkenfestes zu inszenieren. Die humorigen Aufführungen der geselligen Vereinigung mit ihren Laiendarstellern wirkten nach zwölf Jahren reichlich abgestanden. Wohl auch deshalb blieb die politische Prominenz immer mehr aus. Daran konnte auch das übrige Unterhaltungsprogramm nichts ändern, das zu Beginn der 1960er Jahre verstärkt „auf die Darstellung des bayerischen Brauchtums und altbayerischer Gemütlichkeit durch Spiel und Gesang" setzte.[59] Das Löwen-Management beschloss daher, wieder eine „Triumphatorprobe" in Eigenregie zu veranstalten und dabei „eine Neuorientierung hinsichtlich der Form und des Programmablaufes" vorzunehmen.[60]

Die Neuauflage mit eigenen Akzenten erwies sich aber als schwieriges Unterfangen. 1970 arrangierte man für die 2.000 geladenen Triumphatorgäste im großen Saal des Löwenbräukellers absichtsvoll ein „Kontrast-Programm" zum bisher Gebotenen. Nach dem Anstich durch Wirtschaftsminister Otto Schedl musizierten neben den Schlagersängern Rex Gildo und Heino die dänische Interpretin Dorthe, das Osnabrücker Medium-Terzett („Ein Loch ist im Eimer") sowie die Tanzkapelle Ernst Jäger.[61] Doch stieß diese völlige Abkehr von volkstümlich-bayerischen Show-Elementen beim Münchner Publikum offenbar nicht auf ungeteilte Resonanz.

1971 folgten über 1.800 Gäste der Abendeinladung zur Probe. Doch hatten – wie schon im Jahr zuvor – weder der Münchner Oberbürgermeister noch der bayerische Ministerpräsident zugesagt. „Vogelfrei- und goppellos" – wie die Presse mitleidig anmerkte – ging die Triumphatorprobe auch diesmal über die Bühne. Zum Anzapfen war der Neuling im bayerischen Kabinett, Umweltminister Max Streibl (1932–1998), gekommen. Er nahm den öffentlichen Auftritt zur persönlichen Profilierung gerne wahr, enttäuschte dann aber in dieser Disziplin auf ganzer Linie. Als der offenbar wenig geübte Gastwirtssohn aus Oberammergau den Wechsel ins Spundloch trieb, gingen einige Maß schäumend in die Umwelt. Dabei hatte der Minister noch Glück, dass er sich nicht selbst mit Triumphator taufte.[62]

Das diesmal gebotene Unterhaltungsprogramm fand trotz einer deutlichen Veränderung wiederum „nicht ganz den ungeteilten Beifall der Anwesenden", wie die „Süddeutsche Zeitung" süffisant bemerkte. Verbaler Höhepunkt der Bühnenshow sollte eine Stammtischunterhaltung sein, wobei bekannte Figuren der bayerischen Geschichte humoristisch-satirisch eine Brücke zur Gegenwart schlugen. Da aber die Mikrophone streikten, ging das Ganze im Wirtshauslärm des großen Saales unter. Der nachfolgende Auftritt einer attraktiven Schweizer Jodlerin „fesselte wenigstens die Aufmerksamkeit der Männer", wie die Presse spöttisch anmerkte.[63]

Ein Lichtblick war aber schließlich der Auftritt der „Hot Dogs". Die damals sehr populäre Dixilandband heizte die Stimmung an und machte aus dem Bierfest noch ein bodenständiges Jazzfestival. „Das Wichtigste an der Triumphator-Probe bleibt der Triumphator", brachte das Fachblatt „Gastwirt und Hotelier" den Gesamteindruck am Ende ironisch-kritisch auf den Punkt.[64]

Die Presse legte die Messlatte freilich allzusehr am Niveau des Nockherberges an, weshalb wenig schmeichelhafte Kommentare vorprogrammiert waren. Dabei bestand in der Nymphenburger Straße weder die Absicht noch überhaupt die Möglichkeit, den Event auf dem Salvatorkeller einfach zu kopieren. Denn die Triumphatorprobe war nicht nur als Veranstaltung für mehr oder weniger Prominente aus allen Gesellschaftskreisen gedacht.

Über ein Drittel der zur Probe geladenen Gäste waren wichtige Geschäftspartner, darunter zahlreiche Gastronomiekunden. Dieser für das Biergeschäft der Brauerei wichtigen Klientel sollte mit der Einladung ein besonderer Event geboten werden. Auch aufgrund des gegenüber der Salvatorprobe dreifachen Besucherandrangs war das Programm im riesigen Löwenbräukeller schon zwangsläufig ein anderes als im vergleichsweise noch heimeligen „Saal II" des Salvatorkellers.

Steinhebewettbewerb im Löwenbräukeller, 1970 (BWA F2, 7315; Foto: Christl Reiter)

Triumphatorausschank im Löwenbräukeller, 1968 (BWA F2, 7312; Foto: Christl Reiter)

Angesichts der schwierigen Akustik und der großen Gästezahl sollte die Bühnenshow überwiegend lautstark und mit unterhaltsamen „Knalleffekten" ausgestattet sein.[65] Dabei setzten die Verantwortlichen in der Folgezeit nun hauptsächlich auf Interpreten der volkstümlichen Schlagerszene, wie die „Auer Dirndln", das „Jodler-Duo Heidi und Hansl Ott", „Marianne und Michael", die „Münchner Bläserbuben" oder die Schweizer Musikgruppe „Minstrels" („Grüezi wohl, Frau Stirnimaa"). Sie musizierte 1973 im Löwenbräukeller „mit Hilfe von riesigen Verstärkern und Lautsprechern bis an die Schallgrenze."[66]

Dazu kamen folkloristische Einlagen wie die „Hundhamer Goaßlschnaltzer" oder die schuhplattelnden „Chiemgauer Buam". Sie droschen auf der Bühne „mit Beilen auf einen mitgebrachten Wald ein, daß die Holzsplitter bis zum Ministertisch stoben." Deshalb wurde „aus der Triumphatorprobe zuletzt ein bewährter Bayernabend für Kurgäste aus Lippe-Detmold oder Wanne-Eickel", wie der „Münchner Merkur" 1976 noch immer spöttisch bemerkte.[67]

Das wachsende Medienecho bewirkte immerhin, dass 1973 CSU-Chef Strauß mit Ehefrau Marianne zur Probe kam. Seither erschien auch Oberbürgermeister Kronawitter regelmäßig und bayerische Kabinettsmitglieder übernahmen weiterhin im Wechsel das Anzapfen. Aufmerksamkeit erzielte die Löwenbrauerei 1974 mit der Verpflichtung von Gustl Bayrhammer (1922–1993) als Conférencier. Der sehr beliebte Schauspieler, der überdies seit 1972 als Münchner Tatort-Kommissar bundesweite Fernsehbekanntheit genoss, trat nun bei der Triumphatorprobe auch mit einer kurzen Einlage als „Derblecker" auf.[68]

Dabei stiegen natürlich die Kosten. 1970 gab die Löwenbrauerei für die Veranstaltung insgesamt 45.600, 1974 52.000 DM aus.[69] 1975 verschlang der Event über 54.000 DM. Die Be-

Salvatorprobe 1983 – Krönung von Ministerpräsident Franz Josef Strauß mit Double Walter Fitz (zweiter von rechts) und Bundesaußenminister Hans-Dietrich Genscher (2005; Foto: Jenö Kovacs)

wirtung der 1.400 Gäste schlug dabei mit rund 36.000, das Bühnenprogramm mit etwa 18.000 DM zu Buche. Nicht eingerechnet waren die Ausgaben für die während der Probe konsumierten 6.384 Liter Triumphator.[70]

Die Presseberichterstattung über die Triumphatorprobe nahm in den 1970er Jahren deutlich zu. In Funk und Fernsehen fand sie jedoch – gemessen am finanziellen Aufwand – nur relativ geringen Niederschlag. 1974 wurde im BR-Hörfunk fünf Minuten, im bayerischen Fernsehen 120 Sekunden berichtet. Das ZDF sendete drei Minuten, die ARD sechs Minuten.[71] 1979 räumte das bayerische Fernsehen der Triumphatorprobe vier, 1980 fünf Minuten Sendezeit ein.[72] Paulaner kostete die Salvatorprobe 1974 insgesamt 54.000 DM.[73] Dafür bekam das Sudhaus in diesem Jahr aber allein im Bayerischen Fernsehen über 20 und im weiß-blauen Hörfunk rund 60 Sendeminuten.

Löwen-Angriff auf den Nockherberg

1975 sorgte die zunehmend auf Angriff gepolte Löwenbrauerei für Ärger beim Konkurrenten Paulaner. Am Tag der Salvatorprobe fuhr ein Vierer-Festgespann des Sudhauses mit der großen Aufschrift „Auf geht's zum Triumphator" zum Nockherberg und stellte sich demonstrativ am Eingang zum Salvatorkeller auf. Mancher der eintreffenden Salvatorgäste schmunzelte über diese Begrüßung durch die Konkurrenz. Nach außen demonstrierte Brauereidirektor Scheublein über den gelungenen Streich gespielte Gelassenheit. Gegenüber der Presse beteuerte er, man freue sich, wenn auch andere Brauereien auf diese Weise dem Salvator ihre Reverenz erweisen.[74]

In der Folgezeit begnügte sich das Löwenbräu-Management aber nicht mehr mit solchen vergleichsweise harmlosen Sticheleien, sondern fuhr schwerere Geschütze gegen den Nockherberg auf. Dabei ließ man seine offenbar deutlich verbesserten Beziehungen zur Bayerischen Staatskanzlei spielen.

Jedenfalls erschien 1977 – zur völligen Überraschung des Paulaner-Vorstandes – Alfons Goppel zusammen mit gleich drei CSU-Ministern zur Triumphatorprobe im Löwenbräukeller. Dem Ministerpräsidenten kredenzte Löwenbräu-Vorstand Hans Gerber auf der Bühne den ersten Krug vom frisch gezapften „Triumphator". Damit war das bisherige Nockherberg-Monopol auf die Starkbierprobe durch das bayerische Staatsoberhaupt durchbrochen. Der diesmal im Löwenbräukeller gebotene kabarettistische Auftritt unter der Regie von Klaus Peter Schreiner (1930–2017) – er hatte sich bei der Münchner Lach- und Schießgesellschaft bereits einen Namen als Autor gemacht – wurde von der Presse wohlwollend registriert.[75]

In der Folgezeit steckte die Löwenbrauerei noch mehr Mühe und Geld in die Triumphatorprobe – sowohl für eine anspruchsvollere musikalische Performance als auch für ein gediegendes Kabarettprogramm. 1979 bekamen die Probengäste einen vom renommierten Münchner Regisseur Kurt Wilhelm (1923–2009) inszenierten und mit Texten von Schreiner ausgestatteten „Himmlischen Stammtisch" vorgeführt. Ein hochkarätiges Schauspieler-Quartett mit Toni Berger, Ruth Kappelsberger, Karl Obermayr und Carlamaria Heim wartete dabei gegenüber Politikern aller Couleur mit einem „Feuerwerk von satirischen Rundumschlägen" auf, wie die „Süddeutsche Zeitung" lobte.[76]

„Die Akkustik war schlecht, die Witze waren Spitze", urteilte anerkennend der „Münchner Merkur".[77] Der wenige Monate zuvor zum neuen bayerischen Ministerpräsidenten gewählte Franz Josef Strauß hatte seinen Besuch im Löwenbräukeller fest zugesagt. Zu seinem Bedauern konnte er aufgrund einer Flugverspätung aber nicht mehr an der Triumphatorprobe teilnehmen.

Glanz und Ende der Triumphatorprobe

Dafür wurde der Ministerpräsident 1981 – wie zuvor stets auf dem Nockherberg – mit dem bayerischen Defiliermarsch zur Triumphatorprobe im Löwenbräukeller empfangen. Das gebotene musikalische Programm mit den „Viel-Harmonikern" – einem virtuosen En-

Salvatorprobe 1989 – Presseauftrieb um Ministerpräsident Max Streibl mit Ehefrau Irmingard (2029; Foto: Jenö Kovacs)

Oben: Salvatorredner Walter Sedlmayr, 1990 (2032; Foto: amw)

Unten: Salvatorredner Erich Hallhuber, 1998 (2057; Foto: amw)

semble im Stil der Comedian Harmonists – und der international gefeierten „Isartaler Blasmusik" begeisterte die 1.200 Gäste.

Der „Himmlische Stammtisch" bot diesmal mit seinen boshaft-witzigen Bemerkungen über Politiker aller Parteien vorzügliches bayerisches Kabarett. Den Vogel schoss zuletzt der in München zum Brettl-Star avancierte Gerhard Polt (*1942) ab, der als „hagelbuchener Bierkutscher" den versammelten Gästen satirisch seine Meinung sagte. Er nahm die anwesende Prominenz schlechthin aufs Korn und hielt ihr in seinem beißend-hintergründigen Solo den Spiegel vor: „Bei so vui Prominenz wia da herin, da gilt der einzelne Prominente fei gar nimmer vui. Des merkts eich!", belehrte er die Triumphatorgemeinde und erhielt dafür tosenden Applaus.[78]

Auch die Presse feierte die Vorstellung in den höchsten Tönen. „Das war nicht bloß eine Starkbiergaudi, exzellent zugespitzte Texte derbleckten quer durch die Stadt und Landespolitik", lobte der „Münchner Stadtanzeiger".[79] Die Münchner „tz" meinte gar, der Auftritt sei „absolut fernsehreif gewesen und hätte einmal Mainz gezeigt, wie Bayern singt und lacht."[80]

Als zwei Tage später auf dem Nockherberg die Salvatorprobe stattfand, sahen die dortigen Akteure im wahrsten Sinne des Wortes alt aus. Gegen das witzig-freche Festspiel, das die Löwenbrauerei beim Triumphatoranstich geboten hatte, wirkte die Vorstellung im Salvatorkeller auf einmal betulich, antiquiert und fad.

Bereits 1979 und 1980 war der – durch die 1971 im Bayerischen Fernsehen gestartete Sendereihe „Jetzt red i" – landesweit bekannte BR-Chefredakteur Franz Schönhuber (1923 – 2005) für den erkrankten Vierlinger als Salvatorredner eingesprungen.[81] Da der Altmeister sich dann aber schließlich ganz von der Salvatorprobe zurückzog, hielt den Vortrag 1981 der Karikaturist Ernst Maria Lang (1916–2014). Seine „Zeitsatire in Wort und Bild", bei der zwischendurch Karikaturen an die Bühnenwand geworfen wurden, geriet jedoch buchstäblich lang-weilig.[82] „Der Funke zum Publikum hat gefehlt. Das ganze war zu tot", lautete die interne Kritik über Langs Auftritt. Auch das Salvatorspiel erschien insgesamt „zu lang und mit viel zu wenig politischen Pointen."[83] Regisseur Fischer sah die Notwendigkeit, hier „wieder etwas frecher zu werden."[84]

Der kabarettistische Zeitgeschmack hatte sich gegen Ende der 1970er Jahre deutlich gewandelt. Statt „filigranem Wortwitz", wie Vierlinger ihn seit bald zwei Jahrzehnten bot, wurde von den Pressekritikern nun mehr beißende Satire erwartet. Auf dem Nockherberg aber war die Zeit offenbar stehen geblieben. Für die Verantwortlichen bestand nun die akute Gefahr, von der Löwenbrauerei bei der Triumphatorprobe an die Wand gespielt zu werden.

Allerdings sollte es dazu nicht kommen. Denn Gerhard Polt, der Triumphatorstar und

„Frechling vom Dienst“[85], zog sich das Missfallen des bayerischen Kabinetts zu. Im Januar 1982 geriet er aufgrund seiner harschen Kritik am umstrittenen Bau des Rhein-Main-Donau-Kanals in der ARD-Satiresendung „Scheibenwischer“ in Konflikt mit der Staatsregierung. Die betroffenen Minister sprachen von Verleumdung und Ehrabschneidung. Da Polt für die am 9. März angesetzte Triumphatorprobe gebucht war, drohte die für das Spektakel unverzichtbare CSU-Prominenz, Ministerpräsident Strauß eingeschlossen, mit Abwesenheit. Auf der anderen Seite bestanden die Programmmacher Wilhelm und Schreiner ultimativ auf der Teilnahme von Polt. Die Brauerei stand am Ende vor einem unauflöslichen Dilemma und sagte die Veranstaltung ab. Dies führte schließlich zum endgültigen Aus für die Triumphatorprobe.[86]

Ein Grund dafür war wohl auch, dass der neue beherrschende Löwenbräu-Großaktionär August von Finck den finanziellen Spielraum des Sudhauses 1982 massiv einschränkte.[87] Damit war der Nockherberg die gefährlich gewordene Konkurrenz am Stiglmaierplatz dauerhaft los. Das politische Prominenten-Derblecken zum Starkbierauftakt blieb auch weiterhin eine Monopol-Veranstaltung der Paulanerbrauerei.

Die Ära Burger

Für die Salvatorprobe 1982 musste nach den Übergangslösungen Schönhuber und Lang ein neuer Salvatorredner gefunden werden. Dabei erwog die Brauerei, es nach dem politisch doch „sehr rechts stehenden Dr. Vierlinger“ nun vielleicht einmal mit einem weiter links orientierten Protagonisten zu versuchen.

Die Verantwortlichen dachten anfangs an den Schauspieler und Kabarettisten Jörg Hube (1943–2009). Er feierte schon ab Mitte der 1970er Jahre in München mit seinem kabarettistischen „Herzkasperl“-Programm große Erfolge. Die Gespräche mit ihm führten dann aber rasch zu der Erkenntnis, „daß ein wirklich guter Kabarettist bei der Salvatorprobe nicht auftreten wird, wenn er eine linke Hei-

Mitwirkende im Singspiel 1993 – von links untere Reihe: Michael Lerchenberg (Edmund Stoiber), Gerd Fischer (Peter Gauweiler), Franz A. Huber (Theo Waigel), Gerd Fitz (Max Streibl), Horst Sachtleben (Otto Graf Lambsdorff), Veronika von Quast (Renate Schmidt), Jürgen Arndt (Björn Engholm); von links obere Reihe: „Hofsänger“ Franz Messner und Toni Rosner, Heinz Meller (Helmut Kohl), Ottfried Fischer (Oberhofkoch), „Hofsänger“ Fritz Graas und Hans Kornbiegler (2040; Foto: amw)

Oben: Salvatorredner Max Grießer, 1996 (2051; Foto: amw)

Rechts: Salvatorredner Gerd Fischer, 2001 (2066; Foto: Mertig)

mat hat." Auch setzte sich schnell die Überzeugung durch, „daß ein Kabarettist, der von Haus aus links eingestuft wird, sich wesentlich weniger vor unserem Publikum erlauben kann" als ein Konservativer, der bissig werden kann, „ohne daß ihm das angelastet wu[e]rde."[88]

Außerdem wollte man – gewarnt durch das Beispiel Polt bei Löwenbräu – die Regierungsmitglieder auch nicht mit zu scharfem Spott vergraulen. Schließlich mussten die maßgebenden Repräsentanten der seit 1962 in Bayern mit absoluter Mehrheit regierenden CSU beim „Derblecken" durch ihre stete Anwesenheit ja mitspielen.

Als Idealbesetzung erschien der Paulanerbrauerei schließlich Walter Sedlmayr (1926–1990). Der durch seine Fernsehauftritte bekannte und in der Öffentlichkeit beliebte bayerische Volksschauspieler war bereits seit 1979 auf Plakatwänden und in Fernsehspots das allgegenwärtige Werbegesicht des Sudhauses. Seine Figur und Stimme wurden automatisch mit Paulaner identifiziert. Das verlieh seinem Nockherbergauftritt unter PR-Gesichtspunkten einen zusätzlichen Stellenwert.

Als Redenschreiber für Sedlmayr wurde der als eher konservativ eingestufte Hannes Burger (*1937) engagiert. Er arbeitete bis 1986 für die „Süddeutsche Zeitung", dann als freier Journalist sowie ab 1990 als Bayern-Korrespondent für das Springer-Blatt „Die Welt".

Das Gespann Burger/Sedlmayr funktionierte in den ersten Jahren trotz gelegentlicher Spannungen über weite Strecken optimal. Sedlmayr mit seinem „nörgelnden Charme" beherrschte die „feine Ironie und das hinterkünftig spitze Florettstechen."[89] Und Burger lieferte dazu die entsprechenden Skripte,[90] die sich größtenteils durch „milden Spott" und nicht durch rabiates oder boshaftes Derblecken bis zur öffentlichen Hinrichtung auszeichneten.[91]

Sein Ziel waren Redetexte, mit denen er – eigener Aussage nach – „die CSU glaubhaft ironisch provozieren und die SPD hinterfotzig, aber in liebenswürdiger Form anschießen konnte."[92] Auch galt während der Ära Strauß das Prinzip Burgers, dem Ministerpräsidenten „nicht ernstlich weh[zu]tun, um zu vermeiden, daß er im nächsten Jahr einfach nicht mehr kommt."[93]

Ein Paradebeispiel für Burgers Art des „Derbleckens" war die Begrüßung der anwesenden Parteivertreter durch Sedlmayr bei der Salvatorrede 1983. Dabei verwendete er die von den Politikern im vorausgegangenen Bundestagswahlkampf benutzten gegenseitigen Beschimpfungen: „Sehr geehrte Herren Verbrecher und Verleumder! Werte Lügnerinnen und Lügner! Liebe müde und kalte Krieger, blutige Stümper, Dilettanten und

Gaukler! Hoch geschätzte geistige Bürgerkrieger, Brandstifter und Brunnenvergifter! Ehrenwerte Erpresser, Klimaverpester und Klassenkämpfer von oben! Liebe Handlanger Moskaus und Speichellecker Washingtons, opportunistische Abstauber, Schaukelpolitiker und sesselklebrige Erbhofbauern, mittelmäßige Spießbürger und reaktionäre Maulhelden, linke Landsknechte und rot-grüne Chaoten! Ich begrüße Sie alle voll Hochachtung, auch in Begleitung ihrer ahnungslosen Engel und nützlichen Idioten. Prost!"[94]

Nach einigen Jahren traten jedoch zwischen Autor und Redner, die sich immer öfter gegenseitig kritisierten, kaum mehr überbrückbare Konflikte auf. Nur der gewaltsame Tod Walter Sedlmayrs im Juli 1990 verhinderte nach neun gemeinsam absolvierten Salvatorreden „eine offene Feldschlacht zwischen Autor und Interpret um die Hoheit auf dem Nockherberg."[95]

Als Nachfolger engagierte die Brauerei für 1991 den Schauspieler Toni Berger (1921–2005). Doch dessen Auftritt fiel schließlich aus, da Salvatorprobe und Ausschank aufgrund des Mitte Januar begonnenen und zur Salvatorzeit noch andauernden Golfkrieges abgesagt wurden.

1992 übernahm Schauspieler Max Grießer (1928–2000), der zuvor schon oftmals prominent im Salvatorspiel mitgewirkt hatte, den Redner-Part. Er trat als „Bruder Barnabas" im Mönchshabit auf und belebte so die Tradition der Fastenpredigt wieder. Die Texte lieferte weiterhin Burger.

Mit Grießer, der die Rede im Ausdruck direkter und unverblümter anlegte – Burger charakterisierte ihn als „Kraftkerl mit dem beidhändigen Schwert, der massiv draufhauen und auch auf hinterkünftige Weise salbungsvoll sein konnte"[96] –, ging die von Sedlmayr zuvor exzellent verkörperte „hinterfotzige Raffinesse des Vortragenden" verloren. Gleichzeitig wuchs in der Münchner Presse die Kritik an dem seit anderthalb Jahrzehnten als Redenschreiber tätigen Burger. Man warf ihm eine nur mehr wenig originelle, dafür aber rechtslastige Satire vor, in der die CSU geschont, die politische Opposition, Emanzen, Schwule und Ostdeutsche dagegen aber umso mehr „derbleckt" würden.[97]

Oben: Salvatorprobe, 2000 – von rechts: Merkel-Double Corinna Duhr, Guido Westerwelle, Angela Merkel, Schröder-Double André Hartmann, Westerwelle-Double Holger Paetz (4631; Foto: Günter Siegert)

Unten: FDP-Bundesjustizministerin Sabine Leutheusser-Schnarrenberger (rechts) mit Double Christine Neubauer bei der Salvatorprobe, 1994 (2043)

Links: Salvatorredner Bruno Jonas, 2006 (Paulanerbrauerei)

Rechts: Salvatorredner Django Asül, 2007 (Paulanerbrauerei)

Nach Grießers Rückzug verpflichtete die Brauerei 1997 mit dem politisch links stehenden Schauspieler Erich Hallhuber (1951–2003) einen neuen Barnabas-Darsteller. Der Texter blieb freilich der alte. Damit waren Konflikte vorprogrammiert: „Ich hab was gegen das Gehabe mir san mir und die andern san die andern – und zwar sehr die andern", kritisierte der Neue, der sich eher als „Intellektueller", denn als „Brettl-Komödiant" verstand, bereits im Vorfeld die Haltung Burgers.[98]

In der Presse wurde die Rede des Debütanten dann zwar vielfach besser als die seines Vorgängers Grießer bewertet. Aber sie kam auch nicht überall gut an. Die eigentliche Kritik zielte freilich auf den Schreiber Burger, wenn die „Süddeutsche Zeitung" urteilte: „So plätschert das dahin, souverän vorgetragen, aber insgesamt doch so, daß kein Politiker wirklich beleidigt sein muß. An manchen Stellen schweift man doch ein bißchen mit den Gedanken ab und fragt sich, was denn hier los wäre, wenn zum Beispiel der Dieter Hildebrandt und nicht Hannes Burger die Rede geschrieben hätte. Die Antwort ist ziemlich klar: Wir würden einen herrlich boshaften Bruder Barnabas hören, aber beim nächsten Mal müßte man möglicherweise auf die zu derbleckenden Politiker verzichten, weil das Ganze eben doch nur ein lustiges Spiel sein darf."[99]

Nach dem Auftritt 1998, in dem Hallhuber im Vortrag eigenmächtig einige Passagen seines Autors Burger verändert hatte, worauf der nun eine unterschriftliche Verpflichtung zur Texttreue einforderte, kam es Anfang 1999 zum großen Knall. Zwei Wochen vor der Salvatorprobe schmiss Hallhuber hin.[100]

In der Not sprang schließlich der Nürnberger Kabarettist, Sänger und als mehrfacher Darsteller auf der Nockherbergbühne bereits bekannte Gerd Fischer (1943–2017) ein. Er gab nun mit Burgers Texten auf dem Nockherberg den Barnabas. Die Fastenpredigt verlor jedoch weiter an Glanz und Bedeutung.

„Was einst zu Sedlmayrs Zeiten konservativ zwar, aber gepfeffert daher kam, ist heuer (fast) nur noch langweilig", kritisierte die „Münchner Abendzeitung" 2000 Fischers Auftritt.[101] „Müde und zahm, mit dem Esprit einer Wanderdüne und schmeichelnd bis an die Grenze der Selbstverleugnung hatte Autor Hannes Burger die Bußpredigt komponiert", bewertete der Münchner Merkur dessen Leistung.[102]

Die Salvatorprobe selbst fand diesmal in einer notdürftig zum Festsaal umfunktionierten Lagerhalle auf dem Brauereigelände an der Hochstraße statt. Denn in der Nacht vom

27. auf den 28. November 1999 war der Salvatorkeller nach einer Brandstiftung in Flammen aufgegangen und völlig zerstört worden. Der Täter konnte trotz einer ausgesetzten hohen Belohnung nicht ermittelt werden. Noch zweimal wurden die Probengäste danach ins Ausweichquartier geladen. Der Salvatorausschank selbst spielte sich von 2000 bis 2002 in einem 3.000 Personen fassenden Bierzelt mit Biergarten auf dem Mariahilfplatz ab.[103]

Anfang 2003 öffnete der mit Kosten von 25,5 Millionen Euro an der Stelle des abgebrannten Salvatorkellers neu errichtete Gastronomiebau „Paulaner am Nockherberg“ seine Pforten. Er bot Platz für bis zu 3.400 Gäste. Der neue Biergarten fasste 2.400 Besucher. Allein der große Saal mit 1.685 Quadratmetern war auf 2.500 Bierdurstige ausgelegt.[104] Dessen architektonische Gestaltung fand – im Gegensatz zum vorgelagerten zweigeschossigen Wirtshaus im Bräusalonstil – in der Münchner Presse vielfach keine Gnade. Ein Architekturkritiker bescheinigte dem Saal die „ästhetischen Qualitäten einer Stapelhalle für Autoreifen.“[105]

Die für den 20. März 2003 terminierte Salvatorprobe im neuen Bau auf dem Nockherberg konnte freilich nicht stattfinden. Denn der nächste Golfkrieg machte der Brauerei – wie schon einmal 1991 – einen Strich durch die Rechnung. Aufgrund der Kämpfe im Irak wurde die Veranstaltung abgesagt. Allerdings war das Singspiel wenige Tage zuvor bei der öffentlichen Generalprobe aufgezeichnet worden. Diese Fassung wurde dann am 4. April vom Bayerischen Fernsehen ausgestrahlt.[106] Burgers letzte für Gerd Fischer verfasste Rede blieb aufgrund der Absage in der Schublade. Nach 22 Jahren als Salvatorschreiber trat Hannes Burger 2003 ab.[107]

Oben: Salvatorredner Michael Lerchenberg, 2009 (Paulanerbrauerei; Foto: Sampics)

Unten: Er erhielt 1997 den Salvator-Dukaten – Richard Süßmeier, Münchner Gastronom und „Napoleon der Wirte“ bei der Salvatorprobe, 1989 (2029)

Von Barnabas zur Bavaria

Während der Ära Burger besuchten eine Reihe prominenter und nicht nur aus Bayern stammender Bundespolitiker die Salvatorprobe. Denn die Brauerei lud mittlerweile stets das gesamte Bundeskabinett einschließlich aller Bonner bzw. Berliner Parteigrößen zum Nockherberg ein.

Als erster Bundespolitiker nicht bayerischer Provenienz kam 1982 Außenminister Hans-Dietrich Genscher. 1983 folgte er der Einladung in Begleitung seines Parteifreundes Bundeswirtschaftsminister Otto Graf Lambsdorff. 1986 und 1988 saß mit Alfred Dregger der Vorsitzende der CDU/CSU-Bundestagsfraktion in der ersten Reihe. Im Jahr darauf folgten seinem Beispiel Familien-

Salvatorprobe 2018 – Finanzminister und CSU-Vorsitzender Markus Söder mit Double Stefan Zinner (Paulanerbrauerei; Foto: Frank Achim Schmidt)

ministerin Ursula Lehr und Bundesverteidigungsminister Rupert Scholz von der CDU.

1990 kam der kurz zuvor von den Grünen zur SPD gewechselte Abgeordnete Otto Schily, der dann ab 2000 als Bundesinnenminister der rot-grünen Koalition noch mehrmals den Nockherberg besuchte. 1995 gab sich Außenminister Klaus Kinkel (FDP) die Ehre. Im Jahr darauf erschien er noch einmal zusammen mit Verteidigungsminister Volker Rühe (CDU). Nach der kurz zuvor gewonnenen Landtagswahl in Niedersachsen bestieg 1998 der designierte SPD-Kanzlerkandidat Gerhard Schröder den Nockherberg zur Wahlkampfshow.

1999 kam erstmals FDP-Generalsekretär Guido Westerwelle – er folgte der Probeneinladung ab 2001 als FDP-Chef noch mehrmals – zusammen mit der neuen CDU-Generalsekretärin Angela Merkel. Im Jahr darauf erschien sie erneut als designierte CDU-Parteichefin, dann 2001 noch einmal als amtierende CDU-Bundesvorsitzende. In ihrer Begleitung waren damals der baden-württembergische Ministerpräsident Erwin Teufel sowie der SPD-Fraktionschef im Bundestag Peter Struck. 2000 kam mit Gunda Röstel als Sprecherin des Bundesvorstandes erstmals eine Bundespolitikerin von Bündnis 90/Die Grünen.

Auch später reiste regelmäßig Politprominenz aller Parteischattierungen aus Berlin an. Zwar hätte die Paulanerbrauerei gerne auch einen amtierenden Bundeskanzler oder eine Kanzlerin auf dem Nockherberg begrüßt. Doch wollten sich weder Helmut Kohl noch Gerhard Schröder oder Angela Merkel als Amtsinhaber dem „Derblecken" stellen. Da-

Salvatorprobe 2018 – Ministerpräsident Horst Seehofer mit Double Christoph Zrenner und Merkel-Double Antonia von Romatowski (Paulanerbrauerei; Foto: Frank Achim Schmidt)

von abgesehen erschien die bundespolitische Prominenz auch deshalb gerne zur Salvatorprobe, weil einige – wie etwa Genscher, Lambsdorff, Schröder, Schily, Kinkel, Westerwelle oder Merkel – im Salvatorspiel öfter tragende Rollen bekamen.[108]

Noch in den 1980er Jahren stand die Bühnenparodie meist etwas im Schatten der Rede. Spötter bezeichneten die Aufführung damals angesichts der Dominanz der CSU und ihres Ministerpräsidenten als „ein Kasperltheater um Strauß".[109] Ihn doubelte auf dem Nockherberg stets souverän der Schauspieler Walter Fitz (1921 – 1992).

1986 übergab Olf Fischer die Spielleitung auf dem Nockherberg an Hellmuth Kirchammer (1924 – 1999), der sie bis 1997 verantwortete. Der neue Regisseur war von 1979 bis 1984 selbst im Singspiel als Double für den damaligen Münchner Oberbürgermeister Erich Kiesl (1930 – 2013) aufgetreten. Kirchammer modernisierte die Show behutsam. Auch brachte der langjährige BR-Mitarbeiter – er leitete zuletzt beim Hörfunk die Hauptabteilung Unterhaltung – mehr Weiblichkeit auf die Bühne.

Schauspielerin Margot Werner trat 1987 als „Agentin Mäuslein", Sängerin Inge Larsen als „Bavaria" auf. Die als Nummern-Girl und „Horror-Tochter" in der Comedy-Fernsehreihe „Klimbim" zu Berühmtheit gelangte Ingrid Steeger spielte 1988 als „Friedensengel" und 1989 als „Assistentin" mit. Die Schauspielerinnen Veronika von Quast und Christine Neubauer überzeugten im Singspiel als Doubles der bayerischen SPD-Chefin Renate Schmidt (ab 1993) bzw. der FDP-Bundesjustizministerin Sabine Leutheusser-Schnarrenberger (ab 1994).[110]

Von 1998 bis 2009 verantwortete die langjährige BR-Mitarbeiterin Eva Demmelhuber (*1956) die Regie des Salvatorspiels. Unter ihrem Einfluss wandelte sich die Bühnenshow endgültig zum Polit-Musical. Ihrem Autorenteam gelang es, „große und bekannte Songs der internationalen Musik-Hitlisten mit neuen Texten und Ideen zu versehen und sie den jeweiligen Darstellern und ihren Politikern auf den Leib zu schreiben."[111]

Ein Paradebeispiel dafür war das nach der Melodie des alten Bill-Ramsey-Schlagers konzipierte Lied, mit dem Merkel-Darstellerin Corinna Duhr 2000 sich als neue Generalsekretärin der von Helmut Kohls Schwarzgeldskandal erschütterten CDU vorstellte: „Ich bin die Zuckerpuppe aus der Schwarzgeldtruppe von der Christlichen Union. Ich bin die Ossi-Biene mit der Poker-Miene aus der Bimbes-Bastion."[112]

Salvatorprobe 2018 – Luise Kinseher bei ihrem letzten Auftritt als „Bavaria" (Paulanerbrauerei; Foto: Frank Achim Schmidt)

„Brillante Schauspieler, perfekte Doubles, wahrlich ein Feuerwerk", schwärmte der „Münchner Merkur" über das bei der 50. Nachkriegsprobe aufgeführte Salvatormusical.[113] In den nächsten Jahren wurde die Show noch frecher, satirischer und politischer. Als Regisseure für das Singspiel zeichneten in der Folgezeit ab 2010 Alfons Biedermann (*1970), ab 2013 Marcus H. Rosenmüller (*1973) und ab 2018 Richard Oehmann (*1967) und Stefan Betz (*1970) verantwortlich.

Neues Profil entwickelte die Salvatorrede wieder ab 2004. Hohes Niveau vermittelte ihr der Kabarettist Bruno Jonas (*1952). Er schrieb den Vortrag wieder selbst und legte in der Mönchskutte eine von der Presse hoch gelobte Premiere hin, beherrschte er doch nach dem Urteil aller Kritiker „die hohe Kunst der kultivierten Hinterfotzigkeit" und „subtilen Stichelei". Mit seinen rhetorischen Nadelstichen, „die er mit Vorliebe hinterrücks setzte", derbleckte der politisch links stehende Fastenprediger gleichermaßen Politiker jeglicher Couleur.[114] Nach drei von der Kritik stets positiv kommentierten Auftritten verließ Jonas die Nockherbergbühne.[115]

Ihm folgte 2007 der niederbayerisch-türkische Kabarettist Django Asül (*1972) am Salvatorpult. Er trat nicht mehr im Habit des Fastenpredigers auf. Asül pflegte „die Kunst des Derbleckens im traditionellen Sinne, nämlich als dörflich-derbes Ritual des Abrechnens mit der Obrigkeit."[116] Der robuste Auftritt gefiel trotz guter Einschaltquoten nicht allen. Bei einigen der derbleckten CSU-Größen im Saal gab es lange Gesichter. Der gebürtige Hengersberger erhielt von der Brauerei keine zweite Chance.[117]

2008 übernahm Michael Lerchenberg (*1953) die Rolle des Salvatorredners. Der bereits seit 1984 als Stoiber-Double auf der Nockherbergbühne stehende Schauspieler und Theaterregisseur „donnerte" im Paulaner-Habit als wütender Fastenprediger unterstützt von seinem Co-Autor Christian Springer (*1964) scharf von einer als Bierkrug gestalteten Kanzel herunter.[118]

2009 konnte Lerchenberg nicht wie geplant am 12. März auftreten. Denn die Salvatorprobe wurde – infolge des eine Woche zuvor zahlreiche Menschenleben fordernden Amoklaufs eines Schülers im baden-württembergischen Winnenden – um drei Wochen auf den 2. April verschoben. Die Übertragung im Fernsehen erfolgte nun erstmals live. Aus diesem Grund findet die Probe seither nicht mehr am späten Vormittag, sondern stets am Abend statt.[119]

Für Lerchenberg war es der vorletzte Auftritt als Fastenprediger. Nach seiner Rede 2010, in der eine KZ-Analogie heftige Proteste von Politikern und des Zentralrats der Juden in Deutschland auslöste, trat er zurück.[120]

Mit der Kabarettistin und Schauspielerin Luise Kinseher (*1969) stand 2011 erstmals eine Frau bei der Salvatorprobe am Rednerpult. Sie trat im Kostüm der bayerischen Landesmutter „Bavaria" auf. Zu den versammelten Politikern sprach sie wie eine Mama, „die ihre Bengels auch dann liebt, wenn sie etwas ausgefressen haben." Dabei gelang es ihr meist, „die Mutterrolle mit soviel Ironie aufzuladen, dass selbst liebevolle Streicheleinheiten als veritable Hinterfotzigkeiten" daherkamen, wie SZ-Autor Wolfgang Görl ihren ersten Auftritt charakterisierte.[121]

Nach achtmaligem mütterlichen Derblecken hielt 2019 als bislang jüngster Orator Maximilian Schafroth (*1985) die Fastenrede. Er bekam viel Lob von allen Seiten. Den zweiten Auftritt des schlitzohrigen Allgäuers verhinderte 2020 die Corona-Krise, die eine kurzfristige Absage von Salvatorprobe und Ausschank erzwang. Es war nach 1991 und 2003 das dritte Mal in der 70-jährigen Nachkriegsgeschichte des Nockherbergs, dass die Veranstaltung ausfiel.

Salvatorredner Maximilian Schafroth, 2019 (Paulanerbrauerei; Foto: Sampics)

Identitätsstifter Salvator

Ende der 1970er Jahre begann der Münchner Bauunternehmer Josef Schörghuber (1920–1995) mit dem Aufbau eines Braukonzerns. Der gelernte Zimmermann und studierte Bauingenieur hatte 1954 die Bauunternehmung „Bayerische Hausbau" gegründet. Daneben betätigte der Selfmademan sich sehr erfolgreich in der Immobilien-, Hotel- und Flugzeugleasingbranche und expandierte schließlich ins Biergeschäft.[122]

1979 erwarb Schörghuber von der Bayerischen Hypotheken und Wechselbank AG deren Mehrheitsanteile an der Paulaner-Salvator-Thomasbräu AG. Noch im selben Jahr übernahm er von der Bayerischen Vereinsbank AG die Aktienmehrheit an der Münchner Hacker-Pschorrbräu AG. In der Folgezeit baute er seine Position zum beherrschenden Großaktionär beider Unternehmen aus. Aus den Sudkesseln seiner Braugruppe floss schon bald die Hälfte des Münchner Bierausstoßes von rund fünf Millionen Hektolitern. 1986 kontrollierte Schörghuber mit einem Absatz von 2,7 Millionen hl ein Zehntel der bayerischen Bierproduktion.[123]

Der Braubetrieb der angestammten Paulaner-Töchter wurde sukzessive eingestellt: Waitzingerbräu in Miesbach schloss 1977, Hofbräuhaus Coburg 1981 und Klosterbräu St. Veit 1984 die Tore. Nur Auerbräu in Rosenheim blieb weiterhin am Markt.

Gleichzeitig stieg Josef Schörghuber ins Coca-Cola-Geschäft ein. Mit einem Ausstoß von einer Million Hektoliter war seine Unternehmensgruppe 1983 größter Coca-Cola-Konzessionär in der Bundesrepublik. Daneben wurden im Konzern noch eine halbe Million Hektoliter alkoholfreie Erfrischungsgetränke produziert.[124]

1987 erwarb Josef Schörghuber von der Bayerischen Hypotheken und Wechselbank AG und der Kulmbacher Unternehmerfamilie Meußdoerffer 49,9 Prozent des Aktienkapitals der Kulmbacher Reichelbräu AG.[125] Der oberfränkische Ableger des Münchner Braukonzerns übernahm in der Folgezeit noch weitere nordbayerische und sächsische Sudhäuser und firmierte 1996 in „Kulmbacher Brauerei AG“ um. 2016 erreichte die Kulmbacher Gruppe einen Getränkeabsatz von 3,2 Millionen hl, davon 2,4 Millionen hl Bier.[126]

Stefan Schörghuber (1961–2008) erweiterte das unternehmerische Erbe des Vaters um weitere Brauereibeteiligungen in Süddeutschland. Unter anderem erwarb er 1996 die Fürstliche Brauerei Thurn und Taxis in Regensburg. Die gesamten Brauaktivitäten der Unternehmerfamilie Schörghuber wurden 2017 in der „Paulaner Brauerei Gruppe“ gebündelt. Deren Anteile lagen seither zu 70 Prozent in der Hand der Schörghuber Unternehmensgruppe und zu 30 Prozent bei der niederländischen Heineken International B.V.

Josef Schörghuber (rechts) mit dem ehemaligen Bundeslandwirtschaftsminister Ignaz Kiechle bei der Salvatorprobe 1990 (2032; Foto: amw)

Mit dem Amsterdamer Braukonzern – gegenwärtig nach der belgischen Brauereigruppe Anheuser Busch InBev zweitgrößter Bierproduzent der Welt – war Schörghuber 2001 ein Joint Venture zur Erschließung der Auslandsmärkte für die Marke „Paulaner“ eingegangen. Mit einem Bierausstoß von fast sechs Millionen hl belegte die „Paulaner Brauerei Gruppe“ 2018 Rang sechs unter den größten deutschen Braukonzernen und Platz 32 unter den größten Braumultis der Welt.[127]

Der Bierausstoß der Marke „Paulaner“ stieg von 1996 bis 2003 von 1,8 auf 2,1 Millionen hl. 2003 gingen 465.000 hl ins Ausland, davon gut zwei Fünftel nach Italien, über ein Fünftel nach Nordamerika, 14 Prozent nach Frankreich und fünf Prozent nach Österreich.[128] Bis 2015 verdoppelte sich der Bierexport auf über eine Million hl. Der Gesamtausstoß der Marke erreicht gegenwärtig schätzungsweise gut drei Millionen hl.

2016 wurde die Getränkeproduktion vom zu eng gewordenen Standort an der Ohlmüller- und Hochstraße in einen modernen Brauereineubau nach Langwied im Nordwesten Münchens verlagert.[129] Dort wird das Stark-

Stefan Schörghuber (rechts) mit Ehefrau Alexandra und Wissenschaftsminister Hans Zehetmair bei der Salvatorprobe 2001 (2066; Foto: Mertig)

bier Salvator – wie schon seit den 1970er Jahren – das ganze Jahr über eingebraut.[130] Mit einem jährlichen Ausstoß von 25.000 bis 30.000 hl steht die Paulanerbrauerei unter den deutschen Starkbierproduzenten weiterhin mit Abstand an der Spitze. Die Menge entspricht etwa einem Prozent am jährlichen Gesamtausstoß von Bieren der Marke Paulaner.

Dennoch würde es dem Münchner Brauunternehmen niemals einfallen, die Starkbierproduktion aufzugeben. Auch die Behauptung, Josef Schörghuber habe 1984 aus Groll auf den Münchner Oberbürgermeister Georg Kronawitter ernsthaft das Ende der Salvatorprobe ins Auge gefasst und diesen Entschluss nur widerwillig revidiert,[131] entbehrt jeder Grundlage. Denn das alljährliche Medienereignis „Nockherberg" war und ist marketingtechnisch ein Pfund, um das die Paulanerbrauerei von allen deutschen Sudhäusern beneidet wird.

Die mindestens 270-jährige Brautradition des Salvator als „Urvater" aller Münchner Starkbiere bildet die Wurzel des Brauunternehmens Paulaner. Der Salvator ist ein wesentlicher Bestandteil der Marken-DNA. Er verweist auf die identitätsstiftende Braukunst der Paulanermönche, die den Anfang des heutigen Brauunternehmens markiert.

Großbrauereien stehen nicht selten in der Gefahr, an Markensympathie zu verlieren. Ihre Produkte können schnell in den Geruch von Einheitsqualität, Industriebier und Mengenstreben geraten. Um dem Anschein der Austauschbarkeit im Marktangebot zu begegnen, gilt es, bei den Verbrauchern ein positives Marken- und Produktimage zu verankern. Bier braucht Heimat. Dieses Gebot gilt gerade in Zeiten der Globalisierung.

Salvatorprobe 1988 – Karl-Heinz Hiersemann, SPD-Fraktionsvorsitzender im bayerischen Landtag, (links) mit Double Ottfried Fischer und Staatsminister Edmund Stoiber (rechts) mit Double Michael Lerchenberg (2025; Foto: Heinz A. Kirkpatrick)

Salvatorprobe, 1998 – von links: Oberbürgermeister Christian Ude mit Double Uli Bauer, Renate Schmidt, Gerhard Schröder, Schmidt-Double Veronika von Quast, Schröder-Double André Hartmann (4632)

In diesem Zusammenhang erfüllt das traditionsreiche Starkbier Salvator mit seiner Aura des spezifisch Münchnerischen als regional verankerte authentische Bierspezialität eine identitätsstiftende Funktion für die Marke „Paulaner". Der Salvator zählt deshalb – trotz seiner quantitativen Unerheblichkeit – zum strategischen Kernsortiment der Brauerei.

Das damit verbundene kulturelle Ereignis Salvatorprobe unterstützt als Medienfaktor Sympathie und Bekanntheit der Marke „Paulaner" nachhaltig. 2001 verfolgten die Fernsehausstrahlung der Probe 2,77 Millionen Zuschauer in der Bundesrepublik, davon 1,87 Millionen im Freistaat. Die beliebte Sendung „Wetten dass…?" sahen im Vergleich dazu damals nur 1,3 Millionen Bayern.[132] 2019 lockte der Starkbieranstich 2,7 Millionen Bundesbürger an die Geräte. Im Sendegebiet des Bayerischen Rundfunks knackte die Show damals mit 40,7 Prozent Marktanteil zum zweiten Mal in Folge die 40-Prozent-Marke.[133]

Die bislang höchste Fernsehresonanz erzielte die Salvatorprobe 2005. In diesem Jahr erreichte der Starkbieranstich sogar drei Millionen Zuschauer. Nach „Fastnacht in Franken" ist „Auf dem Nockherberg" seither die erfolgreichste Sendung des Bayerischen Fernsehens im Bundesgebiet.[134]

Einen ähnlich gewichtigen Beitrag für die Publicity der Marke „Paulaner" leisteten stets auch die Printmedien mit ihrer alljährlichen Berichterstattung über den Nockherberg. 2001 berichteten nicht weniger als 800 Tageszeitungen mit einer Gesamtauflage von 74,8 Millionen Exemplaren über die Salvatorprobe in ihrem redaktionellen Teil. Er wird im Gegensatz zu den Werbeanzeigen auch wirklich gelesen.[135]

2009 verbanden bei einer bundesweiten repräsentativen Umfrage 92 Prozent der Befragten die Marke Paulaner mit dem alljährlichen Fernsehereignis auf dem Nockherberg.[136]

SALVATOR
SALVATOR
PAULANER-BRÄU
SALVATOR
SALVATOR
SALVATOR
THOMAS-BRÄU
PAULANER-BRÄU
SALVATOR
PAULANER-BRÄU
SALVATOR
THOMAS-BRÄU
PAULANER-BRÄU
PAULANER-BRÄU

Bilanz

Der Salvator verfügt über eine bemerkenswerte Geschichte. Seinen Ursprung hatte das Starkbier im Paulanerkloster in München. Dort brauten kundige Mönche das malz- und alkoholreiche Hopfengetränk. Ab Mitte des 18. Jahrhunderts wurde das Spezialbier alljährlich zum Namensfest des Ordensgründers am 2. April unter zahlreicher Teilnahme des Münchner Publikums über acht Tage im Kloster öffentlich ausgeschenkt.

Nach der Aufhebung der Münchner Niederlassung der Paulaner 1799 schien die Starkbierquelle zu versiegen. Dass sie dennoch weitersprudelte, war der Tatkraft des Münchner Brauers Franz Xaver Zacherl zu verdanken. Der erfolgreiche Unternehmer führte nicht nur den Braubetrieb der Paulaner weiter, sondern brachte auch den Salvator – trotz eines gesetzlichen Starkbierverbotes – zur allseitigen Freude der Münchner Bierliebhaber ab 1808 immer wieder zum Ausschank. 30 Jahre lang lieferte sich Zacherl mit den Behörden darüber einen bürokratischen Kleinkrieg, den er schließlich mit Schläue, Sturheit und unbekümmerter Dreistigkeit gewann.

Zacherls Erben sorgten dafür, dass der Salvator auf Dauer das bekannteste Starkbier Bayerns blieb. Die Werbung trug seinen Ruf schließlich in alle Winkel des Deutschen Reiches und auch in die angrenzenden europäischen Länder. Um 1900 fanden sich Liebhaber der Bierspezialität auf allen fünf Kontinenten. Daran hat sich bis heute nichts geändert.

In einer jahrelangen juristischen Auseinandersetzung sicherte sich die Paulanerbrauerei 1896 erfolgreich das exklusive Recht an der Marke. Ab 1861 fand der Salvatorausschank in München alljährlich auf dem Nockherberg statt. Der Salvatorkeller wurde so zum Anlaufpunkt für Starkbierdurstige aus ganz Bayern und weit darüber hinaus. Der Salvatoranstich markiert bis heute den Auftakt zur Starkbierzeit im Freistaat.

Die in diesem Zusammenhang von der Paulanerbrauerei inszenierte Salvatorprobe reicht in ihren Ursprüngen bis ins 19. Jahrhundert zurück. Nach dem Zweiten Weltkrieg entfaltete sie als „Politiker-Derblecken" hohes kabarettistisches Format und großes Publikumsinteresse.

Mit der 1977 vom Bayerischen Rundfunk gestarteten Fernsehübertragung erreichte die Salvatorprobe als Medienereignis bundesweite Aufmerksamkeit. Auf diese Weise trägt das Starkbier Salvator wesentlich zu Sympathie und Bekanntheit der Marke „Paulaner" bei.

Fuhrpark auf dem Brauereigelände an der Regerstraße, 1954 (4635)

Am Kellereingang, 1903
(2257)

Anhang

Anmerkungen

Von den Paulanern zu Franz Xaver Zacherl

1 Winkler, Paulanerbrauerei, S. 106.
2 StadtAM RP, 249, fol. 69 (Sitzung vom 24.2.1634); BayHStA Paulanerkloster Au Archivalien, 94 (Lerchlisches Haus, 1634–1718), 95 (Verlassenschaft der Elisabeth Lerchl, 1629–1682); Winkler, Paulanerbrauerei, S. 106f.
3 Riepertinger, Bier, S. 238.
4 Winkler, Paulanerkloster, S. 107.
5 Huber, Münchner Paulanerkloster, S. 131.
6 Ebd., S. 129–131.
7 BayHStA Kurbayern Obere Landesregierung, 6303 (vorl.).
8 BayHStA Paulanerkloster Au Archivalien, 40, Prod. 102 (Abschrift); Huber, Münchner Paulanerkloster, S. 132. Das (derzeit im BayHStA nicht auffindbare) Originalkonzept der kurfürstlichen Verfügung von der Hand des Ratskanzlers Wiguläus von Kreittmayr ist abgebildet in BWA F145, 1382 (GB für 1976/77).
9 BayHStA Paulanerkloster Au Archivalien, 38 (Bräuhausrechnung für das Sudjahr 1793/94); Huber, Paulanerkloster in München, S. 27f; Huber, Still, S. 137.
10 BayHStA MInn, 46448 (Bericht des Direktors des Königlichen Allgemeinen Reichsarchivs Edmund v. Oefele an MInn, 31.3.1896).
11 Lipowsky, Geschichten, S. 65f.
12 In einer Eingabe Zacherls an das Appellationsgericht des Isarkreises vom 21.12.1831 (BWA F2, 13/1, Prod. 2, S. 3) sowie auch in seiner Immediateingabe an König Ludwig I. von Anfang August 1836 (BayHStA MF, 20878, Prod. 1; Abdruck in BWA F2, 13/3, Prod. 1, Anl. 6).
13 Huber, Münchner Paulanerkloster, S. 129. Heinrich Huber, von Beruf Archivar des bayerischen Landtages, veröffentlichte mehrere Aufsätze über Münchner Klosterbrauereien.
14 Gestützt auf Joseph Benno Sailers viel zitierte „Münchner Bier-Chronik" von 1929, S. 66.
15 So noch 2015 im Ausstellungskatalog des Stadtmuseums München zum 500-jährigen Jubiläum des Bayerischen Reinheitsgebotes für Bier (Koll, Gaudi, S. 90f).
16 Huber, Frühgeschichte, S. 138; Kreittmayr, Anmerkungen, S. 1466; Stephan, Brauer, S. 23.
17 Sedlmayr, Spatenbrauerei II, S. 140.
18 BayHStA Paulanerkloster Au Archivalien, 40, Prod. 50; Huber, Münchner Paulanerkloster, S. 132. – Vorausgegangen waren Beschwerden Münchner Brauer gegen den öffentlichen Bierausschank der Paulanermönche, weshalb am 19.2.1751 ein Beschluss des kurfürstlichen Hofrats erging, „daß bemeltes Closter sich des bishero ohne ainige Concession unbefugt angemasten Bierverschleisses, auch nur in denen Kruegen und Flaschen, allerdings enthalten solle" (BayHStA Paulanerkloster Au Archivalien, 40, Prod. 44). Das kurfürstliche Mandat vom 31.3.1751 – erlassen drei Tage vor dem Namensfest des Franziskus de Paula am 2. April – ist in diesem Zusammenhang als Ausnahmegenehmigung zu sehen, die den öffentlichen Bierausschank im Kloster während der Festoktave trotz des zuvor ergangenen allgemeinen Ausschankverbotes ausdrücklich erlaubte.
19 Kreittmayr, Anmerkungen, S. 1466.
20 Huber, Frühgeschichte, S. 139.
21 BWA F2, 13/1, Anl. 1 (PR der Zeugenvernehmung am 15.2.1836). Der Protokollant vermerkte ausdrücklich, dass Desiderius v. Schmeid die Verhältnisse „mit einer für sein hohes Alter seltenen Genauigkeit" schilderte „und die Sachenlage ganz klar auseinandersetzte".
22 BayHStA MF, 20870, Prod. 16 (Bericht, 25.3.1837).
23 BayHStA Paulanerkloster Au Archivalien, 39 (Manual über Einnahmen und Ausgaben beim Bräuhaus, 1.9.1793–31.8.1794); Huber, Entstehung, S. 143. – Das Manual ist die einzige Quelle, in der die Starkbierproduktion während der Klosterzeit dokumentiert ist. Demnach wurde das „Herrenbier" im Sudjahr 1793/94 zwischen dem 9. Dezember und dem 10. Januar in neun Suden eingebraut. In den übrigen erhaltenen Bräuhausrechnungen des Klosters aus den Sudjahren 1793/94–1796/97 sowie 1798/99 (BayHStA Paulanerkloster Au Archivalien, 35, 38, 51) wird das Starkbier nicht eigens aufgeführt, sondern offenbar unter die Sommerbiersude subsumiert.
24 Westenrieder, Beyträge, S. 349: „Nicht minder berühmt war das Bier, und Kenner und Liebhaber nannten es geradezu das H[eilig] Vateröl"; Hazzi, Aufschlüsse, S. 234: „Des guten Bieres wegen, das man das heilige Vateröl nannte, zogen sonst auch die Paulaner oft sehr viele Gäste an sich."
25 StadtAM Au, 391 (LDB an LGM, 22.6.1808). – Nach dem Kauf der Brauerei durch Franz Xaver Zacherl 1813 kam vorübergehend auch die Bezeichnung „Zacherl-Öl" auf.
26 Huber, Still, S. 136f. – Bei Burger, Paulaner, S. 23f. sind die biografischen Daten zu Still teilweise völlig falsch wiedergegeben. Überhaupt enthält diese 1984 zum 350-jährigen Jubiläum der Paulanerbrauerei herausgegebene Firmenfestschrift zahlreiche Fehler und Ungenauigkeiten.
27 BWA F2, 13/1, Anl. 1 (PR der Zeugenvernehmung, 10.11.1835).
28 Ebd.
29 Ebd.
30 Ebd.
31 Ebd.
32 Ebd.
33 Huber, Paulanerkloster in München, S. 20, Anm. 2.
34 Mitterwieser, Salvator.
35 Westenrieder berichtet, Kurfürst Maximilian III. Joseph habe „sich an diesem Tag zu Pferd mit dem prächtigsten Gefolg dahin" begeben (Beyträge, S. 349).
36 MZ, Nr. 63, 13.4.1790, S. 303.
37 MZ, Nr. 62, 20.4.1795, S. 321–323.
38 MZ, Nr. 56, 9.4.1799, S. 319; MZ, Nr. 57, 11.4.1799, S. 323f; MZ, Nr. 58, 13.4.1799, S. 333f.
39 Vgl. Anm. 38–40.
40 BWA F2, 13/1, Anl. 1 (PR der Zeugenvernehmung, 10.11.1835).
41 MCB, Nr. 97, 7.4.1830, S. 391.
42 So bereits Krausen, Frühjahrsstarkbier.
43 Dies unterstreicht eine offenbar 1836 verfasste und von Franz Xaver Zacherl eigenhändig unterschriebene Beschreibung über das „Verfahren beim Brauen des Salvator-Bieres" (BWA F145, 1804).
44 BayHStA Paulanerkloster Au Archivalien, 52–55 (Bräuhausrechnungen, 1799/1800–1802/03), 56

(Bräuhaus-Stückrechnung, 1803/04); StAM Kurbayern, Hofkammer, Ämterrechnungen, 5045 (Bräuhausrechnung, 1803/04).
45 In den Bräuhausrechnungen der staatlichen Verwaltung sind neben regulärem Winter- und Sommerbier keine Starkbiersude verzeichnet (vgl. dazu auch Mitterwieser, Salvator). Die 1835 protokollierte Aussage des bis September 1804 in der Paulanerbrauerei beschäftigten Braumeisters Peter Ludwig, das Salvatorbier sei während seiner Dienstzeit auch unter staatlicher Regie „wie zu Klosterzeiten" weitergebraut und ausgeschenkt worden (BWA F2, 13/1, Anl. 1 = PR, 10.11.1835), entspricht demnach kaum der Wahrheit.
46 BayHStA MF, 20878, Prod. 12; Abdruck in BWA F2, 13/3, Prod. 3, Beil. 5.
47 CBlB, 1803, Sp. 43 f.; BayHStA Staatsverwaltung, 498, Bl. 148 f. (Kurfürstliches Dekret an Administrationsrat der Kirchen und milden Stiftungen, 11.3.1803).
48 CBlB, 1803, Sp. 779; BayHStA Staatsverwaltung, 500, Bl. 61 f. (Kurfürstliches Dekret an Administrationsrat der Kirchen und milden Stiftungen, 26.10.1803). Für den Hinweis auf diese Archivalie danke ich Archivdirektor Gerhard Fürmetz M.A.
49 Winkler, Paulanerbrauerei, S. 109.
50 BWA F2, 13/1, Anl. 1 (PR, 15.2.1836.) Leider sind die im BayHStA überlieferten Bräuhausrechnungen der Malteseradministration aus den Sudjahren 1804/05 und 1805/06 derzeit dort nicht auffindbar.
51 Das Folgende in diesem Kapitel nach Winkler, Paulanerbrauerei, S. 110.

Dreißigjähriger Behördenkrieg

1 StadtAM Au, 391 (PR über die Vernehmung des Martin Zacherl beim LGM, 20.6.1808).
2 Abdruck bei Döllinger, Sammlung, Bd. 14, Teil 3, S. 1191.
3 StadtAM Au, 391 (LDB an LGM, 22.6.1808); Abdruck in BWA F2, 13/2, Prod. 4, Anl. 1.
4 StadtAM Au, 391 (Martin Zacherl als Vertreter des Pächters Xaver Zacherl an LDB, 16.8.1808).
5 Ebd. (LGM an LDB, 27.6.1808).
6 Ebd.

7 Ebd. (LDB an LGM, 29.8.1808). – Das Verbot des Jahres 1808 betraf nicht nur Zacherls Salvatorausschank, sondern auch die Auer Gastwirte. Denn schon während der Klosterzeit hatte sich offenbar die Praxis eingebürgert, dass die Wirte in der Au während der Festoktave anstatt des bis jeweils zum 30. April gesetzlich vorgeschriebenen Winterbieres bereits das stärker eingesottene Sommerbier (Märzenbier) ausschenkten, das sie extra zu diesem Zweck von Münchner Brauereien bezogen. Hintergrund war die Absicht, den Paulanermönchen das Geschäft mit stärkerem Bier nicht alleine zu überlassen und vom allgemeinen Zulauf der Starkbierdurstigen während der Festtage auf diese Weise ebenfalls zu profitieren. Mehrfache Beschwerden der 15 Auer Wirte gegen das 1808 verhängte Ausschankverbot von Sommerbier vor dem 1. Mai hatten – im Gegensatz zu Zacherl, der seinen Salvatorausschank letztlich durchsetzen konnte – keinen Erfolg. Dazu: StadtAM Au, 391 (Martin Zacherl an LDB, 16.8.1808); ebd., Prod. 2 (Auer Wirte an LGM, 31.3.1815; Auer Wirte an GKIK, 29.3.1815); Prod. 6 (Verbotspatent des LGM, 1.4.1815); Prod. 7 (Auer Wirte an LGM, 1.4.1815); Prod. 8 (Auer Wirte an LGM, 2.4.1815); Prod. 9 (GKIK an LGM, 5.4.1815); Prod. 13 (Auer Wirte an LGM, 16.3.1816); Prod. 17 (GKIK an LGM, 29.3.1816); Prod. 18 (LGM an Auer Wirte, 20.3.1819).
8 Dies und das Folgende in diesem Kapitel, sofern nicht anders belegt, nach Winkler, Paulanerbrauerei, S. 110–117.
9 Bereits bei den seit Februar 1811 laufenden Verhandlungen mit den staatlichen Behörden über einen Ankauf der Brauerei verwies Zacherl auf den „ganz ruinöse[n] Zustand der Gebäude, Keller und Braurequisiten und die nächstens vorzunehmende unumgänglich nothwendige neue Herstellung aller vorhandenen Gebäude" (BWA F145, 1794 = Zacherl an Zentraladministration der ehemaligen Johannitergüter, Juni 1811).
10 BWA F145, 1826 (Beschreibung der zum erkauften Bräuhaus gehörigen Immobilien, 31.7.1812).
11 KBl, Nr. 18, 6.5.1809, Sp. 286.
12 Abdruck des Biersatzregulativs vom 25.4.1811 bei Döllinger, Sammlung, Bd. 14, Teil 3, S. 1169–1177.
13 StadtAM Au, 391, Prod. 3 (PDM an LGM, 1.4.1815).
14 Ebd., Prod. 1 (LDB an LGM, 15.3.1815).
15 Ebd., Prod. 5 (LGM an Auer Wirte und Zacherl, 1.4.1815).
16 Ebd., Prod. 15 (PDM an LGM, 23.3.1816).
17 Ebd., Prod. 16 (PR der Verbotsmitteilung, 29.3.1816); Prod. 17 (GKIK an LGM, 29.3.1816).
18 Ebd., Prod. 18 (LGM an Zacherl und Auer Wirte, 20.3.1819).
19 MGS, Nr. 119, 18.5.1820, S. 480.
20 StadtAM Au, 391, Prod. 19 (RIK an LGM, 1.4.1821).
21 StadtAM GA, 1314 (Bekanntmachung der Vorstadt Au, 9.4.1821).
22 StadtAM Au, 391, Prod. 19 (LGM an MA, 8.4.1821).
23 Ebd., Prod. 26 (PR der Erklärung Zacherls, 17.4.1821).
24 Ebd. (RIK an LGM, 1.5.1821); Abdruck BWA F2, 13/2, Prod. 4, Anl. 1.
25 StadtAM Au, 391, Prod. 20 (LGM an MA, 11.4.1821).
26 Ebd., Prod. 26 (Stellungnahme MA, 18.4.1821).
27 Ebd.
28 Ebd. (RIK an LGM, 1.5.1821); Abdruck BWA F2, 13/2, Prod. 4, Anl. 1.
29 StadtAM Au, 391, Prod. 24 (LGM an RIK, 24.4.1821).
30 StadtAM GA WK, 5019 (RIK an LGM, 1.5.1821); Druck: BWA F2, 13/2, Prod. 4, Anl. 1.

31 Ebd.
32 Döllinger, Verordnungen, Bd. 14, Teil 3, S. 1200 (Entschließung RI, 4.6.1822). – Bereits 1812 hatte die Regierung des Rezatkreises das Landgericht Ansbach daran erinnert, dass das „bisher hie und da üblich gewesene Brauen und der Verkauf des sogenannten Doppelbiers“ nach dem Regulativ von 1811 strikt zu untersagen ist (ebd., S. 1169).
33 StadtAM GA, 1314 (Zacherl an König Ludwig I., 19.6.1828).
34 BWA F145, 1807 (1828).
35 StadtAM Au, 391, Prod. 29 (LGM an MA, 7.4.1828); BWA F2, 13/3, Prod. 1, Anl. 1.
36 StadtAM Au, 391, Prod. 30 (LGM an MA, 11.4.1828).
37 BWA F145, 1842 (Begräbnisrede). Zacherl war ab 1818 zunächst Gemeindebevollmächtigter, danach über zwölf Jahre Magistratsrat der 1808 zur Stadt erhobenen Gemeinde Au.
38 BWA F145, 1842 (Begräbnisrede).
39 StadtAM GA, 1314, Prod. 14; Druck: BWA F2, 13/3, Prod. 1, Anl. 2.
40 Ebd.
41 Ebd.
42 Ebd. – Ähnliche Kritik am Bockbier des Hofbräuhauses wurde damals auch in der Münchner Presse laut, wobei der Angriff sehr wahrscheinlich von Zacherl veranlasst war: „Überhaupt erscheint letzterer [der Hofbräubock] nurmehr als Staats-Finanz-Operation; ob mehr zu Gunsten des Publikums oder des Braupersonals, wollen wir unerörtert lassen. So viel geht aus dem Gehaltvollen des Zacherl'schen Doppelbieres unläugbar hervor, daß Privaten, wenn sie nicht durch anderwärtige Monopole beschränkt sind, mehr die Kunst verstehen, einerseits den gerechten Anforderungen des Publikums zu entsprechen, andererseits ihre gemachten Auslagen und ehrliche Mannsnahrung durch erhöhten Preis zu finden.“ (MCB, Nr. 97, 7.4.1830, S. 392).
43 StadtAM GA, 1314, Prod. 14.
44 Ebd.
45 StadtAM Au, 391, Prod. 34 (RIK an LGM, 18.5.1828).
46 Ebd.
47 StadtAM GA, 1314 (Zacherl an König Ludwig I., 19.6.1828).
48 Ebd.
49 Ebd. (RIK an LGM, 28.7.1828).
50 Tabelle 1 im Anhang.
51 MCB, Nr. 97, 7.4.1830, S. 391.
52 Ebd.
53 Ebd.
54 Ebd.
55 Tabelle 1 im Anhang.
56 Ebd.
57 MCB, Nr. 97, 6.4.1832, S. 391.
58 Ebd.
59 StadtAM Au, 391, Prod. 37 (RIK an LGA, 28.3.1833).
60 MT, Nr. 90, 4.4.1831, S. 377.
61 MT, Nr. 87, 28.3.1833, S. 350.
62 StadtAM Au, 391, Prod. 39 (PR, 1.4.1833).
63 Ebd., Prod. 40 (RIK an LGA, 20.10.1833); BWA F2, 13/3, Prod. 1, Anl. 3.
64 BWA F145, 1807 (1833).
65 In einer undatierten, von Zacherl unterschriebenen, aber offenbar aus dem Jahr 1836 stammenden Beschreibung über das „Verfahren beim Brauen des Salvator-Bieres“ heißt es: „In Zukunft sollen beim Umziehen [Umfüllen von Lager- in Transportfässer] des Salvatorbieres wenigstens ein paar hundert Champagner-Bouteillen abgezogen werden, damit man ein und anders unabweisbares Begehren vor der [eigentlichen Ausschank-] Zeit befriedigen kann“ (BWA F145, 1804). In den Jahren 1834 bis 1841 wurden folgende Mengen Salvator in Dreiviertelliter-Flaschen in der Stubenschenke im Zacherlbräuhaus verkauft: 1834 (April–Juni, 645 Liter), 1835 (Mai–Juli, 300 Liter), 1836 (April–Juni, 300 Liter), 1837 (107 Liter), 1838 (35 Liter), 1839 (205 Liter), 1840 (547 Liter), 1841 (126 Liter); vgl. BWA F145, 1807 (1833–1841, eigene Berechnungen). – Noch 1840 beschwerten sich Münchner Brauer, dass Zacherl den Salvator schon Wochen vor und auch nach der eigentlichen Ausschankzeit in Flaschenabfüllung an Wirte und Privatkunden lieferte (StadtAM GA, 1262 = Münchner Brauer an ROB, 16.3.1840).

66 BWA F145, 1807 (1833).
67 MT, Nr. 92, 2.4.1833, S. 369.
68 MGS, Nr. 152, 26.6.1833, S. 608.
69 PCB, Nr. 26, 8.6.1833, S. 413–415. – 1838 lag der Stammwürzegehalt des Salvator bei 17,1 Prozent (mit einem Volumenalkoholgehalt von 5,8 Prozent), beim Hofbräubock bei 18,4 Prozent (mit einem Volumenalkoholgehalt von 5,2 Prozent). Gewöhnliches Münchner Schankbier hatte damals einen Stammwürzegehalt zwischen 10,3 und 12,3 Prozent (bei einem Volumenalkoholgehalt zwischen 3,4 und 4,4 Prozent); vgl. Rößler, Sammlung, S. 110–112 (eigene Umrechnung von Gewichts- in Volumenprozent).
70 Rößler, Sammlung, S. 113; Aubry, Tafelbier, S. 227; Dempp, Dampfbierbrauerei, S. 101 (eigene Umrechung von Gewichts- in Volumenprozent).
71 MCB, Nr. 97, 6.4.1832, S. 391.
72 MT, Nr. 93, 4.4.1834, S. 374.
73 NSZ, Nr. 70, 8.4.1835.
74 StadtAM Au, 391, Prod. 40 (LGA an GKKM, 5.4.1833).
75 Ebd.
76 Ebd.
77 StadtAM GA, 1314 (PB an LG Au, 9.4.1833).
78 StadtAM GA WK, 5019 (Stadtmagistrat München an RIK, 3.5.1833).
79 StadtAM Au, 391, Prod. 40 (LGA an GKKM, 5.4.1833).
80 Ebd.
81 Ebd.
82 Ebd. (LGA an MA, 5.4.1833).
83 Ebd., Prod. 44 (LGA an MA, 28.3.1834).

84 MT, Nr. 93, 3.4.1835, S. 377.
85 Ebd.
86 BWA F145, 1892 (Salvator-Gstanzeln eines Auer Troubadours, 1860).
87 Ebd., 1807 (1834, 1835); MT, Nr. 93, 4.4.1834, S. 374.
88 BWA F145, 1807 (1834, 1835).
89 Zum Beispiel: NSZ, Nr. 70, 8.4.1835; AT, Nr. 90, 31.3.1835; FOZ, Nr. 99, 9.4.1835; KD, Nr. 78, 1.4.1835, S. 163; TSB, Nr. 92, 2.4.1835.
90 Zur chemischen Analyse beider Biere vgl. Leuchs, Braukunde, S. 342; Dempp, Dampfbierbrauerei, S. 101; Gemeinnützige Mittheilungen, Sp. 395f. (eigene Umrechnung von Gewichts- in Volumenprozent).
91 AT, Nr. 65, 6.3.1835, S. 261; BNZ, Nr. 57, 26.2.1835, S. 228; MT, Nr. 66, 7.3.1835, S. 265.
92 Sedlmayr, Spatenbrauerei II, S. 139.
93 DBV, Nr. 66, 25.4.1835, S. 555.
94 Sedlmayr, Spatenbrauerei I, S. 236; II, S. 245.
95 Ebd., II, S. 139.
96 MT, Nr. 41, 10.2.1836, S. 170.
97 Sedlmayr, Spatenbrauerei II, S. 139.
98 StadtAM Au, 391, Prod. 43 (RIK an LGA, 27.6.1835).
99 Ebd., Prod. 47 (RIK an LGA, 2.4.1836); BWA F2, 13/3, Prod. 1, Anl. 4 (LGA an Zacherl, 2.4.1836).
100 StadtAM Au, 391, Prod. 47 (RIK an LGA, 2.4.1836).
101 BayHStA MInn, 46448, Prod. 9.
102 BWA F2, 13/3, Prod. 3, Beil. 52b, 52c (Urteil des Ersten Zivilsenats in Landshut, 3.2.1837); BayHStA MF, 20870, Prod. 9; Knöpfler, Geschichte; Huber, Frühgeschichte, S. 140.
103 BayHStA MF, 20870, Prod. 1; Druck in BWA F2, 13/3, Prod. 1, Anl. 6. – Am 23. Januar 1837 verfasste Zacherl noch eine zweite, etwas ausführlichere Immediateingabe an den König (BayHStA MInn, 46448, Prod. 11).
104 BayHStA MF, 20870, Prod. 1.
105 Ebd.
106 Ebd., Prod. 2.
107 DBV, Nr. 57, 9.4.1834, Sp. 457f.
108 MT, Nr. 95, 6.4.1834, S. 383. So auch noch im Jahr darauf: MT, Nr. 84, 25.3.1835, S. 339.
109 BayHStA MF, 20870, Prod. 16.
110 Ebd., Prod. 13.
111 Ebd., Prod. 10.
112 BayHStA MInn, 46448, Prod. 12.
113 BayHStA MF, 20870, Prod. 16.
114 StadtAM Au, 391, Prod. 50 (PR, 20.3.1837).
115 Ebd., Prod. 61 (RIK an LGA, 20.6.1837).
116 Ebd., Prod. 2 (Auer Wirte an GKIK, 29.3.1815).
117 MT, Nr. 94, 5.4.1837.
118 AZB, Nr. 104, 14.4.1837; RZ, Nr. 82, 7.4.1837.
119 Lewald, Europa, S. 287.
120 DW, Nr. 121, 22.5.1837, S. 482.
121 ZEW, Nr. 131, 7.7.1838, S. 524.
122 WZK, Nr. 82, 9.7.1839, S. 655.

Salvatorleben

1 BWA F145, 1893 (Abschrift des Gedichts). Das Flugblatt erschien u. a. als Beilage in DBV, 4.4.1837.
2 BWA F145, 2251; F2, 7452.
3 DBV, Nr. 19, 2.2.1837, Sp. 163f.
4 MT, Nr. 93, 4.4.1834, S. 374.
5 Martin, Topographie, S. 75.
6 WZHC, Nr. 49, 23.4.1841.
7 ZW, Nr. 30, 12.4.1836, S. 8.
8 AP, Nr. 83, 8.4.1850.
9 Ebd.
10 AIJK, Nr. 37, 8.5.1841.
11 AP, Nr. 67, 21.3.1860, S. 411.
12 LTSL, Nr. 73, 26.3.1867, S. 332.
13 Ebd.
14 Perinet, Sonntagskind, S. 522.
15 Zit. n. Abel, Strukturen, S. 57.
16 Spode, Trunkenheit, S. 156–160.
17 Ebd., S. 161–163.
18 Eigene Berechnung.
19 Winkler, Bier, S. 387, Tabelle 51.
20 Kraus, Blut, S. 175.
21 Eigene Berechnung.
22 Tabelle 1 im Anhang (eigene Berechnungen).
23 BWA F145, 1807 (1839, 1840).
24 Tabelle 1 im Anhang.
25 BWA F145, 1807 (1835–1840).
26 MT, Nr. 101, 12.4.1842, S. 481f. So auch DBV, Nr. 54, 4.4.1845, S. 230.
27 MT, Nr. 116, 27.4.1841, S. 521.
28 BWA F145, 1807 (1835–1842).
29 Ebd.
30 Ebd.
31 RZ, Nr. 90, 16.4.1841.
32 WZHC, Nr. 49, 23.4.1841.
33 DBE, Nr. 46, 16.4.1841.
34 WZHC, Nr. 49, 23.4.1841.
35 RZ, Nr. 90, 16.4.1841; KD, Nr. 108, 20.4.1841.
36 DBE, Nr. 46, 16.3.1841.
37 MT, Nr. 104, 15.4.1841.
38 StadtAM Au, 391 (LGA an GKKM, 18.3.1842; LGA an Landwehrbataillon Au, 27.3.1842).
39 Ebd. (LGA an IR König, 18.3.1842).
40 Ebd. (Infanterie-Leibregiment, Kürassierregiment Prinz Carl, IR König und IR Kronprinz an LGA, 28.3.1842); DBE, Nr. 42, 8.4.1842.
41 NTMB, Nr. 85, 26.3.1839, S. 358.
42 DEB, Nr. 14, 6.4.1839, S. 54.
43 StadtAM GA, 1314 (PR, 28.3.1839).
44 MT, Nr. 99, 9.4.1844, S. 473.
45 DBE, Nr. 42, 7.4.1844.
46 MTP, Nr. 97, 5.4.1840, S. 390; BWA F145, 4596 (Litographie).
47 StadtAM DE-1992-HV-BS-B-05-25.
48 BWA F145, 1863 (Broschüre); DBL, Nr. 97, 7.4.1842, S. 405.
49 BWA F145, 2338 (Originalbrief mit Gedicht an Zacherl, 9.4.1842); Druck in DBE, Nr. 44, 13.4.1842, S. 346.
50 StadtAM DE-1992-HV-BS-B-05-27.
51 DBE, Nr. 42, 7.4.1844, S. 341f.; DBE Nr. 44, 12.4.1844, S. 352.
52 MT, Nr. 99, 9.4.1844, S. 473.
53 StadtAM DE-1992-HV-BS-C-03-29.
54 FM, Nr. 97, 7.4.1845; Hofmann, Bocklieder, S. 188.
55 BB, Nr. 3, 5.5.1847, S. 11. Hier wird die „Salvator-Zeitung“ – entsprechend der Konsistenz des Getränkes – humoristisch als „Organ des dicken und öligen Stillstandes“ bezeichnet.
56 Huber, Salvator-Episode.
57 Ebd.
58 FB, Nr. 26, 1846, S. 14.
59 MT, Nr. 94, 5.4.1837.
60 Acht Tage, S. 149.
61 MAA, Nr. 20, 21.3.1868, S. 88.
62 DBL, Nr. 102, 11.4.1844, S. 439.
63 DBE, Nr. 41, 4.4.1845, S. 333.
64 Gambrinus, S. 22.
65 DBE, Nr. 32, 15.3.1843, S. 259.
66 BWA S12, 2243 (Tagebuch von Ludwig Schmederer, 1845).
67 Tabelle 1 im Anhang.
68 Zunächst übernahm den Außenvertrieb die Firma „Michael Scherzer's Erben“, ab 1850 das Bank- und

Speditionshaus „Sebastian Pichler's Erben", ab 1867 „Squindo & Scheurer", ab 1871 wieder das im Besitz von Max Schmederer befindliche Unternehmen „Sebastian Pichler's Erben", ab 1891 die neu gegründete Münchner Firma „A. Holle Zacherlbräu-Flaschenbier-Export". 1906 nahm die Paulanerbrauerei den gesamten Flaschenbiervertrieb wieder selbst in die Hand (BWA, F145, 2339; DBLB, Nr. 36, 24.3.1846, S. 296; MT, 13.3.1850, S. 296; BZ, Nr. 73, 14.3.1867, MiA, S. 856; DBL, Nr. 70, 17.3.1871; AZ, Nr. 98, 9.4.1891, Mbl., S. 4; BWA F145, 1351 = GB für 1905/06).
69 DBV, Nr. 54, 4.4.1845, S. 229.
70 StadtAM Au, 391 (LGA an ROB, 7. und 17.3.1846).
71 Ebd. (ROB an LGA, 20.3.1846).
72 MT, Nr. 63, 4.3.1846, S. 335.
73 Tabelle 1 im Anhang.
74 DBL, Nr. 87, 28.3.1846, S. 358.
75 DV, Nr. 81, 4.4.1850, S. 336.
76 KZ, Nr. 97, 6.4.1848.
77 Ebd.
78 Tabelle 1 im Anhang.
79 NK, Nr. 96, 5.4.1848.
80 StadtAM Au, 391 (LGA an ROB, 4.12.1848).
81 Ebd. (KOM an LGA, 24.3.1850).
82 Ebd. (KB, 31.3.1851).
83 Ebd. (KB, 27.3.1852, 26.3.1853, 30.3.1854).
84 Dies und das Folgende in diesem Kapitel nach Winkler, Paulanerbrauerei, S. 119 f.
85 Dies und das Folgende in diesem Kapitel nach ebd., S. 120–122.
86 StadtAM Au, 391 (VMB an ROB, 16.3.1840).
87 Sedlmayr, Spatenbrauerei II, S. 139; MT, Nr. 79, 20.3.1847.
88 Sedlmayr, Spatenbrauerei II, S. 140; BayHStA MInn, 46450 (MInn an König Ludwig I., 15.11.1848).
89 BayHStA MInn, 46450 (ROB an MInn, 28.11.1851).
90 Sedlmayr, Spatenbrauerei II, S. 388 f.
91 Ebd., S. 169.
92 Winkler, Bier, S. 11, 441, Tabelle 191. – 1855 eröffnete Löwenbräu Ludwig Brey „Mustervorstellungen eines Bocks, welcher von den höchsten kritischen Autoritäten ganz vortrefflich befunden wird" (MBSL, Nr. 75, 29.3.1855, S. 332).
93 Aubry, Tafelbier, S. 227.
94 Tabelle 1 im Anhang.

95 Muspratt, Chemie, S. 678. – Zwischen 1874 und 1895 schwankte der Alkoholgehalt beim Salvator zwischen 4,19 (1876) und 5,21 (1887) Gewichtsprozent. Die Stammwürze variierte in diesem Zeitraum zwischen 16,71 und 19,12 Prozent (BWA F2, 13/3, Prod. 3, Beil. 50, S. 88).
96 Aubry, Tafelbier, S. 226.
97 Sedlmayr, Spatenbrauerei II, S. 246, 338.
98 AP, Nr. 67, 21.3.1860, S. 411.
99 NFK, Nr. 84, 25.3.1857.
100 PZ, Nr. 88, 28.3.1860.
101 Gambrinus, S. 19–23; auch in: DS, Nr. 35, 24.3.1858, S. 140.

Auf dem Nockherberg

1 StadtAM GA WK, 5019 (PR, 22.12.1860).
2 Ebd. (Magistrat an SB, 28.12.1860; PDM an Magistrat, 8.1.1861).
3 ANN, Nr. 70, 22.3.1873, S. 813; FPK, Nr. 18, 1873, S. 71.
4 DE, Nr. 42, 27.3.1863, S. 167.
5 StadtAM GA WK, 5019; PD, 368.
6 Wiesend, Snob, S. 148 f.
7 IZ, Nr. 79, 20.3.1863.
8 DS, Nr. 36, 24.3.1877.
9 UHH, Nr. 20, 1861, S. 395.
10 MF, Nr. 129, 20.3.1891.
11 BK, Nr. 76, 17.3.1914; BWA F145, 2269 (Bericht, 1938).
12 LZ, Nr. 66, 10.3.1873, S. 318; LZ, Beiblatt, Nr. 13, 29.3.1874, S. 50; DSG, Nr. 34, 26.4.1862, S. 134.
13 TAKA, Nr. 74, 28.3.1868, S. 4.
14 1879 wurden am Josefitag (Mittwoch) 130 hl, am Donnerstag 50, am Freitag 20, am Samstag 25 und am Sonntag 50 hl ausgeschenkt. 1887 konsumierten die Besucher am Josefitag (Samstag) hundert hl, am Sonntag 60, am Montag 15, am Dienstag 23 und am Mittwoch 24 hl (StAM PDM, 996/2 = PB, 20.–24.3.1879; 996/9 = PB, 20.–24.3.1887).
15 NK, Nr. 98, 10.4.1861; Tabelle 1 im Anhang.
16 BK, Nr. 83, 25.3.1862, S. 566.
17 LTSL, Nr. 78, 1.4.1862, S. 317; Tabelle 1 im Anhang.
18 BK, Nr. 86, 25.3.1863, S. 592; Tabelle 1 im Anhang.
19 IZ, Nr. 79, 20.3.1863.
20 AP, Nr. 68, 21.3.1863, S. 455.
21 AP, Nr. 88, 13.4.1864, S. 589; Tabelle 1 im Anhang.
22 NBK, Nr. 92, 4.4.1866; RA, Nr. 93, 5.4.1866.
23 NBK, Nr. 94, 6.4.1866, S. 641; Tabelle 1 im Anhang.
24 StadtAM GA WK, 5019. Sofern der Josefitag auf einen Sonntag fiel, erfolgte der Salvatoranstich in der Regel am 19. März.
25 MBSL, Nr. 78, 2.4.1867, S. 242.
26 Tabelle 1 im Anhang.
27 ANN, Nr. 76, 17.3.1869, S. 811.
28 MBSL, Nr. 73, 26.3.1870, S. 317; Tabelle 1 im Anhang.
29 ANN, Nr. 84, 25.3.1871, S. 893.
30 DBL, Nr. 84, 2.4.1871.
31 LZ, Nr. 66, 10.3.1873, S. 318.
32 MMZ, Nr. 80, 4.4.1873.
33 MVZ, Nr. 55, 6.3.1873.
34 LZ, Nr. 63, 17.3.1874.
35 LZ, Beiblatt, Nr. 13, 29.3.1874, S. 50.
36 StAM PDM, 996/2 (PB, 20.3.1879).
37 MF, Nr. 77, 17.3.1880.
38 BK, Nr. 81, 23.3.1881.
39 StAM PDM, 996/6 (PB, 16.3.1884).
40 Ebd. (PB, 20.3.1886).
41 Acht Tage, S. 149; München und seine Umgebung, S. 46; Marggraff, München, S. 553 f.; Schiller, München, S. 217; Neuester und zuverlässigster Führer, S. 150.

42 Baedeker, Handbuch, S. 286.
43 ILZ, Nr. 932, 11.5.1861, S. 328.
44 ÜLM, Nr. 32, 1863, S. 509 f. (BWA F145, 4569 = ZA). Der Artikel erschien auch in DE, Nr. 42, 27.5.1863, S. 166–168.
45 ILZ, Nr. 1138, 22.4.1865, S. 263 f.
46 „Von der Salvatorquelle“, u. a. in: NWT, Beil., Nr. 84, 26.3.1873; FW, Nr. 77, 19.3.1873, 1. Beil., S. 57 f.; ST, Beil., Nr. 64, 16.3.1873, S. 1–3; AAB, Sonntagsbeilage, Nr. 12, 22.3.1874; FZ, Nr. 66, 7.3.1873, 2. Bl. „Die Salvatorquelle“, u. a. in: ÖZB, Jg. 1, Nr. 10, S. 173–175; TR, Nr. 72, 24.6.1873; DT, Nr. 25, 21.6.1873, S. 195–197; LMZ, Nr. 28, 5.4.1873, S. 167 f. „Sct. Salvator vom Nockherberg“, u. a. in: SHL, Nr. 93, 20.11.1873. „Ursprung der Salvatorquelle“, u. a. in: FPK, Nr. 18, 1873, S. 70 f.; ANN, Nr. 70, 22.3.1873, S. 81).
47 Undatierte Xylographie von G. Rau nach einer Originalzeichnung von Gustav Heine, betitelt „Bilder vom Salvatorbier-Ausschank in München“ (BWA F145, 4578 = ZA); Xylographie von Richard Bong nach einem Gemälde von Alfred Seifert, 1877, betitelt „Auf dem Salvator-Bierkeller in München“ (BWA F145, 4580 = ZA); DBFA, 1880, Heft 15, S. 341, mit Xylographie von Franz Kollarz nach einer Skizze von E. Stauber, betitelt „Der Ausschank des Salvatorbieres auf dem Nockherberge bei München“ (BWA F145, 4568 = ZA); ILZ, Nr. 1976, 14.5.1881, S. 397, mit Xylographie nach Originalzeichnung von Gustav Heine, betitelt „Eine Salvatorbierscene in München“ (BWA F145, 4573 = ZA); ILZ; Nr. 2235, 1.5.1886, S. 431, mit Xylographie nach Originalzeichnung von M. Weinholdt, betitelt „Im Münchener Salvatorbierkeller“ (BWA F145, 4572 = ZA); ÜLM, Bd. 66, 1891, Nr. 52, S. 1079, mit Xylographie von Richard Brend’amour nach einem 1890 entstandenen Gemälde von Maurycy Trębacz, betitelt „Auf dem Münchener Salvatorkeller“ (BWA F145, 4577 = ZA); ILZ, Nr. 2597, 8.4.1893, S. 371 f., mit Xylographie von Richard Brend’amour nach einem Gemälde von Franz Amling, betitelt „Der Salvatorbierausschank in München“ (BWA F145, 4571 = ZA); ICZ, Heft 20, 1893, S. 617, mit Xylographie nach einer Originalzeichnung von Gustav Heine (BWA F145, 2321); Alex Braun, „Beim Salvator“, in: ÜLM, Bd. 71, 1894, Nr. 23, S. 483–485, mit Xylographien von Richard Brend’amour nach Zeichnungen (Szenen vom Salvatorkeller) von Ferdinand Leeke (BWA F145, 4570); Druck eines Aquarells von Frank Kirchbach, 1899, betitelt „Salvatorbock“ (BWA F145, 4574); DIW, 1901, Heft 18, S. 436, mit Xylographien nach Originalzeichnungen von Edwin Heine, betitelt „Die Wunder des Salvatorbieres“ (BWA F145, 4579 = ZA).
48 Tabelle 1 im Anhang.
49 Ebd.
50 AAZ, Nr. 85, 25.3.1868, S. 1007; AHZ, Nr. 25, 31.3.1868, S. 98. – Über die Auslandslieferungen von Salvatorbier liegen zwischen 1843 und 1921 keine Mengenangaben vor. Söltl (München, S. 251 f.) berichtet 1854, dass Bock- und Salvatorbier aus München „selbst bis nach Amerika versandt“ wird. Diese Aussage traf damals aber sicherlich nicht auf das Starkbier der Zacherlbrauerei, sondern höchstens auf das Bockbier der Pschorrbrauerei zu. Letztere exportierte zu Beginn der 1860er Jahre jährlich rund 80.000 Champagnerflaschen mit Bock- und Exportbier nach New York, Rio de Janeiro, Pernambuco, Santiago de Chile, San Francisco, Madagaskar, Bombay, Batavia (Jakarta), Sidney, Manila und Kapstadt (BWA F145, 2370 = Bericht, 1867).

51 Tabelle 1 im Anhang.
52 AP, Nr. 88, 13.4.1864, S. 589.
53 BWA F145, 1875 (Artikel, März 1883).
54 DH, Bd. 1, Wien 1886, S. 13.
55 BWA F145, 2224 (Bericht in Het Nieuws van den Dag, 16.3.1886).
56 Ebd., 2223 (Inserat in der Zeitschrift „Gastwirth“). 1890 erschien in der im schweizerischen Lausanne verlegten Zeitschrift „Le Conteur Vaudois. Journal de la Suisse Romande“ (Nr. 11, 15.3.1890, S. 2) ein Artikel über die Geschichte des Salvator (BWA F145, 2331). – Noch 1931 gingen 2.162 hl und damit die Hälfte des gesamten Salvatorexports in die Schweiz, 1932 waren es noch 1.397, 1939 nur mehr 516 hl (ebd., 1350 = Bericht, 1932, 1939).
57 BWA F145, 3436 (Liste über auswärtige Bierkunden). Mit großer Wahrscheinlichkeit bestanden die damaligen Lieferungen nach New York ausschließlich aus Salvator.
58 BK, Nr. 56, 26.2.1873 (Inserat).
59 PFZ, Nr. 50, 1.3.1875 (Inserat).
60 AZ, Nr. 87, 27.3.1884, S. 1288.
61 Dazu und zum gesamten Kapitel Winkler, Paulanerbrauerei, S. 122 f.
62 BWA F145, 1798.
63 Ebd., 2225.
64 Braun, Beim Salvator, S. 485.
65 ICZ, 1893, Heft 20, S. 618.
66 Koch von Berneck, Salvatorbierausschank, S. 371.
67 Gumppenberg, Urbock.
68 UPJ, Nr. 32, 17.3.1883.
69 Krauss, Bürger, S. 154.
70 Dempwolff, Salvator-Bier, S. 211, 214 f.
71 StAM PDM, 996/3 (PB, 20.3.1880).
72 Dempwolff, Salvator-Bier, S. 210.
73 MB, Nr. 65, 18.3.1873, S. 286.
74 BK, Nr. 162/163, 12.6.1871, S. 6115.
75 StAM PDM, 996/4 (PB).
76 Ebd., 995 (PDM an SKM, 5.3.1874).
77 Ebd. (Liquidation, 31.3.1876).
78 StadtAM GA WK, 5019 (PR, 25.2.1878).
79 StAM PDM, 996/3 (PB, 20.3.1880).
80 BK, Nr. 81, 23.3.1881.
81 FZ, 20.3.1891.
82 StAM PDM, 995 (PDM an SKM, 5.3.1874).
83 Ebd., 996/3 (PB, 20.3.1880).

84 Ebd.
85 Ebd.
86 Ammer, Bilderbogen, S. 165. Karl Theodor von Perfall veröffentlichte häufig unter dem Pseudonym Karl Theodor von der Ammer.
87 StAM PDM, 996/3 (PB, 20.3.1880).
88 Ebd.
89 Ebd.
90 LTSL, Nr. 73, 26.3.1867, S. 332.
91 Ebd.
92 NP, Nr. 13, 30.3.1872.
93 DS, Nr. 47, 27.4.1867, S. 185.
94 Dempwolff, Salvator-Bier, in: AHZ, Nr. 53, 3.5.1873, S. 215.
95 StAM PDM, 996/1 (Anordnung, 13.3.1878; Unterschriftslisten 15.–18.3.1878).
96 Ebd. (PB, 25.3.1878).
97 FZ, 20.3.1891.
98 StAM PDM, 996/8 (PB, 20.3.1886).
99 Ebd.
100 Ebd.
101 Ebd., 996/6 (PB, 26.3.1884).
102 Ebd., 996/3 (PB, 20.3.1880).
103 BK, Nr. 81, 23.3.1881.
104 Ebd.
105 StAM PDM, 1153/2 (Schulreferat an PDM, 2.3.1910).
106 Ebd.,1153/1 (PB, 23.3.1909); 1153/2 (Bek., 8.3.1910).
107 DTA, Nr. 68, 27.3.1877.
108 StAM PDM, 996/3 (PB, 20.3.1880).
109 PZ, Nr. 76, 18.3.1870.
110 StAM PDM, 995 (PR einer Pächter-Besprechung, 27.2.1874).
111 Ebd. (PDM an ROB, 24.3.1874; Bek., 23.3.1874).
112 Ebd. (PDM an SKM, 10.3.1876).
113 Ebd. (PB, 21.3.1877; Bek., 22.3.1877).
114 Ebd., 996/3 (PB, 20.3.1880).
115 Ebd., 996/5 (PB, 19.3.1883).
116 Ebd., 996/8 (PB, 20.3.1886).
117 Ebd., 996/7 (Plakatanschlag).
118 NMT, Nr. 78/79, 19./20.3.1889.
119 BWA F145, 2347 (ZA, 1886).
120 StAM PDM, 996/9 (PB, 20.3.1887).
121 NFV, Nr. 60, 14.3.1888; NFV, Nr. 62, 16.3.1888.
122 MNN, 21.3.1888, zit. n. Krauss, Blut, S. 176.
123 Als auf dem Nockherberg; MNN, Nr. 146, 27.3.1888.
124 BWA F145, 2221 (Eintrag der Münchner Stadtchronik, 26.3.1888).
125 Ebd.
126 Ebd.; StAM PDM, 996/10 (Bericht des befehligenden Offiziers, 26.3.1888).
127 Als auf dem Nockherberg; MNN, Nr. 149, 30.3.1888.
128 MNN, Nr. 153, 4.4.1888.
129 AZ, Nr. 89, 29.3.1888, 2. Beil., S. 1.
130 StAM PDM, 996/10 (Beschluss, 26.3.1888).
131 Winkler, Paulanerbrauerei, S. 125.
132 Ebd., S. 126 f.
133 StAM PDM, 996/10 (SB an ROB, 4.4.1888).
134 MNN, Nr. 131, 19.3.1889; AZ, Nr. 76, 17.3.1890, S. 4.
135 StAM PDM, 1153/1 (KOM an PDM, 16.3.1889); StadtAM PD, 368 (1907).
136 MNN, Nr. 131, 19.3.1889; NFV, Nr. 66, 14.3.1890.
137 DBL, Nr. 64, 16./17.3.1889.
138 Ebd.
139 MNN, Nr. 131, 19.3.1889.
140 NMT, Nr. 78/79, 19./20.3.1889.
141 StAM PDM, 1153/1 (Instruktion, 17.3.1889).
142 BWA F145, 2227 (ZA).
143 AZ, Nr. 76, 17.3.1890, S. 4.
144 StAM PDM, 1153/1 (KOM an PDM, 15.3.1890, 8.3.1891).
145 Ebd., (KOM an PDM, 5.3.1893).
146 MF, Nr. 128, 18.3.1890.
147 MF, Nr. 129, 20.3.1891.
148 MNN, Nr. 133, 21.3.1889.
149 AAZ, Nr. 76, 17.3.1889.
150 FT, Nr. 68, 20.3.1908.
151 Leserbrief in NFV, Nr. 65, 19.3.1891, S. 5.
152 MNN, 18.1.1895, zit. n. Hofmann, Bockbier, S. 185.
153 NMT, Nr. 78/79, 19./20.3.1889.
154 MNN, Nr. 130, 21.3.1891, Vbl.; MF, Nr. 129, 20.3.1891.
155 BWA F145, 1850, Bl. 18.
156 Krauss, Frauentürme, S. 290 f.
157 Zit. n. Dering/Eymold, Oktoberfest, S. 76.
158 Ebd.
159 BWA F145, 1850, Bl. 64, 68.
160 Einzelne Exemplare von 1887 bis 1914 in BWA F145, 2325; StadtAM ZA, 1624 (ZA „Jubiläum der Salvator-Gedenkblätter“, 19.3.1910).
161 BWA F145, 1850, Bl. 20, 22, 25, 27; 2235 (Liederbuch); 2250 (Liederbuch).
162 BWA F145, 2220.
163 FB, 100, Nr. 2541, 8.4.1894, S. 147 f. Die Überschrift lautete „Salvator-Gruß (Eine kulturhistorische Hypothese)“.
164 BWA F145, 2344 (Schreiben, 12.3.1913).
165 Ebd., 1946 (Abdruck des Schreibens vom 3.3.1910 im Salvatorheft 1965).
166 PB, Nr. 41, 5.4.1871.
167 IUMB, Nr. 27, 3.7.1892.
168 Vierhaus, Tagebuch, S. 152.
169 TP, Nr. 76, 31.3.1885, Beil.
170 DBL, Nr. 102, 13.3.1892.
171 BWA F145, 1850, Bl. 20. – 1885 überreichte Georg Pschorr dem Reichskanzler anlässlich seines 70. Geburtstages ein mit kunstvollen Schnitzereien verziertes Fass Exportbier (BWA F145, 2517 = ZA, 1.4.1885). Zu den werbewirksamen Biergeschenken anderer Münchner Großbrauereien an Bismarck vgl. Winkler, Bier, S. 36 f., 40.
172 BWA S12, 2243 (Tagebuch von Ludwig Schmederer, 1845).
173 MT, Nr. 89, 29.3.1840, S. 365.
174 MS, Nr. 24, 23.3.1856, S. 100.
175 MBSL, Nr. 76, 30.3.1866, S. 327.
176 MBSL, Nr. 64, 15.1.1868, S. 277.
177 AT, Nr. 78, 19.3.1867, S. 687.
178 DVF, Nr. 58, 12.3.1875, S. 231; SP, Nr. 60, 12.3.1875; DBL, Nr. 60, 12.3.1875.

179 StadtAM GA WK, 5019 (Einladungsschreiben, 16.3.1877). Zu den Salvatorproben in den Jahren 1876 bis 1878 vgl. DDM, Nr. 12, 18.3.1876, S. 5; StadtAM GA WK, 5019 (Einladungsschreiben, 6.3.1876); DS, Nr. 36, 24.3.1877, S. 5 f.; SPMN, Nr. 65, 17.3.1877, 2. Bl., S. 5; DBL, Nr. 62, 14.3.1878.
180 Thoma, Moral, S. 23.
181 NFV, Nr. 57, 12.3.1887.
182 StadtAM GA WK, 5019 (Einladungsschreiben, 3.3.1887).
183 MF, 11.3.1887.
184 AZ, Nr. 70, 11.3.1887, 2. Beil., S. 1.
185 MF, 11.3.1887; AZ, Nr. 70, 11.3.1887, 2. Beil., S. 1.
186 NMT, Nr. 72, 12.3.1888.
187 Ebd.
188 AAZ, Nr. 76, 17.3.1889; MNN, Nr. 129, 17.3.1889, TA.
189 AZ, Nr. 76, 17.3.1889, Mbl., S. 1135.
190 StadtAM GA WK, 5019 (Einladungsschreiben an Stadtmagistrat, 10.3.1890).
191 MBSL, Nr. 63, 15.3.1890; MSZ, Nr. 42, 15.3.1890; AZ, Nr. 73, 14.3.1890, Abl., S. 5; MNN, Nr. 124, 15.3.1890, Vbl.; NFV, Nr. 63, 16.3.1890; AAZ, Nr. 75, 16.3.1890 (mit der Salvator-Hymne von Gemming); BK, Nr. 74, 15.3.1890.
192 AZ, Nr. 69, 10.3.1891, 2. Abl., S. 6.
193 AAZ, Nr. 70, 11.3.1891.
194 AZ, Nr. 68, 8.3.1892, Abl., S. 3; AZ, Nr. 71, 11.3.1892, Abl., S. 3; NFV, Nr. 60, 14./15.3.1892; MTA, 12.3.1892; MNN, Nr. 116, 11.3.1892, Mbl.
195 AZ, Nr. 66, 7.3.1893, Mbl., S. 3.
196 AZ, Nr. 68, 9.3.1893, Abl., S. 3; MNN, Nr. 114, 10.3.1893, Mbl., S. 3.
197 AZ, Nr. 60, 2.3.1894, Abl., S. 7.
198 1904 zum Beispiel wurden dorthin einzelne Wirte der Brauerei zur Salvatorprobe eingeladen, ebenso 1907 (BWA 145, 2234 = Einladungskarte 1904; MVFA, Heft 25, März 2008, S. 17).
199 BWA F145, 1351 (GB für 1897/98).

Der Salvatorstreit

1 BWA F145, 1799, S. 24.
2 Ebd., S. 7; BWA F2, 13/1, Anl. 14; LZZ, Nr. 242, 30.8.1849, 1. Beil. (Inserat Farrnbacher Salvatorbier); NBV, Nr. 130, 13.5.1877, S. 468 (Inserat St. Magnus-Brauerei).
3 Heiß, Bierbrauerei, bes. S. 138 f.; BWA F2, 13/3, Prod. 2, S. 67 f.
4 BWA F2, 13/1, Anl. 14.
5 BWA F145, 1799, S. 7, 9.

6 Ebd., S. 8.
7 Ebd., S. 11 f.; Druck: BWA F2, 13/3, Prod. 3, Beil. 32a, 32b.
8 RGB, 1874, Bd. 28, S. 143–146.
9 BWA F145, 1799, S. 12.
10 BWA K1, XI, 1: 1. Akt (KDRA, 1.10.1876).
11 Handbuch Süddeutsche 1897, S. 49.
12 BWA F2, 13/1, Anl. 15.
13 BWA F145, 2226 (Inserat in MNN, 19.3.1889).
14 Ebd., 1799, S. 10.
15 Brauerei Dietl in Straubing (1881), Franz Stockbauer Bayerische Löwenbrauerei in Passau (1882), Unionsbrauerei vorm. Graessel in Hof an der Saale (um 1883), Brauereien Krieger und Neumeyer in Straubing (1887), Brauerei Johann Forster in Schwabach (1887), Brauerei Gebrüder Maisel in Bayreuth (1889); BWA F2, 13/1, Anl. 14.
16 BWA F145, 1799, S. 8; BWA F2, 13/3, Prod. 3, Beil. 37.
17 AZ, Nr. 142, 23.5.1889, S. 2158 (Börsenprospekt der „Salvator-Brauerei in Schwabing-München"). – Ähnlich wie auf dem Salvatorkeller kam es ab 1878 auch in Petuels Bräuhaus während der Starkbierzeit häufiger zu alkoholbedingten Exzessen. 1890 berichtete die Polizeidirektion, dass sich die von dort „nach München zurückkehrenden Gäste auf der Straße geradezu skandalös betragen" hätten (StAM PDM, 1153/1 = PDM an BM, 16.2.1890). Zum Salvatorausschank in der Schwabinger Salvatorbrauerei von 1878 bis 1908 vgl. StAM PDM, 1157/1, 1157/2.
18 Tabellen 2 und 11 im Anhang.
19 AZ, Nr. 198, 18.7.1888, 2. Beil., S. 3.
20 AZ, Nr. 142, 23.5.1889, S. 2115.
21 AZ, Nr. 336, 3.12.1892, Abl., S. 3; BWA V5, 273 (PR der Generalversammlung, 13.6.1906).
22 AZ, Nr. 16, 16.1.1891, Mbl., S. 4.
23 BWA F2, 13/2, Prod. 7 (Michel an Hertrich, 2.3.1896).
24 AZ, Nr. 341, 10.12.1896, 2. Abl., S. 5; BWA F145, 1798.
25 AZ, Nr. 4, 4.1.1890, S. 46.
26 Tabelle 11 im Anhang.
27 AZ, Nr. 345, 14.12.1894, S. 3.
28 Handbuch Süddeutsche 1897, S. 36.
29 BWA F145, 1272 (Zieseniss), 1273 (St. Pauli), 1274 (Beck), 1271 (Lübeck).
30 BWA F2, 13/1, Anl. 14, Nr. 236.
31 BWA F145, 1270.
32 BWA F2, 13/1, Anl. 14, Nr. 54; BWA F145, 1330.
33 1890 Brauerei Johann Auer in Rosenheim, Frankenbräu in Bamberg, Brauhaus Würzburg sowie die vier Hofer Brauereien Kronenbräu, Hagenmüller & Hick, Aktienbrauerei Hof vorm. Gebr. Angermann, Exportbierbrauerei Bavaria und Brauerei B. Scherdel; 1891 Aktienbrauerei Bayreuth; 1892 Brauerei Wilhelm Deininger in Hof an der Saale; 1894 Brauerei Mühldorfer in Neuburg am Inn, Aktienbrauerei Zirndorf, Brauerei Christian Viandt in Mainleus, Brauereien Quinat und Weller in Schwabach, Aktienbrauerei Kempten; 1896 Seminarbrauerei in Amberg, Pfeffer'sche Brauerei in Zwiesel, Brauereien Niebauer und Leser in Regensburg, Brauerei Pasing, Brauerei Evora & Meyer in Fürth (BWA F2, 13/1, Anl. 14).
34 BWA F145, 1798; vgl. beispielhaft HT, Nr. 58, 9.3.1878.
35 Zum Beispiel AZ, Nr. 80, 20.3.1884, S. 1184 mit entsprechender „Erwiderung" durch SB (AZ, Nr. 87, 27.3.1884, S. 1288).
36 BWA F145, 1798.
37 Ebd.
38 Ebd.
39 BWA F145, 2335.
40 Ebd., 1798.
41 Ebd., 1799, S. 3 f.; 2229.

42 AZ, Nr. 44, 13.2.1891, Mbl., S. 4; AAZ, Nr. 42, 11.2.1891.
43 Ebd.
44 AZ, Nr. 63, 5.3.1894, S. 6; BWA F2, 13/1, S. 26.
45 BWA F145, 1799, S. 10; BWA F2, 13/1, Anl. 15; BWA F2, 13/8 (Werbeinserat der Thomasbrauerei, 5.3.1894).
46 StAM PDM, 1153/1 (Werbeinserat, 1896).
47 BWA F145, 1798; BWA F2, 13/2, Prod. 4, S. 24.
48 BWA F145, 1799, S. 10.
49 BWA F2, 13/8 (Werbeinserat, 5.3.1894).
50 BT, Nr. 66, 7.3.1895.
51 AZ, Nr. 66, 7.3.1893, Abl. S. 3.
52 AZ, Nr. 62, 3.3.1893, S. 3.
53 BWA F2, 3820 (Einladung).
54 StAM PDM, 1153/1 (ZA, März 1894).
55 AZ, Nr. 72, 14.3.1894, Abl. S. 3.
56 Tabellen 2, 11, 12 und 13 im Anhang.
57 BWA F145, 1799, S. 10 (Geismann); BWA F2, 13/2, Prod. 2, Prod. 4, S. 21.
58 BK, Nr. 69/70, 10./11.2.1895.
59 Tabelle 13 im Anhang; BWA F2, 13/2, Prod.2.
60 RGB, 1894, Nr. 22, S. 441-448.
61 BWA K1, XI 1: 2. Akt (Entwurf).
62 BWA F145, 2305, 1338.
63 BWA F2, 13/4, Prod. 1. Dieses Wortzeichen wurde dann am 20.4.1896 auch in die Zeichenrolle eingetragen.
64 BWA F145, 1799, S. 12.
65 Ebd., 1273, 2335.
66 Ebd., 1798.
67 Ebd.
68 BWA F2, 13/2, Prod. 9 (VMB an BS, 9.2.1895).
69 BWA K1, XI, 12: 1. Akt (Stellungnahmen einzelner Münchner Brauereien zur Anforderung des Patentamtes vom 5.7.1897 an die Handels- und Gewerbekammer München).
70 StadtAM VMB, 202; BWA F2, 13/2, Prod. 4, S. 26 f.; BayHStA MInn, 46448 (Abschriften der Korrespondenz mit dem VMB als Anl. in der Löschungsanregung vom 15.3.1896).
71 BWA F145, 1335.
72 Ebd. (Urteile, 27.2., 5.5., 18.7.1896).
73 Ebd., 1336 (Urteile, 27.5., 21.6.1896).
74 Ebd., 1798.
75 JU, 1 (1896), Nr. 14, S. 222.
76 BWA K1, XI, 12: 1. Akt. - Löschungsanträge der Salvatorbrauerei mit Nachträgen in BWA F2, 13/3, Prod. 2, 3, 6, 8; Löschungsantrag der Spatenbrauerei in BWA F2, 13/4, Prod 1; Löschungsantrag von Salvator-, Thomas- und Hackerbrauerei (15.3.1896) in BayHStA MInn, 46448.
77 BayHStA MInn, 46448 (LB an MInn, 22.4.1896).
78 Widerspruchsschriftsätze der SB zu den Löschungsanregungen in BWA F2, 13/1; 13/2, Prod. 4.
79 BWA F2, 13/1, Anl. 12-32. Von den 142 benachrichtigten Handelskammern gaben nur 20 keine Stellungnahmen bzw. Antworten der befragten Sachverständigen oder Gutachten ab.
80 BWA F2, 13/3, Prod. 4 (Klageschrift der Salvatorbrauerei, 15.6.1896); BWA F145, 1330 (Urteil des LGM, 7.11.1896).
81 BWA F2, 13/2, Prod. 7 (Patentanwalt an LB, 11.7.1896).
82 Ebd.
83 BWA F145, 1331 (Urteil des LGM, 18.11.1896).
84 BayHStA MInn, 46448 (LB an MInn, 22.4.1896).
85 Ebd. (MInn an MF, 27.4.1896).
86 Nach § 12 und § 14 des Warenzeichenschutzgesetzes von 1894.
87 BWA F145, 1329 (Urteil, 27.2.1897).
88 AZ, Nr. 18, 18.1.1897, Mbl. S. 4.
89 AZ, Nr. 47, 17.2.1898, Abl., S. 4; BWA F2, 13/5, Prod. 1 (Rundschreiben der LB, 1897); Winkler, Bier, S. 31 f.
90 BWA F2, 13/2, Prod. 4, Anl. 10, 17, 18.
91 BWA F2, 13/1, S. 30 und Anl. 7; BWA F145, 2340 (Erklärung in der FZ, 25.2.1897); StAM PDM, 1153/1 (Antrag der SB an PDM auf polizeiliche Entfernung von Salvator-Werbeplakaten der Spatenbrauerei, 3.3.1900).
92 BWA F145, 1799.
93 BWA K1, XI, 12: 1. Akt (Gutachten).
94 BWA F145, 1332 (Vertrag vom 13.12.1899).
95 Ebd., 1271 (Urteil, 11.4.1896), 1282 (Vergleich mit Aktienbrauerei Lübeck, 9.4.1896), 1272 (Urteil, 30.12.1895), 1280 (Vergleich mit Dés. Valentin, 10.10.1896).
96 Ebd., 1274 (Urteil SB gegen Beck, 24.5.1898).
97 Ebd., 1272 (Urteile SB gegen Zieseniss, 30.12.1895, 19.3.1897), 1273 (Urteil SB gegen St. Pauli Brauerei, 2.3.1896), 1274 (Urteile SB gegen Beck, 2.3.1896, 6.7.1897, 24.5.1898).
98 BWA F130, 1693 (Etikettenmuster für Spaten-Salvator mit Hinweisen auf korrekten Einsatz in der Werbung).
99 BWA F145, 1338 (Urteile, 14.2.1905, 11.1.1906).
100 Ebd., 1334 (Vertrag, 9.3.1906).
101 Winkler, Bier, S. 31.
102 Ebd., S. 31 f.
103 BWA F145, 1285 (Urteil, 5.12.1902).
104 Ebd., 1278 (Urteil, 5.10.1903)
105 Ebd., 1285 (Urteil, 5.12.1902).
106 Ebd., 1286 (Urteile, 8.10.1900, 22.1.1901).
107 Ebd., 1799, S. 32.
108 Ebd., 1292 (Urteile, 24.4.1908, 3.11.1908).
109 Ebd., 1295 (Urteil, 18.6.1909).
110 Ebd., 1293 (PR des Vergleichs, 29.5.1908).
111 Ebd., 1297, 1298, 1299.
112 Ebd., 1300 (Vertrag, 11.1.1908).
113 Ebd., 1277.
114 Ebd., 1276 (Vertrag, 5.6.1899).
115 Ebd., 1105 (Vertrag, 30.1.1909).
116 Ebd., 1104, 1109-1113, 1115, 1118, 1121, 1122, 1124.
117 Ebd., 1102, 1107, 1108, 1114, 1119, 1120, 1125, 1127, 1128.

Höhen und Tiefen

1 Dies und das folgende Kapitel nach Winkler, Paulanerbrauerei, S. 134-136.
2 Benninghoven, Brauereiindustrie, S. 268.
3 MNN, Nr. 144, 26.3.1908. - Die Lieferungen von Salvator in die USA waren vor dem Ersten Weltkrieg offenbar nur gering. Dafür spricht auch, dass dieser US-Export 25 Jahre später im Bewusstsein der Brauereileitung gar nicht mehr präsent war. 1937 nämlich wurde dazu berichtet: „Die Paulaner-Thomasbräu Biere einschließlich Salvator [...] waren in Amerika gänzlich unbekannt, da auch vor dem Kriege kein Absatz in diesen Bieren in Amerika war. Es musste also [1933] von vorne angefangen werden." (BWA F145, 1641 = PR der ARS am 10.05.1937).
4 BWA F145, 2230 (Brief, 21.3.1910).
5 Ebd., 2231 (Postkarte, 25.2.1910).
6 Ebd., 4599 (Abdruck einer Postkarte, 5.11.1911).
7 Tabelle 2 im Anhang.
8 Tabellen 12, 13 und 15 im Anhang; Winkler, Bier, S. 441, Tabelle 190.
9 Das Folgende nach Winkler, Paulanerbrauerei, S. 137 f.

10 StadtAM GA WK, 5019 (Beschreibung, 16.5.1899). – Erster Pächter der am 18.5.1899 eröffneten Tagesgaststätte war Josef Sigl (AZ, Nr. 136, 17.5.1899, S. 4 = Inserat). 1901 folgte Georg Braunmiller, 1904 für acht Monate Martin Murr, danach Franz Xaver Mannert, 1911 Josef Maurer, 1918 Anton Moosbichler, 1920 Martin Lampl, 1930 Hans Drienbacher, 1939 Oskar Bauer, 1959 Bruno Huber, 1980 dessen Sohn Helmut Huber, 1990 Peter Pongratz, 2017 Christian Schottenhamel und Florian Lechner (StadtAM GA WK, 5019, 5020, 7105; BWA 145, 3421, 3424).
11 StadtAM GA WK, 5019 (Bericht, 28.10.1899). Der Akt enthält auch Pläne des Salvatorkellers, die anlässlich einer 1907 geplanten, jedoch nicht durchgeführten Erweiterung der bestehenden Gasträume durch eine Überbauung des bislang freien Innenhofes zu einem zentralen Oberlichtsaal mit 8,30 Meter Höhe erstellt wurden (vgl. Walter, Bierpaläste, S. 253).
12 SZ, Nr. 64, 17./18.3.1951.
13 Vgl. dazu auch die entsprechenden Bestimmungen im Pachtvertrag vom 15.4.1939 (BWA F145, 3428).
14 StadtAM GA WK, 5019 (SB an Stadtmagistrat, 26.11.1907; Stadtmagistrat an SB, 14.12.1907).
15 AZ, Nr. 73, 14.3.1899, Mbl., S. 6; BWA F145, 1850, Bl. 21; MAAZ, Nr. 73, 21.3.1932; MAAZ, Nr. 70/71, 11./12.3.1933; Walter, Bierpaläste, S. 252.
16 BWA F145, 1351 (GB für 1898/99).
17 Ebd., 3427 (Artikel „Salvator", S. 4).
18 StadtAM GA KA, 5019 (Konzessionsgesuch, 14.7.1900), 5020 (Brauerei an Stadtmagistrat, 3.3.1901); BWA F145, 3416 (Pläne des Salettl, 1905).
19 MNN, Nr. 131, 19.3.1889.
20 AZ, Nr. 123, 16.3.1904, S. 10.
21 Ebd.
22 MZ, Nr. 71, 25.3.1907.
23 AZ, Nr. 75, 17.3.1902, S. 3.
24 AZ, Nr. 79, 21.3.1902, MBl. S. 6.
25 BWA F145, 1850, Bl. 23; Chronik, S. 4.
26 BWA F145, 1850, Bl. 23.
27 MZ, Nr. 71, 25.3.1907; StAM PDM, 1153/1 (PB, 24.3.1907).
28 StAM PDM, 1153/1 (PB, 21.3.1908).
29 MNN, Nr. 144, 26.3.1908.
30 BWA F145, 1850, Bl. 25.
31 Tabelle 4 im Anhang.
32 Die ab 1911 geführten Gästebücher sind vollständig erhalten und bis 2008 im BWA vorhanden (BWA F145, 2350–2355, 2358–2368, 4556). Nach dem Tod von Joseph Benno Sailer 1933, der bis dahin für die Bücher verantwortlich zeichnete, wurden in den Jahren 1934 bis 1939 offenbar keine Gästebücher mehr geführt. Ab 1951 lebte die Tradition wieder auf.
33 BWA F145, 2350, S. 60.
34 Ebd., S. 23.
35 Ebd., 1850, Bl. 26; StAM PDM, 1153/2 (PB, 14.4.1913); Tabelle 4 im Anhang.
36 StadtAM GA WK, 5020 (1914).
37 AZ, Nr. 151, 3.6.1902, Mbl., S. 6.
38 StAM PDM, 1153/1 (KOM an PDM, 16.3.1907; Vormerkung, 8.3.1909).
39 BWA F145, 1850, Bl. 18–22; 2346 (Text, 1900); 2242 (Text, 1902); MNN, Nr. 119, 14.3.1893 (Text, 1893). Zu Geis: Vogel, Geis; Hofmann, Bockbier, S. 191–194.
40 BWA F145, 4464.
41 Krauss, Frauentürme, S. 291f.
42 AZ, Nr. 73, 14.3.1899, Mbl. S. 6.
43 BWA F145, 1850, Bl. 22, 25.
44 BWA F145, 2295 (Regiebuch und Text der Gesänge). 1922 wurde die Operette in den Münchner Blumensälen wiederaufgeführt, 1925 im Gärtnerplatztheater.
45 StAM PDM, 1153/2 (PDM an SB, 9.3.1915).
46 Schäder, Brauindustrie, S. 270; Winkler, Bier, S. 99.
47 MZ, Nr. 78, 21.3.1921; BWA F145, 1850, Bl. 28; 2345 (Inserat, 1921).
48 StAM PDM, 1153/2 (PS an PDM, 14.10.1921; PDM an PS, 18.12.1921).
49 Ebd. (PDM an PS, 2.1.1922); MNN, Nr. 4, 4.1.1922.
50 Tabelle 4 im Anhang.
51 StAM PDM, 1153/2 (PB, 19.3.1922); MNN, Nr. 117, 18.3.1922.
52 BWA F145, 2350.
53 Ebd., 1352 (GB für 1921/22).
54 Tabelle 6 im Anhang.
55 BWA F145, 1352 (GB für 1923/24); StAM PDM, 1153/2 (Anordnung, 13.3.1924); Tabelle 6 im Anhang.
56 BWA F145, 2330 (Inserat, 22.11.1924).
57 Tabelle 6 im Anhang.
58 Tabelle 4 im Anhang; BK, Nr. 73, 14.3.1925.
59 StAM PDM, 1153/2 (PB, 24.3.1925).
60 BWA F145, 2255 (Salvatorrede, 1932).
61 Ebd, 1850, Bl. 29; MZ, Nr. 81, 23.3.1925; MAAZ, Nr. 78, 20.3.1925; MAAZ, Nr. 81, 23.3.1925.
62 BWA F145, 1850, S. 29.
63 StAM PDM, 1153/2 (PB, 22.3.1926); BWA F145, 1850, Bl. 30.
64 AZA, Nr. 60, 14.3.1927, S. 3; MZ, Nr. 77, 21.3.1927.
65 StadtAM GA WK, 5020 (PDM an PS, 10.3.1925).
66 StAM PDM, 1153/2 (PB, 21.3.1927); Tabelle 4 im Anhang.
67 BWA F145, 3418 (Bericht, um 1948).
68 StAM PDM, 1153/2 (PB, 21.3.1929).
69 Tabellen 4 und 6 im Anhang.
70 BWA F145, 1653 (PR der ARS vom 25.4.1940).
71 MAAZ, Nr. 74, 16.3.1925; AZ, Nr. 99, 16.3.1925, S. 3.
72 MZ, Nr. 73, 15.3.1926; BWA F145, 2241 (Prolog, 1922); 2350, S. 139f. (Prolog 1926).
73 Rösch, NSDAP, S. 293f., Anm. 27. 1940 trat er schließlich der NSDAP bei. Zu seiner Person vgl. Sünwoldt, Weiß Ferdl; Sackett, Entertainment, bes. S. 22ff.
74 BSZ, Nr. 58, 11.3.1927; AZA, Nr. 60, 14.3.1927, S. 3.
75 BWA F145, 2343 (Prolog, 1927).
76 Freundliche Mitteilung des Historischen Archivs des BR, 22.11.2019.

77 BWA F145, 1850, Bl. 31–33.
78 Winkler, Bier, S. 110.
79 Es handelte sich um die Freiherrlich v. Büssing-Orville'sche Schlossbrauerei in Egmating, die Ritter v. Maffei'sche Gutsbrauerei in Staltach und die Gebr. Himmelsbach'sche Schlossbrauerei in Grünbach (BWA F145, 1353 = GB für 1926/27).
80 Tabelle 3 im Anhang.
81 Schäder, Brauindustrie, S. 301–303.
82 Winkler, Bier, S. 373, Tabelle 15c.
83 Handbuch Deutsche 1929, Bd. I, S. 1443f.
84 BWA F145, 1887 (Werbeannonce).
85 Winkler, Bier, S. 373, Tabelle 15c.
86 StadtAM GA WK, 5020 (PST an PDM, 4.1.1933); Tabelle 4 im Anhang.
87 BWA F145, 2352 (Eintrag, 23.3.1930).
88 Ebd., 2353 (Eintrag, 22.3.1931).
89 Tabellen 3 und 4 im Anhang. Der Hektoliterabgabepreis (ohne Biersteuer) für den Salvator lag 1932 bei rund 40 RM (BWA F145, 1350 = Bericht, 1932).
90 Münchner Stadtchronik 1932 und 1933, vgl. https://www.muenchen.de/rathaus/Stadtverwaltung/Direktorium/Stadtarchiv/Chronik [letzter Aufruf 1.7.2019].
91 BWA F145, 2255 (Bericht, 1932); 1350 (Bericht, 1932).
92 MNN, Nr. 74, 16.3.1932.
93 BWA F145, 2354 (Eintrag, 18.3.1933).
94 MZ, Nr. 78, 20.3.1933.
95 BWA F145, 2354.
96 Ebd. (Eintrag, 12.3.1933).
97 Tabelle 4 im Anhang.
98 StadtAM GA WK, 5020 (PST am PDM, 4.1.1933).
99 Ebd. (1934, 1936).
100 MZ, Nr. 83/84, 24./25.3.1934.
101 BWA F145, 1850, Bl. 36.
102 NFV, Nr. 58, 11.3.1934.
103 Tabelle 4 im Anhang.
104 Tabelle 3 im Anhang.
105 BWA F145, 1350 (Absatzstatistiken, 1932–1939).
106 Ebd.
107 BWA F145, 1641 (PR der ARS am 10.05.1937), 1646 (PR der ARS am 20.06.1938).
108 Tabellen 7 und 14 im Anhang.
109 BWA F145, 1350 (Absatzstatistiken, 1932–1939).
110 Ebd., 2354 (Eintrag, 17.3.1933).
111 Ebd, 2353 (Reden, 1930, 1931), 2255 (Rede, 1932), 2263 (Rede, 1933), 2264 (Rede, 1934), 2270 (Rede, 1939).
112 Ebd., 1850, Bl. 34f.; 2255; 2262–2270.
113 Karl Steinacker war von 1922 bis 1927 Bankangestellter, danach von 1928 bis 1939 hauptberuflich Abteilungsleiter bei der Tierpark AG Hellabrunn und ab 1939 bis Anfang Mai 1945 Angestellter beim städtischen Ernährungsamt in München. Der Bewunderer Hitlers war seit 1.5.1933 NSDAP-Mitglied. In der städtischen Dienststelle hielt er nach Aussage von Zeugen „des öfteren nationalsozialistische Reden […], die immer den Führer und seine Taten besonders hervorhoben" (StAM Spruchkammerakten, K1763).
114 BWA F145, 2264 (Rede, 1934).
115 MNN, Nr. 79, 20.3.1935.
116 BWA F145, 2269 (Bericht, 1938).
117 Ebd., 2270 (Rede, 1939).
118 StAM Spruchkammerakten, K735. Seiner eigenen Aussage vor der Spruchkammer zufolge war er aufgrund des steten Drängens der Ortsgruppe in die Partei eingetreten.
119 StAM Spruchkammerakten, K1358 (Walter Pschorr *1895, NSDAP-Beitritt 1937), K1893 (Augustinerbräu Richard Wagner *1864, NSDAP-Beitritt 1934), K1500 (Spatenbräu-Vorstände Heinrich *1879, Ernst *1907 und Hans *1910 Sedlmayr, alle NSDAP-Beitritt 1937 bzw. 1938); K1675 (Spatenbräu-Vorstand Leo Schneller *1894, NSDAP-Beitritt 1938); Löwenbräu-Vorstand Friedrich Mildner jun., NSDAP-Beitritt 1937 (Winkler, Bier, S. 338, Anm. 5). Das NSDAP-Mitglied Erich Nagel (*1883), kaufmännischer Vorstand der Münchner Hackerbräu AG, war dagegen als überzeugter Nazi und Antisemit bekannt; vgl. dazu auch Behringer, Spaten-Brauerei, S. 314, 333, 339, 341–343;
120 MNN, Nr. 79, 20.3.1939; Tabelle 4 im Anhang.
121 Tabelle 5 im Anhang.
122 BWA F145, 1651 (PR der ARS am 20.11.1939); 1653 (PR der ARS am 25.4.1940).
123 Richardi, Bomber, S. 202f., 244–246; BWA F145, 3420 (Vertrag, 1944).

Neubegin am Nockherberg

1 MIH, Nr. 15, 5.8.1950; BWA K1.1, 1339 (Betriebsfragebogen, 12.10.1945).
2 BWA F145, 1440 (JAP für 1945/46, S. 15).
3 Ebd., 1355 (GB für 1948/49).
4 Ebd. (GB für 1946/47–1948/49).
5 Winkler, Bier, S. 184.
6 BWA F145, 1670 (USA-Bezüge Juni 1949 bis Juni 1952), 3448 (Aufstellung US-Export 1948–1951).
7 BWA F145, 1670 (AV, 19.4.1952).
8 Von Oktober 1948 bis September 1953 gingen 1.322 hl „Atomator" in die USA (Winkler, Bier, S. 344, Anm. 11).
9 Ebd., S. 184.
10 Tabelle 3 im Anhang.
11 MIH, Nr. 15, 5.8.1950; BWA F145, 1446, S. 17f. (JAP für 1951/52); 1447, S. 19 (JAP für 1952/53); 1448, Anl. 7 (JAP für 1953/54); 1449, Anl. 7 (JAP für 1954/55); 1450, S. 13 (JAP für 1955/56).
12 Tabellen 3, 8, 9 und 16 im Anhang; Winkler, Bier, S. 369, Tabelle 4. – Im Sudjahr 1963/64 exportierte die Paulanerbrauerei 8.614 hl (1,6 Prozent des Gesamtausstoßes). Davon wurde je ein Drittel nach Österreich und Frankreich, ein Fünftel in die Schweiz ausgeführt. 6 Prozent gingen nach Italien, 5 nach Belgien und 2,3 in die USA (BWA F145, 3419).
13 Tabelle 3 im Anhang; Winkler, Bier, S. 373, Tabelle 15c; BWA F145, 3746 (Auerbräu); 2687 (Hofbräu Coburg, Waitzinger); 3840 (St. Veit).
14 Tabelle 3 im Anhang.
15 Winkler, Bier, S. 246; BWA F145, 1 (Flaschenbieranteil).
16 Winkler, Bier, S. 248.
17 BWA F145, 2253, 2349 (Richtfest); MM, Nr. 66, 7.3.1950; SZ, Nr. 60, 13.3.1950; Rund, S. 5.
18 BWA F145, 2175 (AV, 12.3.1974, 20.12.1977; Genehmigungsbescheid, 23.1.1976).
19 SZ, Nr. 65, 18./19.3.1950; MM, Nr. 72, 13.3.1950.
20 Tabellen 4 und 5 im Anhang.
21 BWA F145, 1355 (GB für 1949/50).
22 Tabellen 4 und 5 im Anhang.
23 BWA F145, 3410 (Grundrissplan, 1956); 1444, S. 27, 32 (JAP für 1949/50); 1445, S. 27 (JAP für 1950/51); 1446, S. 27, 35 (JAP für 1951/52); 1447, S. 31, 38 (JAP für 1952/53); 1448, S. 41 (JAP für 1953/54); 1449, S. 28, 46 (JAP für 1954/55).
24 Tabellen 4 und 5 im Anhang.
25 SZ, Nr. 66, 20./21.3.1954.
26 BWA F145, 3417 (GuV, 1958–1968).
27 SZ, Nr. 77, 30./31.3.1957.
28 AZM, 15.3.1954.
29 AZM, 9.3.1957.
30 SZ, Nr. 56, 8.3.1955.
31 HUG, April 1952, S. 7.

32 WKU, 5.3.1952.
33 BWA F145, 2253 (Prolog).
34 SZ, Nr. 60, 13.3.1950; MM, Nr. 72, 13.3.1950.
35 SZ, Nr. 58, 8.3.1956; SZ, Nr. 65, 16.3.1957; BWA F145, 4628 (Fotoalbum, 1950 - 1959).
36 MM, 9.3.1953.
37 SZ, Nr. 59, 12.3.1951; MM, Nr. 61, 12.3.1951.
38 BWA F145, 1909 (Vorspruch zum Antrunk).
39 MM, Nr. 56, 6.3.1956; MM, Nr. 68, 20.3.1956; SZ, 5.3.1956; AZM, 5.3.1956.
40 BWA F145, 4466 (Drehbuch).
41 Ebd., 4465 (Vertrag, 17.6.1952).
42 Ebd. (Dörfler an PST, 2.2.1957).
43 Ebd. (BR an Dörfler, 11.7.1978; Dörfler an BR, 18.7.1978).
44 Nach dem Besuch des Realgymnasiums in München studierte Scheublein dort Bauwesen an der Technischen Hochschule und schloss das Studium 1930 mit dem Staatsexamen und der Promotion ab. Nach bestandener Staatsprüfung zum Regierungsbaumeister und vorübergehender Tätigkeit im Staatsdienst änderte er im November 1933 abrupt seine berufliche Orientierung. Scheublein wechselte in die Privatwirtschaft zur Kunstmühle Tivoli AG in München. Allem Anschein nach wollte er nach der „Machtergreifung" durch die Nazis die vorgezeichnete Karriere im Staatsdienst nicht weiterverfolgen. 1934 trat Scheublein bei der Löwenbräu AG ein, wo er bis 1936 eine Brauerlehre mit begleitender kaufmännischer Ausbildung absolvierte. Von 1927 bis 1936 gehörte der begeisterte Wintersportler aktiv dem Eishockeyverein SC Riessersee an, in dessen erster Mannschaft er 156 Partien absolvierte. Für das deutsche Nationalteam bestritt er bei der Europameisterschaft 1932 drei Spiele. 1934 wurde Scheublein aufgrund seiner Liaison mit der Tochter des jüdischen Löwenbräu-Direktors Hermann Schülein zeitweise aus dem Sportclub ausgeschlossen und von eingefleischten Nazis als „artvergessener Volksverräter" diffamiert, der „ins Konzentrationslager" gehöre. 1936 verließ Scheublein München. Er ging nach Berlin zur Bank für Brauwirtschaft, wo er zunächst als Direktionsassistent, ab 1937 als Vorstandsmitglied wirkte. 1942 wechselte er in den Vorstand der Berliner Schultheiss Brauerei AG, bevor er 1948 den Vorstandsvorsitz bei Paulaner übernahm (BWA F145, 4425 = Lebenslauf; Winkler, Bier, S. 334, Anm. 80).
45 SZ, 4.3.1950 (Bildbeilage); BWA F145, 1909 (Faltblatt).
46 GUH, 1.3.1951; AZM, 22.2.1951.
47 MM, Nr. 53, 1./2.3.1952; SZ, Nr. 52, 1./2.3.1952.
48 SZ, Nr. 43, 21./22.2.1953.
49 MM, Nr. 69, 21.3.1956.
50 SZ, 20.3.1956.
51 AZM, 21.2.1958.
52 BWA F145, 2175 (AV, 23.3.1973).
53 Ebd., 1951 (Exposé zur Probe, 25.2.1967).
54 Ebd., 1911; MM, Nr. 53, 1./2.3.1952.
55 MM, Nr. 53, 1./2.3.1952.
56 BWA F145, 1916 (Liste).
57 MM, Nr. 44, 20./21.2.1954; GUH, 25.2.1954; AZM, 20.2.1954.
58 BWA F145, 1928 (Prolog).
59 SZ, 10.3.1998 (Nachruf).
60 BWA F145, 1922 (Fischer an Molitor, 16.12.1955).
61 Ebd., 2178 (Programm, 1954 - 1967); 2179 (Programm, 1968 - 1983); 2180 (Programm, 1984 - 2013).
62 AZM, 8.3.1954.
63 BWA F145, 1922 (Text).
64 Über ihn: Roider/Oberberger, Roider Jackl.
65 BWA F145, 1916 (Salvatorprogramm, 1954).
66 BWA F145, 3433 (ZA, 1948 - 1961).
67 AZM, Nr. 55, 8.3.1955.
68 SZ, Nr. 66, 20.3.1950.
69 BWA F2, 9007; 10093.
70 Ebd., 8923.
71 GUH, 8.3.1956.
72 SZ, 1.3.1956; MM, 1.3.1956.
73 SZ, Nr. 63, 14.3.1957; MM, Nr. 63, 14.3.1957; BWA F2, 8926 (Begrüßungsrede).
74 SZ, Nr. 53, 5.3.1951; HUG, April 1952, S. 7 f.
75 MM, 18.3.1957.
76 GUH, Nr. 10, 6.3.1958, S. 5. Zum Turmfalkenfest mit dem Triumphatoranstich vgl. die erhaltenen Pressemitteilungen der Löwenbrauerei aus den Jahren 1961, 1962, 1964, 1965, 1967 - 1969 (BWA F2, 8927, 8924, 7308, 7309, 9007, 7312, 7313).
77 Winkler, Bier, S. 165.
78 BWA F2, 7312 (Pressemitteilung, 1968); MM, Nr. 67, 19./20.3.1955.
79 MM, 30.3.1957.
80 SZ, 3.3.1958; MM, 21.3.1958.
81 BWA F2, 8924 (Pressemeldung, 1962).
82 Ebd., 9004 (Kostenanschläge zur Neufassung des Werbefilmes, 1954/55); SZ, Nr. 54, 4.3.1954.
83 Tabellen 3, 9, 15 und 16 im Anhang.
84 SZ, Nr. 82, 8.4.1954; SZ, Nr. 83, 9.4.1954; MM, Nr. 85, 9.4.1954.
85 BWA F145, 2302 (März 1957); 2301 (4.3.1959); 2300 (1.4.1964).
86 DTP, 20.1.1960.
87 AZM, 14.3.1957; SZ, 14.3.1957; MM, 15.3.1957.
88 AZM, 27.2.1958.
89 AZM, 11.2.1959.
90 BWA F145, 1852 (ZA).
91 SZ, Nr. 48, 25.2.1959.
92 BWA F145, 1852 (Rede).
93 Ebd.
94 AZM, Nr. 51, 28.2./1.3.1959, S. 5.
95 Ebd.
96 DSP, Nr. 12, 18.3.158, S. 42.

97 BWA F145, 1852 (ZA).
98 FR, 3.3.1959.
99 BWA F145, 1852 (ZA).
100 Ebd. (Goppel an PST, 30.12.1959); SZ, Nr. 12, 14.1.1960.
101 SZ, Nr. 62, 12./13.3.1960, S. 9.
102 GUH, 2.3.1961.
103 GUH, 17.3.1960; SZ, Nr. 63, 14.3.1960; SZ, Nr. 13, 15.1.1960.
104 SZ, Nr. 48, 25./26.2.1961.
105 GUH, Nr. 12, 1962, S. 6.
106 Ebd.
107 BWA F145, 1207 (AV, 21.2.1963).
108 MM, 9./10.3.1963.
109 SZ, Nr. 59, 9./10.3.1963, S. 9.
110 SZ, Nr. 51, 28.2.1964; MM, 28.2.1964.
111 GUH, 18.3.1965; SZ, 12.3.1965.
112 1967 befand sich Alfons Goppel in Kur, 1985 Franz Josef Strauß in der Klinik.
113 GUH, 2.3.1967.
114 BWA F145, 2113 (Gästeliste, 1970).

Geisteslandschaft und Marketinginstrument Nockherberg

1 MM, 12.3.1960.
2 GUH, 22.3.1962.
3 SZ, Nr. 51, 23.2.1964.
4 GUH, 18.3.1965.
5 BWA F145, 1948 (Fischer an Vogel und Strauß, 27.2.1966; Fischer an Dehler, 2.3.1966).
6 Ebd. (Fischer an Dehler, 2.3.1966; Conférence-Entwürfe für Dehler, Strauß und Vogel).
7 SZ, 11.3.1966.
8 GUH, 2.3.1961.
9 GUH, 2.3.1967.
10 AZM, 9./10.3.1963.
11 Vierlinger, Politiker, S. 103.
12 GUH, Nr. 11, 13.3.1969, S. 4.
13 Vierlinger, Politiker, S. 91.
14 Ebd., S. 110.
15 Ebd., S. 99.
16 Ebd., S. 97.
17 GUH, 13.3.1969. – Die Salvatorreden Vierlingers von 1970 bis 1979 sind abgedruckt in Vierlinger, Politiker.
18 AZM, 15.3.1973, S. 28; MM, 15.3.1974.
19 BWA F145, 1967 (ZA, GUH, 1972).
20 MM, 19.3.1976; SZ, 19.3.1976.
21 SZ, 11.3.1977, S. 13.
22 BWA F145, 1913 (Textmanuskript).
23 Ebd., 2062 (PST an BR, 13.4.2000).
24 Ebd., 2002 (AV, 11.3.1981); freundliche Mitteilung des BR-Archivs, München, 21.11.2019.
25 BWA F145, 1972 (Hemman an PST, 19.3.1973).
26 Freundliche Mitteilung des BR-Archivs, München, 2.2.2020.
27 BWA F145, 1956 (BR an Schessl, 17.2.1969).
28 Ebd. (Telegramm an Brauereidirektor Schessl, 5.3.1969).
29 tz, 11.3.1977.
30 Freundliche Mitteilung des BR-Archivs, München, 2.2.2020.
31 BWA F145, 2000 (AV, 5.3.1980).
32 Ebd., 2028 (Sendetermine 1988); 2070 (AV Medienresonanz, 5.2.2002).
33 Ebd., 1850, Bl. 27.
34 Tabelle 4 im Anhang.
35 2002 verköstigte die Paulaner Brauerei Gruppe auf dem Oktoberfest über 20.000 Kunden und Geschäftspartner aus dem In- und Ausland. Die Einnahmen aus dem Bierverkauf wurden durch den Marketingaufwand überkompensiert (HB, 1.10.2002). Vgl. dazu auch die ähnlich gelagerten Verhältnisse bei der Münchner Löwenbräu AG. Das Unternehmen verköstigte auf dem Oktoberfest schon in den 1950er Jahren zur Kundenakquise und Markenpflege seine Geschäftspartner pro Saison mit 650 hl „Kundenfreibier“, weshalb sich unter dem Strich alljährlich ein Kostenüberhang von 40.000 bis 50.000 DM ergab (Winkler, Bier, S. 340, Anm. 31).
36 BWA F145, 3417 (GuV, 1958–1968); 2175 (Einnahmen- und Ausgabenaufstellung, 1973/74, 1987/88).
37 Ebd., 1919 (Künstlerhonoraraufstellung, 25.2.1955).
38 Ebd., 2175 (Einnahmen- und Ausgabenaufstellung, 1973/74, 1987/88).
39 Ebd., 3417 (GuV, 1959, 1964); 2175 (Einnahmen- und Ausgabenaufstellung, 1973/74).
40 BJ, Heft 6, 30.3.1974, S. 107.
41 BJ, Heft 9, 16.5.1977, S. 197.
42 MM, 14.2.1978; SZ, 15.2.1978.
43 BSZ, 17.2.1978.
44 BWA F145, 4582 (ZA, 14.2.1978).
45 tz, 16.3.1983, S. 29.
46 BWA F145, 2175 (Bericht, 1.4.1977).
47 SZ, Nr. 63, 28.3.1977.
48 SZ, Nr. 66, 17./18.3.1962, S. 11.
49 SZ, Nr. 63, 28.3.1977.
50 MM, 23.3.1979.
51 BWA F145, 2175 (AV, 3.1.1977).
52 AZM, 20.3.1974.
53 AZM, 21.3.1974; BWA F145, 2175 (Bescheid, 15.2.1977).
54 BWA F145, 1101 (PST an Süddeutsche Importkellerei, 9.3.1984).
55 Tabelle 4 im Anhang.
56 BWA F145, 1101 (Standmieteaufstellungen, 1970–1985).
57 Ebd., 2175 (Kostenaufstellung, 1992).
58 Winkler, Bier, S. 243.
59 BWA F2, 8924 (Pressemitteilung, 1962).
60 Ebd., 7314 (Löwenbräu an Turmfalken, 16.12.1969).
61 Ebd. (Einladung).
62 GUH, 18.3.1971.
63 SZ, 12.3.1971.
64 GUH, 18.3.1971.
65 BWA F2, 7328 (AV, 2.9.1975).
66 SZ, 15.3.1973. Vgl. auch SZ, 2.3.1972; SZ, 14.3.1974; BWA F2, 7326 (Programm 1975).
67 MM, 18.3.1976.

68 SZ, 15.3.1973; GUH, Nr. 12, 23.3.1974, S. 4.
69 BWA F2, 7314 (Kostenaufstellung, 1970); 7323 (Kostenaufstellung, 1974).
70 Ebd., 7328 (Kostenaufstellung, 1975).
71 Ebd., 7323 (Sendebericht, 14.3.1974).
72 BWA F145, 2000 (AV, 10.1.1980).
73 Ebd., 2175 (Kostenaufstellung, 4.10.1974).
74 MM, 28.2.1975.
75 MM, 10.3.1977; SZ, 10.3.1977.
76 SZ, 14.3.1979.
77 MM, 14.3.1979.
78 SZ, 12.3.1981.
79 MSA, 12.3.1981.
80 tz, 12.3.1981, S. 22.
81 MM, Nr. 63, 16.3.1979, S. 17; MM, Nr. 57, 7.3.1980, S. 13. – 1979 trug Schönhuber noch Vierlingers Text vor. 1980 verfasste er die Rede selbst (Text in BWA F145, 2176 = Prost Salvator, 1980). 1980 trat neben Schönhuber auch der Kabarettist Klaus Havenstein (1922–1998) in der Rolle des „russischen Professors Bierowitsch" als Redner auf (SZ, 7.3.1980)
82 SZ, 13.3.1981; MM, 13.3.1981. Neben Lang trat – wie schon im Vorjahr – Klaus Havenstein als Co-Redner auf, diesmal in der Rolle des „braven Soldaten Schwejk".
83 BWA F145, 1983 (AV, 26.5.1981).
84 Ebd. (AV, 11.12.1981).
85 SZ, Nr. 27, 3.2.1982.
86 SZ, Nr. 29, 5.2.1982, S. 15; BWA F2, 7334 (Presseerklärung, 4.2.1982).
87 Winkler, Bier, S. 278 f.
88 BWA F145, 1983 (AV, 10.12.1981).
89 Burger, Politiker, S. 36.
90 Burgers Reden für Walter Sedlmayr sind abgedruckt bei Burger, Salvator-Reden.
91 Burger, Politiker, S. 67 f.
92 Ebd., S. 155.
93 Ebd., S. 57.
94 BWA F145, 2176 (Prost Salvator, 1983, S. 7 f.).
95 Lerchenberg/Görl, Donner, S. 140.
96 Burger, Politiker, S. 155.
97 Lerchenberg/Görl, Donner, S. 141 f.
98 NN, 27.2.1997.
99 SZ, Nr. 49, 28.2.1997, S. 45.
100 SZ, Nr. 39, 11.2.1999, S. L1; MM, Nr. 39, 17.2.1999, S. 3; Burger, Politiker, S. 157–160.
101 AZM, 17.3.2000.
102 MM, 17.3.2000.
103 BWA F145, 2294, 4469 (Pressedokumentation zu Brand und Wiederaufbau).
104 Ebd., 4469 (Prospekt).
105 SZ, 5./6.4.2003. – Ab April 2017 wurde der Wirtshausteil erneut einem Umbau unterzogen. Im März 2018 öffnete die modernisierte und mit einer Hausbrauerei ausgestattete Gastronomie wieder.
106 MM, 1.4.2003.
107 Die Texte von Burgers Reden ab 1982 in BWA F145, 2176 und 2177 (Prost Salvator).
108 Die Texte des Salvatorspiels in BWA F145, 2176 (Prost Salvator, 1982–1994) und 2177 (Prost Salvator, 1995–2010).
109 Lerchenberg/Görl, Donner, S. 89.
110 Ebd., S. 91; BWA F145, 2176 (Prost Salvator, 1987–1989, 1993, 1994).
111 Lerchenberg/Görl, Donner, S. 107 f.
112 BWA F145, 2177 (Prost Salvator 2000, S. 25).
113 MM, 17.3.2000.
114 Lerchenberg/Görl, Donner, S. 78 f.
115 BWA F145, 2078 (ZA, 2004); 2081 (ZA, 2005); 2084 (ZA, 2006). Die Reden von Jonas sind abgedruckt in Jonas, Bis hierher.
116 SZ, Nr. 57, 9.3.2007, S. 41.
117 BWA 145, 2087 (ZA, 2007).
118 Lerchenberg/Görl, Donner, S. 145–154, 168–243; BWA F145, 2090 (ZA, 2008); 2093 (ZA, 2009); 2096 (ZA, 2010).
119 Lerchenberg/Görl, Donner, S. 219
120 Ebd., S. 10–23, 255–286.
121 SZ, Nr. 69, 24.3.2011, S. R2.
122 Kamp, Schörghuber, S. 22–121.
123 Winkler, Bier, S. 282.
124 Kamp, Schörghuber, S. 139–141.
125 Handbuch Deutsche 1986/87, Bd. 1, S. 360; 1987/88, Bd. 1, S. 245; 1988/89, Bd. 1, S. 544.
126 Kamp, Schörghuber, S. 228; https://de.wikipedia.org/wiki/Kulmbacher_Brauerei [letzter Aufruf 24.4.2020].
127 https://www.about-drinks.com/die-brau-holding-international-wird-zur-paulaner-brauerei-gruppe/ [letzter Aufruf 24.4.2020]. https://de.wikipedia.org/wiki/Paulaner_Brauerei_Gruppe [letzter Aufruf 24.4.2020]. https://de.statista.com/statistik/daten/studie/411370/umfrage/bierausstoss-der-brau-holding-international-in-deutschland/ [letzter Aufruf 24.4.2020].
128 BWA F145,1.
129 https://www.paulaner.de [letzter Aufruf 24.4.2020].
130 BWA F145, 4644 (Übersicht monatlicher Absatz, 1976/77). Aufgrund moderner Technik nimmt der Brauvorgang beim Salvator heute nur mehr sechs bis acht Wochen in Anspruch (SZ, 27.2.2012).
131 So Lerchenberg/Görl, Donner, S. 96 f. – Zu den Auseinandersetzungen zwischen Josef Schörghuber und Georg Kronawitter im Zuge der sogenannten Baulandaffäre und die tatsächlichen Auswirkungen des Zwists auf die Salvatorprobe vgl. Burger, Politiker, S. 98–100.
132 BWA F145, 2028 (Sendetermine 1988); 2070 (AV Medienresonanz, 5.2.2002).
133 https://www.quotenmeter.de/n/107882/wer-sah-eigentlich-auf-dem-nockherberg-2019 [letzter Aufruf 7.5.2020].
134 BWA F145, 2080 (AV, 7.3.2005).
135 Ebd., 2070 (AV Medienresonanz, 5.2.2002).
136 Ebd., 2091 (MIFM-Summary).

Tabellen

Tabelle 1: Salvatorabsatz, 1828 – 1870

Jahr	Gesamt Eimer	Gesamt Maß	Gesamt hl	+ - %	Eigen hl	Fremd hl	Preis pro Maß (fl) Ganter	Preis pro Maß (fl) Schank	Erlös fl
1828	151	36	104	–	61	43	6½	7	1.030
1829	152	9	104	±0	54	50	7½	8	1.146
1830	192	36	132	+27	66	66	7½	8	1.452
1831	117	13	80	–39	56	24	7½	8	909
1832	215	31	147	+84	104	43	8½	9	1.886
1833	416	14	285	+94	215	70	8½	9	3.819
1834	479	7	328	+15	237	91	9½	10	4.775
1835	472	33	323	-2	243	80	9½	10	4.761
1836	374	18	256	-21	177	79	9½	10	3.790
1837	453	21	310	+21	185	125	9½	10	4.814
1838	429	11	294	-5	185	109	9½	10	4.127
1839	499	18	342	+16	173	169	9½	10	4.880
1840	709	46	486	+42	251	235	9½	10	6.925
1841	834	13	571	+17	300	271	9½	10	8.082
1842	700	9	479	–16	171	308	9½	10	6.763
1843	820	22	561	+17	246	315	9½	10	7.945
1844	771	55	528	-9	242	286	9½	10	7.510
1845	867	20	593	+12	219	374	9½	10	8.400
1846	680	–	465	-22	168	297	10½	11	7.271
1847	795	–	544	+17	177	367	10½	11	8.485
1848	638	48	437	-20	254	183	8½	9	5.632
1850	905	21	619	+42	205	414	8	9	7.243
1851	930	–	636	+3	184	452	8	9	7.440
1852	1.022	42	700	+10	243	457	9½	10	9.832
1853	1.127	25	771	+10	250	521	8½	9	9.379
1854	1.046	54	716	-7	325	391	10	11	10.469
1855	973	21	666	-7	258	408	9	10	9.247
1856	1.139	37	780	+17	340	440	9	10	10.257
1857	1.204	16	824	+6	322	502	9	10	10.838
1858	1.123	25	769	-7	263	506	9	10	10.111
1859	670	27	459	-40	167	292	9	10	6.034
1860	697	10	477	+4	240	237	9	10	6.275
1861	880	27	602	+26	305	297	11	12	9.685
1862	1.282	41	878	+46	458	420	9	10	11.544
1863	1.700	-	1.163	+32	533	630	9	10	15.500
1864	1.690	-	1.156	±0	505	651	9	10	15.404
1865	2.020	8	1.382	+20	471	911	9	10	18.461
1866	2.153	11	1.473	+7	694	779	9	10	19.610
1867	2.121	30	1.451	-1	712	739	11	12	23.336
1868	2.194	51	1.502	+4	756	746	11	12	24.143
1869	2.094	36	1.433	-5	690	743	11	12	23.040
1870	2.161	28	1.479	+3	717	762	11	12	23.776

Quelle: BWA F 145, 1807; eigene Berechnungen (1 bayerischer Eimer = 0,68418 hl; 1 Eimer = 64 Maß; 1 Maß = 0,01069 hl)
Zu den Maßeinheiten vgl. Sedlmayr, Spatenbrauerei I, S. 64 und Anhang III, S. 332.
Eigen = Brauereiausschank; Fremd = Fremdausschank; Ganter = Abgabepreis an Wiederverkäufer; Schank = Preis für Endverbraucher

Tabelle 2: Gesamtabsatz der Paulanerbrauerei und Anteil (A) des Salvator, 1886/87 – 1913/14

Sudjahr	Gesamt		Salvator			Sudjahr	Gesamt		Salvator		
	hl	+ - %	hl	+ - %	A %		hl	+ - %	hl	+ - %	A %
1886/87	124.513	–	4.005	–	3,2	1900/01	149.653	-3,6	12.846	+4	8,6
1887/88	103.920	-16,5	4.721	+18	4,5	1901/02	139.832	-6,6	13.294	+3	9,5
1888/89	127.895	+23,1	4.507	-5	3,5	1902/03	121.155	-13,4	15.225	+15	12,6
1889/90	125.139	-2,2	4.570	+1	3,7	1903/04	111.551	-7,9	16.221	+7	14,5
1890/91	125.050	±0	4.661	+2	3,7	1904/05	111.653	+0,1	16.875	+4	15,1
1891/92	127.384	+1,9	4.688	+1	3,7	1905/06	129.721	+16,2	18.490	+10	14,2
1892/93	131.214	+3,0	4.773	+2	3,6	1906/07	131.139	+1,1	20.178	+9	15,2
1893/94	124.600	-5,0	5.426	+14	4,4	1907/08	146.787	+11,9	22.491	+11	15,3
1894/95	129.204	+3,7	5.719	+5	4,4	1908/09	157.526	+7,3	26.834	+19	17,0
1895/96	131.294	+1,6	6.117	+8	4,7	1909/10	163.012	+3,5	28.889	+8	17,6
1896/97	133.662	+1,8	8.328	+36	6,2	1910/11	[1]175.000	+7,4	[2]	[2]	[2]
1897/98	134.050	+0,3	8.634	+4	6,4	1911/12	[1]196.000	+12,0	[2]	[2]	[2]
1898/99	135.192	+0,9	9.954	+15	7,4	1912/13	[1]198.000	+1,0	[2]	[2]	[2]
1899/1900	155.243	+14,8	12.325	+23	7,9	1913/14	[1]200.000	+1,0	[2]	[2]	[2]

[1] Geschätzt [2] Nicht ermittelbar
Quelle: BWA F145, 1101, 1349

Tabelle 3: Gesamt- und Exportabsatz, Anteil des Salvator am Gesamtabsatz (A) und am Exportabsatz (AE) sowie Bilanzgewinn und Dividende der Paulanerbrauerei, 1921/22 – 1987/88

Sudjahr	Gesamt		Export		Salvator				Gewinn	Dividende
	hl	±%	hl	A%	hl	±%	A%	AE%	RM/DM[5]	%
1921/22	[1]	[1]	[1]	[1]	14.143	–	[1]	[1]	[4]	[4]
1922/23	[1]	[1]	[1]	[1]	4.621	-67	[1]	[1]	[4]	[4]
1923/24	[1]	[1]	[1]	[1]	3.276	-29	[1]	[1]	[4]	[4]
1924/25	[1]	[1]	[1]	[1]	32.528	+893	[1]	[1]	915	12
1925/26	[1]	[1]	[1]	[1]	26.138	-20	[1]	[1]	1.002	12
1926/27	311.306	[1]	[1]	[1]	27.414	+5	[1]	[1]	1.144	12
[2]1927/28	483.312	+55,2	14.016	2,9	28.559	+4	5,9	36	1.389	12
1928/29	479.325	-0,8	13.900	2,9	28.460	±0	5,9	36	1.594	12
1929/30	457.551	-4,5	14.642	3,2	25.656	+10	5,6	32	1.544	12
1930/31	365.033	-20,2	12.046	3,3	19.269	-25	5,3	37	1.006	8
1931/32	272.101	-25,5	9.251	3,4	13.104	-32	4,8	34	821	8
1932/33	269.417	-1,0	8.621	3,2	14.628	+12	5,4	33	848	8
1933/34	279.398	+3,7	5.867	2,1	14.916	+2	5,3	32	836	8
1934/35	299.176	+7,1	5.385	1,8	16.387	+10	5,5	30	771	8
1935/36	306.462	+2,4	5.823	1,9	18.274	+11	6,0	39	747	8
1936/37	317.288	+3,5	10.471	3,3	19.611	+7	6,2	22	719	8
1937/38	331.014	+4,3	11.254	3,4	20.021	+2	6,0	20	703	8
1938/39	360.965	+9,0	9.746	2,7	23.901	+19	6,6	19	713	8
1939/40	317.857	-11,9	1.273	0,4	–	–	–	–	732	8
1940/41	320.561	+0,9	5.430	1,7	–	–	–	–	678	5
1941/42	305.516	-4,7	5.121	1,7	–	–	–	–	834	5
1942/43	240.340	-21,3	5.286	2,2	–	–	–	–	834	5
1943/44	187.598	-21,9	3.189	1,7	–	–	–	–	834	5
1944/45	108.239	-42,3	–	–	–	–	–	–	218	–
1945/46	114.127	+5,4	–	–	–	–	–	–	245	–
1946/47	124.692	+9,3	–	–	–	–	–	–	-81	–
1947/48	102.635	-17,7	2.360	2,3	–	–	–	–	-617	–
1948/49	153.112	+49,2	17.766	11,6	2.321	–	1,5	–	-262	–
1949/50	183.324	+19,7	10.446	5,7	12.399	+434	6,8	13	26	–

Sudjahr	Gesamt		Export		Salvator				Gewinn	Dividende
	hl	±%	hl	A%	hl	±%	A%	AE%	RM/DM[5]	%
1950/51	212.220	+15,8	8.059	3,8	14.498	+17	6,8	25	44	–
1951/52	251.280	+18,4	12.602	5,0	16.411	+13	6,0	15	327	4
1952/53	255.183	+1,6	13.208	5,2	16.001	-2,5	6,2	21	403	5
1953/54	267.848	+5,0	9.174	3,4	15.865	-1	5,9	26	485	6
1954/55	298.774	+11,5	5.851	2,0	16.708	+5	5,6	37	564	7
1955/56	321.256	+7,5	5.039	1,6	17.554	+5	5,4	35	644	8
1956/57	359.248	+11,8	5.174	1,4	18.429	+5	5,1	33	644	8
1957/58	376.245	+4,7	3.862	1,0	19.266	+5	5,1	35	805	10
1958/59	389.919	+3,6	4.580	1,2	19.282	±0	4,9	25	967	12
1959/60	417.062	+7,0	4.603	1,1	20.885	+8	5,0	21	1.128	14
1960/61	455.576	+9,2	4.900	1,1	20.914	±0	4,6	16	1.128	14
1961/62	512.041	+12,4	6.002	1,2	24.712	+18	4,8	17	1.128	14
1962/63	553.515	+8,1	6.701	1,2	26.175	+6	4,7	14	1.128	14
1963/64	603.869	+9,0	9.394	1,6	26.100	±0	4,3	10	1.208	15
1964/65	655.565	+10,2	11.655	1,8	27.881	+7	4,2	8	1.289	16
1965/66	730.223	+11,4	14.378	2,0	26.843	-4	3,7	[1]	1.289	16
1966/67	791.627	+8,4	18.359	2,3	28.026	+4	3,5	5	1.450	18
1967/68	839.347	+6,0	20.075	2,4	28.702	+2	3,4	5	1.637	20
1968/69	927.270	+10,4	22.297	2,4	29.509	+3	3,2	4	1.628	20
1969/70	968.879	+4,5	25.330	2,6	31.938	+8	3,4	4	1.632	20
1970/71	1.021.620	+5,4	29.807	2,9	31.512	-1	3,1	3	1.645	20
1971/72	1.040.170	+1,8	31.550	3,0	32.123	+2	3,1	2	1.783	20
1972/73	1.097.825	+5,5	33.802	3,1	31.666	-1	2,9	2	1.806	20
1973/74	1.145.388	+4,3	32.098	2,8	30.449	-4	2,7	1	1.995	20
1974/75	1.183.002	+3,3	35.080	3,0	30.931	+2	2,6	1	2.023	20
1975/76	1.268.134	+7,2	38.862	3,1	31.686	+2	2,5	1	2.218	20
1976/77	1.330.943	+4,9	47.203	3,5	31.603	±0	2,4	1	2.214	20
1977/78	1.327.153	-0,3	43.257	3,3	33.241	+5	2,5	2	2.318	20
1978/79	1.344.805	+1,3	43.700	3,2	30.563	-8	2,3	2	2.428	20
1979/80	1.358.874	+1,1	48.151	3,5	31.077	+2	2,3	3	2.429	20
1980/81	1.370.290	+0,8	56.127	4,1	31.168	±0	2,3	[1]	2.427	20
1981/82	1.427.618	+4,2	71.449	5,0	31.012	-0,5	2,2	[1]	[3]	[3]
1982/83	1.478.172	+3,5	85.510	5,8	32.325	+4,2	2,2	[1]	[3]	[3]
1983/84	1.460.111	-1,2	86.579	5,9	33.084	+2,3	2,3	[1]	[3]	[3]
1984/85	1.525.127	+4,5	91.317	6,0	32.573	-1,5	2,1	[1]	[3]	[3]
1985/86	1.540.418	+1,0	90.172	5,9	31.249	-4,1	2,0	[1]	[3]	[3]
1986/87	1.547.753	+0,5	89.047	5,8	31.678	+1,3	2,0	[1]	[3]	[3]
1987/88	1.593.235	+2,9	85.574	5,4	29.578	-6,6	1,9	[1]	[3]	[3]

[1] Nicht ermittelbar [2] Fusion mit der Thomasbrauerei [3] Gewinnabführung an Konzernholding [4] Inflationsbedingt nicht vergleichbar [5] In 1000
Quelle: BWA F145, 1101, 1349, 1352–1356; 1372–1386, 1458, 1461, 1464, 1467, 1469, 1471, 1473, 1475–1477, 1479–1483, 1609, 1688, 4645, 4647

Tabelle 4: Salvatorabsatz der Paulanerbrauerei im Salvatorkeller (ohne Gaststätte „Salvatorkeller"), 1911 – 1914, 1922, 1925 – 1939, 1950 – 1988

Jahr	Menge (hl)		Besucher		Pro Kopf	Literpreis	Eintrittspreis	Dauer
	Gesamt	Pro Tag	Gesamt	Pro Tag	Liter	Mark/DM	Mark/DM	Tage
1911	769	96	47.003	5.875	1,63	0,44	0,35	8
1912	650	81	43.368	5.421	1,50	0,44	0,35	8
1913	1.007	92	72.218	6.565	1,39	0,44	0,35	11
1914	747	93	54.539	6.187	1,37	0,44	0,35	8
1922	613	153	35.420	8.855	1,73	8,00	3,00	4
1925	519	65	33.923	4.240	1,53	1,00	0,20	8
1926	589	74	42.709	5.339	1,38	0,90	0,20	8
1927	705	88	52.820	6.602	1,33	1,00	0,20	8
1928	678	85	53.261	6.658	1,27	1,00	0,20	8
1929	740	74	55.367	5.537	1,34	1,00	0,20	10
1930	505	63	36.166	4.521	1,39	1,00	0,20	8
1931	489	61	35.172	4.396	1,37	1,00	0,20	8
1932	361	36	22.195	2.219	1,63	0,95	0,20	10
1933	431	54	28.751	3.594	1,50	0,90	0,20	8
1934	533	59	33.655	3.739	1,58	0,90	0,20	9
1935	615	68	36.895	4.099	1,66	0,90	0,20	9
1936	582	73	36.748	4.593	1,58	0,90	0,20	8
1937	512	64	31.635	3.954	1,61	0,90	0,20	8
1938	570	63	33.616	3.735	1,62	0,90	0,20	9
1939	450	56	24.736	3.092	1,82	0,90	0,20	8
1950	871	97	65.641	7.293	1,32	1,80	0,20	9
1951	1.023	102	68.840	6.884	1,49	1,80	0,25	10
1952	1.090	91	60.905	5.075	1,79	1,80	0,25	12
1953	1.096	84	64.798	4.984	1,69	1,80	0,25	13
1954	1.458	91	87.538	5.471	1,66	1,80	0,25	16
1955	1.418	87	84.867	5.304	1,67	1,80	0,25	16
1956	1.756	103	109.156	6.421	1,60	1,80	0,25	17
1957	1.835	115	117.631	7.352	1,56	1,80	0,30	16
1958	1.719	90	101.028	5.317	1,70	1,80	0,30	19
1959	1.668	104	92.929	5.808	1,80	1,80	0,30	16
1960	1.716	107	91.114	5.695	1,88	1,80	0,30	16
1961	1.893	118	96.199	6.012	1,97	1,80	0,30	16
1962	2.126	133	106.055	6.628	2,00	1,80	0,30	16
1963	2.059	129	126.735	7.921	1,62	2,00	0,30	16
1964	2.011	118	105.821	6.225	1,90	2,00	0,30	17
1965	2.113	132	120.591	7.537	1,75	2,00	0,30	16
1966	2.073	130	120.948	7.537	1,71	2,00	0,30	16
1967	2.290	135	137.218	8.072	1,66	2,00	0,30	17
1968	2.432	152	148.710	9.294	1,63	2,09	0,30	16
1969	2.179	136	128.104	8.006	1,70	2,09	0,30	16
1970	2.096	123	112.251	6.603	1,87	2,28	0,30	17
1971	2.132	133	122.569	7.660	1,74	2,48	0,30	16
1972	2.336	146	147.647	9.227	1,60	2,48	0,30	16
1973	2.285	142	140.039	8.752	1,63	2,90	0,30	16
1974	2.290	143	135.840	8.490	1,68	3,20	0,30	16
1975	2.036	120	125.340	7.373	1,62	3,50	0,30	17
1976	2.121	125	133.790	7.870	1,59	3,75	0,30	17
1977	2.128	133	132.840	8.302	1,60	3,95	0,30	16
1978	1.785	112	106.710	6.669	1,67	4,25	0,30	16
1979	1.811	113	111.780	6.986	1,62	4,35	0,50	16
1980	1.820	114	101.340	6.334	1,80	4,70	0,50	16
1981	2.080	130	126.880	7.930	1,64	4,90	0,50	16
1982	1.954	122	120.000	7.500	1,63	5,30	0,50	16

Jahr	Menge (hl)		Besucher		Pro Kopf	Literpreis	Eintrittspreis	Dauer
	Gesamt	Pro Tag	Gesamt	Pro Tag	Liter	Mark/DM	Mark/DM	Tage
1983	1.825	114	111.700	6.981	1,63	5,90	0,50	16
1984	1.890	118	121.125	7.570	1,56	5,90	0,50	16
1985	1.860	116	103.395	6.462	1,80	6,20	0,50	16
1986	1.897	112	111.152	6.538	1,70	6,50	0,50	17
1987	2.048	120	118.786	6.987	1,72	6.60	0,50	17
1988	1.779	105	100.859	5.932	1,77	[1]	0,50	17

[1] Nicht ermittelbar
Quelle: BWA F145, 1101

Tabelle 5: Salvatorabsatz in den größten Münchner Gaststätten der Paulanerbrauerei, 1939, 1950 – 1964 (hl)

Jahr	Salvatorkeller	Spöckmeier	Thomaskeller	Domhof	Fraunhofergarten	Zacherlgarten
1939	203	422	180	387	36	24
1950	286	383	[1]	94	[1]	9
1951	307	336	21	71	[1]	8
1952	253	312	70	74	36	7
1953	279	278	49	65	28	7
1954	283	275	59	70	27	6
1955	248	268	36	80	25	6
1956	197	159	45	40	23	6
1957	178	220	44	57	17	4
1958	246	194	54	50	21	6
1959	254	203	56	48	29	8
1960	275	192	45	38	17	2
1961	292	200	44	52	18	14
1962	300	180	38	40	14	13
1963	292	161	31	–	9	8
1964	379	160	33	–	7	8

[1] Nicht ermittelbar Quelle: BWA F145, 1101

Tabelle 6: Salvatorabsatz nach Absatzbereichen, 1921/22 – 1929/30

Sudjahr	Außerbayern		Bayern		München		Export		Davon Übersee		Gesamt
	hl	%	hl	%	hl	%	hl	%	hl	%	hl
1921/22	8.005	57	1.003	7	3.247	23	1.888	13	187	9,9	14.143
1922/23	–	–	–	–	118	3	4.503	97	167	3,7	4.621
1923/24	–	–	–	–	23	1	3.253	99	129	4,0	3.276
1924/25	20.750	64	2.419	7	5.683	18	3.676	11	126	3,4	32.528
1925/26	14.890	57	2.036	8	5.049	19	4.163	16	75	1,8	26.138
1926/27	15.391	56	2.582	9	4.916	18	4.525	17	67	1,4	27.414
1927/28	15.897	56	2.601	9	4.947	17	5.114	18	156	3,0	28.559
1928/29	15.467	54	2.229	8	5.774	20	4.990	18	207	4,1	28.460
1929/30	14.272	56	1.839	7	4.799	19	4.746	18	110	2,3	25.656

Quelle: BWA F145, 1101, 1349

Tabelle 7: Salvatorabsatz nach Absatzbereichen, 1930/31 – 1938/39

Sudjahr	Außerbayern		Bayern		München		Export		Gesamt			
	hl	%	hl	%	hl	%	hl	%	[1]hl	hlFa	hlFl	Fl%
1930/31	10.006	52	1.927	10	2.883	15	4.446	23	19.262	17.312	1.950	10
1931/32	5.812	44	1.515	12	2.624	20	3.122	24	13.073	11.411	1.662	13
1932/33	7.669	52	1.505	10	2.635	18	2.812	20	14.621	12.797	1.824	12
1933/34	8.441	57	1.692	11	2.831	19	1.862	13	14.826	12.848	1.978	13
1934/35	9.599	59	1.884	12	3.108	19	1.612	10	16.203	13.811	2.392	15
1935/36	10.506	58	2.056	11	3.139	18	2.276	13	17.977	15.496	2.481	14
1936/37	11.404	59	2.276	12	3.287	17	2.272	12	19.239	16.431	2.808	15
1937/38	12.094	61	2.183	11	3.360	17	2.268	11	19.905	16.815	3.090	16
1938/39	15.388	65	2.643	11	3.724	16	1.895	8	23.650	20.103	3.547	15

[1] Abweichend von Tabelle 3 Fa=Fass Fl=Flasche
Quelle: BWA F145, 1101, 1349

Tabelle 8: Salvatorabsatz nach Absatzbereichen, 1949/50 – 1955/56

Sudjahr	Außerbayern		Bayern		München		Export		Gesamt			
	hl	%	hl	%	hl	%	hl	%	hl	hlFa	hlFl	Fl%
1949/50	2.527	21	3.025	26	4.791	41	1.400	12	[2]11.743	6.852	4.891	42
1950/51	4.163	29	3.140	21	5.302	37	1.993	14	14.498	8.408	6.090	42
1951/52	5.025	33	3.285	22	4.839	32	1.919	13	[2]15.058	9.159	5.899	39
1952/53	[1]	[1]	[1]	[1]	4.287	27	2.806	18	16.001	10.102	5.899	37
1953/54	3.528	22	5.195	33	4.787	30	2.355	15	15.865	9.813	6.052	38
1954/55	4.332	26	4.888	29	5.310	32	2.178	13	16.708	9.833	6.875	41
1955/56	4.317	24	5.388	31	6.105	35	1.744	10	17.554	10.001	7.553	43

[1] Nicht ermittelbar [2] Abweichend von Tabelle 3
Quelle: BWA F145, 1101, 1349 Fa=Fass Fl=Flasche

Tabelle 9: Salvatorabsatz nach Absatzbereichen, 1956/57 – 1979/80

Sudjahr	Außerbayern		Bayern		München		Export		Gesamt			
	hl	%	hl	%	hl	%	hl	%	hl	hlFa	hlFl	Fl%
1956/57	5.284	29	5.559	30	5.854	32	1.724	9	18.429	10.642	7.787	42
1957/58	6.407	33	5.239	27	6.282	33	1.339	7	19.266	10.420	8.846	46
1958/59	6.820	35	5.379	28	5.955	31	1.128	6	19.282	10.269	9.013	47
1959/60	7.953	37	5.704	27	6.246	29	982	5	20.885	10.860	10.025	48
1960/61	7.858	38	5.604	27	6.679	31	773	4	20.914	10.706	10.208	49
1961/62	8.238	33	6.890	28	8.557	35	1.027	4	24.712	11.925	12.787	52
1962/63	8.918	34	7.531	29	8.806	34	920	3	26.175	11.918	14.257	55
1963/64	8.689	33	7.914	30	8.573	33	924	4	26.100	11.750	14.350	57
1964/65	9.322	33	8.831	32	8.771	32	957	4	27.881	12.293	15.588	56
1966/67	8.612	31	9.945	35	8.607	31	862	3	28.026	11.744	16.282	58
1967/68	8.312	29	10.525	37	8.942	31	923	3	28.702	11.918	16.784	58
1968/69	8.625	29	11.399	39	8.613	29	872	3	29.509	11.495	18.014	61
1969/70	8.521	26	13.273	42	9.145	29	999	3	31.938	11.110	20.828	65
1970/71	8.817	28	13.086	42	8.664	27	945	3	31.512	10.926	20.586	65
1971/72	8.784	28	13.603	42	9.131	28	605	2	32.123	10.835	21.288	66
1972/73	8.119	25	13.921	44	9.123	29	583	2	31.666	10.237	21.429	68
1973/74	7.106	23	13.627	45	9.335	31	381	1	30.449	9.264	21.185	70
1974/75	7.274	24	14.760	48	8.411	27	456	1	30.931	9.004	21.927	71
1975/76	6.858	22	15.512	49	8.902	28	414	1	31.686	8.613	23.073	73
1976/77	6.818	22	15.256	48	8.885	28	644	2	31.603	8.523	23.080	73
1977/78	6.457	19	17.177	52	8.772	26	835	3	33.241	8.213	25.028	75
1978/79	6.060	21	15.388	50	8.076	26	1.039	3	30.563	7.890	22.673	74
1979/80	5.921	20	15.712	51	8.015	26	1.429	3	31.077	7.598	23.479	76

Fa=Fass Fl=Flasche
Quelle: F145, 1101, 1678

Tabelle 10: Salvatorexport nach Ländern, 1950/51 – 1964/65 (hl)

Sudjahr	Belgien	Frankreich	Italien	Österreich	Schweiz	USA	Schiff	Diverse	[2]Gesamt
1950/51	24	72	–	–	633	316	13	–	1.058
1951/52	828	247	–	–	754	391	29	–	2.149
1952/53	1.473	211	22	–	726	342	32	–	2.806
1953/54	900	154	2	–	643	333	24	–	2.355
1954/55	888	152	–	179	617	306	36	–	2.178
1955/56	586	148	–	333	521	120	36	–	1.744
1956/57	457	145	5	320	545	166	54	–	[1]1.732
1957/58	316	103	–	216	502	114	36	–	[1]1.326
1958/59	142	124	–	194	467	124	28	29	[1]1.099
1959/60	–	77	–	142	300	62	27	56	[1]724
1960/61	43	58	–	154	392	97	33	–	773
1961/62	386	43	–	148	352	62	27	9	1.027
1962/63	439	21	–	98	295	52	24	–	920
1963/64	280	37	–	81	337	27	40	72	924
1964/65	247	29	–	103	319	–	36	223	957

[1] Mit Saarland [2] Abweichungen gegenüber Tabelle 3
Quelle: F145, 1101

Tabelle 11: Salvatorabsatz der Münchner Salvatorbrauerei nach Absatzbereichen, 1888 – 1897 (hl)

Jahr	München		Außerhalb Münchens	Gesamt	Jahr	München		Außerhalb Münchens	Gesamt
	Eigen	Fremd				Eigen	Fremd		
1888	122	337	109	568	1893	135	383	496	914
1889	264	478	194	936	1894	214	432	425	1.071
1890	254	401	215	870	1895	133	405	327	865
1891	141	480	369	990	1896	314	680	323	1.317
1892	170	392	420	982	1897	155	259	173	587

Quelle: BWA F2, 13/2, Prod. 9

Tabelle 12: Salvatorabsatz der Münchner Spatenbrauerei (ab 1907 Doppelspaten) nach Absatzbereichen und Anteil am Gesamtabsatz (A), 1892 – 1914

Jahr	München	Außerhalb	Gesamt		Jahr	München	Außerhalb	Gesamt	
	hl	hl	hl	A%		hl	hl	hl	A%
1892	330	149	479	0,1	1904	825	2.560	3.385	0,8
1893	530	496	1.026	0,2	1905	641	2.630	3.271	0,8
1894	558	483	1.041	0,2	1906	663	2.990	3.653	0,9
1895	506	465	971	0,2	1907	1.102	1.921	3.023	0,7
1896	302	471	773	0,1	1908	931	2.078	3.009	0,7
1897	518	653	1.171	0,2	1909	940	2.050	2.990	0,7
1898	540	799	1.339	0,3	1910	1.155	1.772	2.927	0,7
1899	387	1.122	1.509	0,3	1911	777	1.902	2.679	0,6
1900	484	1.135	1.619	0,3	1912	772	1.662	2.434	0,6
1901	481	1.603	2.084	0,5	1913	850	1.793	2.643	0,6
1902	736	1.801	2.537	0,6	1914	788	1.721	2.509	0,6
1903	658	1.985	2.643	0,6					

Quelle: BWA F130, 1447

Tabelle 13: Salvatorabsatz der Löwenbrauerei nach Absatzbereichen (ohne Flaschenbier und Verbrauch im Löwenbräukeller), 1893 – 1896

Jahr	Außerhalb		München	Gesamt	Jahr	Außerhalb		München	Gesamt
	hl	Abnehmer	hl	hl		hl	Abnehmer	hl	hl
1893	304	99	328	632	1895	928	148	742	1.670
1894	737	148	872	1.609	1896	983	123	879	1.862

Quelle: BWA F2, 13/2, Prod. 2.

Tabelle 14: Absatz der Löwenbrauerei an St. Bennobier nach Absatzbereichen und Anteil am Gesamtabsatz (A), 1925/26 – 1938/39

Jahr	Gesamt			München		Bayern		Außerbayern		Ausland	
	hl	A%	±%	hl	%	hl	%	hl	%	hl	%
1925/26	10.752	1,2	–	3.413	32	831	8	5.738	53	770	7
1926/27	9.561	1,1	-11,1	2.857	30	747	8	5.248	55	709	7
1927/28	9.486	1,0	-0,8	2.509	26	728	8	5.480	58	769	8
1928/29	9.673	1,0	+2,0	2.778	29	761	8	5.583	58	551	5
1929/30	8.113	0,9	-16,1	1.998	25	621	8	4.791	59	703	8
1930/31	4.898	0,7	-39,6	1.619	33	401	8	2.287	47	591	12
1931/32	2.696	0,4	-45,0	947	35	253	9	1.245	46	251	10
1932/33	2.981	0,5	+10,6	1.010	34	275	9	1.606	54	90	3
1933/34	2.864	0,5	-3,9	870	30	298	10	1.614	56	82	4
1934/35	3.256	0,5	+13,7	1.005	31	311	10	1.699	52	241	7
1935/36	3.767	0,6	+15,7	842	22	264	7	1.561	41	1.100	30
1936/37	5.014	0,8	+33,1	[1]	[1]	[1]	[1]	[1]	[1]	[1]	[1]
1937/38	4.604	0,7	-8,2	971	21	235	5	1.934	42	1.464	32
1938/39	5.014	0,7	+8,9	1.583	32	417	8	2.214	44	800	16

[1] Nicht ermittelbar
Quelle: BWA F2, 1310, 9389

Tabelle 15: Absatz der Löwenbrauerei an St. Bennobier bzw. Triumphator und Anteil am Gesamtabsatz (A), 1911/12, 1912/13, 1920/21 – 1924/25, 1957/58 – 1965/66

Jahr	hl	A%	Jahr	hl	A%	Jahr	hl	A%	Jahr	hl	A%
[1]1911/12	6.809	0.8	1922/23	5.195	0,5	1958/59	14.202	1,9	1962/63	20.097	2,2
[1]1912/13	7.419	0,9	1923/24	1.627	0,2	1959/60	14.422	1,9	1963/64	28.296	2,9
1920/21	706	0,1	1924/25	15.152	1,7	1960/61	15.466	1,9	1964/65	27.882	2,8
1921/22	[2]24.127	2,7	1957/58	10.215	1,5	1961/62	17.908	2,1	1965/66	26.839	2,5

[1] Geschätzt [2] Einschließlich der fusionierten Münchner Betriebe Unionsbrauerei und Bürgerbräu
Quelle: BWA F2, 1310, 9389; Winkler, Bier, S. 369, Tabelle 7 (eigene Berechnungen)

Tabelle 16: Absatz der Löwenbrauerei an Triumphator, Anteil am Gesamtabsatz (A) sowie Export und Anteil des Exports am Salvatorabsatz, 1971/72 – 1982/83, 1990/91

Jahr	Gesamt		Export		Jahr	Gesamt		Export	
	hl	A%	hl	%		hl	A%	hl	%
1971/72	31.409	2,2	[1]	[1]	1978/79	12.988	1,1	1.335	10
1972/73	30.041	2,1	17.337	58	1979/80	12.487	1,0	1.472	12
1973/74	32.630	2,4	19.921	61	1980/81	12.819	1,0	1.691	13
1974/75	21.743	1,8	9.888	45	1981/82	13.596	1,0	1.912	14
1975/76	16.058	1,3	2.951	18	1982/83	12.766	0,9	1.745	14
1976/77	16.332	1,3	2.037	12	1990/91	7.225	0,5	425	6
1977/78	16.026	1,4	1.634	10					

[1] Nicht ermittelbar
Quelle: BWA F130, 49, 52; Winkler, Bier, S. 419, Tabellen 137, 139

Tabelle 17: Verleihung des Salvator-Dukaten, 1954 – 2014

Jahr	Person	Jahr	Person
1954	Thomas Wimmer, Oberbürgermeister	1980	Franz Josef Strauß, Ministerpräsident
1954	Amalie Braun, Radiverkäuferin im Salvatorkeller	1981	Reinhold Vöth, Rundfunkintendant
1955	Hans Schirmer, Kapellmeister	1982	Olf Fischer, Regisseur
1955	Max Pfahler, Kapellmeister	1983	Josef Schörghuber
1961	Thomas Wimmer, Oberbürgermeister a.D.	1984	Walter Fitz, Schauspieler
1962	Alois Hundhammer, Staatsminister	1985	Max Streibl, Staatsminister
1963	Hans-Jochen Vogel, Oberbürgermeister	1986	Karl Wanninger, Chefredakteur tz
1964	Rudolf Eberhard, Staatsminister	1987	Alfred Dick, Staatsminister
1966	Jakob Roider	1988	Helmut Rothemund, Landtagsvizepräsident
1967	Heinrich Roeckl, Aufsichtsrat Paulaner	1989	Walter Fitz, Schauspieler
1968	Otto Schedl, Staatsminister	1990	Anita Obergrieser, Bedienung Salvatorkeller
1968	Rudolf Hanauer, Landtagspräsident	1992	Hannes Burger, Journalist
1969	Alois Hundhammer, Staatsminister	1994	Max Grießer, Schauspieler
1969	Wilhelm Hoegner, Ministerpräsident a.D.	1994	Gerd Fitz, Schauspieler
1970	Konrad Pöhner, Staatsminister	1995	Giuseppe Fiorini Morosini, Paulanermönch
1971	Alfons Goppel, Ministerpräsident	1995	Francesco Marinelli, Paulanermönch
1972	Hans-Jochen Vogel, Oberbürgermeister	1996	Hellmuth Kirchammer, Regisseur
1972	Hans Steinkohl, Zweiter Bürgermeister	1997	Richard Süßmeier, Gastronom
1972	Albert Bayerle, Dritter Bürgermeister	1999	Franz Messner, Schauspieler
1973	Hans Eisenmann, Staatsminister	2000	Helmut Huber, Betriebsrat Paulaner
1974	Siegfried (Sigi) Sommer, Schriftsteller	2001	Veronika von Quast, Schauspielerin
1975	Hans Dürrmeier, Süddeutscher Verlag	2001	Fritz Graas, Schauspieler
1976	Emil Vierlinger	2002	Günther Hölzl, Oberbranddirektor
1977	Georg Kronawitter, Oberbürgermeister	2004	Peter Hellich, Vorstand Paulaner
1978	Alfons Goppel, Ministerpräsident	2007	Michael Lerchenberg, Schauspieler
1979	Michl Lang, Schauspieler	2014	Christian Ude, Oberbürgermeister

Für 1956 – 1960 sowie 1965 liegen keine Nachweise vor. In den Jahren 1991, 1993, 1998, 2003, 2005, 2006, 2008 – 2013 wurde keine Auszeichnung verliehen.
Quelle: BWA F145, 2041

Sudhaus in der Ohlmüllerstraße, 1958 (4593)

Paulaner-Impressionen

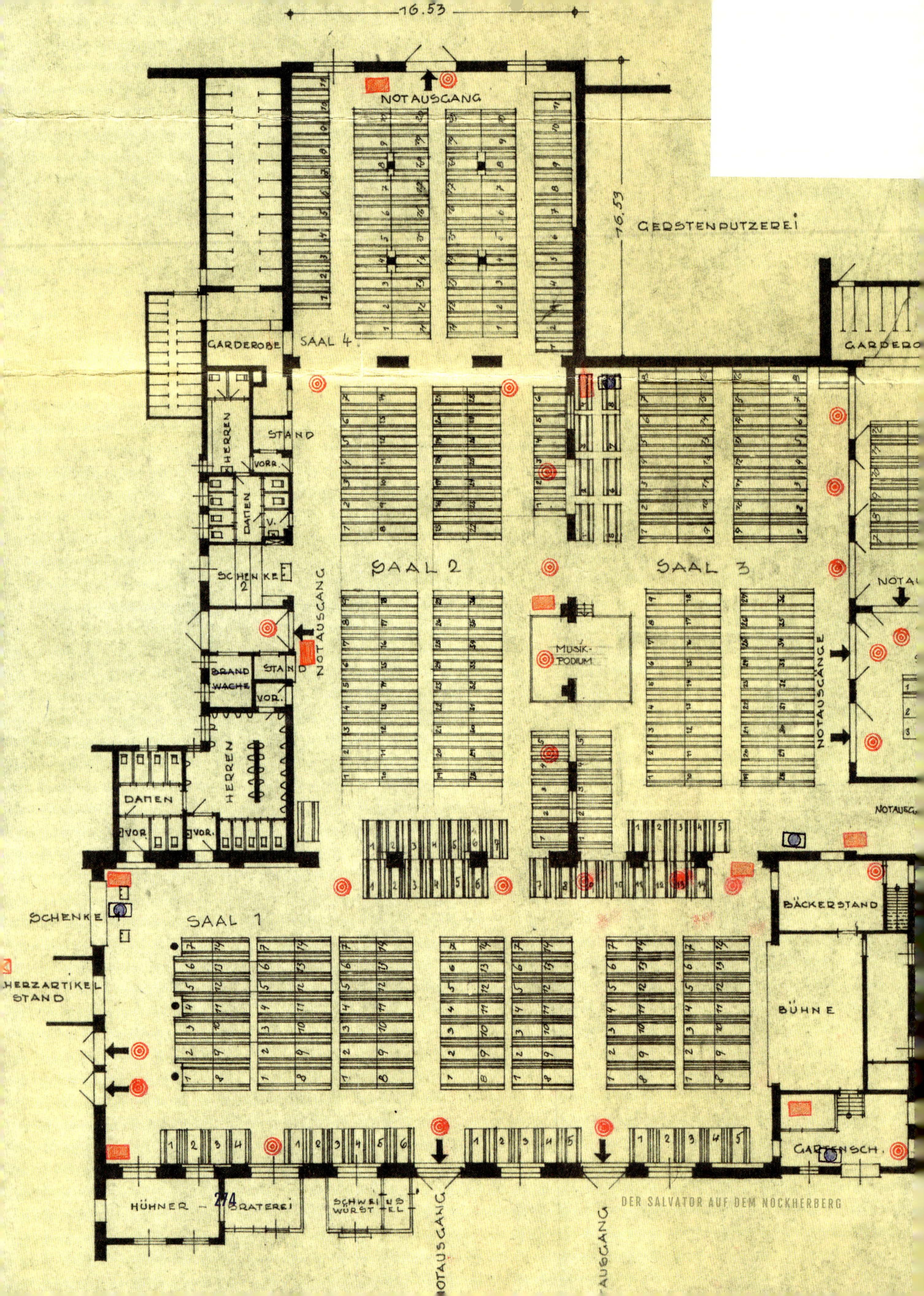

DER SALVATOR AUF DEM NOCKHERBERG

Bestuhlungsplan des
Salvatorkellers für
Saal 1 bis 6, 1970 (3407)

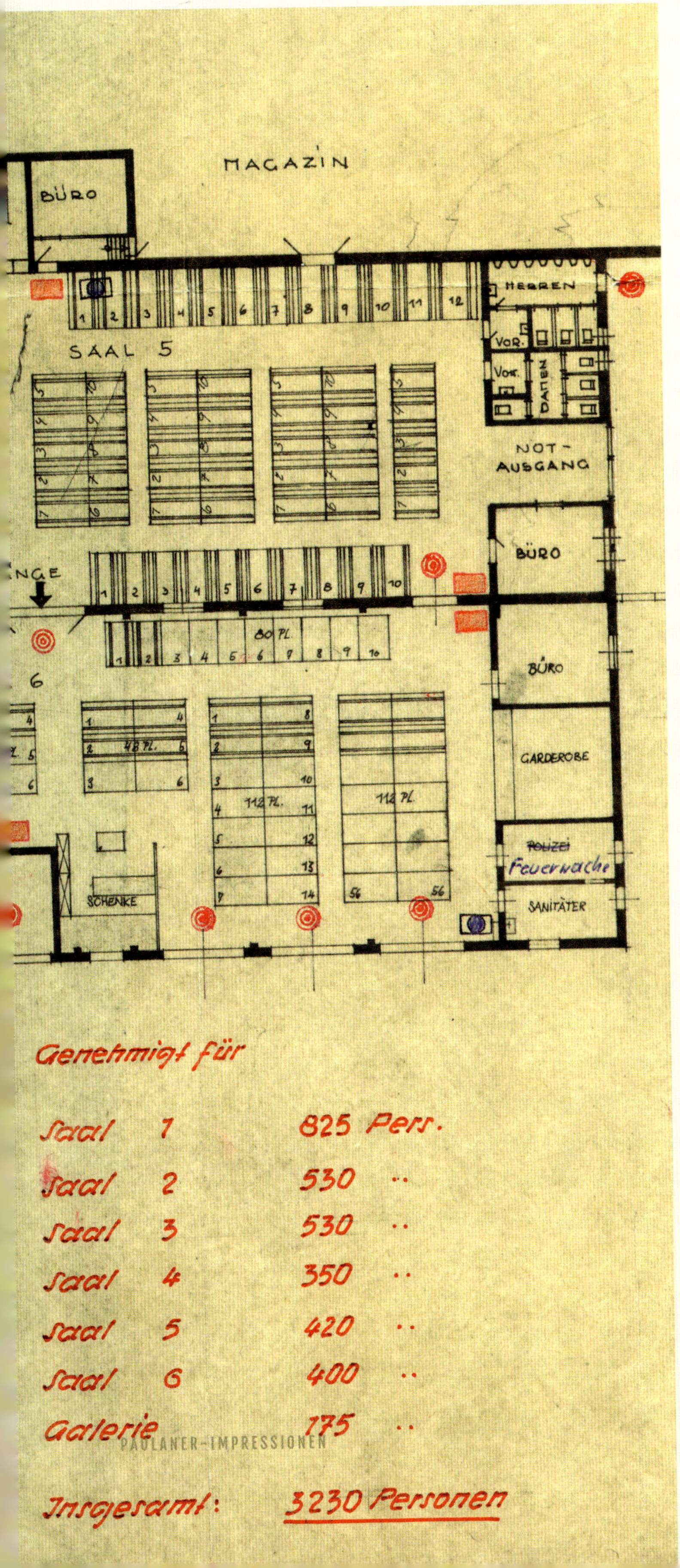

Betriebsgelände zwischen Hoch- und Regerstraße, 1955 (4607) – Im Mittelpunkt der Salvatorkeller mit dem großen Biergarten. Links oben der Gebäudekomplex der bis 2009 bestehenden Justizvollzugsanstalt Neudeck. Entlang des Auer Mühlbachs sind noch deutlich Teile des ehemaligen Konventbaues des 1799 säkularisierten Paulanerklosters erkennbar, die bis zur Schließung der JVA als Gefängnis genutzt wurden.

Thomasbräu
Paulaner-Thomasbräu
Flaschenbiere
Paulaner-Thomasbräu
Flaschenbiere
aner-Thomasbräu

Fuhrpark auf dem Brauereigelände an der Hochstraße, um 1930 (4559)

Thomasbrauerei, um 1900
(2332; Kunstanstalt
Wilhelm Fiek, Augsburg)

Lith. Kunst-Anst. WILH. FIEK, AUGSBURG
m Thomasbräu, München.

SALVATOR-KELLER
A.G. PAULANERBRÄU
SALVATORBRAUEREI

Brauerei an der Ohlmüllerstraße (im Hintergrund der Salvatorkeller), um 1910 (4721)

PAULANER-THOMAS-BRÄU
Münchener
Paulaner
bräu
Dunkel
Exportbier
THOMASBR
Hell-Urtyp
Export
BRAUEREI-ABZUG
MÜNCHEN

Neues Füllereigebäude auf dem Brauereiareal Hochstraße, 1964 (4591)

Rechts: Brauereiareal an der Ohlmüllerstraße, 1958 (4635)

Linke Seite: Werbeplakat, um 1930 (4720)

Flaschenfüllerei auf dem Brauereiareal Hochstraße, 1960 (4592)

Flaschenspülerei in der Thomasbrauerei, um 1900 (4603)

Archivalische Quellen

Archive des Bayerischen Rundfunks
Salvatorprobe (Sendedokumentation im Medienbroker)

Bayerisches Hauptstaatsarchiv (BayHStA)

Kurbayern Obere Landesregierung
6303 (vorl.)

Landshuter Abgabe 1979
626

Paulanerkloster Au Archivalien
35, 38, 39, 40, 51, 52, 53, 54, 55, 56, 94, 95

Ministerium des Inneren (MInn)
46448

Ministerium der Finanzen (MF)
20870, 20878

Staatsverwaltung
498, 500

Bayerisches Wirtschaftsarchiv (BWA)

Löwenbräu München (F2)
13/1, 13/2, 13/3, 13/4, 13/5, 13/8, 1310, 3820, 7308, 7309, 7312, 7313, 7314, 7315, 7323, 7326, 7328, 7329, 7452, 7509, 8923, 8924, 8926, 8927, 8932, 8933, 8935, 9004, 9007, 9389, 10093

Spatenbräu München (F130)
49, 52, 1447, 1693

Paulanerbräu München (F145)
1, 1093, 1101, 1102, 1104, 1105, 1107, 1108, 1109, 1110, 1111, 1112, 1113, 1114, 1115, 1118, 1119, 1120, 1121, 1122, 1124, 1125, 1127, 1128, 1207, 1270, 1271, 1272, 1273, 1274, 1276, 1277, 1278, 1280, 1282, 1285, 1286, 1292, 1293, 1295, 1297, 1300, 1329, 1330, 1331, 1332, 1334, 1335, 1336, 1338, 1339, 1349, 1350, 1351, 1352, 1353, 1354, 1355, 1356, 1372, 1373, 1374, 1374, 1376, 1377, 1378, 1379, 1380, 1381, 1382, 1383, 1384, 1385, 1386, 1440, 1444, 1445, 1446, 1447, 1448, 1449, 1450, 1458, 1461, 1464, 1467, 1469, 1471, 1473, 1475, 1476, 1477, 1479, 1480, 1481, 1482, 1483, 1609, 1641, 1646, 1651, 1653, 1670, 1678, 1688, 1794, 1798, 1799, 1803, 1804, 1807, 1840, 1842, 1850, 1852, 1863, 1865, 1867, 1875, 1887, 1892, 1893, 1896, 1906, 1909, 1910, 1911, 1913, 1915, 1916, 1918, 1919, 1921, 1922, 1924, 1928, 1930, 1933, 1938, 1943, 1945, 1946, 1947, 1948, 1950, 1951, 1955, 1956, 1959, 1961, 1967, 1969, 1972, 1983, 1997, 2000, 2002, 2004, 2005, 2025, 2028, 2029, 2032, 2040, 2041, 2043, 2051, 2057, 2062, 2066, 2070, 2078, 2080, 2081, 2084, 2085, 2086, 2087, 2090, 2091, 2093, 2096, 2113, 2175, 2176, 2177, 2178, 2179, 2180, 2220, 2221, 2223, 2224, 2225, 2226, 2227, 2228, 2229, 2230, 2231, 2234, 2235, 2241, 2242, 2249, 2250, 2251, 2253, 2254, 2255, 2256, 2257, 2258, 2259, 2260, 2262, 2263, 2264, 2265, 2266, 2267, 2268, 2269, 2270, 2272, 2274, 2275, 2277, 2281, 2286, 2294, 2295, 2300, 2301, 2302, 2305, 2312, 2321, 2324, 2325, 2330, 2331, 2332, 2335, 2338, 2339, 2340, 2343, 2344, 2345, 2346, 2347, 2349, 2350, 2351, 2352, 2353, 2354, 2355, 2358, 2359, 2360, 2361, 2362, 2363, 2364, 2365, 2366, 2367, 2368, 2370, 2517, 2687, 3407, 3410, 3416, 3417, 3418, 3419, 3420, 3421, 3424, 3428, 3433, 3436, 3448, 3746, 3840, 4425, 4464, 4465, 4466, 4469, 4520, 4525, 4538, 4541, 4550, 4553, 4554, 4555, 4556, 4559, 4567, 4568, 4569, 4570, 4571, 4572, 4573, 4574, 4577, 4578, 4579, 4580, 4582, 4591, 4592, 4593, 4595, 4596, 4598, 4599, 4600, 4601, 4602, 4603, 4607, 4615, 4618, 4622, 4623, 4626, 4628, 4632, 4635, 4636, 4637, 4638, 4639, 4640, 4642, 4643, 4644, 4645, 4647, 4653, 4654, 4670, 4701, 4712, 4713, 4714, 4715, 4716, 4717, 4718, 4719, 4720, 4721

IHK für München und Oberbayern (K1)
XI, 1: 1. Akt; XI, 1: 2. Akt; XI, 12: 1. Akt;
K1.1, 1339

Sammlung Werbemarken (S7)
776, 779, 1995, 2017

Sammlung Bildpostkarten (S8)
479, 480, 481, 516, 842

Sammlung Einzeldokumente Unternehmen in Bayern (S12)
2243

Sammlung Grafiken (S22)
171, 172

Münchner Börsenverein (V5)
273

Staatsarchiv München (StAM)

Kurbayern, Hofkammer, Ämterrechnungen
5045

Polizeidirektion München (PDM)
995, 996/1, 996/2, 996/3, 996/4, 996/5, 996/6, 996/7, 996/8, 996/9, 996/10, 1153/1, 1153/2, 1157/1, 1157/2

Spruchkammer
K735, K1358, K1500, K1675, K1763, K1893

Stadtarchiv München (StadtAM)

Au
391

Gewerbeamt (GA)
1262, 1314

Gewerbeamt, Wirtschaftskonzessionen (GA WK)
5019, 5020, 7105

Polizeidirektion (PD)
368

Ratsprotokolle (RP)
249

Steueramt (SA)
1679

Fotosammlung (FS)
HB-XX-N-52, NL-KV-1635

Zeitungsausschnitte (ZA)
1624

Verein Münchner Brauereien (VMB)
202

Historischer Verein von Oberbayern, Bildersammlung (HV BS)
B-05-25, B-05-26, B-05-27, B-17-60, C-03-29, C-03-30

Zeitungen

Ein Teil der verwendeten Zeitungsartikel des 19. Jahrhunderts konnte auf digiPress, dem Zeitungsportal der Bayerischen Staatsbibliothek (https://digipress.digitale-sammlungen.de) recherchiert werden. Weitere herangezogene Artikel sind in größerem Umfang in der überlieferten Pressedokumentation zum Salvatorausschank enthalten (BWA F145, 4636–4640, 4642, 4643, 4653, 4654).

AAB	Augsburger Anzeigenblatt
AAZ	Augsburger Abendzeitung
AHZ	Allgemeine Hopfen-Zeitung
AIJK	Amts- und Intelligenzblatt für den Jaxt-Kreis
ANN	Augsburger Neueste Nachrichten
AP	Augsburger Postzeitung
AT	Augsburger Tagblatt
AZ	Allgemeine Zeitung
AZA	AZ am Abend (München)
AZB	Allgemeine Zeitung von und für Bayern
AZM	Abendzeitung (München)
BB	Bockblatt
BJ	Brauerei Journal
BK	Bayerischer Kurier
BNZ	Bayerische National-Zeitung
BSZ	Bayerische Staatszeitung
BT	Bayreuther Tagblatt
BZ	Bayerische Zeitung
CBIB	Churbaierisches Intelligenzblatt
DBE	Der Bayerische Eilbote
DBFA	Das Buch für alle. Illustrirte Blätter zur Unterhaltung und Belehrung für die Familie und Jedermann
DBL	Der Bayerische Landbote
DBLB	Die Bayerische Landbötin
DBV	Der Bayerische Volksfreund
DEB	Der Eilbote (Landau/Pfalz)
DDM	Der deutsche Michl
DE	Der Erzähler. Ein Unterhaltungsblatt für Jedermann
DH	Das Handelsmuseum. Wirtschaftspolitische Zeitschrift
DIW	Die Illustrirte Welt. Blätter aus Natur und Leben, Wissenschaft und Kunst. Zur Unterhaltung und Belehrung für die Familie, für alle und jeden
DS	Der Sammler. Beilage zur Augsburger Abendzeitung
DSG	Der Schatzgräber. Beiblatt zur Isarzeitung
DSP	Der Spiegel
DT	Der Techniker (Wien)
DTA	Dillinger Tag- und Anzeigeblatt
DTP	Deutsche Tagespost
DV	Die Volksbötin
DVF	Der Volksfreund
DW	Der Wanderer im Gebiete der Kunst und Wissenschaft, Industrie und Gewerbe, Theater und Geselligkeit
FB	Fliegende Blätter
FM	Fränkischer Merkur
FOZ	Frankfurter Oberpostamts-Zeitung
FPK	Feuilleton zum Pfälzischen Kurier
FR	Frankfurter Rundschau
FT	Fränkische Tagespost
FZ	Frankfurter Zeitung
GUH	Gastwirt und Hotelier
HB	Handelsblatt
HT	Hannoversches Tageblatt
HUG	Hotel und Gastwirtschaft
ICZ	Illustrirte Chronik der Zeit
ILZ	Illustrirte Zeitung
IUMB	Illustrirtes Unterhaltungsblatt des Münchner Bote
IZ	Isar-Zeitung
JU	Jugend. Münchner illustrierte Wochenschrift für Kunst und Leben
KD	Kourier an der Donau (Passau)
KDRA	Korrespondenzblatt des Deutschen Reichsanzeigers
KBI	Königlich-baierisches Intelligenzblatt
KZ	Kemptner Zeitung
LMZ	Leitmeritzer Zeitung
LTSL	Lindauer Tagblatt für Stadt und Land
LZ	Landshuter Zeitung
LZZ	Leipziger Zeitung
MAA	Merkur. Allgemeines Ankündigungsblatt
MAAZ	München-Augsburger Abendzeitung
MB	Münchener Bote
MBSL	Münchener Bote für Stadt und Land
MCB	Münchener Conversations-Blatt
MF	Münchener Fremdenblatt
MGS	Morgenblatt für gebildete Stände
MIH	Mitteilungsblatt für Industrie und Handel
MM	Münchner Merkur
MMZ	Memminger Zeitung
MNN	Münchner Neueste Nachrichten
MS	Mnemosyne. Beiblatt zur Neuen Würzburger Zeitung
MSZ	Münchener Stadtzeitung
MT	Münchener Tagblatt
MTA	Münchener Trambahn-Anzeiger
MTP	Münchener Tagpost
MVFA	Mitteilungen des Vereins „Freunde der Vorstadt Au“
MVZ	Münchener Volkszeitung
MZ	Münchner Zeitung
NBK	Neuer Bayerischer Kurier für Stadt und Land
NBV	Neues Bayerisches Volksblatt
NFK	Nürnberger Friedens- und Kriegs-Kurier
NFV	Neue freie Volkszeitung (München)
NK	Nürnberger Kurier
NN	Nürnberger Nachrichten
NTMB	Neues Tagblatt für München und Bayern
NMT	Neues Münchener Tagblatt
NNGP	Neueste Nachrichten auf dem Gebiete der Politik
NP	Nürnberger Presse
NSZ	Neue Speyrer Zeitung
ÖZB	Österreichische Zeitschrift für Bierbrauerei
NWT	Neues Wiener Tagblatt
PB	Pfälzische Blätter für Geschichte, Poesie und Unterhaltung
PCB	Pharmaceutisches Central-Blatt
PFZ	Pfälzer Zeitung
PZ	Passauer Zeitung
RA	Regensburger Anzeiger
RGB	Reichsgesetzblatt
RZ	Regensburger Zeitung
SHL	Saazer Hopfenzeitung und Lokal-Anzeiger
SP	Süddeutsche Presse
SPMN	Süddeutsche Presse und Münchner Nachrichten
ST	Süddeutscher Telegraph
SZ	Süddeutsche Zeitung
TAKA	Tag- und Anzeigenblatt für Kempten und das Allgäu
TSB	Tagblatt der Stadt Bamberg
TP	Thorner Presse
TR	Teplitzer Revue
tz	tz (München)
ÜLM	Über Land und Meer. Allgemeine Illustrirte Zeitung
UHH	Unterhaltungen am häuslichen Herd

UPJ	Unterhaltungsblatt zum Pfälzer Journal
WKU	Weser-Kurier
WZHC	Wochenblatt für Zweibrücken, Homburg und Cusel
WZK	Wiener Zeitschrift für Kunst, Literatur, Theater und Mode
ZEW	Zeitung für die elegante Welt
ZW	Zweibrücker Wochenblatt

Internet

http://www.quotenmeter.de/n/107882/wer-sah-eigentlich-auf-dem-nockherberg-2019 [letzter Aufruf 7.5.2020].

https://www.muenchen.de/rathaus/Stadtverwaltung/Direktorium/Stadtarchiv/Chronik [letzter Aufruf 1.7.2019].

https://de.wikipedia.org/wiki/Kulmbacher_Brauerei [letzter Aufruf 24.4.2020].

https://de.wikipedia.org/wiki/Paulaner_Brauerei_Gruppe [letzter Aufruf 24.4.2020].

https://www.about-drinks.com/die-brau-holding-international-wird-zur-paulaner-brauerei-gruppe/ [letzter Aufruf 24.4.2020].

https://de.statista.com/statistik/daten/studie/411370/umfrage/bierausstoss-der-brau-holding-international-in-deutschland/ [letzter Aufruf 24.4.2020].

https://www.paulaner.de [letzter Aufruf 24.4.2020].

https://de.wikipedia.org/wiki/Liste_der_russischen_Gesandten_in_Bayern [letzter Aufruf 6.5.2020]

https://digipress.digitale-sammlungen.de [letzter Aufruf 7.5.2020]

Literatur

Abel, Wilhelm: Strukturen und Krisen der spätmittelalterlichen Wirtschaft (= Quellen und Forschungen zur Agrargeschichte 32), Stuttgart 1980.

Acht Tage in München. Kurzgefasste Beschreibung der in dieser Hauptstadt befindlichen Sehenswürdigkeiten – als unentbehrliches Handbuch für jeden Fremden, München 1841.

Als auf dem Nockherberg die Salvatorschlacht tobte, in: Altbayerische Heimatpost, Nr. 11, 1956, S. 6f.

Ammer, Karl Theodor v. d. [Karl Theodor v. Perfall]: Münchener Bilderbogen. Humor und Satire aus Isar-Athen, München 1878.

Aubry, Ludwig: Über das Tafelbier aus der Bierbrauerei von Gabriel Sedlmayr zum Spaten in München, in: AHZ 6 (1866), S. 226f.

Baedeker, Karl: Handbuch für Reisende in Deutschland und dem Oesterreichischen Kaiserstaat, 6. Auflage, Koblenz 1855.

Behringer, Wolfgang: Die Spaten-Brauerei 1397–1997. Die Geschichte eines Münchner Unternehmens vom Mittelalter bis zur Gegenwart, München/Zürich 1997.

Behringer, Wolfgang: Löwenbräu. Von den Anfängen des Münchner Brauwesens bis zur Gegenwart, München 1991.

Beim Ordensfest der Paulaner, in: Das Bayerland 44 (1933), S. 147–150.

Benninghoven, Arthur: Die Brauereiindustrie Deutschlands und des Auslandes, Berlin 1900.

Braun, Alex: Beim Salvator, in: ÜLM 71 (1894), S. 483–485.

Burger, Hannes: Paulaner-Salvator-Thomasbräu AG 1634–1984, München 1984.

Burger, Hannes: Politiker derblecken beim Salvator. Hinter den Kulissen vom Nockherberg, 2. erweiterte Auflage, Rosenheim 1998.

Burger, Hannes: Walter Sedlmayrs Salvator-Reden 1982–1990, München 1990.

Chronik des Münchner Durstes. Die Münchner Biergeschichte der letzten 50 Jahre, in: Münchner Stadtanzeiger, Nr. 30, 31.7.1953, S. 4f.

Dempp, Carl Wilhelm: Die erste Dampfbierbrauerei in München. Mit einer gedrängten Zusammenstellung des Wichtigsten über stehende Dampfmaschinen und eine Zugabe, die bautechnische Beschreibung der bayerischen Sommer- oder Lagerbierkellergebäude enthaltend, München 1843.

Dempwolff, Carl August: Salvator-Bier, in: AHZ, Nr. 52, 1.5.1873, S. 210f.; AHZ, Nr. 53, 3.5.1873, S. 214f.

Dering, Florian/Eymold, Ursula: Das Oktoberfest 1810–2010. Offizielle Festschrift der Landeshauptstadt München, München 2010.

Die Actiengesellschaft Paulanerbräu (zum Salvatorkeller) in München. Ein geschichtlicher Rückblick anlässlich der Jahrhundertfeier, München [1906].

Die Deutsche Industrie. Ihre Entwicklung und ihr jetziger Stand, Berlin 1921.

Die Paulaner-Thomasbrauerei und das Salvatorbier in alter und neuer Zeit, München 1951.

Döllinger, Georg Ferdinand: Sammlung der im Gebiete der inneren Staats-Verwaltung des Königreichs Bayern bestehenden Verordnungen. Aus amtlichen Quellen geschöpft und systematisch geordnet, Bd. 14, Teil 3, München 1838.

Dombart, Theodor: Geschichte der Familie Schmederer, München 1915.

Eymold, Ursula (Hrsg.): Bier.Macht.München. 500 Jahre Münchner Reinheitsgebot in Bayern, München 2015.

Franz von Paula, in: Biographisch-Bibliographisches Kirchenlexikon, Bd. 2, Hamm 1990, Sp. 103f.

Freudenberger, Josef: Aus der Geschichte der Au (München). Die alte Au, München 1927.

Gambrinus. München wie es trinkt und ißt, München 1859.

Gemeinnützige Mittheilungen und Bekanntmachungen, in: Kunst- und Gewerbeblatt des Polytechnischen Vereins für das Königreich Bayern 16 (1838), Sp. 369–408.

Gumppenberg, Hanns v.: Berliner Urbock und Münchener Salvator, in: Berliner Tageblatt, Nr. 148, 22. 3. 1895, Morgenausgabe.

Handbuch der Deutschen Aktiengesellschaften.

Handbuch der Süddeutschen Aktiengesellschaften.

Häuserbuch der Stadt München, Bd. III: Hackerviertel, München 1962, Bd. IV: Angerviertel, München 1966.

Hazzi, Joseph v.: Statistische Aufschlüsse über das Herzogthum Baiern, aus ächten Quellen geschöpft. Ein allgemeiner Beitrag zur Länder- und Menschenkunde, Bd. 3/1, Nürnberg 1803.

Heiß, Philipp: Die Bierbrauerei mit besonderer Berücksichtigung der Dickmaischbrauerei. Nebst einem Anhange enthaltend die im Braubetriebe gebräuchlichen Rohstoffe und deren Verwendung sowie neue Braumethoden und Essigfabrikation, 6. vermehrte und verbesserte Auflage, Augsburg 1875.

Hofmann, Bernhard: Bockbier und Beethoven. Musik in Münchner Wirtshäusern um 1900, in: Kaiser, Friederike (Bearb.): Wirtshäuser in München um 1900. „Berge von unten, Kirchen von aussen, Wirtshäuser von innen“, München 1997, S. 182–197.

Huber, Heinrich: Das Brauwesen des Münchner Paulanerklosters, in: Das Bayerland 44 (1933), S. 129–135.

Huber, Heinrich: Zur Frühgeschichte des Salvatorbieres, in: Das Bayerland 44 (1933), S. 138–141.

Huber, Heinrich: Zur Entstehung des Namens Salvator, in: Das Bayerland 44 (1933), S. 141–146.

Huber, Heinrich: Frater Barnabas Still, der Bräumeister der Paulaner, in: Das Bayerland 44 (1933), S. 136f.

Huber, Heinrich: Franz Xaver Zacherl, Neubegründer des Münchener Salvatorausschanks, in: Brauwelt 98 (1958), S. 351–353.

Huber, Heinrich: Das Brauwesen des Paulanerklosters in München, in: Jahrbuch der Gesellschaft für die Geschichte und Bibliographie des Brauwesens, 1933, S. 19–35.

Huber, Heinrich: Die Bierbrauerei des vormaligen Augustinerklosters in München, in: Jahrbuch der Gesellschaft für die Geschichte und Bibliographie des Brauwesens, 1934, S. 40–58.

Huber, Heinrich: Das Brauwesen des vormaligen Karmeliterklosters in München, in: Jahrbuch der Gesellschaft für die Geschichte und Bibliographie des Brauwesens, 1935, S. 31–55.

Huber, Heinrich: Geschichte der Franziskanerbrauerei in München, in: Jahrbuch der Gesellschaft für die Geschichte und Bibliographie des Brauwesens, 1935, S. 56–112.

Huber, Heinrich: Das Brauwesen der vormaligen Angerklosterbrauerei in München, in: Jahrbuch der Gesellschaft für die Geschichte und Bibliographie des Brauwesens, 1936, S. 84–104.

Huber, Heinrich: Altbayerische Jesuitenklosterbrauereien, in: Jahrbuch der Gesellschaft für die Geschichte und Bibliographie des Brauwesens, 1937, S. 31–46.

Industrielle Rundschau. Eine biographische Sammlung aus Handel und Industrie in Wort und Bild, München 1920.

Jehle, Alfons: Quellen zur Geschichte der Münchener Brauereien im 19. Jahrhundert, 2 Teile, München 1946.

Jonas, Bruno: Bis hierher und weiter. Mit allen Nockherberg-Reden von Bruno Jonas, München 2007.

Kahn, Julius: Münchens Großindustrie und Großhandel, München 1891.

Kahn, Julius: Münchens Großindustrie und Großhandel, München 1913.

Kamp, Michael/Neumann, Florian: Schörghuber 1954–2019. Eine bayerische Unternehmergeschichte, München 2020.

Knöpfler, Josef: Zur Geschichte des Salvatorbieres, in: MNN, Nr. 76, 17.3.1928.

Koch von Berneck, Max: Salvatorbierausschank in München, in: ILZ, Nr. 2597, 8.4.1893, S. 371.

Koll, Andreas: An jedem Eck a Gaudi. Volkssänger, Salvator, Kasperl und Bier. in: Eymold, Ursula (Hrsg.): Bier.Macht.München. 500 Jahre Münchner Reinheitsgebot in Bayern, München 2015, S. 85–101.

Krausen, Edgar: Hat das Frühjahrsstarkbier eine klösterliche Tradition?, in: Münchner Katholische Kirchenzeitung, 28.2.1960, S. 163.

Krauss, Marita: Bürger im Wirtshaus, in: Kaiser, Friederike (Bearb.): Wirtshäuser in München um 1900. „Berge von unten, Kirchen von aussen, Wirtshäuser von innen“, München 1997, S. 149–156.

Krauss, Marita: „Es floss manchmal Blut“. Alkoholkonsum – Raufereien – Mäßigkeitsbewegung, in: Kaiser, Friederike (Bearb.): Wirtshäuser in München um 1900. „Berge von unten, Kirchen von aussen, Wirtshäuser von innen“, München 1997, S. 175–181.

Krauss, Maximilian: Unter den Frauentürmen. Ein Roman aus dem Münchner Leben, 2. Auflage, Stuttgart/Leipzig 1901.

Kreittmayr, Wiguläus: Anmerkungen über den Codicem Maximilianeum Bavaricum Civilem, Bd. 2, München 1761.

Laturell, Volker D.: Die Münchner Bier- und Wirtshauskultur. Geschichte und Geschichten von Münchner Brauereien und Bräuern, Bierkellern, Biergärten und Wirtshäusern in der Münchner Alltagskultur, in: Ders.: Volkskultur in München: Aufsätze zu Brauchtum, musikalische Volkskultur, Volkstanz, Trachten und Volkstheater in einer Millionenstadt, München 1997, S. 48–164.

Lerchenberg, Michael/Görl, Wolfgang: Donner und Blitz auf dem Nockherberg. Eine Starkbier-Biografie, München 2011.

Leuchs, Johann Carl: Vollständige Braukunde oder wissenschaftlich-praktische Darstellung der Bierbrauerei in ihrem ganzen Umfange und nach den neuesten Verbesserungen, 2. vermehrte Auflage, Nürnberg 1840.

Lewald, August (Hrsg.): Europa. Chronik der gebildeten Welt, Bd. 2, Leipzig/Stuttgart 1837.

Lipowsky, Felix Joseph: Geschichten der Vorstadt Au bei München, München 1816.

Marggraff, Rudolph und Hermann: München mit seinen Kunstschätzen und Merkwürdigkeiten nebst Ausflügen in die Umgegend, vornehmlich nach Hohenschwangau und Augsburg. Neuestes und vollständigstes Handbuch für Fremde und Einheimische, München 1846.

Martin, Anselm: Topographie und Statistik des Kgl. Bayer. Landgerichtes Au bei München mit Berücksichtigung der medizinischen Verhältnisse desselben, München 1837.

Megele, Max: Baugeschichtlicher Atlas der Landeshauptstadt München (= Neue Schriftenreihe des Stadtarchivs München 3), München 1951.

Merk, Gerhard/Burger, Hannes: Der Berg ruft. Ein Stück Münchner Lebensart: Paulaner am Nockherberg, München 2003.

Mitterwieser, Alois: Salvator, in: Bayerische Heimat, Nr. 24, 16.3.1937.

München und seine Umgebung im Jahre 1846. Wohlfeilster Führer durch diese Haupt- und Residenzstadt. Taschenbuch für Fremde und Einheimische, München 1846.

Musspratt, Sheridan: Theoretische, praktische und analytische Chemie in Anwendung auf Künste und Gewerbe, Bd. 1, Braunschweig 1856.

Neuester und zuverlässigster Führer durch München. Ein Begleiter und Wegweiser zu allen Sehens- und Merkwürdigkeiten, Kunstschätzen etc., dann Ausflügen in der Nähe und Ferne, nebst einer kurzen Beschreibung von Augsburg für Fremde und Münchener, 4. Auflage, Augsburg 1854.

Perinet, Joachim: Das neue Sonntagskind (1794), in: Wustmann, Gustav (Hrsg.): Als der Großvater die Großmutter nahm. Lieder für altmodische Leute, 2. Auflage, Leipzig 1887.

Peter, Franz: „Königlich bayerisches Landgericht". Ein Rechtsstreit anno 1842/43, in: Adam, Hildegard/Guttmann, Thomas (Hrsg.): Giesing. Vom Dorf zum Stadtteil. Beiträge zur Geschichte und Gegenwart Giesings und Harlachings, Gauting 1990, S. 236–239.

Richardi, Hans-Günter: Bomber über München. Der Luftkrieg 1939 bis 1945, dargestellt am Beispiel der „Hauptstadt der Bewegung", München 1992.

Riepertinger, Rainhard u. a. (Hrsg.): Bier in Bayern. Katalog zur Bayerischen Landesausstellung 2016 (= Veröffentlichungen zur Bayerischen Geschichte und Kultur 65), Regensburg 2016.

Rösch, Mathias: Die Münchner NSDAP 1925–1933. Eine Untersuchung zur inneren Struktur der NSDAP in der Weimarer Republik (= Studien zur Zeitgeschichte 63), München 2002.

Rößler, Hector: Sammlung technischer Hülfsmittel. Ein Handbuch für Ingenieure und Mechaniker, Mühlbauer, höhere und niedere Baubeamte und Bauhandwerker, Technologen, Chemiker, Fabrikanten, überhaupt für Techniker jeder Art, 2 Bde., Darmstadt 1845.

Roider, Jakob/Oberberger, Josef: Der Roider Jackl, Rosenheim 1980.

Rund um den Salvator, in: Getränke-Industrie 11/1 (1957), S. 3–5.

Sackett, Robert Eben: Popular entertainment, class and politics in Munich 1900–1923, Cambridge (Mass.) 1982.

Sailer, Josef Benno: Münchener Bier-Chronik, München 1929.

Schäder, Christian: Münchner Brauindustrie 1871–1945. Die wirtschaftsgeschichtliche Entwicklung eines Industriezweiges, Marburg 1999.

Schiller, Felix: München, dessen Kunstschätze, Umgebungen und öffentliches Leben, 3. Auflage, München 1851.

Schorer, Johann Georg: Ausführliches Lehrbuch der Bayerischen Bierbrauerei mit besonderer Berücksichtigung der Dickmaischbrauerei, 2. bedeutend vermehrte und verbesserte Auflage, Altona 1863.

Schumann, Dirk: Bayerns Unternehmer in Gesellschaft und Staat; 1834–1914. Fallstudien zu Herkunft und Familie, politischer Partizipation und staatlichen Auszeichnungen (= Kritische Studien zur Geschichtswissenschaft 98), Göttingen 1992.

Sedlmayr, Fritz: Die Geschichte der Spatenbrauerei unter Gabriel Sedlmayr dem Älteren und dem Jüngeren 1807–1874 sowie Beiträge zur bayerischen Brauereigeschichte dieser Zeit, I. Teil, München 1934, II. Teil, Nürnberg 1951.

Sedlmayr, Fritz/Grohsmann, Lore: Die „prewen" Münchens seit 1363 bis zur Aufhebung der Lehensverleihung durch den Landesfürsten (1814), Nürnberg 1969.

Sedlmayr, Fritz: Ein zweites Hofbräuhaus in München, eine Braustätte der Paulaner in der Neuhauser Straße sowie die anderen Brauereien in derselben im Jahre 1668, in: Brauwelt 1951, S. 914–916, 1059 f., 1085 f., 1115 f.

Söltl, Johann Michael v.: München mit seinen Umgebungen, vorzüglich in geschichtlichen Beziehungen, München 1854.

Stahleder, Helmuth: Haus- und Straßennamen der Münchner Altstadt, München 1992.

Stephan, Michael: Münchner Brauer zwischen Stadtrat und Landesherrn. Die Entwicklung der Münchner Braulehen vom Mittelalter bis 1814, in: Eymold, Ursula (Hrsg.): Bier.Macht.München. 500 Jahre Münchner Reinheitsgebot in Bayern, München 2015, S. 19–29.

Sünwoldt, Sabine: Weiß Ferdl. Eine weiß-blaue Karriere, München 1983.

Thoma, Ludwig: Moral. Komödie in drei Akten. Vollständige Neuausgabe mit einer Biographie des Autors, hrsg. v. Karl Maria Guth, Berlin 2015.

Unger, Joseph (Hrsg.): Sammlung von Rissen von hauptsächlich in München ausgeführten Privat- und Gemeinde-Gebäuden, Heft 5, München 1845.

Vierhaus, Rudolf (Hrsg.): Das Tagebuch der Baronin Spitzemberg geb. Freiin v. Varnbüler. Aufzeichnungen aus der Hofgesellschaft des Hohenzollernreiches (= Deutsche Geschichtsquellen des 19. und 20. Jahrhunderts 43), 5. Auflage, Göttingen 1989.

Vierlinger, Emil: Nockherberg-Predigten. Weißblaue Blattschüsse in's Schwarze + Rote, München 1977.

Vierlinger, Emil: Politiker aufs Korn genommen anläßlich der alljährlichen Salvatorprobe. Prost Salvator, Kempfenhausen 1979.

Vogel, Hanns: Geis, Jakob, in: Neue Deutsche Biographie 6 (1964), S. 153.

Walter, Uli: Bierpaläste. Zur Geschichte eines Bautyps, Diss. München 1992.

Wenng, Gustav: Topographischer Atlas der Königlichen Haupt- und Residenzstadt München in 22 Blättern, München 1858.

Westenrieder, Lorenz (Hrsg.): Beyträge zur vaterländischen Historie, Geographie, Statistik etc., Bd. 6, München 1800.

Wiebeking, Carl Friedrich v.: Von den landwirthschaftlichen Gebäuden und Beschreibung von verschiedenen in 10 Ländern nebst der Beschreibung der größten Bierbrauerei in Bayern; Bd.1: Textband, Bd. 2: Atlas vierzehn lithographierte Blätter enthaltend zur Schrift von den landwirthschaftlichen Gebäuden, München 1841.

Wiesend, Gerhart: Ein Snob in München. Social life in Munich. Die erstaunlichen Beobachtungen des Mr. Edward Wilberforce in München, München 1990.

Winkler, Richard: Ein Bier wie Bayern. Geschichte der Münchner Löwenbrauerei 1818–2003 (= Veröffentlichungen des Bayerischen Wirtschaftsarchivs 4), München 2016.

Winkler, Richard: Zum Hausbesitz der Münchner Großbrauereien 1870 bis 1945, in: Oberbayerisches Archiv 142 (2018), S. 182–243.

Winkler, Richard: Zur Geschichte der Münchner Paulanerbrauerei bis 1914, in: Oberbayerisches Archiv 144 (2020), S. 104–147.

Bildnachweis

Alle Abbildungen im Textteil sind in den Bildunterschriften nachgewiesen. Wenn nicht anders vermerkt, beziehen sich die in Klammern angegebenen Nummern auf den Bestand F145 im BWA. Die Abbildungen im Anmerkungsteil befinden sich sämtlich im BWA (F145, 1093, 4626, 4717, 4719; S7, 776, 779, 1995, 2017; S8, 479, 480, 481). Große Mühe wurde darauf verwendet, die Urheberrechte zu klären. Sollte dennoch ein Urheberrecht verletzt worden sein, wird um Benachrichtigung durch den Rechteinhaber gebeten.

Abkürzungen

Abb.	Abbildung
Abl.	Abendblatt
Anl.	Anlage(n)
ARS	Aufsichtsratssitzung(en)
AV	Aktenvermerk(e)
BayHStA	Bayerisches Hauptstaatsarchiv
Bek.	Bekanntmachung(en)
Beil.	Beilage(n)
Bl.	Blatt
BM	Bezirksamt München
BR	Bayerischer Rundfunk
BWA	Bayerisches Wirtschaftsarchiv
DM	Deutsche Mark
Ebd.	Ebenda
fl.	Gulden
GA	Gewerbeamt
GB	Geschäftsbericht(e)
GKIK	Generalkommissariat des Isarkreises
GKKM	Gendarmerie-Kompagnie-Kommando der Stadt München
GuV	Gewinn- und Verlustrechnung(en)
hl	Hektoliter
IR	Infanterieregiment
JAP	Jahresabschlussprüfbericht(e)
KB	Kommandantschaftsbefehl(e)
KOM	Kommandantschaft der Haupt- und Residenzstadt München
LB	Löwenbrauerei
LDB	Landesdirektion von Baiern
LGA	Landgericht Au
LGM	Landgericht München
MA	Magistrat Au
Mbl.	Morgenblatt
MF	Ministerium der Finanzen
MiA	Mittagsausgabe
MInn	Ministerium des Inneren
PB	Polizeibericht(e)
PD	Polizeidirektion
PDM	Polizeidirektion München
PR	Protokoll(e)
PS	AG Paulanerbräu Salvatorbrauerei
PST	AG Paulanerbräu Salvatorbrauerei und Thomasbräu bzw. Paulaner-Salvator-Thomasbräu AG
Prod.	Produkt
RIK	Regierung des Isarkreises
RM	Reichsmark
ROB	Regierung von Oberbayern
SA	Steueramt
SB	Schmederer-Brauerei
SKM	Stadtkommandantur München
StAM	Staatsarchiv München
StadtAM	Stadtarchiv München
TA	Tagesausgabe
Vbl.	Vorabendblatt
VMB	Verein Münchner Brauereien
WK	Wirtschaftskonzessionen
ZA	Zeitungsausschnitt(e)

Register

H

I

J

K

L

M

N

T

U

V

W

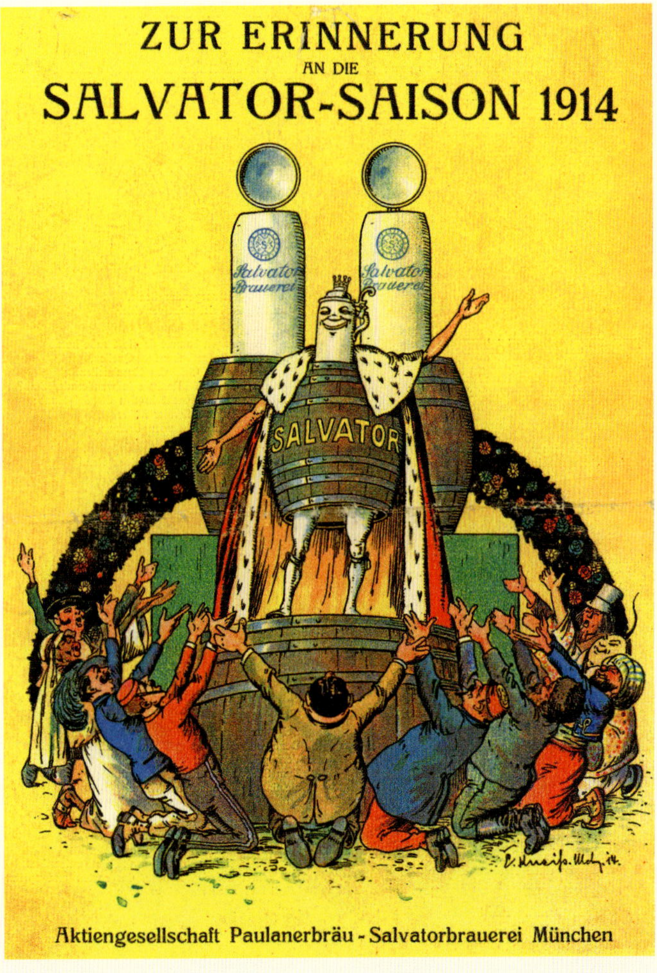

Alle Nationen huldigen dem Salvator – Titelblatt Salvatorjahresheft 1914 (4718; Zeichner: Emil Kneiß)